2025 최신개정판

LOGIN

FAT 2급

*회계실무

김영철 지음

도서출판 어울림
www.aubook.co.kr

머리말

회계는 기업의 언어입니다. 회계를 통해서 많은 이용자들이 정보를 제공받고 있습니다.
회계는 약속이며 그리고 매우 논리적인 학문입니다.

회계를 잘하시려면
왜(WHY) 저렇게 처리할까? 계속 의문을 가지세요!!!

1. 이해하실려고 노력하세요.
   (처음 접한 회계의 용어는 매우 생소할 수 있습니다.
   생소한 단어에 대해서 네이버나 DAUM의 검색을 통해서 이해하셔야 합니다.)
2. 그리고 계속 쓰세요.(특히 분개)
3. 이해가 안 되면 암기하십시오.
   2, 3회독 후 다시 보시면 이해가 될 것입니다.

회계를 공부하시는 수험생들 중 대다수는 이론실력이 없는 상태에서 전산프로그램 입력연습에 많은 시간을 할애합니다. 그런 수험생들을 보면 너무 안쓰럽습니다. 회계이론의 기초가 바탕이 되지 않은 상태에서 입력에 치중해 시험을 대비한 수험생이라면 십중팔구 실패의 쓴 맛을 보게 될 것입니다.

모든 회계프로그램은 분개를 통하여 최종 산출물인 재무제표를 만들게 되어 있습니다. 따라서 회계이론이 정립되어 있으면 회계 프로그램에 입력하는 것은 단순 반복작업입니다.

대부분의 한국 기업들은 더존의 회계프로그램을 사용합니다. 그리고 한국공인회계사회가 주관하는 AT자격시험도 더존의 회계프로그램을 사용합니다.

본 교재는 AT자격시험 수험목적으로 만든 교재입니다. 그리고 AT시험의 특징은 실무중심의 회계교육을 표방하고 있습니다. 따라서 이 교재도 실무 중심에 맞게 편집하였습니다. 실제 시험문제에서 나왔던 문제를 복원하여 단시간내에 FAT2급 자격증을 여러분들의 손에 넣어 줄 것입니다.

수험생 여러분!!
자격증을 취득하기 위해서는 본인의 노력이 합격의 키포인트입니다.

본 교재에 있는 기초 이론과 실무능력을 공부하시고 FAT2급 기출문제를 60분 안에 푸시는 연습을 계속하세요. 그래서 수험생 자신이 시간안분과 실력을 테스트하시고 부족한 부분은 보충하시기 바랍니다.

회계는 여러분 자신과의 싸움입니다. 자신을 이기십시요!!!

마지막으로 이 책 출간을 마무리해 주신 도서출판 어울림 임직원에게 감사의 말을 드립니다.

2025년 1월
김 영 철

다음(Daum)카페 **"로그인과 함께하는 전산회계/전산세무"**

1. **실습 데이터(도서출판 어울림에서도 다운로드가 가능합니다.)**
2. 오류수정표 및 추가 반영사항
3. Q/A게시판

로그인카페

NAVER 블로그 "로그인 전산회계/전산세무/AT"

1. **핵심요약**
2. **오류수정표 및 추가반영사항**
3. **개정세법 외**

국가직무능력 표준(NCS)

1. 정의

국가직무능력표준(NCS, national competency standards)은 산업현장에서 직무를 수행하기 위해 요구되는 지식 · 기술 · 소양 등의 내용을 국가가 산업부문별 · 수준별로 체계화한 것으로 산업현장의 직무를 성공적으로 수행하기 위해 필요한 능력(지식, 기술, 태도)을 국가적 차원에서 표준화한 것을 의미

2. 훈련이수체계

6수준	전문가	사업결합회계	세무조사 대응 조세불복 청구 절세방안 수립
5수준	책임자	회계감사	법인세 신고 기타세무신고
4수준	중간 관리자	비영리회계	종합소득세 신고
3수준	실무자	원가계산 재무분석	세무정보 시스템 운용 원천징수 부가가치세 신고 법인세 세무조정 지방세 신고
2수준	초급자	전표관리 자금관리 재무제표 작성 회계정보 시스템 운용	전표처리 결산관리
–		직업기초능력	
수준 / 직종		회계 · 감사	세무

3. 회계 · 감사직무

(1) 정의

회계 · 감사는 기업 및 조직 내 · 외부에 있는 의사결정자들이 효율적인 의사결정을 할 수 있도록 유용한 정보를 제공하며, 제공된 회계정보의 적정성을 파악하는 업무에 종사

(2) 능력단위요소

능력단위(수준)	수준	능력단위요소	교재 내용
전표관리	3	회계상 거래 인식하기	이론적 기초
		전표 작성하기	자산, 부채, 자본 등
		증빙서류 관리하기	
자금관리	3	현금시재관리하기	자산
		예금관리하기	
		법인카드 관리하기	부채
		어음수표관리하기	자산
원가계산	4	원가요소 관리하기(3)	
		원가배부하기(3)	
		원가계산하기	
		원가정보활용하기	
결산관리	4	결산분개하기(3)	결산
		장부마감하기(3)	
		재무제표 작성하기	
회계정보 시스템 운용	3	회계 관련 DB마스터 관리하기	프로그램 설치 및 실행 프로그램 첫걸음
		회계프로그램 운용하기	
		회계정보활용하기	
재무분석	5	재무비율 분석하기(4)	
		CVP 분석하기(4)	
		경영의사결정 정보 제공하기	
회계감사	5	내부감사준비하기	
		외부감사준비하기(4)	
		재무정보 공시하기(4)	
사업결합회계	6	연결재무정부 수집하기(4)	
		연결정산표 작성하기(5)	
		연결재무제표 작성하기	
		합병 · 분할회계 처리하기	
비영리회계	4	비영리대상 판단하기	비영리회계
		비영리 회계 처리하기	
		비영리 회계 보고서 작성하기	

2025년 AT 자격시험 일정

1. 시험일자

회차	종목 및 등급	원서접수	시험일자	합격자발표
79회	FAT1,2급 TAT1,2급	02.06~02.12	**02.22(토)**	02.28(금)
80회		03.06~03.12	**03.22(토)**	03.28(금)
81회		04.03~04.09	**04.19(토)**	04.25(금)
82회		06.05~06.11	**06.21(토)**	06.27(금)
83회		07.03~07.09	**07.19(토)**	07.25(금)
84회		08.07~08.13	**08.23(토)**	08.29(금)
85회		10.10~10.16	**10.25(토)**	10.31(금)
86회		11.06~11.12	**11.22(토)**	11.28(금)
87회		12.04~12.10	**12.20(토)**	12.27(토)

2. 시험종목 및 평가범위

등급	평가범위		
FAT 2급	이론(30)	재무회계	계정별 회계처리, 상기업의 결산
	실무(70)	기초정보관리	기초정보등록, 전기이월정보 관리
		회계정보관리	• 상기업의 회계정보 입력 및 결산
		회계정보분석	• 회계정보의 조회 및 분석

3. 시험방법(비대면시험) 및 합격자 결정기준

1) 시험방법 : 실무이론(30%)은 객관식 4지 선다형 필기시험으로,
실무수행(70%)은 교육용 더존 Smart A 실무프로그램으로 함.

2) 합격자 결정기준 : 100점 만점에 70점 이상

4. 원서접수 및 합격자 발표

1) 접수기간 : 각 회별 원서접수기간내 접수

2) 접수 및 합격자발표 : 자격시험사이트(http://at.kicpa.or.kr)

차 례

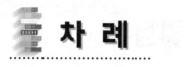

Part III. 기출문제

2024년~2023년 시행된 기출문제 중 합격률이 낮은 9회분 수록

1분강의
QR코드 활용방법

본서 안에 있는 QR코드를 통해 연결되는 유튜브 동영상이 수험생 여러분들의 학습에 도움이 되기를 바랍니다.

방법 1

❶ 스마트폰에서 다음(Daum)을 실행한 후 검색창의 오른쪽 아이콘 터치

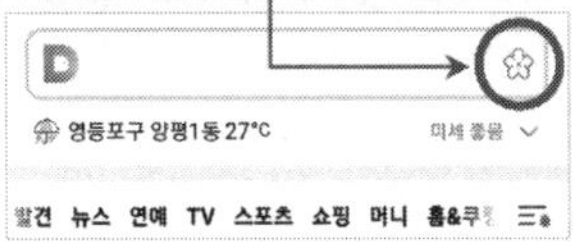

❷ '코드검색'을 터치하면 카메라 앱이 실행됨

❸ 도서의 QR코드를 촬영하면 유튜브의 해당 동영상으로 자동 연결

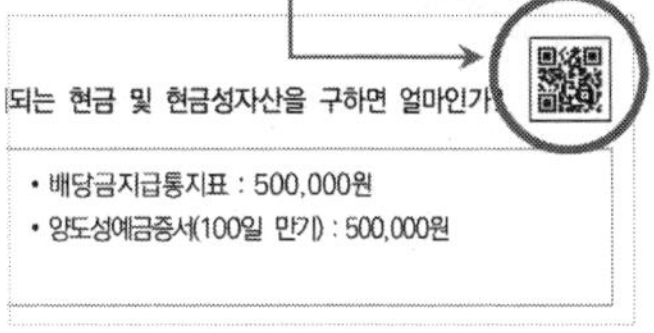

방법 2

카메라 앱을 실행하고, QR코드를 촬영하면 해당 유튜브 영상으로 이동할 수 있습니다.

개정세법 반영

유튜브 상단 댓글에 고정시켰으니, 참고하시기 바랍니다.

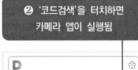

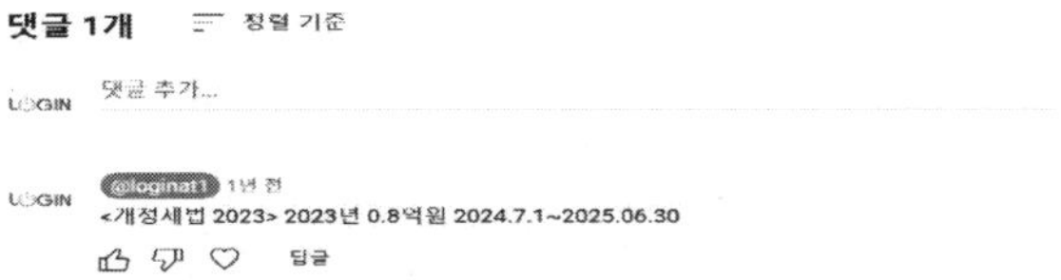

✔ 과도한 데이터 사용량이 발생할 수 있으므로, Wi-Fi가 있는 곳에서 실행하시기 바랍니다.

Login Financial Accounting Technician 2

Part I
회계원리

Log-In
Log-In

Section 01

재무회계 기본개념

NCS회계 - 3 전표관리 – 회계상거래 인식하기

제1절 회계

1. 회계의 개념 및 목적

기업의 경영활동에서 일어나는 자산과 부채 및 자본의 증감변화를 일정한 원리에 의하여 기록 · 계산 · 정리하고 이를 이해관계자에게 제공하는 것이다.

즉, 이는 ① 재무적 성격을 갖는 거래나 사건(기업의 회계자료)을 일정한 원리에 따라 기록 · 분류하여 재무제표를 작성하며

② 이를 회계정보이용자들의 경제적 의사결정에 유용한 정보를 제공하는 것이다.

(1) 기업의 재무상태를 파악한다. - 재무상태표

재무상태란 "회사 경영시 필요한 자금을 어떻게 구해서 어떻게 사용되었는가?"를 말한다. 즉 **재무상태는 자산 · 부채 · 자본**을 의미한다.

(2) 기업의 경영성과를 파악한다. - 손익계산서

경영성과란 기업이 영업주기내에 활동한 결과를 말한다. 기업의 목적은 수익을 창출해서 최종적으로 이익을 회사의 주인인 주주에게 돌려주어야 한다.

결국 기업의 **경영성과는 수익에서 비용을 차감하는 손익(이익 또는 손실)**을 말한다.

2. 회계의 분류 : 정보이용자에 따른 분류

- **이해관계자** : 회사의 경영활동에는 주주, 채권자, 경영자등 다양한 이해관계자들과 관련되어 있고 이들은 직간접적으로 회사와 이해관계를 가지고 있다. 이와 같이 기업의 외부에 있는 이해관계자를 외부 이해관계자라 하고, 기업의 내부에 있는 이해관계자를 내부이해관계자라 한다.

〈이해관계자의 정보 이용〉

이해관계자		정 보 이 용	회계의 구분
내부	경영자(이 사)	올해의 실적과 내년도 계획은?	관리회계
	종 업 원	올해 성과급과 내년도 임금상승은? 회사의 성장가능성은?	
외부	주 주	올해 실적과 실적에 따른 배당금은? 주식의 주가상승?	재무회계
	채권자(은 행)	돈을 빌려주어도 원금상환과 이자 상환이 가능한 회사일까?	
	채권자(거래처)	이 회사와 거래를 해도 안전할까?	
	정 부 기 관	세금은 얼마나 걷을 수 있을까?	

(1) 재무회계

재무회계는 투자자, 채권자, 정부, 소비자 등 기업의 **외부이해관계자**들의 의사결정에 유용한 재무적 정보를 제공하는 것을 목적으로 하는 회계이다. 재무회계는 주로 기업외부의 투자자를 위한 회계이며, 모든 기업에 공통적으로 적용되는 **기업회계기준을 적용하여 재무제표 작성을 중심**으로 한다.

첫째, 재무회계는 기업 외부의 이해관계자들에게 객관적이고 일관성 있는 회계정보를 제공해주기 위해 '일반적으로 인정된 회계원칙'에 따라 회계정보를 제공한다.

둘째, 재무회계는 기업의 경영활동에 대한 정보를 제공하는 재무보고서로 재무제표는 기업회계기준에 의거하여 일정한 형식에 따라 작성되며 정기적으로 정보이용자들에게 제공된다.

(2) 관리회계

관리회계는 **기업내부의 경영자**가 합리적인 의사결정에 필요한 정보를 제공하는 것을 목적으로 하는 회계를 말한다.

제2절 회계의 기본적 개념

1. 기업의 유형

기업은 개인기업과 법인기업으로 분류되지만, 회계처리 관점에서는 개인기업, 조합기업, 주식회사 등으로 구분할 수 있다. 회계처리는 기업형태와 관계없이 거의 동일하나 자본의 회계처리만 다르다. 여기서 우리는 개인기업과 법인기업에 대해서 알아보자.

(1) 개인기업

한사람이 기업을 소유하는 기업형태를 말한다. 개인기업에서는 기업과 기업주가 동일인이다. 따라서 개인기업은 규모도 작고, 이해관계자들이 법인기업보다 적다는 특징이 있다. FAT 2급에서는 개인기업에 대한 회계처리가 시험에 출제된다.

[개인기업]

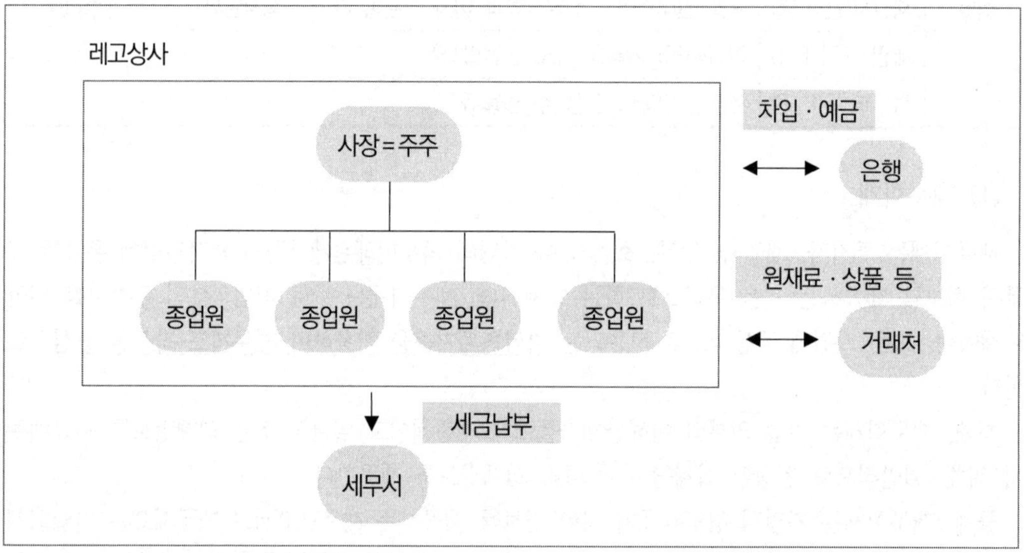

(2) 법인기업(주식회사)

주식회사는 여러 사람으로부터 자본을 모으는 데 가장 편리한 기업형태로서, 오늘날 대부분의 기업은 주식회사의 형태이다. 자본금을 균등한 주식으로 분할하여 출자자, 즉 주주가 주식회사의 주인인데 다음과 같은 특징이 있다.

① 주식회사는 주식을 발행하여 자본을 조달한다. 따라서 **불특정 다수인으로부터 대규모의 자본 조달이 가능**하다.

② 주식회사의 주인인 주주의 책임은 유한책임을 진다. 즉 **출자한 금액(주주가 납입한 금액)을 한도로 책임을 진다.**

③ 소유와 경영이 분리되어 있다. 주주는 적게는 1명부터 수천 명, 수만 명 그 이상이 될 수 있다. 그러므로 주주 전원이 회사의 경영에 참여할 수는 없다.
그래서 주주는 회사의 경영을 전문가에게 위임하고, 주식의 시세차익이나 배당에 관심을 갖는다.

④ 주식회사의 기관에는 주주총회, 이사회, 감사로 구성된다.
주주총회는 주식회사의 최고 의사결정기관이고, 이사회는 주주로부터 경영에 관한 일체의 권한을 위임받아 실질적으로 기업을 운영하는 기관이다.
감사는 이사회의 구성원인 이사의 업무집행을 감시하는 기관이다.

[법인기업 – 주식회사]

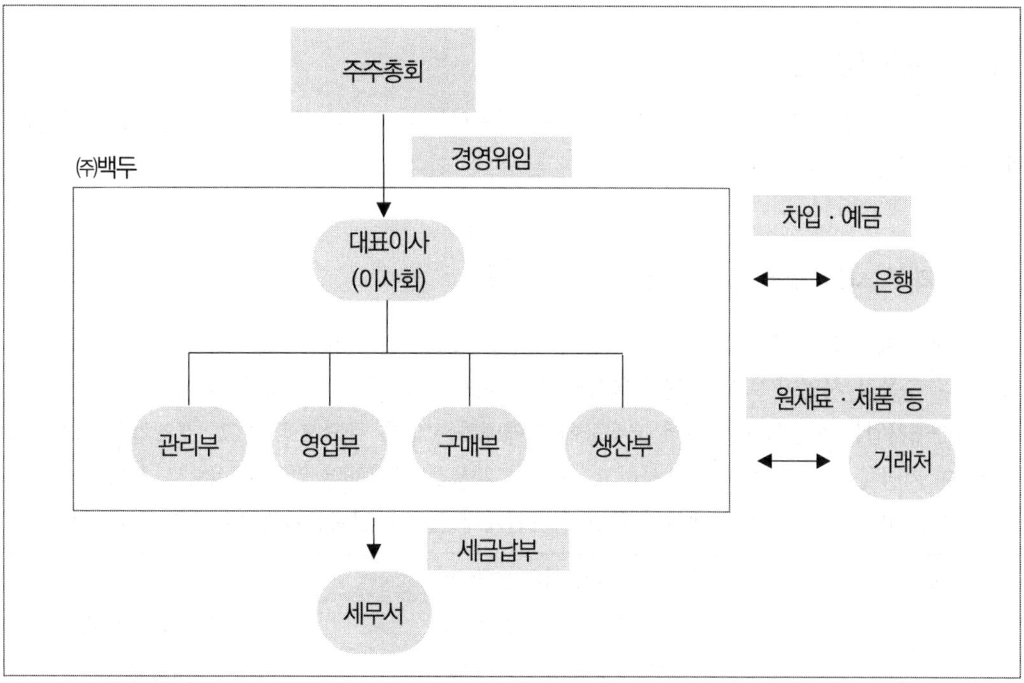

2. 기업의 종류(영업활동별)

기업은 이익을 얻고자 여러 가지 활동을 하는데 이러한 활동은 기업의 설립목적에 따라 다르다. 기업은 주요 영업활동에 따라 상품매매기업, 제조기업, 서비스제공기업으로 분류해 볼 수 있다.

(1) 상품매매기업(상기업)

물건(상품)을 구입해서 그 물건을 구입한 가격보다 높게 판매하여 이익을 얻는 것을 주요활동으로 하는 기업이다. 예를 들면 이마트가 대표적인 상기업에 해당한다.

(2) 제조기업(제조업)

원재료를 구입하여 이를 가공해서 물건(제품)을 만들어 판매하는 것을 주요활동으로 하는 기업이다. 예를 들면 삼성전자가 대표적인 제조기업에 해당한다.

(3) 서비스제공기업

서비스제공기업은 보이지 않는 용역(서비스)을 제공하는 것을 주요활동으로 하는 기업을 말한다. 예를 들면 병원, 호텔, 부동산임대업 등을 예로 들 수 있다.

3. 상거래(회사의 주목적사업으로 판단)

상거래란 물품 또는 서비스를 대상으로 하여, 매매 또는 임대차 계약을 하는 행위를 말하는데, 회사마다 **주목적 사업**이 회사의 정관(회사의 헌법에 해당한다.)에 기재되어 있다.

상품매매기업은 상품을 매입해서 고객들에게 매매하는 업을 주업으로 하고, 제조업은 원재료를 구매하여 가공을 통하여 제품을 생산하고, 이러한 제품을 판매하는 업을 주업으로 한다.

부동산임대업은 부동산을 임대하여 주고 임차인에게 월세나 보증금을 받는 업을 주업으로 한다.

업 종	주목적 사업(상거래)	예
상품매매업	상품구매 → 상품진열 → 상품판매	마트, GS25, 코스트코
제조업	원재료 구매 → 제품생산 → 제품판매	삼성전자, 현대자동차
부동산임대업	부동산을 구입 → 부동산을 임대	상가

〈상품매매업 : 상기업〉

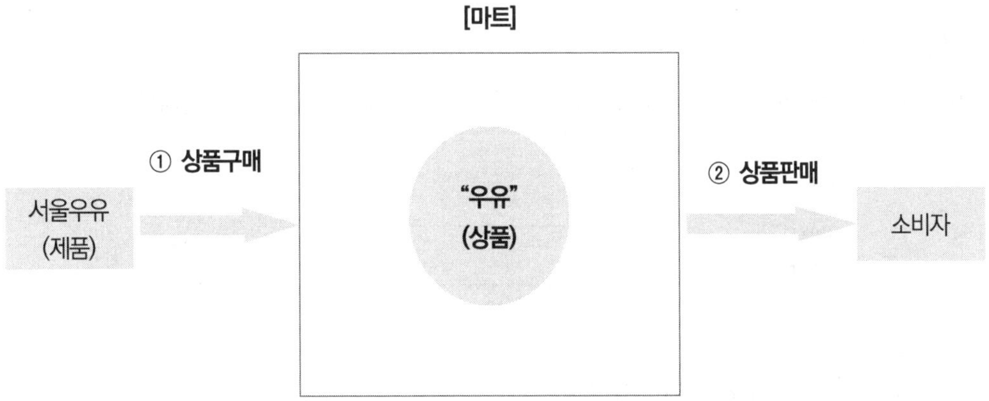

〈제조기업〉

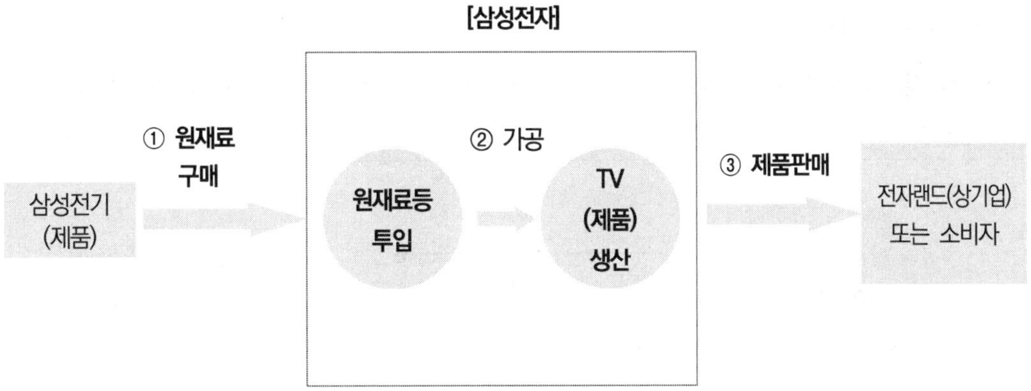

4. 채권 및 채무

(1) 채권

기업이 영업활동을 수행하는 과정에서 재화나 용역을 외상으로 판매하고 그 대가로 미래에 현금을 수취할 권리를 획득하는 경우와 다른 기업에 자금을 빌려주고 그 대가로 차용증서를 수취하는 경우 등 **미래에 현금 등을 받을 권리를 채권**이라 하고 이러한 권리를 가지고 있는 자를 채권자라 한다.

(2) 채무

기업이 영업활동을 수행하는 과정에서 재화나 용역을 외상으로 매입하거나 다른 기업으로부터 자금을 차입한 경우에 **미래에 현금 등을 지급해야 할 의무를 채무**라 하고 이러한 의무를 가지고 있는 자를 채무자라 한다.

모든 **외상거래 또는 자금거래에 있어서 채권과 채무가 동시에 발생**하게 된다.

〈외상거래〉

판매자가 재화를 외상으로 판매하고 나중에 현금 등을 받을 권리가 있는 거래를 말한다.

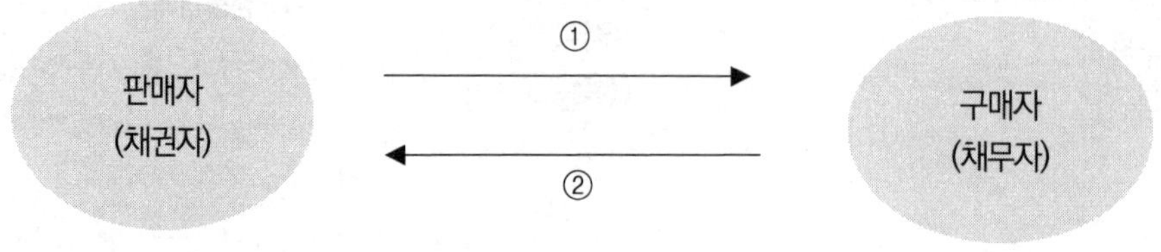

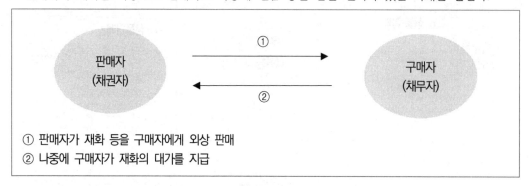

① 판매자가 재화 등을 구매자에게 외상 판매
② 나중에 구매자가 재화의 대가를 지급

〈자금대여거래〉

자금을 빌리려는 자가 차용증서를 작성하여 자금을 빌리고, 향후 원금과 이자를 상환하는 거래를 말한다.

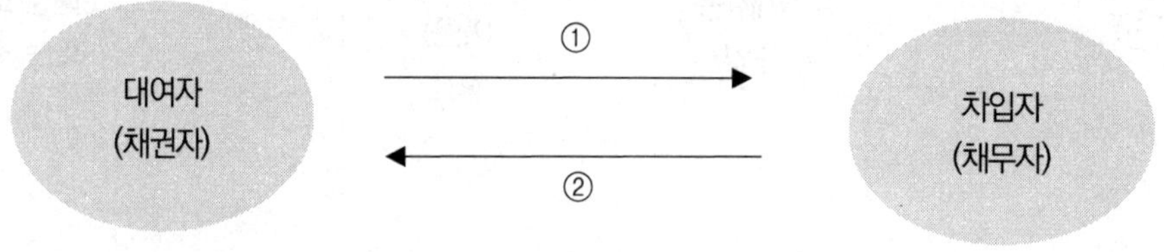

① 대여자가 자금을 대여(차입자는 차용증서 작성)
② 향후 원금과 이자를 상환

5. 회계의 기본적 개념

(1) 자 산

일상생활에서 재산이라는 말을 흔히 사용한다. 재산은 개인이 가지고 있는 금전적 가치가 있는 물건 및 권리를 말한다. 이러한 재산을 회계에서는 자산이라고 한다. 즉 **<u>자산이란 기업이 소유하고 있는 물건 및 권리로서 금전적 가치</u>**가 있는 것이다. 기업의 가지고 있는 대표적인 자산항목을 보면 다음과 같다.

현 금	일상적으로 통용되는 화폐 등	
예 금	은행 등에 일시적으로 예치한 금액(보통예금, 정기적금, 정기예금)	
매 출 채 권 (상 거 래)	외 상 매 출 금	외상으로 **상품을 판매한 경우** 판매대금을 받을 권리
	받 을 어 음	**상품을 판매**하고 그 대금으로 받은 어음을 말한다. ☞ 어음 : 발행하는 사람이 일정한 금액을 일정한 시기와 장소에서 지급할 것을 약속한 유가증권을 말한다.
미 수 금 (상 거 래 이 외)	**상품이외의 물건**을 외상으로 판매하고 받을 돈을 말하는데, 회사가 사용하던 차량(영업용)을 외상으로 판매한 경우에 미수금이라는 채권을 사용한다.	
선 급 금	상품을 사기 전에 미리 지급한 계약금	
대 여 금	타인에게 빌려준 돈	
상 품	판매할 목적으로 다른 사람으로부터 구입한 물건	
제 품	판매할 목적으로 자기가 제조하여 만든 물건	
원 재 료	제품을 제조할 목적으로 구입한 원료, 재료	
토 지	영업활동을 위하여 소유하고 있는 땅	
건 물	영업활동을 위하여 소유하고 있는 공장이나 창고, 영업소 등의 건물, 본사의 빌딩	
비 품	회사에서 사용하는 책걸상, 복사기 등(내용연수가 1년 이상인 것)	
임 차 보 증 금	부동산을 사용하기 위하여 임차인이 임대인에게 지급하는 보증금을 말한다.	

정기적금 및 정기예금

정기적금 : 은행에 계약한 기간 동안 매월 단위로 일정금액을 납입해 만기에 목돈(원금+이자)을 찾는 상품입니다.

정기예금 : 은행에 계약한 기간 동안 목돈을 예치하고 그 계약기간이 지나면 원금과 그에 대한 이자를 받는 상품입니다.

정기적금은 목돈을 모으는 금융상품이고, 정기예금은 목돈을 불리고자 하는 금융상품입니다.

매출채권 VS 미수금, 매입채무 VS 미지급금

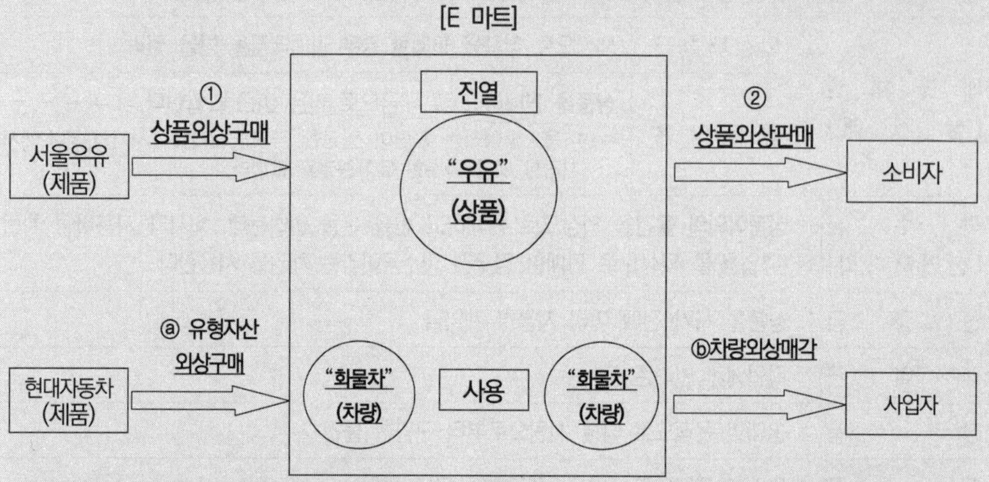

		외상매입(구입)	외상매출(매각)
상거래	**회사의 고유목적사업** (상품의 매입 · 판매)	① 매입채무	② 매출채권
상거래 이외	고유목적사업이외 (유형자산 등의 구입 · 매각)	ⓐ 미지급금	ⓑ 미수금

부동산의 임대 및 임차

부동산을 빌려주는 것을 임대라고 하며, 빌리는 것을 임차라 한다.

예를 들어 대학생이 보증금 1,000만원에 월세 500,000원에 원룸을 빌리기로 계약하였다고 가정하자.

계약기간동안 학생(임차인)은 원룸을 사용할 권리가 있고, 계약 만료시에 원룸을 비워주고 보증금을 받을 권리가 있다. 또한 매월 지급하는 월세는 집주인(임대인) 입장에서는 수익이 되고, 학생(임차인) 입장에서는 비용이 된다.

	임대인(집주인)	임차인(학생)
보증금 10,000,000원	임대보증금(부채)	임차보증금(자산)
월 세 500,000원	임 대 료(수익)	임 차 료(비용)

(2) 부 채

일상생활에서 빌린 돈(빚)과 같은 것이며, **기업이 미래에 변제하여야 하는 경제적 가치(금전 등)**를 말한다. 즉, 부채는 다른 사람으로부터 빌린 돈으로서 앞으로 갚아야 할 것을 말한다. 기업이 가지고 있는 대표적인 부채항목을 보면 다음과 같다.

매입채무 (상 거 래)	**외상매입금**	**상품을 외상으로 매입**한 경우 상품대금을 지급할 의무
	지 급 어 음	**상품을 매입하고** 그 대금으로 어음을 준 경우
미지급금 (상거래 이외)	**상품 이외의 물건**을 외상으로 구입하고 지급할 금액을 말하는데, 회사가 영업목적으로 차량을 외상으로 구입한 경우에 미지급금이라는 채무를 사용한다.	
선수금	상품을 사고자 하는 사람에게 미리 받은 계약금	
차입금	타인으로부터 빌린 돈	
임대보증금	임대인이 부동산 등을 임차인에게 빌려주고 받은 보증금을 말한다.	

(3) 자 본

자본이란 부채이외의 자금 중 기업 자신이 조달한 것을 회계에서 자본이라고 한다.

즉, 기업의 자산은 다음과 같이 표시할 수 있다.

기업의 자산=타인으로부터 빌린 자금(부채)+자신의 조달한 자금(자본)

이 식을 회계용어로 표현하면

자산 = 부채(타인자본) + 자본(자기자본)

자금의 사용 (자산)

자금의 조달 (부채+자본)

즉, 자본은 기업의 재산에 대한 소유주 지분 또는 기업의 순자산(순재산)을 의미하는 것으로서 자기자본이라고도 한다.

자산－부채＝자본(＝순자산, 자기자본)

(4) 수 익

기업의 궁극적인 목적은 이익을 만들어 내고 만들어진 이익을 회사의 주인인 주주에게 배분하기 위해서 여러가지 활동을 한다. 즉 제품을 만들기 위하여 원재료 등을 구입하는 구매 활동, 구입한 원재료를 가공하여 완제품을 만드는 생산활동, 완제품을 판매하는 판매활동, 이러한 활동을 지원하는 일반관리활동, 그리고 주영업목적 이외의 부수적인 활동 등을 수행하게 되며 이러한 기업의 모든 활동을 통해 이익이 창출된다.

수익(revenue)이란 일정기간 동안 기업이 **모든 활동을 통하여 벌어들인 수입**으로서 고객에게 상품을 판매하거나 서비스를 제공하고 받은 것으로서 자본을 증가시키는 것을 말한다.

수익에 대표적인 항목을 보면 다음과 같다.

상품매출	상품을 판매하고 받은 대가
(수입)임대료	부동산을 빌려 주고 받은 대가
이자수익	현금을 은행에 예금하거나, 타인에게 빌려주고 받은 이자

(5) 비 용

비용(expense)이란 **수익을 얻는 과정에서 소비 또는 지출한 경제가치**를 말한다. 즉, 비용은 수익을 얻기 위하여 소비·지출한 것으로서 기업의 자본을 감소시키는 원인이 된다. 비용에 대표적인 항목을 보면 다음과 같다.

상품매출원가	상품매출에 직접 대응되는 상품원가로서 회사가 구입한 상품의 원가
급여	종업원에게 지급하는 근로대가
(지급)임차료	부동산 등을 빌린 경우에 지급하는 월세
이자비용	은행에서 차입하거나 타인에게 돈을 빌리고 지급하는 이자
세금과공과금	국세, 지방세 등 세금과 각종 공과금
○○비	○○비는 대부분 비용에 해당한다.

(6) 이익(또는 손실)

경영성과

수익－비용＝손익(＝이익 또는 손실)

수익에서 비용을 차감한 결과를 말하며 이는 두 가지 결과로 나타난다.

① 이익 : 수익이 비용을 초과한 경우 → **순자산(자본) 증가의 결과를 가져온다.**

② 손실 : 비용이 수익을 초과한 경우 → **순자산(자본) 감소의 결과를 가져온다.**

예제 1-1 자산, 부채, 수익, 비용

다음 항목(계정과목)에 대해서 자산, 부채, 수익, 비용으로 구분하세요.

① 보통예금	( )	⑯ 상품매출	( )
② 상 품	( )	⑰ 상품매출원가	( )
③ 임차료	( )	⑱ 급 여	( )
④ 임대료	( )	⑲ 이자수익	( )
⑤ 외상매입금	( )	⑳ 단기대여금	( )
⑥ 이자비용	( )	㉑ 장기차입금	( )
⑦ 세금과공과	( )	㉒ 복리후생비	( )
⑧ 미지급금	( )	㉓ 기 부 금	( )
⑨ 접대비(기업업무추진비)	( )	㉔ 소 모 품	( )
⑩ 지급어음	( )	㉕ 토 지	( )
⑪ 임차보증금	( )	㉖ 소모품비	( )
⑫ 제 품	( )	㉗ 선 급 금	( )
⑬ 차량운반구	( )	㉘ 광고선전비	( )
⑭ 받을어음	( )	㉙ 선수금	( )
⑮ 외상매출금	( )	㉚ 여비교통비	( )

해답

① 보통예금	(자 산)	⑯ 상 품 매 출	(수 익)
② 상 품	(자 산)	⑰ 상품매출원가	(비 용)
③ 임차료	(비 용)	⑱ 급 여	(비 용)
④ 임대료	(수 익)	⑲ 이 자 수 익	(수 익)
⑤ 외상매입금	(부 채)	⑳ 단기대여금	(자 산)
⑥ 이자비용	(비 용)	㉑ 장기차입금	(부 채)
⑦ 세금과공과	(비 용)	㉒ 복리후생비	(비 용)
⑧ 미지급금	(부 채)	㉓ 기 부 금	(비 용)
⑨ 접대비(기업업무추진비)	(비 용)	㉔ 소 모 품	(자 산)
⑩ 지급어음	(부 채)	㉕ 토 지	(자 산)
⑪ 임차보증금	(자 산)	㉖ 소 모 품 비	(비 용)
⑫ 제 품	(자 산)	㉗ 선 급 금	(자 산)
⑬ 차량운반구	(자 산)	㉘ 광고선전비	(비 용)
⑭ 받을어음	(자 산)	㉙ 선 수 금	(부 채)
⑮ 외상매출금	(자 산)	㉚ 여비교통비	(비 용)

(7) 회계기간(회계연도)

기업의 경영활동은 시간의 흐름과 관계없이 지속적으로 진행된다.

그러므로 별도의 기간을 정하지 아니하면 기업의 주인인 주주에게 재무정보를 제공할 수 없다. 따라서 일정기간을 나누어야 하는데 이것을 회계기간이라고 한다.

일반적으로 기업은 1년을 단위로 회계기간을 나누어서 경영성과와 재무상태를 보고한다.

보통 1월 1일(기초)부터 12월 31일(기말)까지 1회계기간으로 한다.

또한 **상법과 세법, 기업회계기준에서의 회계연도는 1년을 초과하지 못하게 규정되어 있다.**

회계기간이 1월 1일부터 12월 31일까지라고 한다면

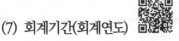

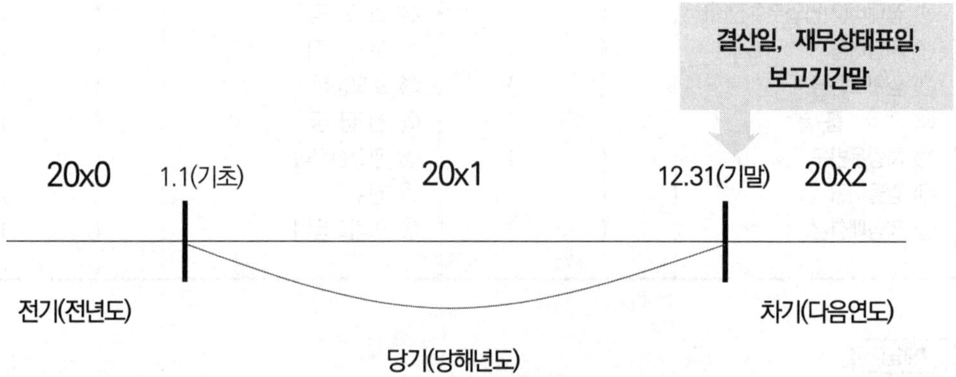

	전전기	전기	당기	차기	차차기
로그인 시리즈	20yo	20x0	**20x1**	20x2	20x3
	2021	2022	**2025**	2025	2025

(8) 회계단위

자산 · 부채 · 자본의 증감변화를 기록 · 계산하기 위한 **장소적 범위**로서, 기업은 경우에 따라서 본점과 지점 · 본사와 공장을 구별하여 각각 하나의 회계단위로 할 수도 있다.

(예) 삼성전자 수원사업장, 천안사업장, 평택사업장

연습문제

Financial Accounting Technician

회계정보처리 자격시험 2급

객관식

01. 다음 중 재무회계의 목적에 대해 잘못 설명하고 있는 사람은?

> • 상훈 : 경영자의 수탁책임 평가에 유용한 정보를 제공해
> • 예나 : 회사의 미래 현금흐름을 예측하는 데 유용한 정보를 제공해
> • 규민 : 종업원의 직무 설계와 업무배치에 필요한 정보를 제공해
> • 소원 : 투자자의 합리적 의사결정에 필요한 정보를 제공해

① 상훈　　② 예나
③ 규민　　④ 소원

02. 다음 중 재무회계의 목적에 대한 설명으로 옳지 않은 것은?

① 경영자의 수탁책임 평가에 유용한 정보를 제공한다.
② 미래 현금흐름을 예측하는데 유용한 정보를 제공한다.
③ 투자자가 합리적 의사결정을 하는데 유용한 정보를 제공한다.
④ 종업원의 업무 배치에 필요한 유용한 정보를 제공한다.

03. 다음 중 회계의 기본개념에 대한 설명으로 옳지 않은 것은?

① 기업의 외부 이해관계자는 주주와 채권자뿐이다.
② 재무제표 작성과 표시의 책임은 경영자에게 있다.
③ 회계는 회계정보이용자가 합리적 의사결정을 할 수 있도록 경제적 정보를 식별, 측정, 전달하는 정보시스템이다.
④ 회계는 정보이용자들이 경제적 자원의 배분과 관련된 의사결정을 하는데 도움이 되는 유용한 정보를 제공한다.

04. 다음 중 회계에 관한 설명으로 옳은 것은?

① 재무회계는 일반적으로 인정된 회계원칙을 적용한다.

② 관리회계는 주주와 투자자 및 채권자를 대상으로 정보를 제공한다.

③ 세무회계는 작성기준에 대하여 특별한 기준이나 일정한 원칙이 없다.

④ 관리회계는 과세관청을 위하여 정보를 제공한다.

05. 다음은 회계의 목적에 관한 대화이다. 바르게 설명하고 있는 학생을 모두 고른 것은?

제니 : 회계는 회계정보이용자의 합리적 의사결정에 유용한 정보를 제공해. 정국 : 회계정보이용자는 내부정보이용자와 외부정보이용자로 구분되지. 흥민 : 내부정보이용자는 기업 경영을 책임지는 경영자로 한정하고 있어. 연아 : 외부정보이용자 중 하나인 정부기관은 세금 부과를 위한 유용한 정보를 제공받아.

① 정국
② 흥민, 연아
③ 제니, 정국, 연아
④ 제니, 정국, 흥민, 연아

06. 다음 중 재무회계의 목적에 대한 설명으로 옳지 않은 것은?

① 경영자의 수탁책임 평가에 유용한 정보를 제공한다.

② 미래 현금흐름을 예측하는데 유용한 정보를 제공한다.

③ 종업원의 업무 배치에 필요한 유용한 정보를 제공한다.

④ 투자자가 합리적 의사결정을 하는데 유용한 정보를 제공한다.

07. 회계의 목적은 기업의 이해관계자에게 유용한 정보를 제공하는 것인데, 이해관계자가 필요로 하는 정보로 적절하지 않은 것은?

① 채권자 : 배당금이 얼마인지에 대한 정보

② 경영자 : 영업이익이 얼마인지에 대한 정보

③ 종업원 : 성과급을 얼마나 받을지에 대한 정보

④ 세무서 : 법인세를 얼마나 내는지에 대한 정보

08. 회계의 목적과 관련된 설명으로 옳은 것은?

① 내부이해관계자에게만 회계정보를 제공한다.

② 정부는 회계정보 이용자에 해당되지 않는다.

③ 외부이해관계자인 채권자에게만 회계정보를 제공한다.

④ 모든 회계정보 이용자들에게 유용한 회계정보를 제공한다.

09. 다음 중 재무제표의 기본요소에 대한 설명으로 옳지 않은 것은?

① 자산은 미래에 경제적 효익을 창출할 것으로 기대되는 자원이다.

② 자산은 현재 기업실체에 의해 지배되어야 한다.

③ 부채는 기업실체가 현재 시점에서 부담하여야 하는 경제적 의무이다.

④ 부채는 미래에 자원의 유입이 예상되는 권리이다.

연습 답안

Financial Accounting Technician

회계정보처리 자격시험 2급

객관식

1	2	3	4	5	6	7	8	9						
③	④	①	①	③	③	①	④	④						

[풀이 – 객관식]

01 종업원의 직무설계나 업무배치에 필요한 정보를 제공하는 것은 재무회계의 목적이 아니다.

02 종업원의 업무 배치에 필요한 정보제공은 재무회계의 목적에 해당하지 않는다.

03 기업의 **외부 이해관계자는 주주와 채권자, 정부, 노동조합, 잠재적 투자자, 일반대중 등으로 다양**하다.

04 ②번은 재무회계, ③번은 관리회계, ④번은 세무회계에 관한 내용이다.

05 내부정보이용자에는 **경영자를 비롯한 전체 임직원이 포함**된다.

06 종업원의 업무 배치에 필요한 정보제공은 재무회계의 목적에 해당하지 않는다.

07 **채권자는 이자 지급 능력과 원금 회수 능력에 대한 정보**를 필요로 한다.

08 회계의 목적은 내부이해관계자와 외부이해관계자의 의사결정에 유용한 기업실체에 대한 회계정보를 제공하는 것이다.

09 부채는 **미래에 자원의 유출 또는 사용이 예상되는 의무**이다.

제3절 재무제표란

1. 의의

재무제표란 기업의 이해관계자들에 대하여 기업의 경영활동에 대한 회계정보를 일정한 양식에 따라 전달하기 위한 회계보고서를 말한다. 재무제표는 회계의 최종적 산물로서, 기업의 재무상태와 경영성과를 기업의 이해관계자에게 전달해 줌으로써 그들의 경제적인 판단이나 의사결정에 도움을 주는 역할을 한다. 우리나라의 기업회계기준에서는 기업들이 기본적으로 작성해야 할 재무제표의 종류를 다음과 같이 다섯 가지로 규정하고 있다.

〈재무제표의 종류와 체계〉

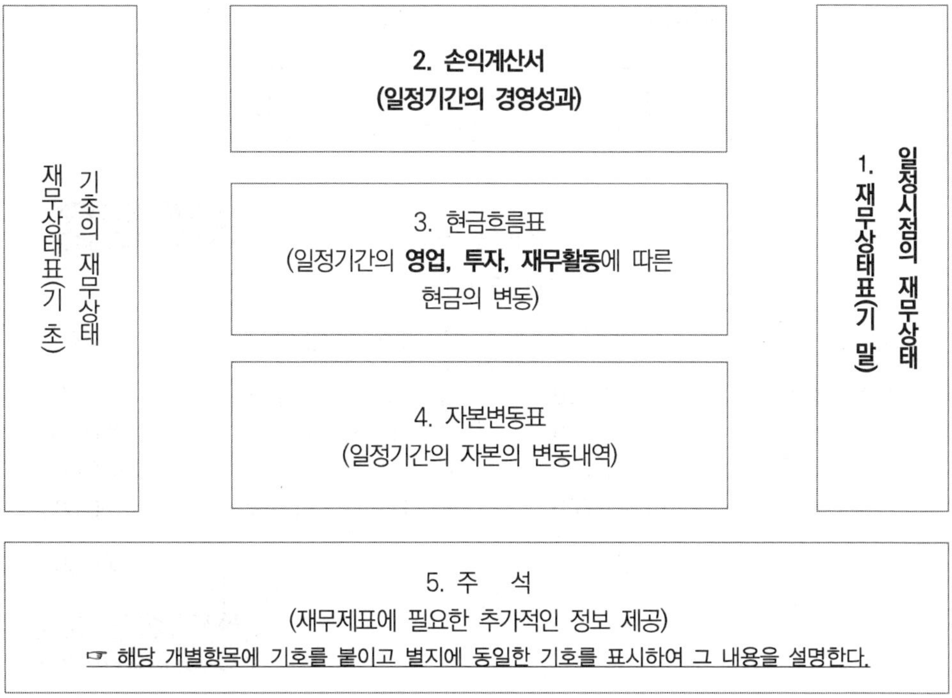
기초의 재무상태
재무상태표(기 초)
2. 손익계산서
(일정기간의 경영성과)
3. 현금흐름표
(일정기간의 영업, 투자, 재무활동에 따른 현금의 변동)
4. 자본변동표
(일정기간의 자본의 변동내역)
일정시점의 재무상태
1. 재무상태표(기 말)
5. 주 석
(재무제표에 필요한 추가적인 정보 제공)
☞ 해당 개별항목에 기호를 붙이고 별지에 동일한 기호를 표시하여 그 내용을 설명한다.

2. 재무상태표(대차대조표)

일반적으로 개인의 재산항목은 몇 개 되지 않으므로 재산목록을 작성하는데 큰 어려움은 없다. 그러나 기업은 수백 개 또는 수천 개의 자산을 가지고 있다. 기업이 모든 재산을 하나씩 써서 정리한다면 몇 백 장의 종이라도 모자랄 것이다.

따라서 기업의 재산을 나타낼 때에는 일정한 원리에 따라 체계적으로 나타낼 필요가 있다. 즉, 재무상태표(statement of financial position)는 일정시점에서 **기업의 재무상태인 자산과 부채 및 자본의 상태를 나타내는 회계보고서**를 말한다. 중소기업에서는 **대차대조표(balance sheet, B/S)**라고도 한다.

재무상태표 등식

자 산 = 부 채 + 자 본

(왼 쪽－차변) (오른쪽－대변)

자 산 (자금사용내역)	부 채	자금조달내역
	자 본	

(왼 쪽－차변) (오른쪽－대변)

재무상태표

레고상사 20X1년 12월 31일 현재 단위 : 원

일정시점

자 산	금 액	부채 및 자본	금 액
현금 및 현금성자산	350,000	외 상 매 입 금	550,000
상 품	400,000	단 기 차 입 금	800,000
비 품	900,000	자 본 금	1,600,000
건 물	1,350,000	**당 기 순 이 익**	50,000
	3,000,000		3,000,000

손익계산서에서 온다.

레고상사의 20×1년 12월 31일 현재 재무상태를 보면 현금 350,000원, 상품 400,000원, 비품 900,000원, 건물 1,350,000원의 자산과 외상매입금 550,000원, 단기차입금 800,000원의 부채, 그리고 자본금은 1,600,000원이며 20×1년 1월 1일부터 12월 31일까지의 순이익이 50,000원임을 알 수 있다.

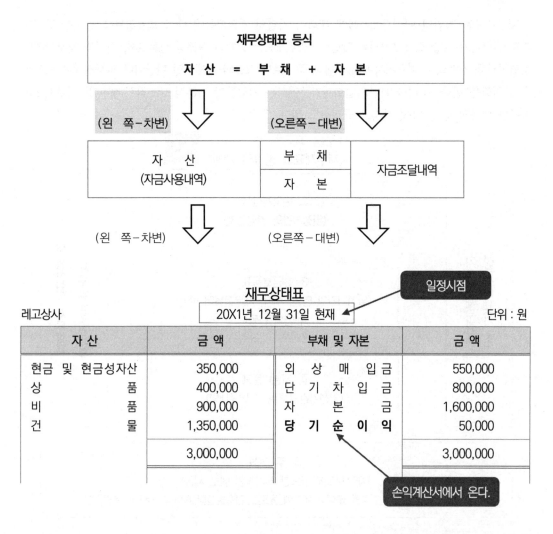

3. 손익계산서

손익계산서(income statement, I/S)는 일정기간 동안 기업의 경영성과를 나타내주는 재무보고서로, 기업의 경영활동으로부터 발생한 수익과 비용을 항목별로 분류하여 대응·표시함으로써 순손익을 계산하는 형식을 취하게 된다.

손익계산서는 한 회계기간 동안의 수익과 비용을 통하여 기업의 경영활동 과정과 순손익에 관한 정보를 제공해줄 뿐만 아니라 기초 및 기말시점의 재무상태의 변동원인에 대한 정보를 제공해준다.

즉, 손익계산서는 일정기간 동안 기업의 경영성과(수익, 비용, 손익)를 나타내주는 회계보고서를 말한다.

손익계산서 등식

총수익 - 총비용 = 순이익(순손실)

총비용 + 순이익 = 총수익

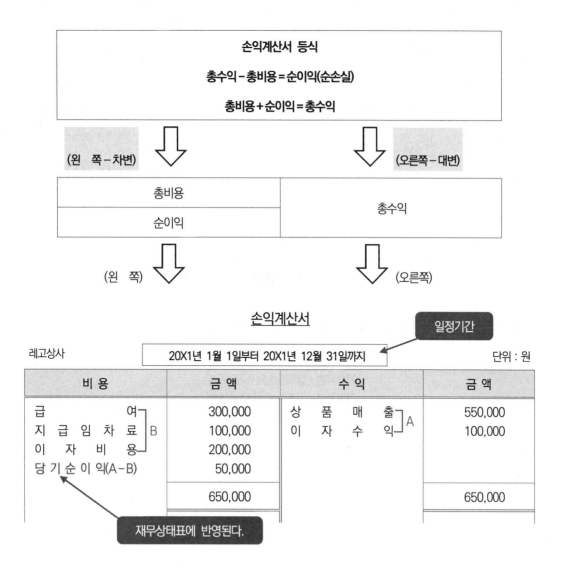

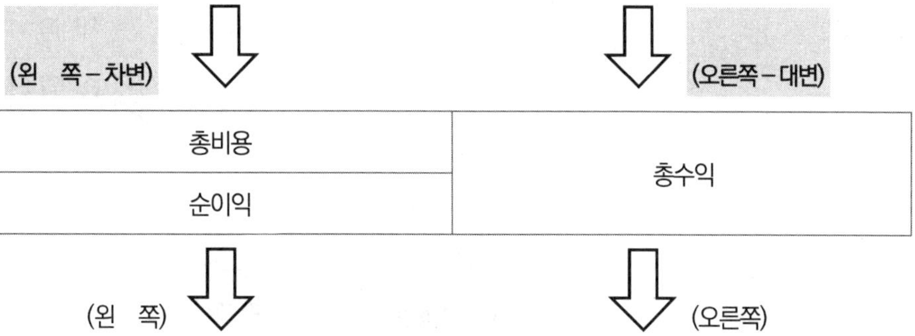

<u>손익계산서</u>

일정기간

레고상사 | 20X1년 1월 1일부터 20X1년 12월 31일까지 | 단위 : 원

비 용	금 액	수 익	금 액
급 여	300,000	상 품 매 출	550,000
지 급 임 차 료 (B)	100,000	이 자 수 익 (A)	100,000
이 자 비 용	200,000		
당 기 순 이 익(A-B)	50,000		
	650,000		650,000

재무상태표에 반영된다.

레고상사의 20×1년 1월 1일부터 20×1년 12월 31일까지 상품매출 550,000원과 이자수익 100,000원이 발생되었고, 수익에 대한 비용으로 급여 300,000원, 임차료 100,000원, 이자비용 200,000원의 비용이 발생하여 20×1년도 1년간 50,000원의 당기순이익이 계산되었다.

4. 재무상태표와 손익계산서의 관계

재무상태표는 일정시점의 회사의 재무상태를 손익계산서는 일정기간 동안의 경영성과를 나타낸다. 따라서 기초의 재무상태표에서 출발하여 1년 동안의 경영성과를 나타내는 손익계산서를 작성하게 되고 그 손익계산서를 토대로 기말 재무상태표가 작성되게 되는 것이다.

〈기초 재무상태표〉 ⇨ 〈기말 재무상태표〉

차 변	대 변
자산 2억원	부 채 : 1억원
	자본금 : 1억원

⇧

차 변	대 변
자산 3억원	부 채 : 1억원
	자본금 : 1억원
	순이익 : 1억원

〈1년간 손익계산서〉

수익 : 3억원

(−)비용 : 2억원

이익 : 1억원

1년간 경영성과

만약 추가적인 자본출자가 없다면 아래와 같은 식이 성립된다.

기초자본 + 당기순손익 = 기말자본

기말자본 − 기초자본 = 당기순손익

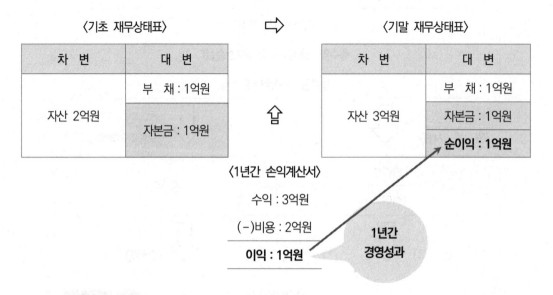

예제 1-2 재무상태표와 손익계산서의 관계

레고상사의 20×1년 12월 31일 현재(기말) 재무상태와 경영성과는 다음과 같다. 20×1년 1월 1일 (기초) 자산 총액이 5,000,000원, (기초) 부채 총액이 3,000,000원이었다면 기말 자본 총액과 기말 부채 총액을 계산하시오.

- 자산총액 : 8,000,000원
- 부채총액 : ?
- 수익총액 : 3,000,000원
- 비용총액 : 2,000,000원

해답

〈기초 재무상태표〉 ⇨ 〈기말 재무상태표〉

〈기초 재무상태표〉

차 변	대 변
자산 5,000,000	부 채 : 3,000,000
	자 본 : 2,000,000

⇧

〈기말 재무상태표〉

차 변	대 변
자산 8,000,000	**부채 : 5,000,000**
	자본 : 3,000,000

〈1년간 손익계산서〉

수익 : 3,000,000

(−)비용 : 2,000,000

이익 : 1,000,000

5. 재무상태표 작성기준

재 무 상 태 표

레고상사 20X1년 12월 31일 현재 단위 : 원

과　　　목	금　　액	과　　　목	금　　액
자　　　　　산		부　　　　채	
Ⅰ. 유동자산		Ⅰ. 유동부채	
(1) 당좌자산		Ⅱ. 비유동부채	
…		부 채 총 계	
(2) 재고자산			
		자　　　　본	
Ⅱ. 비유동자산		Ⅰ. 자 본 금	
(1) 투자자산			
(2) 유형자산			
(3) 무형자산			
(4) 기타비유동자산		자 본 총 계	
자 산 총 계		부 채 와　자 본 총 계	

> **법인기업**
> 1. 자본금
> 2. 자본잉여금
> 3. 자본조정
> 4. 기타포괄손익 누계액
> 5. 이익잉여금

1. 구분표시의 원칙	재무상태표상에 자산·부채 및 자본을 종류별, 성격별로 적절히 분류하여 일정한 체계 하에 구분·표시함으로써 기업의 재무상태를 명확히 표시할 수 있도록 작성하여야 한다는 것을 말한다.
2. 1년 기준	자산과 부채는 결산일 현재 **1년 또는 정상적인 영업주기**를 기준으로 구분, 표시 → 자산(부채) 중 1년 내에 현금화(지급할)되는 것에 대해서 유동자산(유동부채)로 분류하고 그렇지 않은 것은 비유동자산(비유동부채)로 표시한다. ☞ 장·단기의 구분 : 보고기간말로부터 1년 이내일 경우 단기, 1년 이후일 경우 장기로 구분한다.
3. 유동성배열	**자산, 부채는 환금성이 빠른 순서로 배열**한다. 따라서 재무상태표의 자산은 당좌자산, 재고자산, 투자자산, 유형자산, 무형자산, 기타 비유동자산의 순서로 배열한다.
4. 총액주의	자산, 부채는 순액으로 표기하지 아니하고 총액으로 기재한다. **[자산항목과 부채항목간의 상계금지]** (예) 당좌예금(자산)과 당좌차월(부채), 외상매출금(자산)과 선수금(부채) ☞ 상계 : 채권자와 채무자가 동종의 채권·채무를 가지는 경우에 그 채권과 채무를 비슷한 금액에 있어서 소멸시키는 의사표시를 말한다.

5. **미결산항목 및 비망계정(가수금, 가지급금 등)**은 그 내용을 나타내는 적절한 계정과목으로 표시하고 **재무제표상 표시해서는 안된다.**

　　☞ 비망(memorandum)계정 : 어떤 거래의 발생을 잠정적으로 기록하는 계정으로 향후 확정되면 대체된다.

예제 1-3 유동 · 비유동의 구분

레고상사는 스마트 폰을 구입하여 판매하는 기업이다. 다음 자산, 부채에 대해서 유동인지 비유동인지 구분하시오.

① 보통예금	(　　)	⑪ 임차보증금(임차기간 2년)	(　　)
② 상　　품	(　　)	⑫ 건　　물	(　　)
③ 선 수 금	(　　)	⑬ 차량운반구	(　　)
④ 단기대여금	(　　)	⑭ 받을어음	(　　)
⑤ 외상매입금	(　　)	⑮ 외상매출금	(　　)
⑥ 장기차입금	(　　)	⑯ 원 재 료	(　　)
⑦ 소 모 품	(　　)	⑰ 정기예금(만기6개월)	(　　)
⑧ 미지급금	(　　)	⑱ 정기적금(만기 2년)	(　　)
⑨ 선 급 금	(　　)	⑲ 미 수 금	(　　)
⑩ 지급어음	(　　)	⑳ 토　　지	(　　)

해답

원칙적으로 보고기간말(결산일)을 기준으로 1년 이내이면 유동, 1년 초과이면 비유동으로 구분한다.

	유동/비유동	판 단
① 보통예금	유동	보통예금은 수시로 현금화가 가능하다.
② 상 품	유동	판매과정을 거쳐 1년 이내에 현금화가 된다.
③ 선 수 금	유동	계약금은 일반적으로 1년 이내에 계약이 완료된다.
④ 단기대여금	유동	
⑤ 외상매입금	유동	일반적으로 1년 이내에 채무를 변제한다.
⑥ 장기차입금	비유동	
⑦ 소 모 품	유동	1년 이내 소모될 것으로 예상되는 자산이다.
⑧ 미지급금	유동	일반적으로 1년 이내에 채무를 변제한다.
⑨ 선 급 금	유동	계약금은 일반적으로 1년 이내에 계약이 완료된다.
⑩ 지급어음	유동	일반적으로 1년 이내에 채무를 변제한다.
⑪ 임차보증금 (임차기간 2년)	비유동	임차기간이 2년이므로 비유동자산에 해당한다.
⑫ 건 물	비유동	1년을 초과하여 사용할 것이 예상되는 자산이다.
⑬ 차량운반구	비유동	1년을 초과하여 사용할 것이 예상되는 자산이다.
⑭ 받을어음	유동	1년 이내에 현금화가 된다.
⑮ 외상매출금	유동	1년 이내에 현금화가 된다.
⑯ 원 재 료	유동	제조와 판매과정을 거쳐 1년 이내에 현금화가 된다.
⑰ 정기예금 (만기6개월)	유동	1년 이내에 현금화가 된다.
⑱ 정기적금 (만기 2년)	비유동	1년 이후에 현금화가 된다.
⑲ 미 수 금	유동	1년 이내에 현금화가 된다.
⑳ 토 지	비유동	1년을 초과하여 사용할 것이 예상되는 자산이다.

6. 손익계산서 작성기준

손익계산서

레고상사 20X1년 1월 1일부터 20X1년 12월 31일까지 단위 : 원

과 목	금 액
Ⅰ. 매 출 액 Ⅱ. 매 출 원 가 Ⅲ. 매출총이익(Ⅰ - Ⅱ) Ⅳ. 판매비와 관리비 Ⅴ. 영업이익(영업손실)(Ⅲ - Ⅳ)	**영업관련(상거래) - 계속 · 반복 (회사의 고유목적사업)**
Ⅵ. 영업외수익 Ⅶ. 영업외비용	**영업외 - 일시 · 우발 (부수적인 수익 또는 비용)**
Ⅷ. 소득세비용차감전순이익(Ⅴ + Ⅵ - Ⅶ) Ⅸ. 소득세비용 Ⅹ. 당기순이익(당기순손실)(Ⅷ - Ⅸ) Ⅺ. 주당순손익	

☞ **영업수익은 매출액이고 영업비용은 매출원가와 판매비와 관리비가 해당한다.**

1. 구분계산의 원칙	손익은 매출총손익, 영업손익, 소득세(법인세)비용차감전순손익, 당기순손익, 주당순손익으로 구분하여 표시한다. **손익계산서는 영업관련손익, 영업외손익을 구분한다.**
2. 발생기준 (수익, 비용)	현금주의란 현금을 수취한 때 수익으로 인식하고 지출한 때 비용으로 인식하는 것을 말하는데, **발생주의란 현금 유 · 출입시점에 관계없이 당해 거래나 사건이 발생한 기간에 수익 · 비용을 인식하는 방법**을 말한다.
3. 실현주의(수익)	수익은 **실현시기(원칙 : 판매시점)**를 기준으로 계상한다. 즉, 수익은 ① 경제적 효익의 유입가능성이 매우 높고 ② 그 효익을 신뢰성있게 측정할 수 있을 때 수익을 인식하는 것을 의미한다.
4. 수익비용대응의 원칙(비용)	비용은 관련수익이 인식된 기간에 인식한다. 즉 비용은 수익을 창출하기 위하여 발생된 비용을 관련된 수익이 인식된 기간에 대응시켜야 한다는 원칙이다.
5. 총액주의	**수익과 비용은 총액으로 기재**한다. 대표적인 예로 이자수익과 이자비용을 상계하지 말고 영업외수익, 영업외비용으로 각각 기재하여야 한다.

예제 1-4 영업관련 · 영업외의 구분

레고상사는 스마트 폰을 구입하여 판매하는 기업이다. 다음의 수익과 비용에 대해서 **"영업수익"**, **"영업외수익"**, **"영업비용"**, **"영업외비용"**으로 구분하시오.

	구 분	판 단
① (지급)임차료(매장임차)	(　　　)	
② 이자비용	(　　　)	
③ 세금과공과	(　　　)	
④ 접대비(기업업무추진비)	(　　　)	
⑤ 상품매출원가	(　　　)	
⑥ 수도광열비	(　　　)	
⑦ 소모품비	(　　　)	
⑧ 보험차익(보험금수익)	(　　　)	
⑨ 광고선전비	(　　　)	
⑩ 여비교통비	(　　　)	
⑪ 임대료(일시적 임대)	(　　　)	
⑫ 급　　여	(　　　)	
⑬ 이자수익	(　　　)	
⑭ 복리후생비	(　　　)	
⑮ 상품매출	(　　　)	
⑯ 유형자산처분손실(승용차)	(　　　)	
⑰ 도서인쇄비	(　　　)	
⑱ 통 신 비	(　　　)	
⑲ 기부금	(　　　)	
⑳ 교육훈련비	(　　　)	

해답

회사의 고유목적사업(상품매매업)을 위한 수익과 비용은 영업관련이고, 이외는 영업외거래이다.

	구 분	판 단
① (지급)임차료	영업비용	판매장 임차는 영업관련 비용이다.
② 이 자 비 용	영업외비용	차입금에서 발생되는 이자비용은 회사의 고유목적사업과 무관하다. 그러나 금융업일 경우 영업비용에 해당한다.
③ 세금과공과	영업비용	
④ 접대비 (기업업무추진비)	영업비용	상품의 판매촉진을 위한 거래처 접대(기업업무추진)는 영업관련 비용이다.
⑤ 상품매출원가	영업비용	상품판매에 대응되는 원가로서 영업관련 비용이다.
⑥ 수도광열비	영업비용	수도요금,전기요금 등은 영업관련 비용이다.
⑦ 소 모 품 비	영업비용	사무용소모품 등은 영업관련 비용이다.
⑧ 보 험 차 익 (보험금수익)	영업외수익	재해등으로 수령한 보험금은 회사의 고유목적사업과 무관하다.
⑨ 광고선전비	영업비용	상품판매에 대한 광고비는 영업관련 비용이다.
⑩ 여비교통비	영업비용	출장비, 교통비는 영업관련 비용이다.
⑪ 임대료	영업외수익	회사의 고유목적사업과 무관하다. 그러나 부동산임대업이면, 영업수익에 해당한다.
⑫ 급 여	영업비용	종업원에 대한 인건비는 영업관련 비용이다.
⑬ 이 자 수 익	영업외수익	예금 등에서 발생되는 이자수익은 회사의 고유목적사업과 무관하다. 그러나 금융업일 경우 영업수익에 해당한다.
⑭ 복리후생비	영업비용	종업원에 대한 복리후생비는 영업관련 비용이다.
⑮ 상 품 매 출	영업수익	상품판매에 대한 수입으로서 영업관련 수익이다.
⑯ 유형자산처분손실 (승용차)	영업외비용	재고자산(상품)이외의 자산처분으로 발생한 손실은 영업과 무관하다.
⑰ 도서인쇄비	영업비용	도서구입관련비용은 영업관련 비용이다.
⑱ 통 신 비	영업비용	전화요금 등은 영업관련 비용이다.
⑲ 기 부 금	영업외비용	업무와 관계없이 무상으로 제공하는 것이다.
⑳ 교육훈련비	영업비용	임직원을 위한 교육비는 영업관련 비용이다.

연습문제

객관식

01. 다음 중 손익계산서와 관련된 설명으로 옳지 않은 것은?

① 일정기간의 경영성과를 나타내는 보고서이다.

② 재화를 판매하는 경우 일반적으로 대금이 회수될 때 수익을 인식한다.

③ 수익과 비용은 총액기준에 따라 보고하는 것을 원칙으로 한다.

④ 소득세비용은 영업이익에 영향을 미치지 않는다.

02. 다음 중 재무상태표 작성기준으로 옳은 것은?

① 자산과 부채는 분기나 반기, 혹은 1년을 기준으로 유동과 비유동으로 구분한다.

② 자산과 부채는 유동성이 작은 항목부터 배열한다.

③ 자산과 부채는 원칙적으로 상계하여 표시한다.

④ 비유동자산은 투자자산, 유형자산, 무형자산, 기타비유동자산으로 구분한다.

03. 다음 중 재무제표의 기본요소에 대한 설명으로 옳지 않은 것은?

① 자산은 현재 기업실체에 의해 통제 가능해야 한다.

② 자산은 미래에 경제적 효익을 창출할 것으로 기대되는 자원이다.

③ 부채는 미래에 자원의 유입이 예상되는 권리이다.

④ 부채는 기업실체가 현재 시점에서 부담하여야 하는 경제적 의무이다.

04. 다음 설명에 해당하는 재무제표는?

- 유동성배열법에 따라 작성한다.
- 자산, 부채, 자본으로 구분하여 표시한다.
- 일정 시점 현재 기업의 재무상태를 나타내는 보고서이다.

① 손익계산서 ② 자본변동표 ③ 재무상태표 ④ 현금흐름표

05. 다음 중 손익계산서에 대한 설명으로 옳지 않은 것은?

① 일정 기간 동안 기업의 경영성과에 대한 정보를 제공하는 재무보고서이다.

② 기업의 미래현금흐름과 수익창출능력 등의 예측에 유용한 정보를 제공한다.

③ 수익과 비용은 원칙적으로 각각 상계하여 순액으로 보고하는 것을 원칙으로 한다.

④ 영업손익은 매출총손익에서 판매비와관리비를 가감하여 산출한다.

06. 다음 중 재무제표의 의의 및 작성기준으로 옳지 않은 것은?

① 재무상태표는 일정 시점 현재 기업실체가 보유하고 있는 경제적 자원인 자산과 경제적 의무인 부채, 그리고 자본에 대한 정보를 제공하는 재무보고서이다.

② 손익계산서는 일정기간 동안 기업실체의 경영성과에 대한 정보를 제공하는 재무보고서이다

③ 자산과 부채는 유동성이 낮은 항목부터 배열하는 것을 원칙으로 한다.

④ 자산과 부채는 상계하여 표시하지 않고 총액으로 표시하는 것을 원칙으로 한다.

07. 다음 중 재무상태표에 대한 설명으로 옳지 않은 것은?

① 결산일 현재 조달된 자금의 원천에 대한 정보를 제공한다.

② 결산일 현재 조달된 자금의 사용내역에 대한 정보를 제공한다.

③ 결산일 현재 자산, 부채, 자본 및 매출액에 대한 정보를 제공한다.

④ 재무상태표 계정과목의 전기 말 잔액과 당기 초 잔액은 동일하다.

08. 다음 중 손익계산서에 대한 설명으로 옳은 것은?

① 일정 기간 기업실체의 경영성과에 대한 정보를 제공하는 재무보고서이다.

② 일정 시점 현재 기업실체가 보유하고 있는 경제적 자원인 자산과 경제적 의무인 부채, 그리고 자본에 대한 정보를 제공하는 재무보고서이다.

③ 일정 기간 기업실체에 대한 현금유입과 현금유출에 대한 정보를 제공하는 재무보고서이다.

④ 기업실체에 대한 자본의 크기와 그 변동에 관한 정보를 제공하는 재무보고서이다.

09. 다음 중 재무회계에 대한 설명으로 옳지 않은 것은?

① 일반적으로 인정된 회계기준에 따라 작성되어야 한다.

② 일정 시점의 재무상태를 나타내는 정태적보고서는 재무상태표이다.

③ 재무제표는 재무상태표, 손익계산서, 현금흐름표, 자본변동표로 구성되며 주석을 포함한다.

④ 외부이해관계자를 제외한 경영자에게 유용한 정보를 제공하기 위한 것이 목적이다.

10. 다음 중 회계에 대한 설명으로 옳지 않은 것은?

① 회계의 목적은 회계정보 이용자의 경제적 의사결정에 유용한 정보를 제공하는 것이다.

② 회계는 경영자가 기업경영에 대한 수탁책임을 성실히 수행하였는가에 대한 정보를 제공한다.

③ 기업 외부 이해관계자에 투자자와 채권자는 포함되나, 조세당국과 감독·규제기관은 포함되지 않는다.

④ 재무제표는 재무상태표, 손익계산서, 자본변동표, 현금흐름표로 구성되며 주석을 포함한다.

11. 다음 중 재무상태표에 대한 설명으로 옳은 것은?

① 일정기간 동안 발생한 기업의 경영성과에 대한 정보를 제공하는 재무제표

② 일정시점에 기업이 보유하고 있는 자산, 부채 및 자본에 대한 정보를 제공하는 재무제표

③ 일정기간 동안 발생한 자본의 변동을 표시하는 재무제표

④ 일정기간 동안 기업의 현금유입과 유출에 대한 정보를 제공하는 재무제표

12. 다음 중 재무상태표에 대한 설명으로 옳지 않은 것은?

① 재무상태표 작성시 자산은 유동자산과 비유동자산으로 구분한다.

② 재무상태표 작성시 부채는 유동부채와 비유동부채로 구분한다.

③ 자산과 부채는 유동성이 작은 항목부터 배열하는 것을 원칙으로 한다.

④ 재무상태표는 일정 시점 현재 기업이 보유하고 있는 자산, 부채, 자본에 관한 정보를 제공한다.

MEMO

연습 답안

Financial Accounting Technician

회계정보처리 자격시험 1급

객관식

1	2	3	4	5	6	7	8	9	10	11	12			
②	④	③	③	③	③	③	①	④	③	②	③			

[풀이 – 객관식]

01 재화를 판매시 **실현주의에 따라 재화를 인도시 수익을 인식**한다.

02 ① 자산과 부채는 **1년 또는 정상적인 영업주기를 기준**으로 유동과 비유동으로 구분한다.
② 자산과 부채는 **유동성이 큰 항목부터 배열**한다.
③ 자산과 부채는 상계하지 않고 총액**(총액주의)**으로 표시하는 것이 원칙이다.

03 부채는 **미래에 자원의 유출 또는 사용이 예상되는 의무**이다.

04 재무상태표는 일정 시점 현재 기업의 자산, 부채, 자본에 대한 정보를 제공하는 보고서로서, **유동성이 큰 항목부터 배열하는 것을 원칙**으로 한다.

05 **수익과 비용은 각각 총액으로 보고**하는 것을 원칙으로 한다.

06 **자산과 부채는 유동성이 큰 항목부터 배열하는 것을 원칙**(유동성배열법)으로 한다.

07 매출액은 손익계산서에서 제공하는 정보이다.

08 ② 재무상태표, ③ 현금흐름표, ④ 자본변동표

09 재무회계의 목적은 **내부 · 외부 이해관계자 모두에게 유용한 정보**를 제공하는 것이다.

10 회계정보 이용자에는 재무분석가나 신용평가기관, 조세당국과 감독 · 규제기관도 포함된다.

11 재무상태표는 기업의 **일정시점의 자산, 부채 및 자본에 대한 정보**를 제공한다.

12 자산과 부채는 **유동성이 큰 항목부터 배열하는 것을 원칙**으로 한다.

제4절 회계의 기록

1. 회계의 기록대상 - 거래

거래란 기업의 경영활동에서 자산·부채·자본에 증감변화를 가져오는 모든 사항을 말하는데, 회계상 거래로 인식하기 위해서는

① **회사의 재산상태(자산·부채·자본)에 영향을 미쳐야 하고**

② **그 영향을 금액으로 측정가능하여야 한다.**

주의할 점은 회계상 거래와 경영활동에서 사용하는 거래의 의미가 반드시 일치하지 않는다는 점이다.

<u>〈일반적인 거래와 회계상 거래〉</u>

<table>
<tr><th colspan="2">회계상의 거래</th><th></th></tr>
<tr><th></th><th colspan="2">일반적인 거래</th></tr>
<tr><td>• 화재, 도난, 분실 등
• 재고자산의 파손</td><td>• 상품의 판매와 구입
• 자산의 매매
• 자금 대여 및 차입</td><td>• 상품의 주문
• 고용계약
• 약속 등</td></tr>
</table>

2. 거래요소의 결합관계

(1) 거래의 이중성

회계상의 모든 거래는 원인과 결과라는 두 가지 속성이 함께 들어 있는데 이를 거래의 이중성 또는 양면성이라 한다. 회계상의 모든 거래는 차변요소와 대변요소로 결합되어 이루어진다.

그리고 차변요소의 금액과 대변요소의 금액도 항상 같다.

즉, 단식부기와 달리 복식부기에서는 하나의 <u>**회계상 거래가 발생하면 반드시 왼쪽(차변)과 동시에 오른쪽(대변)에 기입한다.**</u>

(2) 거래의 8요소와 결합관계

기업에서 발생하는 거래형태는 여러 가지가 있으나 결과적으로 자산의 증가와 감소, 부채의 증가와 감소, 자본의 증가와 감소, 수익과 비용의 발생이라는 8개의 요소로 결합된다. 이것을 거래의 8요소라고 한다.

<ins>〈재무상태표+손익계산서〉 (시산표)</ins>

차 변		대 변	
자산	⇧	부채	⇧
		자본	⇧
비용	⇧	수익	⇧
계	×××	계	×××

차변과대변은 언제나 일치한다.

재무상태표와 손익계산서를 합친표를 시산표라 하는데, 차변에는 자산, 비용 대변에는 부채, 자본, 수익을 기재한다. **따라서 자산의 증가는 차변에 기재하고 마찬가지로 자산의 감소는 대변에 기재하게 되는데 이러한 것을 조합하면 거래의 8요소**가 된다.

대차평균(대차균형)의 원리

거래가 발생하면 <ins>거래의 이중성</ins>에 의하여 차변과 대변에 기입되고, 금액도 일치하게 되며, 아무리 많은 거래가 발생하더라도 계정전체를 통하여 본다면 차・대변 합계액은 일치하게 되는데 이것을 대차평균의 원리라 한다. 이 대차평균의 원리에 의하여 <ins>복식회계는 자기검증 기능</ins>을 갖게 된다.

<ins>거래 8요소의 결합관계</ins>

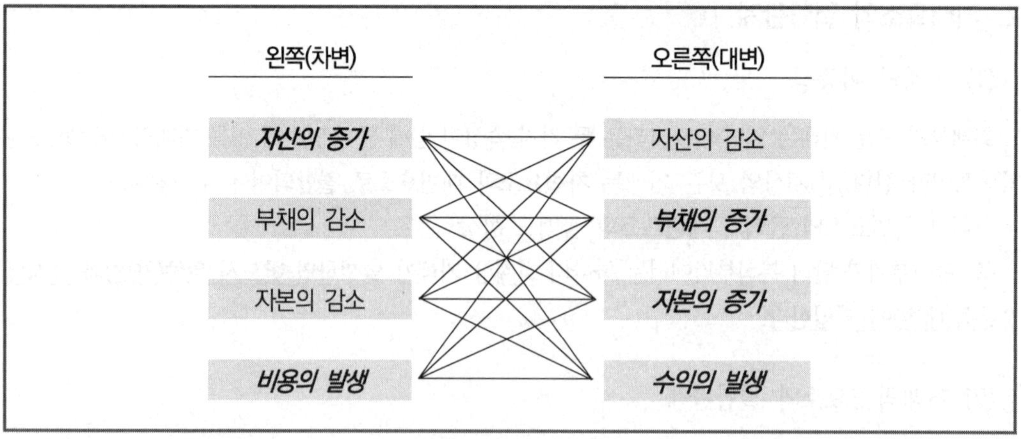

이론적으로 거래요소의 차변과 대변의 결합 형태는 총 16가지이다. 그러나 차변요소끼리만 결합하거나 대변요소끼리만 결합하는 경우는 발생하지 않는다는 것을 주의해야 한다.

〈거래의 8요소의 구체적 사례〉

회계상 거래	차 변		대 변	
1. 차량을 취득하고 현금을 100,000원 지급하다.	자산증가(차량)	100,000	자산감소(현금)	100,000
2. 토지를 50,000원에 매각하고 다음달에 받기로 하다	자산증가(받을권리)	50,000	자산감소(토지)	50,000
3. 은행으로부터 빌린 돈 10,000원을 현금으로 상환하다	부채감소(차입금)	10,000	자산감소(현금)	10,000
4. 상품을 10,000원어치 구입하고 다음달에 지급하기로 하다.	자산증가(상품)	10,000	부채증가(지급의무)	10,000
5. 건물을 임대하고 임대료 50,000원을 현금으로 받다.	자산증가(현금)	50,000	수익발생(임대료)	50,000
6. 종업원 급여 5,000원을 현금지급하다	비용발생(급여)	5,000	자산감소(현금)	5,000

3. 계정 및 계정과목

기업의 자산·부채·자본의 증감 변화를 항목별로 세분하여 기록·계산·정리하는 구분단위로서 회사에서 일어나는 거래들 중 유사한 것들만 모아서 분류해놓은 것을 계정이라 하고, 현금계정, 상품계정 등과 같이 계정에 붙이는 이름을 계정과목이라고 한다.

(1) 계정의 분류

재무상태표 계 정	자산계정	현금, 매출채권(외상매출금, 받을어음), 미수금, 대여금, 상품, 건물, 임차보증금 등
	부채계정	매입채무(외상매입금, 지급어음), 미지급금, 차입금, 임대보증금 등
	자본계정	자본금 등
손익계산서 계 정	수익계정	상품매출, 이자수익, 임대료 등
	비용계정	상품매출원가, 이자비용, 임차료, 급여, 여비교통비 등

(2) 계정의 기입방법

① 재무상태표 계정의 기입방법

자산의 증가는 재무상태표 계정의 왼쪽(차변)에 자산의 감소는 오른쪽(대변)에 기입하고, 부채와 자본 계정은 반대로 기입하면 된다.

결국 자산 계정의 잔액은 재무상태표의 자산에 부채 · 자본 계정의 잔액은 재무상태표의 부채 · 자본에 표시된다.

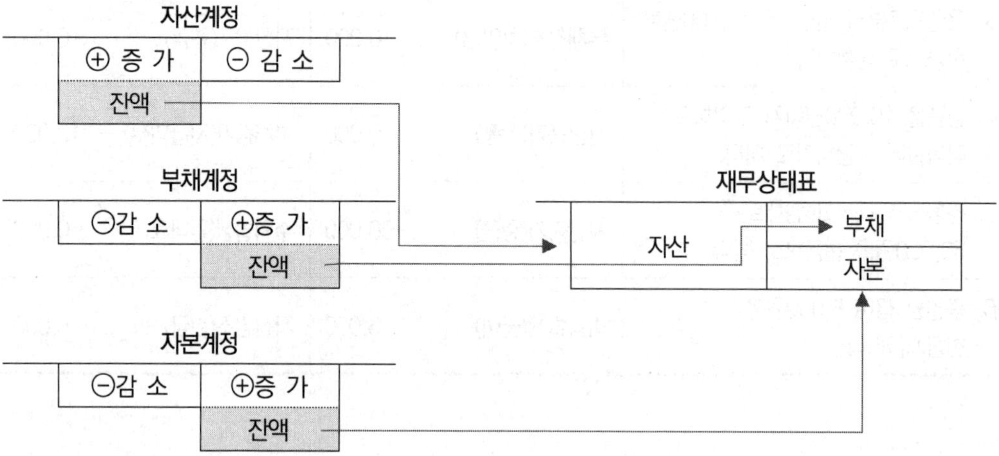

② 손익계산서 계정의 기입방법

수익의 증가는 재무상태표 계정 오른쪽(대변)에 소멸은 왼쪽(차변)에 기입하고, 비용 계정은 반대로 기입하면 된다. 결국 수익 계정의 잔액은 손익계산서의 수익에, 비용계정의 잔액은 손익계산서의 비용에 표시된다.

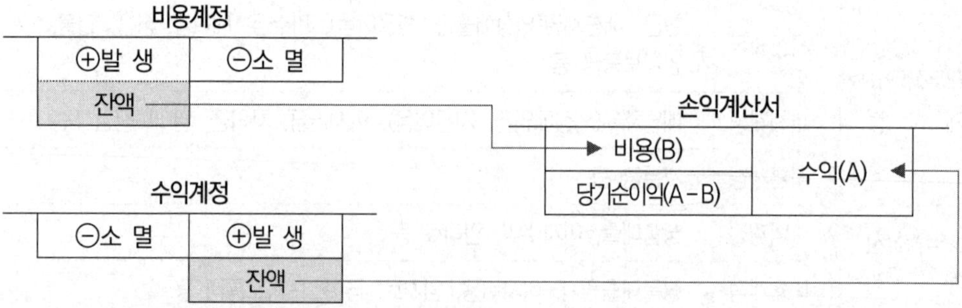

따라서 <u>수익>비용이면 당기순이익</u>

<u>수익<비용이면 당기순손실</u>이 된다.

이와 같이 계정기록방법을 요약하면
① 자산의 증가는 차변, 감소는 대변에
② 부채(자본)의 증가는 대변, 감소는 차변에
③ 수익의 발생은 대변, 소멸은 차변에
④ 비용이 발생은 차변, 소멸은 대변에

결국 거래의 8요소에 따라 회계상 거래를 계정에 기록하면 된다.

예제 1-5 계정의 기입 (차 · 대변)

레고상사는 스마트 폰을 구입하여 판매하는 기업이다. 다음 계정에 대해서 차변에 기입할지, 대변에 기입할지를 판단하시오.

계정 증감	차 · 대변	계정 증감	차 · 대변
① 현금의 증가		⑲ 미수금의 증가	
② 상품의 구입		⑳ 토지의 처분	
③ 선수금의 수취		㉑ 임차료의 발생	
④ 대여금의 증가		㉒ 이자비용의 발생	
⑤ 외상매입금의 감소		㉓ 지급어음의 감소	
⑥ 차입금 감소		㉔ 접대비(기업업무추진비)의 발생	
⑦ 소모품 증가		㉕ 상품매출원가의 발생	
⑧ 미지급금의 감소		㉖ 여비교통비의 발생	
⑨ 선급금의 지급		㉗ 급여의 발생	
⑩ 지급어음의 발행		㉘ 통신비의 발생	
⑪ 임차보증금의 증가		㉙ 현금의 감소	
⑫ 건물의 구입		㉚ 차입금의 증가	
⑬ 차량운반구의 처분		㉛ 선수금의 감소	
⑭ 받을어음의 수취		㉜ 기부금의 발생	
⑮ 외상매출금의 감소		㉝ 임대료의 발생	
⑯ 상품매출의 발생		㉞ 유형자산처분손실의 발생	
⑰ 정기예금의 불입		㉟ 교육훈련비 소멸	
⑱ 이자수익의 발생		㊱ 비품의 매각	

해답

계정 증감	판 단	차 · 대변
① 현금의 증가	현금(자산)의 증가	차변
② 상품의 구입	상품(자산)의 증가	차변
③ 선수금의 수취	선수금(계약금 수취-부채)의 증가	대변
④ 대여금의 증가	대여금(자산)의 증가	차변
⑤ 외상매입금의 감소	외상매입금(부채)의 감소	차변
⑥ 차입금 감소	차입금(부채)의 감소	차변
⑦ 소모품 증가	소모품(자산)의 증가	차변
⑧ 미지급금의 감소	미지급금(부채)의 감소	차변
⑨ 선급금의 지급	선급금(계약금 지급-자산)의 증가	차변
⑩ 지급어음의 발행	지급어음(부채)의 증가	대변
⑪ 임차보증금의 증가	임차보증금(자산)의 증가	차변
⑫ 건물의 구입	건물(자산)의 증가	차변
⑬ 차량운반구의 처분	차량운반구(자산)의 감소	대변
⑭ 받을어음의 수취	받을어음(자산)의 증가	차변
⑮ 외상매출금의 감소	외상매출금(자산)의 감소	대변
⑯ 상품매출의 발생	상품매출(수익)의 발생	대변
⑰ 정기예금의 불입	정기예금(자산)의 증가	차변
⑱ 이자수익의 발생	이자수익(수익)의 발생	대변
⑲ 미수금의 증가	미수금(자산)의 증가	차변
⑳ 토지의 처분	토지(자산)의 감소	대변
㉑ 임차료의 발생	임차료(비용)의 발생	차변
㉒ 이자비용의 발생	이자비용(비용)의 발생	차변
㉓ 지급어음의 감소	지급어음(부채)의 감소	차변
㉔ 접대비(기업업무추진비)의 발생	접대비(기업업무추진비)(비용)의 발생	차변
㉕ 상품매출원가의 발생	상품매출원가(비용)의 발생	차변
㉖ 여비교통비의 발생	여비교통비(비용)의 발생	차변
㉗ 급여의 발생	급여(비용)의 발생	차변
㉘ 통신비의 발생	통신비(비용)의 발생	차변
㉙ 현금의 감소	현금(자산)의 감소	대변
㉚ 차입금의 증가	차입금(부채)의 증가	대변
㉛ 선수금의 감소	선수금(부채)의 감소	차변
㉜ 기부금의 발생	기부금(비용)의 발생	차변
㉝ 임대료의 발생	임대료(수익)의 발생	대변
㉞ 유형자산처분손실의 발생	유형자산처분손실(비용)의 발생	차변
㉟ 교육훈련비의 소멸	교육훈련비(비용)의 소멸(취소)	대변
㊱ 비품의 매각	비품(자산)의 감소	대변

4. 분개

분개란 거래가 발생하면 그 거래의 내용을 차변요소와 대변요소로 세분하여 어느 계정에 얼마의 금액을 각 계정에 적어 넣을 것인지 결정하는 절차를 말한다.

즉, 회계상 거래를 거래의 이중성에 따라 차변요소와 대변요소로 나누고 계정과목과 금액을 결정하는 것이다.

거래가 발생되면

① 회계상 거래파악

② 거래의 8요소에 따라 차대변 결정

③ 계정과목과 금액 순으로 분개를 한다.

예를 들면 기계를 구입하면서 현금 100,000원을 지급하였다면, 회사 재산의 증감을 가져오고 재산증감을 금액으로 측정할 수 있으므로 회계상 거래에 해당한다.

이 거래는 현금이라는 자산이 감소함과 동시에 기계라는 자산이 증가했다. 따라서 현금의 자산 감소는 대변에, 기계의 자산의 증가는 차변에 기록하고 금액은 100,000원이다.

거래분석	기계 구입(자산증가)	현금의 지급(자산의 감소)
차 대 변 결 정	차변기록	대변기록
계 정 과 목 선 택	기계장치	현 금
금 액	100,000	100,000
분 개	(차) 기계장치 100,000	(대) 현 금 100,000

회사 거래의 대부분은 현금 또는 예금의 입출금거래가 가장 많다.

따라서 초보자는 현금(예금)의 유출은 대변에, 현금(예금)의 유입은 차변에 기재를 하고 다음 계정과목을 선택하면 된다. 분개의 실력은 많이 써봐야 된다. 눈으로만 보면서 분개를 연습하면 실패하므로 반복적으로 수기로 분개를 하여야 한다.

〈기초분개〉

현금(예금)의 유출	(차) ×××계정	**(대) 현금(또는 예금)**
현금(예금)의 유입	**(차) 현금(또는 예금)**	(대) ×××계정

5. 전기

전기란 분개한 것을 해당계정에 옮겨 적는 것을 말한다. 또한 이러한 계정들이 모여 있는 장부 즉 모든 계정들이 모여 있는 장부라는 뜻에서 총계정원장 또는 원장이라고 한다. 즉, 분개가 끝난 뒤 분개한 내용을 각 계정에 옮겨 기입하는 것을 전기라 하며, 전기하는 방법은 차변과목은 해당 계정 차변에, 대변과목은 해당 계정 대변에 금액을 기입하고, 과목은 상대계정과목을 기입한다.

그러면 다음 분개를 전기해보자.

기계를 구입하면서 현금 100,000원을 지급하였다면,

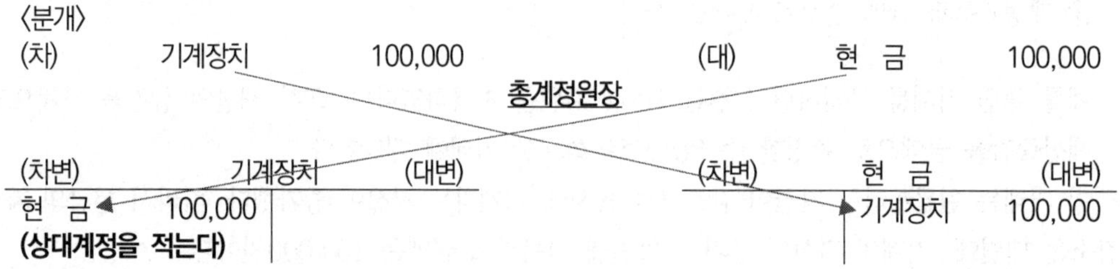

또한 총계정원장을 보고 역으로 분개를 할 수 있어야 한다.

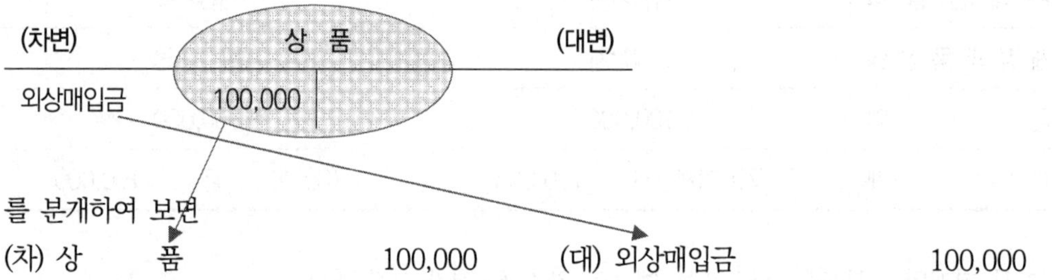

예제 1-6 분개에 대한 거래추정 및 전기

레고상사의 다음 분개에 대해서 거래내역을 추정하고 계정별로 전기하시오.

☞ 초보자는 전기를 이해 못하더라도 분개에 대해서 기계적으로 전기해보십시오.

1.	(차) 임 차 보 증 금	1,000,000	(대) 현 금		1,000,000
	(거래추정)				
2.	(차) 현 금	2,000,000	(대) 단 기 차 입 금		2,000,000
	(거래추정)				
3.	(차) 상 품	3,000,000	(대) 현 금		3,000,000
	(거래추정)				
4.	(차) 현 금	4,000,000	(대) 상 품 매 출		4,000,000
	(거래추정)				
5.	(차) 접대비(기업업무추진비)	5,000,000	(대) 미 지 급 금		5,000,000
	(거래추정)				
6.	(차) 장 기 대 여 금	6,000,000	(대) 현 금		6,000,000
	(거래추정)				
7.	(차) 상 품	7,000,000	(대) 외 상 매 입 금		7,000,000
	(거래추정)				
8.	(차) 차 량 운 반 구	8,000,000	(대) 현 금 미 지 급 금		2,000,000 6,000,000
	(거래추정)				

[자산]

⊕	현 금	⊖

⊕	임차보증금	⊖

⊕	상　　품	⊖

⊕	장기대여금	⊖

⊕	차량운반구	⊖

[부채]

⊖	단기차입금	⊕

⊖	미 지 급 급	⊕

⊖	외상매입금	⊕

[수익]

⊖	상 품 매 출	⊕

[비용]

⊕	접대비(기업업무추진비)	⊖

해답

[거래에 대한 추정]

1.	(거래추정)	상가를 빌리고 보증금으로 현금 1,000,000원을 지급하다.
2.	(거래추정)	현금 2,000,000원을 단기차입(보고기간말로부터 1년 이내 상환)하다.
3.	(거래추정)	판매할 상품을 현금 3,000,000원에 구입하다.
4.	(거래추정)	상품을 판매하여 4,000,000원 현금을 수취하다.
5.	(거래추정)	거래처에 접대(기업업무추진)를 하여 외상으로 5,000,000원을 지출하다.
6.	(거래추정)	현금 6,000,000원을 장기대여(보고기간말로부터 1년 이후에 회수예정)를 하다.
7.	(거래추정)	상품을 7,000,000원에 구입하고 외상으로 하다.
8.	(거래추정)	승용차를 구입하고 현금 2,000,000원을 지급하고 나머지 6,000,000원은 나중에 주기로 하다.

[전기]

현 금 (⊕ / ⊖)

⊕		⊖	
2. 단기차입금	2,000,000	1. 임차보증금	1,000,000
4. 상 품 매 출	4,000,000	3. 상 품	3,000,000
		6. 장기대여금	6,000,000
		8. 차량운반구	2,000,000

임차보증금 (⊕ / ⊖)

⊕		⊖	
1. 현 금	1,000,000		

상 품 (⊕ / ⊖)

⊕		⊖	
3. 현 금	3,000,000		
7. 외상매입금	7,000,000		

장기대여금 (⊕ / ⊖)

⊕		⊖	
6. 현 금	6,000,000		

차량운반구 (⊕ / ⊖)

⊕		⊖	
8. 현 금	2,000,000		
8. 미 지 급 금	6,000,000		

[부채]

⊖	단기차입금		⊕
		2. 현　　금	2,000,000

⊖	미지급금		⊕
		5. 접대비(기업업무추진비)	5,000,000
		8. 차량운반구	6,000,000

⊖	외상매입금		⊕
		7. 상　　품	7,000,000

[수익]

⊖	상품매출		⊕
		4. 현　　금	4,000,000

[비용]

⊕	접대비(기업업무추진비)		⊖
5. 미지급금	5,000,000		

예제 1-7 전기 및 분개

레고상사의 총계정원장에 전기한 내역에 대해서 분개하고 거래내역에 대해서 설명하시오.

현 금			
1.보통예금	100	2.접 대 비	200
3.외상매출금	300	4.이자비용	400

외상매출금			
5.상품매출	500	3.현　　금	300
		6.보통예금	600

외상매입금			
8.보통예금	800	7.상　　품	700

선 급 금			
9.현　　금	900	10.원재료	900

(분개)

1.	(차) (대)
	(거래내역)
2.	(차) (대)
	(거래내역)
3.	(차) (대)
	(거래내역)
4.	(차) (대)
	(거래내역)
5.	(차) (대)
	(거래내역)
6.	(차) (대)
	(거래내역)
7.	(차) (대)
	(거래내역)
8.	(차) (대)
	(거래내역)
9.	(차) (대)
	(거래내역)
10.	(차) (대)
	(거래내역)

해답

1.	(차) 현 금	100	(대) 보 통 예 금	100
	(거래내역) 보통예금통장에서 현금 100원을 인출하다.			
2.	(차) 접 대 비 (기업업무추진비)	200	(대) 현 금	200
	(거래내역) 거래처를 접대(기업업무추진) 하여 현금 200원을 사용하다.			
3.	(차) 현 금	300	(대) 외 상 매 출 금	300
	(거래내역) 거래처로부터 외상대금 300원을 회수하다.			
4.	(차) 이 자 비 용	400	(대) 현 금	400
	(거래내역) 차입금에 대한 이자 400원을 현금지급하다.			
5.	(차) 외 상 매 출 금	500	(대) 상 품 매 출	500
	(거래내역) 매출거래처에 상품 500원을 팔고 대금은 나중에 받기로 하다.			
6.	(차) 보 통 예 금	600	(대) 외 상 매 출 금	600
	(거래내역) 외상대금 600원에 대해서 보통예금계좌에 입금되다.			
7.	(차) 상 품	700	(대) 외 상 매 입 금	700
	(거래내역)상품을 700원에 구입하고 외상으로 하다.			
8.	(차) 외 상 매 입 금	800	(대) 보 통 예 금	800
	(거래내역) 외상매입대금 800원을 보통예금계좌에서 이체하여 지급하다.			
9.	(차) 선 급 금	900	(대) 현 금	900
	(거래내역) 계약금 900원을 거래처에 현금으로 지급하다.			
10.	(차) 원 재 료	900	(대) 선 급 금	900
	(거래내역) 계약이 이행되어 계약금이 원재료로 대체되다.			

6. 회계장부

기업의 경영활동에서 발생하는 각종 거래를 기록 · 계산 · 정리한 것을 장부라 한다.
회계장부는 일반적으로 주요장부와 보조장부로 구성된다.

(1) 주요장부 : **분개장, 총계정원장**

경영활동에서 일어나는 모든 거래를 총괄하여 기록, 계산하는 장부를 말한다.

(2) 보조장부 : 분개장이나 총계정원장 보다 구체적으로 기재한 것으로 주요 장부에 요약된 내용을 보충하기 위한 장부이다. 보조장부는 거래가 발생한 순서대로 기입하는 보조기입장과 총계정원장의 내역을 보충하여 기록해주는 보조원장이 있다.

회계 장부	주요장부	분개장	
		총계정원장(또는 원장)	
	보조장부	보조기입장	현금출납장, 예금출납장, 매입장, 매출장 등
		보조원장	상품재고장, 매입처원장, 매출처원장

7. 시산표(T/B, trial balance)

시산표란 총계정원장에 설정되어 있는 각 계정과목들을 일목요연하게 하나의 표에 집약시킨 것으로서, 차변의 총합계와 대변의 총합계가 일치하여야 한다는 **대차평균의 원리에 의해 오류를 찾아내는 자기검증의 기능**을 가지고 있다.
시산표는 매일(일계표), 매월(월계표) 작성하기도 하며,
시산표의 계정과목은 자산 → 부채 → 자본 → 수익 → 비용계정의 순으로 배열한다.

(1) 유용성

① 분개와 전기과정의 금액적인 오류파악
② 재무제표의 요약(개괄적인 재무상태나 경영성과)

수작업으로 재무제표를 작성하던 과거에는 ①이 주목적이었으나, 전산프로그램으로 분개 시 차대변이 항상 일치하고 총계정원장에 전기 시에도 오류가 발생되지 않으므로 지금은 주로 요약된 재무제표를 사전에 검토하거나 회사의 개괄적인 재무상태나 경영성과를 파악하는데 사용된다.

(2) 시산표의 종류

① 합계시산표

② 잔액시산표

③ 합계잔액시산표(① 합계시산표와 ② 잔액시산표를 하나의 표에 나타낸 시산표이다.)

실무에서는 합계잔액 형식의 합계잔액시산표를 주로 사용한다.

(3) 시산표 등식

기말자산 = 기말부채 + 기말자본 (= 기초자본 + 당기순손익)

기말자산 = 기말부채 + 기초자본 + 총수익 – 총비용

기말자산 + 총비용 = 기말부채 + 기초 자본 + 총수익

(4) 합계잔액시산표

합계잔액시산표

차변		계정과목	대변	
잔액	합계		합계	잔액
13,500,000	25,000,000	현금	11,500,000	
7,000,000	8,000,000	상품	1,000,000	
		* * * *		
		* * * *		
		* * * *		
		* * * *		
	1,000,000	외상매입금	8,000,000	7,000,000
		* * * * * *		
YYY	XXX	합계	XXX	YYY

차변합계 = 대변합계

차변잔액 = 대변잔액

8. 회계의 순환과정

회계의 순환과정이란 회계상 거래를 식별하여 장부상에 기록하고 최종적으로 정보이용자들에게 회계정보를 제공해 주는 수단인 재무제표를 완성하기까지의 모든 과정을 말한다.

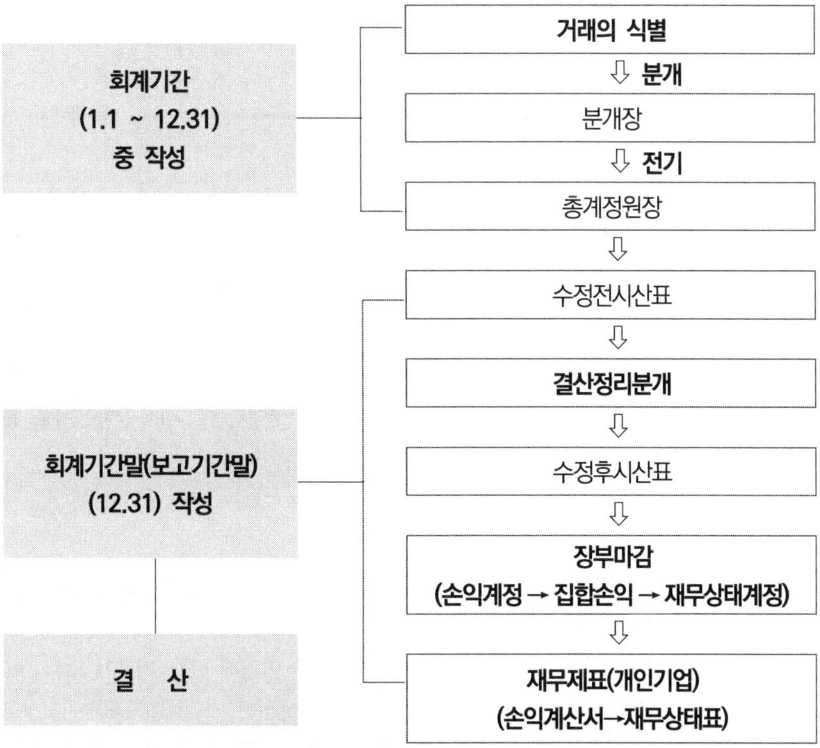

수익(매출)의 인식

1. 총액법(매출액과 매출원가를 모두 표시하는 방법)

기업회계기준에서는 매출을 인식할 때 총액법으로 인식하게 되어 있다. 총액법이란 수익과 비용을 별도로 각각 인식하는 것을 말한다. 위의 사례에서 보듯이 수익(매출)을 인식하는 분개와 비용(매출원가)을 인식하는 분개를 각각한다. <u>상품판매를 통해서 얻은 총수익(매출)과 그 과정에서 지출된 총비용(매출원가)이 모두 나타나기 때문에 보다 유용한 정보를 제공</u>한다.

예를 들어 상품을 5,000,000원에 현금 판매하였다고 가정하면 총액법으로 분개하면 다음과 같다.

(차) 현 금(자산)	5,000,000	(대) 상 품 매 출(수익)	5,000,000
(차) 매출원가(비용)	1,000,000	(대) 상 품(자산)	1,000,000

그리고 손익계산서에서는 다음과 같이 표시된다.

손익계산서

통큰도너츠　　20X1년 1월 1일부터 20X1년 1월 31일까지　　단위 : 원

과　목	금　액
Ⅰ. 상품매출액	5,000,000
Ⅱ. 매 출 원 가	1,000,000
Ⅲ. 매출총이익(Ⅰ - Ⅱ)	4,000,000

2. 순액법(매출총이익만을 표시하는 방법)

상기의 예를 순액법으로 분개하면 다음과 같다.

(차) 현　　금	5,000,000	(대) 상　　품	1,000,000
		상품매매이익	4,000,000

순액법으로 회계처리하면 정보이용자가 기업의 영업활동에 대한 충분한 정보를 얻을 수 없다. 따라서 기업회계기준은 영업활동에 대해서는 총액법으로 회계처리하고 **영업활동이외(유형자산처분 등)에서는 순액법을 사용하도록 하고 있다.**

거래의 종류

거래 중에서 이익에 영향을 미치는 거래가 있고, 이익에 영향을 미치지 않는 거래가 있다. 이러한 관점에서 거래는 교환거래 · 손익거래 · 혼합거래로 나뉜다.

종류	내　용	사　례					
1. 교환거래	이익에 영향을 미치지 않는 거래	(차)	재무상태계정	××	(대)	재무상태계정	××
2. 손익거래	이익에 영향을 미치는 거래	(차)	손익계정	××	(대)	재무상태계정	××
		(차)	재무상태계정	××	(대)	손익계정	××
3. 혼합거래	교환거래와 손익거래가 혼합되어 있는 것 ⇒ 결국 이익에 영향을 미친다.	(차)	재무상태계정	××	(대)	재무상태계정	××
						손익계정	××
		(차)	재무상태계정	××	(대)	재무상태계정	××
			손익계정	××			

기/초/분/개/전/기/연/습

☞ 분개와 전기를 하시고, 거래에 대해서 교환거래인지 손익거래인지 구분하시오.

01. (주)한강으로부터 외상매출금 10,000원을 현금으로 회수하였다.

☞ 거래분석과 차대변결정 : 자산증가(차변)와 자산감소(대변)

계정과목결정 : 현 금 외상매출금

〈분개〉

〈전기〉

( ) ( )

02. 컴퓨터용 책상(비품)을 20,000원에 구입하고 대금은 현금지급하였다.

☞ 거래분석과 차대변결정 :

계정과목결정 :

〈분개〉

〈전기〉

( ) ( )

03. 외상으로 30,000원 상당의 상품을 구입했다.

☞ 거래분석과 차대변결정 :

계정과목결정 :

〈분개〉

〈전기〉

( ) ( )

04. 거래처에 3개월이내 상환조건으로 현금 40,000원을 대여하였다.

☞ 거래분석과 차대변결정 :

계정과목결정 :

〈분개〉

〈전기〉

( ) ( )

05. 국민은행으로부터 50,000원(상환조건 3개월)을 차입하고 보통예금 통장에 입금하였다.

☞ 거래분석과 차대변결정 :

계정과목결정 :

〈분개〉

〈전기〉

( ) ( )

06. (주)한라에 상품을 60,000원에 판매하고 대금은 다음달 받기로 하였다. 수익인식만 하시오.

☞ 거래분석과 차대변결정 :

계정과목결정 :

〈분개〉

〈전기〉

( ) ( )

07. (주)섬진으로부터 상품 70,000원을 구입하고 대금 50%는 현금으로 지급하고 나머지는 다음달 말일에 주기로 하다.

☞ 거래분석과 차대변결정 :

계정과목결정 :

〈분개〉

〈전기〉

( ) ( )

( ) ( )

08. ㈜설악과 상품 구입계약을 체결하고 그 대금 중 일부인 80,000원을 현금으로 지급하다.

☞ 거래분석과 차대변결정 :

계정과목결정 :

〈분개〉

〈전기〉

( )　　　　( )

09. 계룡부동산에서 업무용 토지를 90,000원에 현금구입하다.

☞ 거래분석과 차대변결정 :

계정과목결정 :

〈분개〉

〈전기〉

( )　　　　( )

10. 판매장 설치를 위해 한국빌딩 소유의 빌딩 3층을 3년간 임차하여 사용하기로 계약하고 보증금 100,000원을 현금으로 지급하다.

☞ 거래분석과 차대변결정 :

계정과목결정 :

〈분개〉

〈전기〉

( )　　　　( )

11. ㈜청계의 외상매입금 잔액 10,000원을 전액 현금으로 지급하다.

☞ 거래분석과 차대변결정 :

계정과목결정 :

〈분개〉

〈전기〉

( )　　　　( )

12. 종업원 급여 20,000원을 현금으로 지급하다.

☞ 거래분석과 차대변결정 :

계정과목결정 :

〈분개〉

〈전기〉

( )　　　　( )

13. 차입금에 대한 이자 30,000원을 현금으로 지급하다.

☞ 거래분석과 차대변결정 :

계정과목결정 :

〈분개〉

〈전기〉

( )　　　　( )

14. 매장의 전기요금 40,000원을 한국은행에 현금으로 납부하다.

☞ 거래분석과 차대변결정 :

계정과목결정 :

〈분개〉

〈전기〉

( ) ( )

15. 경리과 사원들이 회식을 하고 현금 50,000원을 맛나갈비집에 지급하다.

☞ 거래분석과 차대변결정 :

계정과목결정 :

〈분개〉

〈전기〉

( ) ( )

16. 관리부 사원 김한국의 시내출장비 60,000원을 현금으로 지급하다.

☞ 거래분석과 차대변결정 :

계정과목결정 :

〈분개〉

〈전기〉

( ) ( )

17. 본사의 토지와 건물에 대한 재산세 70,000원을 한국은행에 현금 납부하다.

☞ 거래분석과 차대변결정 :

계정과목결정 :

〈분개〉

〈전기〉

( ) ( )

18. 영업용 승용차의 타이어 펑크수리와 오일교환을 하고 수리비 80,000원을 한국카센터에 현금으로 지급하다.

☞ 거래분석과 차대변결정 :

계정과목결정 :

〈분개〉

〈전기〉

( ) ( )

19. 영업거래처에 줄 선물을 구입하고 대금 90,000원을 현금으로 지급하다.

☞ 거래분석과 차대변결정 :

계정과목결정 :

〈분개〉

〈전기〉

( ) ( )

기/초/분/개/전/기/연/습 답안

1	(차) 현 금	10,000	(대) 외상매출금	10,000	교환
	(현 금) 차변: 외상매출금 10,000		(외상매출금) 대변: 현금 10,000		
2	(차) 비 품	20,000	(대) 현 금	20,000	교환
	(비 품) 차변: 현금 20,000		(현 금) 대변: 비품 20,000		
3	(차) 상 품	30,000	(대) 외상매입금	30,000	교환
	(상 품) 차변: 외상매입금 30,000		(외상매입금) 대변: 상품 30,000		
4	(차) 단기대여금	40,000	(대) 현 금	40,000	교환
	(단기대여금) 차변: 현금 40,000		(현 금) 대변: 단기대여금 40,000		
5	(차) 보 통 예 금	50,000	(대) 단기차입금	50,000	교환
	(보통예금) 차변: 단기차입금 50,000		(단기차입금) 대변: 보통예금 50,000		
6	(차) 외상매출금	60,000	(대) 상 품 매 출	60,000	손익
	(외상매출금) 차변: 상품매출 60,000		(상품매출) 대변: 외상매출금 60,000		

7	(차) 상 품	70,000	(대) 현 금 외상매입금	35,000 35,000	교환
	(상 품) 현금 35,000 외상매입금 35,000 |		(현 금) | 상 품 35,000		
	(외상매입금) | 상품 35,000				
8	(차) 선 급 금	80,000	(대) 현 금	80,000	교환
	(선급금) 현금 80,000 |		(현 금) | 선급금 80,000		
9	(차) 토 지	90,000	(대) 현 금	90,000	교환
	(토 지) 현금 90,000 |		(현 금) | 토 지 90,000		
10	(차) 임차보증금	100,000	(대) 현 금	100,000	교환
	(임차보증금) 현금 100,000 |		(현 금) | 임차보증금 100,000		
11	(차) 외상매입금	10,000	(대) 현 금	10,000	교환
	(외상매입금) 현금 10,000 |		(현 금) | 외상매입금 10,000		
12	(차) 급 여	20,000	(대) 현 금	20,000	손익
	(급 여) 현금 20,000 |		(현 금) | 급여 20,000		

13	(차) 이 자 비 용	30,000	(대) 현 금	30,000	손익
	(이자비용) 현금 30,000 |		(현 금) | 이자비용 30,000		
14	(차) 수도광열비	40,000	(대) 현 금	40,000	손익
	(수도광열비) 현금 40,000 |		(현 금) | 수도광열비 40,000		
15	(차) 복리후생비	50,000	(대) 현 금	50,000	손익
	(복리후생비) 현금 50,000 |		(현 금) | 복리후생비 50,000		
16	(차) 여비교통비	60,000	(대) 현 금	60,000	손익
	(여비교통비) 현금 60,000 |		(현 금) | 여비교통비 60,000		
17	(차) 세금과공과	70,000	(대) 현 금	70,000	손익
	(세금과공과) 현금 70,000 |		(현 금) | 세금과공과 70,000		
18	(차) 차량유지비	80,000	(대) 현 금	80,000	손익
	(차량유지비) 현금 80,000 |		(현 금) | 차량유지비 80,000		
19	(차) 접 대 비	90,000	(대) 현 금	90,000	손익
	(접대비(기업업무추진비)) 현금 90,000 |		(현 금) | 접대비 90,000		

연습문제

Financial Accounting Technician

회계정보처리 자격시험 2급

객관식

01. 다음 중 회계상 거래가 <u>아닌</u> 것은?

① 차입금에 대한 기간이 경과하여 이자가 발생하였다.
② 회계팀 신입직원과 근로계약을 체결하였다.
③ 건물에 화재가 발생하여 상품이 소실되었다.
④ 상품을 판매하고 대금은 다음달에 받기로 하였다.

02. 다음 중 회계상 거래에 해당하는 것은?

① 창고의 재고자산이 화재로 인하여 소실되었다.
② 영업부 사원을 채용하였다.
③ 원재료 매입 계약을 체결하였다.
④ 이사회에서 투자부동산 매입을 의결하였다.

03. 다음 중 회계상 거래에 해당하는 것을 모두 고르시오.

가. 거래처에서 상품 2,000,000원을 매입하기로 계약하였다. 나. 종업원을 채용하고 연봉 26,000,000원을 지급하기로 근로계약서를 작성하였다. 다. 불우이웃돕기 성금으로 현금 1,000,000원을 기부하였다. 라. 현금의 시재액을 조사한 결과 현금 10,000원이 장부금액보다 부족한 것을 발견하였다.

① 가, 나　　② 다, 라　　③ 나, 다, 라　　④ 가, 나, 다, 라

04. 다음과 같은 거래 요소의 결합관계에 해당하는 거래로 옳은 것은?

(차) 자산의 증가	(대) 부채의 증가

① 상품 1,000,000원을 외상으로 판매하다.
② 종업원 급여 5,000,000원을 현금으로 지급하다.
③ 은행으로부터 50,000,000원을 1년간 차입하여 보통예금으로 입금하다.
④ 단기차입금 20,000,000원과 그 이자 1,200,000원을 현금으로 지급하다.

05. 다음 거래에 대한 회계처리 시 발생하는 거래요소가 아닌 것은?

> 거래처에 빌려 준 단기대여금 2,000,000원과 그 이자 200,000원이 보통예금 계좌에 입금되었다.

① 부채의 감소 ② 자산의 증가 ③ 수익의 발생 ④ 자산의 감소

06. 다음과 같은 결합관계로 분개가 이루어지는 것은?

차 변	대 변
부채의 감소 비용의 발생	자산의 감소

① 단기차입금에 대한 원금 500,000원과 이자 50,000원을 현금으로 지급하였다.
② 장부금액 1,000,000원인 차량운반구를 매각하고 현금 800,000원을 받았다.
③ 외상매입금 300,000원과 미지급금 200,000원을 현금으로 지급하였다.
④ 상품을 400,000원에 매입하고, 대금 중 100,000원은 현금으로 지급하고 잔액은 외상으로 하였다.

07. 다음 거래에 대한 설명으로 옳은 것은?

> 거래처로부터 상품 주문(5,000,000원)을 받고, 현금 500,000원을 계약금으로 받았다.

① 손익 거래에 해당된다.
② 회계상의 거래로 인식할 수 없다.
③ 회계처리 시 차변에 자산이 증가한다.
④ 차변에 상품 5,000,000원을 인식한다.

08. 다음 중 하나의 거래에서 동시에 나타날 수 <u>없는</u> 것은?

① 자산의 감소와 수익의 발생
② 자산의 증가와 자산의 감소
③ 자산의 감소와 부채의 감소
④ 자산의 증가와 부채의 증가

09. 다음은 가구소매업을 영위하는 한공가구의 통장거래 내역이다. 이에 대한 거래요소의 결합관계로 옳은 것은?

		내용	찾으신금액	맡기신금액	잔액	거래점
번호	거래일	계좌번호 112-088-123123 한공가구				
1	20x1-3-31	예금이자		253,800	***	서대문

① 비용의 발생, 자산의 감소
② 비용의 발생, 부채의 증가
③ 자산의 증가, 수익의 발생
④ 자산의 증가, 부채의 증가

10. 다음 중 회계상 거래의 8요소의 결합으로 옳지 않은 것은?

① (차) 자산증가 (대) 부채증가
② (차) 부채증가 (대) 자산감소
③ (차) 자산증가 (대) 수익발생
④ (차) 비용발생 (대) 자산감소

11. 다음 거래에 대한 거래 요소의 결합 관계를 나타낸 것으로 옳은 것은?

• 한공상사는 거래처에 빌려준 대여금 5,000,000원을 보통예금 계좌로 송금받았다.

① (차) 자산의 증가 (대) 수익의 감소
② (차) 자산의 증가 (대) 자산의 감소
③ (차) 수익의 감소 (대) 자산의 감소
④ (차) 자산의 증가 (대) 수익의 발생

12. 다음은 회계 순환과정의 일부를 나타낸 도표이다. ㉮, ㉯ 각 항목에 들어갈 용어로 옳은 것은?

거래의 발생 → ㉮ → 분개장 → ㉯ → 총계정원장

	㉮	㉯
①	분개	이월
②	분개	전기
③	결산	이월
④	결산	전기

13. 다음 중 회계의 순환과정에서 재무제표가 작성되는 순서로 옳은 것은?

① 분개장 → 시산표 → 총계정원장 → 재무제표
② 분개장 → 총계정원장 → 시산표 → 재무제표
③ 총계정원장 → 분개장 → 시산표 → 재무제표
④ 총계정원장 → 시산표 → 분개장 → 재무제표

14. 다음 중 회계순환과정에 대한 설명으로 옳지 않은 것은?

① 분개는 회계상 거래를 식별하여 차변과 대변에 계정과목과 금액을 기록하는 절차이다.
② 전기는 분개한 내용을 총계정원장에 옮겨 적는 절차이다.
③ 시산표 작성은 누락된 분개를 검증하는 결산의 본절차이다.
④ 결산은 기중에 기록된 내용을 토대로 기업의 재무상태와 경영성과를 확정하는 절차이다.

15. 다음 중 (가)와 (나)에 대한 설명으로 옳지 않은 것은?

(가) 대여금에 대한 이자 100,000원이 보통예금 계좌에 입금되었다. (나) 거래처로부터 상품 300,000원을 매입하기로 계약하고, 계약금(매입대금의 10%)을 보통예금 계좌에서 이체하였다.

① (가)는 손익거래이다.
② (나)는 교환거래이다.
③ (가)는 차변에 비용의 발생, 대변에 자산의 감소로 결합되는 거래이다.
④ (나)는 차변에 자산의 증가, 대변에 자산의 감소로 결합되는 거래이다.

16. 다음 거래를 기입하는 보조장부를 모두 고른 것은?

[거래] (주)한공은 서울상점에서 상품 100개를 단가 5,000원에 매입하고 대금 중 200,000원은 현금으로 지급하고 잔액은 월말에 지급하기로 하다.

가. 매입장　나. 매출장　다. 매출처원장　라. 상품재고장　마. 현금출납장

① 가, 나, 다　② 가, 다, 라
③ 가, 라, 마　④ 나, 다, 마

MEMO

연습 답안

Financial Accounting Technician

회계정보처리 자격시험 2급

객관식

1	2	3	4	5	6	7	8	9	10
②	①	②	③	①	①	③	①	③	②
11	**12**	**13**	**14**	**15**	**16**				
②	②	②	③	③	③				

[풀이 – 객관식]

01 계약을 체결하는 행위 자체는 회계상 거래가 아니다.

02 창고의 재고자산이 **화재로 인하여 소실된 것은 회사 자산의 감소를 가져오는 경제적 사건**이므로 회계상 거래이다.

03 **상품매입계약과 근로계약서 작성은 회계상의 거래**에 해당하지 않는다.

다. (차) 기부금 1,000,000 (대) 현 금 1,000,000

라. (차) 현금과부족 100,000 (대) 현 금 10,000

☞ 현금과부족이란 장부상잔액과 실제잔액이 다를 경우 차액을 회계처리하는 임시계정이다.

04 (차) 보통예금(자산의 증가) 50,000,000 (대) 단기차입금(부채의 증가) 50,000,000

05 (차) 보통예금 2,200,000원(자산의 증가) (대) 단기대여금 2,000,000원(자산의 감소)

이자수익 200,000원(수익의 발생)

06

	차 변		대 변	
①	(부채의 감소) 단기차입금 (비용의 발생) 이자비용	500,000원 50,000원	(자산의 감소) 현 금	550,000원
②	(자산의 증가) 현 금 (비용의 발생) 유형자산처분손실	800,000원 200,000원	(자산의 감소) 차량운반구 ※ 순장부금액 처리 가정	1,000,000원
③	(부채의 감소) 외상매입금 (부채의 감소) 미지급금	300,000원 200,000원	(자산의 감소) 현 금	500,000원
④	(자산의 증가) 상 품	400,000원	(자산의 감소) 현 금 (부채의 증가) 외상매입금	100,000원 300,000원

07 (차) 현금(자산의 증가) 500,000원 (대) 선수금(부채의 증가) 500,000원

08 **자산의 감소와 수익의 발생은 둘 다 대변거래**이므로 동시에 나타날 수 없다.

09 차변에 자산(예금)이 증가하고 대변에 수익(이자)이 발생한다.
(차) 보통예금(자산증가) 253,800 (대) 이자수익(수익발생) 253,800

10 거래의 8요소에서 부채의 증가는 대변항목, 부채의 감소는 차변항목이다.

11 (차) 보통예금(자산의 감소) 5,000,000 (대) 대여금(자산의 감소) 5,000,000

12 거래의 발생을 인식하고 분개장에 기록하는 절차를 분개라 하며, 분개한 내용을 총계정원장에 옮기는 절차를 전기라 한다.

13 회계의 순환과정에서 장부가 작성되는 순서는 분개장 → 총계정원장 → 시산표 → 재무제표순이다.

14 분개누락, 이중분개, 금액오류, 전기오류 등은 시산표 작성을 통해 발견할 수 없는 오류이고, **시산표 작성은 결산의 예비절차**이다.

15 (가) (차) 보통예금(자산증가) 100,000 (대) 이자수익(수익발생)100,000←손익거래
(나) (차) 선급금(자산증가) 30,000 (대) 보통예금(자산감소) 30,000←교환거래

16 상품을 매입하면 보조원장인 **상품재고장, 매입처원장과 보조기입장 중 매입장에 기입**한다. 현금의 수입과 지출은 보조기입장 중 현금출납장에 기입한다.

Section 02 계정과목별 이해(자산)

NCS회계 - 3 **전표관리 - 전표작성하기/증빙서류 관리하기**
자금관리 - 현금시재/예금/어음수표 관리하기

자산은

① 과거의 거래나 사건의 결과로서

② 현재 기업에 의해 지배되고(통제)

③ 미래에 경제적 효익을 창출할 것으로 기대되는 자원이다.

제1절 유동자산

유동자산은 1년 이내에 현금화되는 유동성이 높은 자산이고, 그 외의 자산은 비유동자산으로 구분된다. 그러나 1년을 초과하더라도 정상적인 영업주기 내에 실현될 것으로 예상되는 매출채권 등은 유동자산으로 구분할 수 있다. 유동자산은 다시 당좌자산과 재고자산으로 분류한다.

1. 당좌자산

유동자산 중 회사의 주된 영업활동과 관련하여 보유하고 있는 상품, 제품 등 재고자산을 제외한 나머지를 통틀어 당좌자산이라 한다. 즉, **판매과정을 거치지 않고 재무상태표일(보고기간말, 결산일)로부터 1년 이내에 현금화되는 모든 자산**을 말한다.

(1) 현금 및 현금성 자산

현금은 기업이 소유하고 있는 자산 중에서 가장 **유동성**이 높고 경영활동에 있어 기본적인 지급수단으로 사용되며, 현금 및 현금성 자산은 재무상태표에 하나의 통합계정으로 표시되지만, 실무적으로는 현금계정, 보통예금계정, 당좌예금계정, 현금성자산계정 등을 각각 별도계정으로 구분해서 회계처리 하다가 **기말시점에 이들 계정의 잔액을 통합해서 현금 및 현금성자산이라는 계정으로 통합해서 별도항목으로 구분하여 표시하여야 한다.**

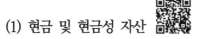

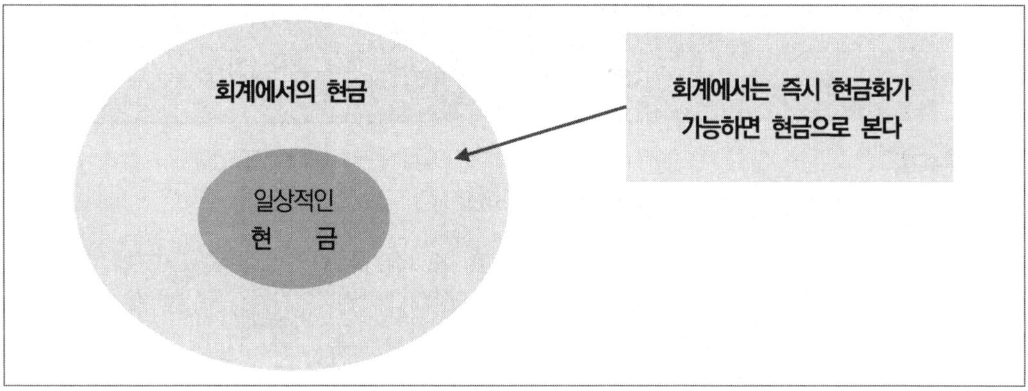

① 현금(통화대용증권)

현금 자체가 유동성이며 자산 중에서 가장 유동성이 높은 자산이다. 현금에는 통화와 통화대용증권을 포함한다.

㉠ 통화

한국은행에서 발행한 지폐나 동전인 통화

㉡ 통화대용증권

통화는 아니지만 통화와 같은 효력이 있는 것으로 언제든지 통화와 교환할 수 있는 것으로서 **타인발행당좌수표, 은행발행자기앞수표, 송금수표, 가계수표, 우편환증서, 배당금지급통지표, 만기가 도래한 사채이자표** 등이 있다.

주의할 점은 우표나 수입인지, 수입증지는 현금처럼 유통될 수 없으므로 비용이나 선급비용으로 분류하고 차용증서(돈을 빌려 주고 받은 증서)는 대여금으로 분류한다.

[자기앞수표]

발행인이 지급인을 겸하는 수표로서, 발행인 · 지급인이 모두 은행이며 발행한 은행이 도산하기 전에는 지급이 보장되므로 이를 보증수표라고도 한다.

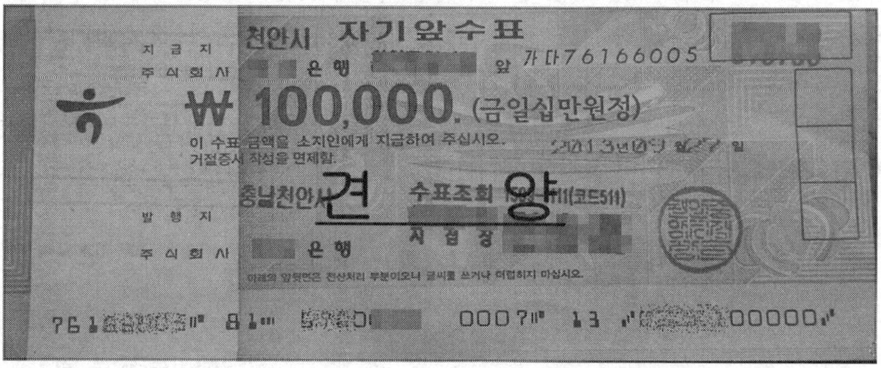

[가계수표]

예금계좌를 가지고 있는 개인이 발행하는 수표이다.

[우편환증서]

현금을 송금청구서와 함께 우체국에 납부하면 우체국은 금액을 표시한 환증서를 발행하고, 송금인이 지정하는 우체국에서 지정된 수취인에게 지급하는 것을 말한다.

송금수표는 은행에서 발행하는 것으로서 우편환증서와 같다고 보시면 된다.

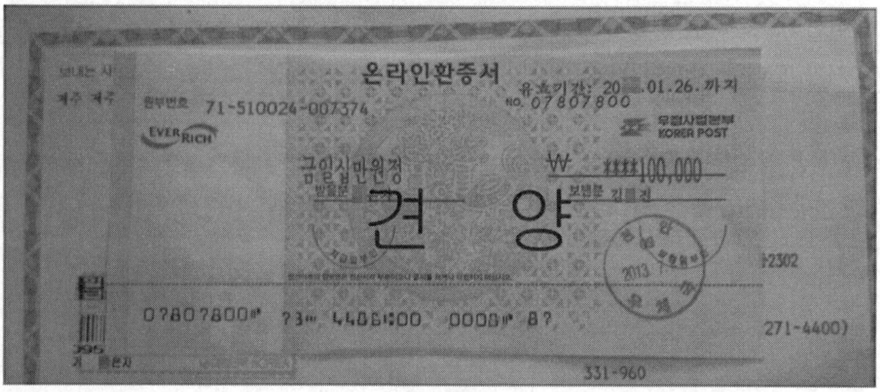

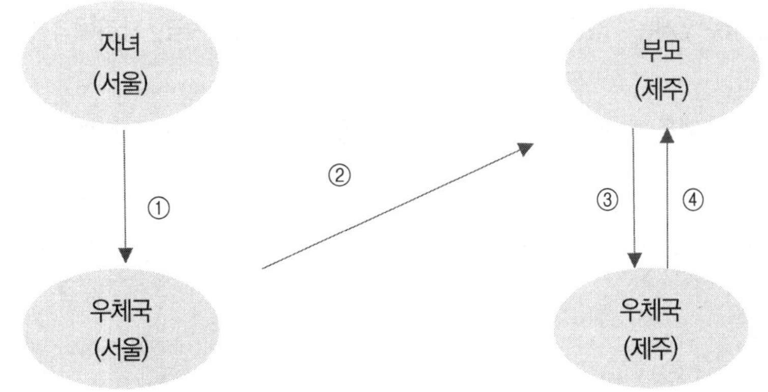

① 자녀(서울)는 현금을 송금청구서(금액 및 수취인등)와 함께 우체국에 납부
② 우체국(서울)은 우편환증서를 부모(제주)에게 등기우편으로 송부
☞ 등기우편 : 우편물의 안전한 송달을 보증하기 위하여 우체국에서 우편물을 접수할 때부터 수취인에게 배달될 때까지 분실사고가 없도록 특별히 취급하는 제도.
③ 부모(제주)는 본인의 신분증과 우편환증서를 제출
④ 우체국(제주)은 부모(제주)에게 우편환증서의 금액을 지급한다.

[우표, 수입인지, 수입증지]

우표는 우편요금을 냈다는 표시로 우편물에 붙이는 정부가 발행하는 증표이다.

수입인지는 과세대상인 계약서을 작성시 소정의 수입인지를 구입하여 첨부(인지세)하여야 한다. 또한 행정기관의 인허가 관련에 따른 수수료 등에 대해서 수입인지를 구입하여야 한다.(중앙정부에서 발행)

수입증지는 주민등록등 민원서류, 인허가 서류 제출시 수수료 등 행정처리 수수료이다.(지방자치단체에서 발행)

[우표]

[수입인지]

[수입증지]

② 요구불예금

회사가 필요한 경우 언제든지 현금으로 인출할 수 있는 예금으로서 **보통예금, 당좌예금** 등이 있다.

〈당좌예금〉

기업이 은행과 거래를 하면 기업의 현금관리 업무를 은행이 대행해 주는 예금제도임.

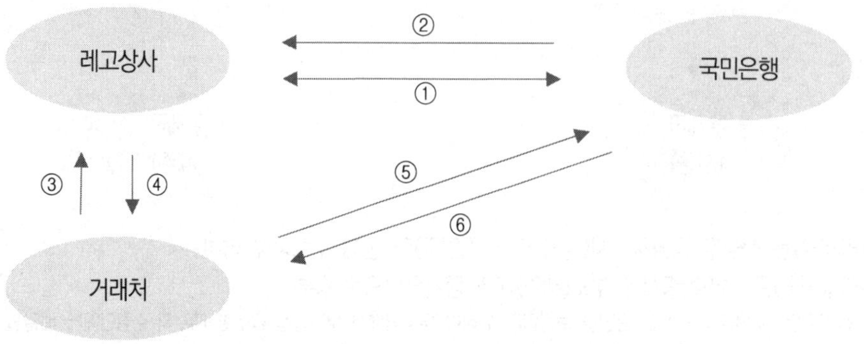

① 레고상사와 국민은행과 당좌거래계약을 맺고, 레고상사는 당좌예금을 한다.
② 국민은행은 레고상사에게 당좌수표 · 어음용지를 지급한다.
③ 레고상사는 거래처에서 상품을 구입한다.
④ 레고상사는 물품대금으로 당좌수표(또는 어음)를 발행하여 지급한다.
⑤ 거래처는 당좌수표를 국민은행에 제시한다.
⑥ 국민은행은 거래처에게 당좌수표의 금액을 지급한다.

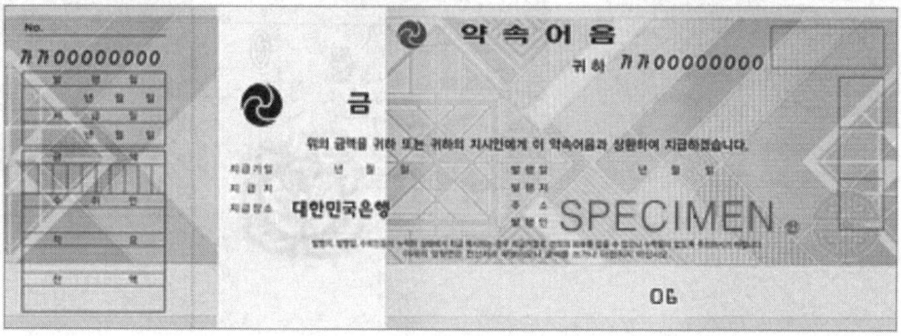

결국 기업은 물품대금지급 시 현금대신 수표나 어음을 지급하고 은행이 대금지급을 대행하여 주므로 기업입장에서 아주 편리한 예금제도이다.

[수표와 어음의 차이]

수 표		어 음	
금액	10,000,000원	금액	10,000,000원
발행일	20x1. 5.1	발행일	20x1. 5.1
		지급기일(만기일)	**20x1. 8.1**
발행인	레고상사	발행인	레고상사

수표는 발행일에 은행에 제시하면 수표의 금액을 수령할 수 있으나, 어음의 경우에는 만기일에 제시하여야 어음의 금액을 받을 수 있다.

☞ 부도 : 어음이나 수표를 가진 사람이 기한이 되어도 어음이나 수표에 적힌 돈을 지급받지 못하는 것

〈당좌차월〉

수표나 어음의 발행은 은행의 당좌예금잔액의 한도 내에서 발행하여야 하나, 은행과 당좌차월계약(차입계약)을 맺으면 예금잔액을 초과하여 계약 한도액까지 수표나 어음을 발행할 수 있는 방법이다. 이때 당좌예금 잔액을 초과하여 수표나 어음을 발행한 금액을 당좌차월이라고 하는데, 기업의 장부에는 당좌예금계정 대변의 잔액이 된다.

회계기간 중에는 당좌차월을 별도 구분하지 않을 수 있으나(***전산회계시험에서는 당좌차월이란 계정을 사용해야 한다.***), **결산시점에서 대변잔액은 은행으로부터 차입한 것이므로 단기차입금의 계정과목으로 하여 유동부채로 분류한다.**

③ 현금성자산

"큰 거래 비용 없이 현금으로 전환이 용이하고, 이자율의 변동에 따라 가치변동 위험이 중요하지 않은 금융상품으로서 **취득당시 만기가 3개월 이내에 도래하는 것**"을 말한다.

예제 2-1 현금 및 현금성자산

레고상사와 거래상대방(완구상사, 제일완구)의 거래에 대하여 각각 분개하시오.

1. 1월 10일 신한은행과 당좌거래계약을 체결하고 현금 1,000,000원을 당좌예금하다.
2. 1월 15일 완구상사로부터 판매용 완구를 구입하고 당좌수표 2,000,000원을 지급하다. 완구상사는 상기업에 해당한다.
3. 1월 20일 제일완구에게 판매용 완구를 3,000,000원에 판매하고 자기앞수표를 수취하다. 제일완구는 상기업에 해당한다.

해답

1.		(차) 당 좌 예 금	1,000,000	(대) 현 금	1,000,000
2.	레고상사	(차) 상 품	2,000,000	(대) 당 좌 예 금	2,000,000
	완구상사	(차) 현 금	2,000,000	(대) 상 품 매 출	2,000,000
	☞ 당좌수표의 발행자는 당좌예금의 감소로 당좌수표의 수령자는 언제든지 은행으로부터 현금으로 교환할 수 있기 때문에 현금으로 회계처리한다.				
3.	레고상사	(차) 현 금	3,000,000	(대) 상 품 매 출	3,000,000
	제일완구	(차) 상 품	3,000,000	(대) 현 금	3,000,000

■ T계정 이해(당좌예금)

당좌예금

ⓐ전기이월(기초)	1,000,000	ⓒ상품(지급액)	8,000,000
ⓑ상품매출(입금액)	10,000,000	ⓓ차기이월(기말)	3,000,000
계	11,000,000	계	11,000,000

ⓐ 전기이월(기초) : 전년도로부터 이월된 금액으로서 전기재무상태표의 당좌예금 금액과 일치한다.

ⓑ 입금액 : 상품매출(수익)이 발생하여 당좌예금을 증가시킨 금액

(차) 당좌예금	10,000,000	(대) 상 품 매 출 등	10,000,000

ⓒ 지급액 : 상품등을 구입하여 당좌수표를 발행한 금액

(차) 상품 등	8,000,000	(대) 당좌예금	8,000,000

☞ ***당좌차월 약정이 되어 있고 당좌예금 잔액 5,000,000원을 초과하여 당좌수표를 발행했다고 가정하면 다음과 같이 회계처리해야 한다.***

(차) 상품 등	*8,000,000*	*(대) 당좌예금*	*5,000,000*
		당좌차월	*3,000,000*

ⓓ 차기이월(기말) : 당좌예금 잔액으로 재무상태표 당좌예금계정에 집계되고, 차기의 기초금액이 된다.

예제 2-2 당좌예금

레고상사의 다음 거래를 분개하고 총계정원장(당좌예금 T계정)에 전기하시오.
기초 당좌예금 잔액은 10,000,000원이 있다
1. 5월 1일 한라상사로부터 상품 1,000,000원을 매입하고 대금은 당좌수표를 발행하여 지급하다.
2. 10월 1일 설악상사의 외상매입금 2,000,000원을 당좌수표를 발행하여 지급하다.

해답

1. 분개

1.	(차) 상 품	1,000,000	(대) 당좌예금	1,000,000
2.	(차) 외상매입금	2,000,000	(대) 당좌예금	2,000,000

2. 결산 전 총계정원장

당좌예금

1/1 기초	10,000,000	5/ 1 상품	1,000,000
		10/ 1 외상매입금	2,000,000
		12/31 잔액	**7,000,000**
계	10,000,000	계	10,000,000

차기 기초금액

(2) 현금과부족(過不足) - 임시계정

현금이 들어오고 나갈 때마다 정확하게 기록한다면 장부상 현금잔액과 실제 현금잔액은 항상 일치할 것이다. 그러나 실수나 잘못된 기록의 오기로 장부상 현금과 실제 현금잔액이 일치하지 않는 경우가 있다.

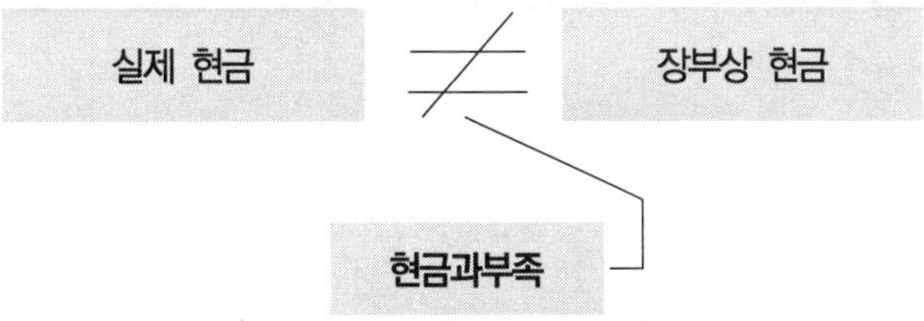

현금과부족계정은 임시계정으로서 외부에 공시하는 재무상태표에 표시되어서는 안된다.

그러므로 현금불일치를 발견하였을 때 현금과부족이라는 임시계정에 회계처리 하였다가, 추후 차이내역을 규명하여 해당 계정으로 회계처리 하여야 한다.

그러나 결산 시까지 그 **원인이 밝혀지지 않는 경우 부족액은 잡손실계정(영업외비용)으로 처리하고, 초과액은 잡이익계정(영업외수익)**으로 대체 처리하여야 한다.

현금과부족 잔액(결산일)	결산시 원인 불명
차변	잡손실(영업외비용)
대변	잡이익(영업외수익)

예제 2-3 현금과부족

레고상사의 거래에 대하여 분개하시오.

1. 10월 31일 현금을 실사한 결과 장부보다 10,000원이 부족함을 발견하다.
2. 12월 31일 결산시까지 현금과부족금액의 내역을 확인할 수 없다.

해답

실제현금을 기준으로 하여 장부를 맞추어야 한다.

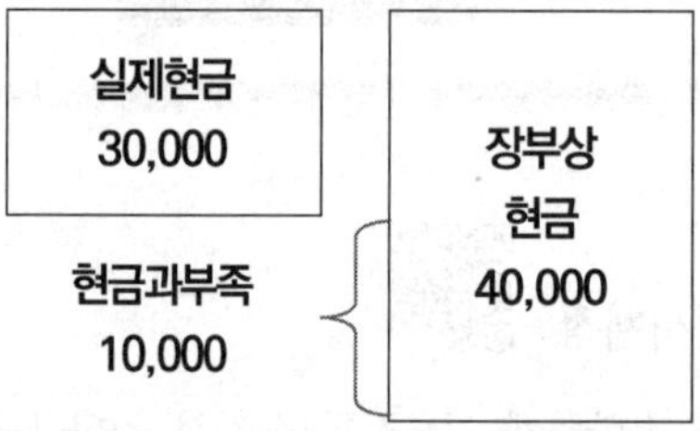

1.	(차) 현금과부족	10,000	(대) 현　금	10,000
2.(결산)	(차) 잡 손 실(영업외비용)	10,000	(대) 현금과부족	10,000

(3) 단기투자자산

① 단기금융상품

금융기관이 취급하는 정기예금 · 정기적금 및 기타 정형화된 금융상품 등으로 기업이 단기적 자금운영목적으로 보유하거나 **보고기간말(결산일)로부터 만기가 1년 이내에 도래**하여야 한다.

회계기간 중 정기예금 · 정기적금은 각각의 계정을 설정하여 회계처리를 하지만 발생빈도가 거의 없거나 비교적 소액일 경우 단기금융상품이라는 통합계정을 사용하기도 한다.

그리고 재무상태표를 작성하여 공시할 경우 단기금융상품으로 통합하여 표시한다.

KcLep 회계프로그램	단기금융상품 (단기투자자산)	장기금융상품 (투자자산)
정기적금	정기적금	장기성예금
정기예금	정기예금	

예제 2 - 4 단기금융상품

레고상사의 거래에 대하여 분개하시오.

1. 3월 31일 신한은행에 정기예금(6개월 만기)을 가입하고 당사 보통예금구좌에서 1,000,000원을 이체하다. 이체시 송금수수료가 500원이 발생하다.
2. 9월 30일 정기예금이 만기가 되어 원금과 이자금액 50,000원이 당사 보통예금계좌로 입금되다.

해답

1.	(차) 정 기 예 금 수수료비용(판)	1,000,000 500	(대) 보 통 예 금	1,000,500
2.	(차) 보 통 예 금	1,050,000	(대) 정 기 예 금 이 자 수 익	1,000,000 50,000

② 단기대여금(VS 단기차입금)

금전소비대차계약에 따른 자금의 대여거래로 회수기한이 1년 내에 도래하는 채권이다.

☞ 소비대차 : 당사자 일방이 금전 기타 대체물의 소유권을 상대방에게 이전할 것을 약정하고, 상대방은 그와 동종 · 동질 · 동량의 물건을 반환할 것을 약정하는 계약

예제 2-5 자금의 대여거래

레고상사와 거래상대방(제일완구, 하이모리)의 거래를 각각 분개하시오.

1. 4월 1일 거래처 제일완구에 3개월 후 상환조건(연이자율 10%, 월할계산)으로 차용증서를 받고 1,000,000원을 보통예금에서 이체하였다.
2. 5월 1일 매출거래처인 하이모리의 자금사정으로 외상매출금 잔액 2,000,000원을 단기 대여하기로 약정하다.
3. 7월 1일 거래처 제일완구로부터 대여금 1,000,000원과 그에 대한 이자를 보통예금으로 지급받다.

해답

1.	레고상사	(차) 단기대여금	1,000,000원	(대) 보 통 예 금	1,000,000원
	제일완구	(차) 보 통 예 금	1,000,000원	(대) 단기차입금	1,000,000원
2.	레고상사	(차) 단기대여금	2,000,000원	(대) 외상매출금	2,000,000원
	하이모리	(차) 외상매입금	2,000,000원	(대) 단기차입금	2,000,000원
3.	레고상사	(차) 보 통 예 금	1,025,000원	(대) 단기대여금 이 자 수 익	1,000,000원 25,000원*1
	제일완구	(차) 단기차입금 이 자 비 용	1,000,000원 25,000원	(대) 보 통 예 금	1,025,000원
	*1.이자수익 : 1,000,000원×10%×3개월/12개월=25,000원				

③ 단기매매증권

유가증권이란 재산권 또는 재산적 이익을 받을 자격을 나타내는 증권을 말한다. 회계에서 유가증권은 주식, 사채, 국채, 공채를 말하고 어음과 수표는 제외한다. 그러나 법에서 유가증권이라고 할 때는 어음과 수표도 포함된다. 유가증권은 증권의 종류에 따라 지분증권(주식)과 채무증권(사채(社債), 국채, 공채)로 분류한다. 회사가 유가증권에 투자하는 이유는 회사의 여유자금을 투자하여 이익을 얻을 수 있으면서도 자금이 필요할 때는 즉시 매각하여 현금화할 수 있기 때문이다.

유가증권 중 ⓐ공개된 시장을 통하여 공개적인 매매거래가 이루어지고 있고 & ⓑ단기적 자금(1년 이내 처분목적)운용을 목적으로 소유하는 것을 단기매매증권이라 한다.

따라서 단기매매증권은 재무상태표에 유동자산으로 분류한다.

[자산의 취득 및 보유, 처분]

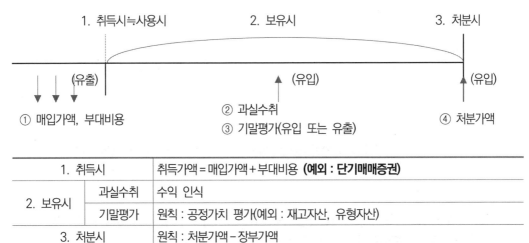

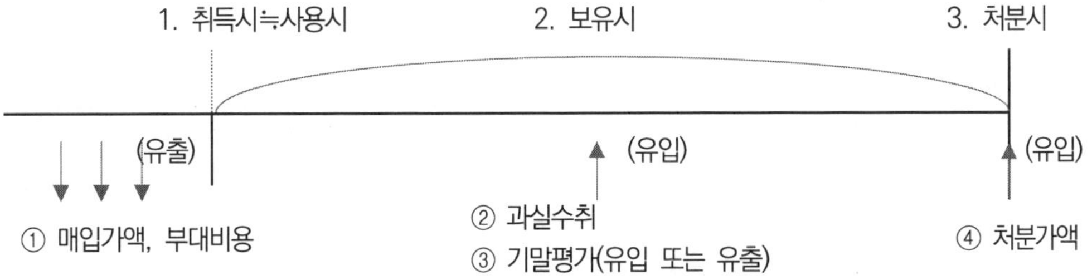

1. 취득시		취득가액 = 매입가액 + 부대비용 **(예외 : 단기매매증권)**
2. 보유시	과실수취	수익 인식
	기말평가	원칙 : 공정가치 평가(예외 : 재고자산, 유형자산)
3. 처분시		원칙 : 처분가액 – 장부가액

㉠ 취득시 회계처리

단기매매증권의 매입가액을 단기매매증권계정으로 처리하고 **매입시 매입수수료등의 부대비용은 당기비용(수수료비용 – 영업외비용)으로 처리**한다.

㉡ 보유시 회계처리

ⓐ 과실수취(이자 또는 배당금 수취)

채권	이자수익	주식	배당금수익

ⓑ 기말평가

유가증권은 일반적으로 시가가 형성되어 있고 그 시가로 처분할 수 있는 것이 일반적이다. 따라서 주주들에게 **목적적합한 정보를 제공하기 위하여 기말에 유가증권을 공정가액으로 평가**하여 한다. **공정가액이란 합리적인 판단력과 거래의사가 있는 독립된 당사자간에 거래될 수 있는 교환가격**을 말한다.

평가액	평가손익
공정가액	영업외손익(단기매매증권평가익, 평가손)

[공정가액법 : 시가법]

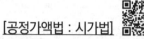

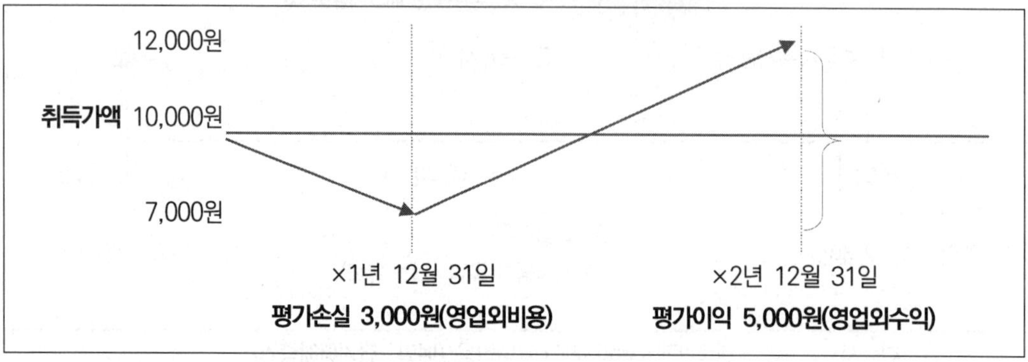

ⓒ 매각시 회계처리

단기매매증권을 처분시에는 **처분가액(각종 처분 시 수수료 차감후 가액)**에서 장부가액을 차감한 금액은 단기매매증권처분손익(영업외손익)으로 회계처리한다.

예제 2-6 단기매매증권

레고상사의 거래에 대하여 분개하시오.

1. 20x1년 4월 1일 단기간 시세차익 목적으로 ㈜사성전자의 주식 10주를 주당 300,000원에 매입하면서 증권회사에 매입수수료 200,000원을 포함하여 현금지급하다.
2. 20x1년 10월 31일 ㈜사성전자의 주식에 대하여 배당금이 확정되어 1,000,000원이 보통예금으로 입금되었다.
3. 20x1년 12월 31일 ㈜사성전자의 공정가액은 1주당 400,000원이다.
4. 20x2년 1월 31일 ㈜사성전자의 주식 10주를 3,500,000원에 처분하고 현금수취하다.

해답

<table>
<tr><td rowspan="2">1.</td><td>(차) 단기매매증권
수수료비용(영업외비용)</td><td>3,000,000원
200,000원</td><td>(대) 현　　금</td><td>3,200,000원</td></tr>
<tr><td colspan="4"></td></tr>
<tr><td>2.</td><td>(차) 보통예금</td><td>1,000,000원</td><td>(대) 배당금수익(영 · 수)</td><td>1,000,000원</td></tr>
<tr><td rowspan="2">3.</td><td>(차) 단기매매증권</td><td>1,000,000원</td><td>(대) 단기매매증권평가익</td><td>1,000,000원</td></tr>
<tr><td colspan="4">☞ 평가손익 = 공정가액 – 장부가액 = 400,000×10주 – 3,000,000 = 1,000,000원(평가이익)</td></tr>
<tr><td rowspan="2">4.</td><td>(차) 현금
단기매매증권처분손실</td><td>3,500,000원
500,000원</td><td>(대) 단기매매증권</td><td>4,000,000원</td></tr>
<tr><td colspan="4">☞ 처분손익 = 처분가액 – 장부가액 = 3,500,000 – 4,000,000 = △500,000원(처분손실)</td></tr>
</table>

[단기매매증권]

<table>
<tr><td colspan="3">1. 취득</td><td colspan="2">취득원가 = 매입가액</td></tr>
<tr><td rowspan="3">2. 보유</td><td colspan="2">기말평가</td><td>공정가액</td><td>단기매매증권평가손익(영업외손익)</td></tr>
<tr><td rowspan="2">과실</td><td>채권(이자)</td><td colspan="2">이자수익</td></tr>
<tr><td>주식(배당금)</td><td colspan="2">현금수취 : 배당금수익(영업수익)</td></tr>
<tr><td colspan="3">3. 처분</td><td colspan="2">처분손익(영업외손익) = 처분가액 – 장부가액</td></tr>
</table>

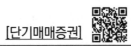

연습문제

Financial Accounting Technician

회계정보처리 자격시험 2급

분개연습

1. 상품 배송용 승합차에 대한 자동차세를 50,000원 현금으로 납부하였다.

2. 업무용 승용차를 세차하고 세차비용을 30,000원을 현금으로 지급하였다.

3. 영업부 사무실의 10월분 전기요금 100,000원을 납기일에 현금으로 납부하였다.

4. 가자전자의 상품외상대금 32,000,000원을 국민은행 보통예금계좌에서 이체하여 지급하고 송금수수료 1,000원은 현금으로 납부하였다.

5. 거래처 백두아트에 3,000,000원(상환일 : 20x2년 3월 31일)을 대여해 주기로 하고 우리은행 보통예금 계좌에서 이체하였다.

6. 지난 2월 1일 거래처 김영곤 사장에게 빌려준 1,000,000원과 이자 100,000원이 우리은행 보통예금계좌에 입금되었다

7. 단기간의 매매차익을 목적으로 (주)삼삼타이어 주식 100주(주당 액면가 5,000원)를 주당 25,000원에 매입하고 대금은 농협은행 보통예금에서 계좌이체하여 지급하였다.

8. 여유자금의 단기운용목적으로 상장주식(10주, 주당구입금액 70,000원)을 매입하고 수수료(50,000원)를 포함한 대금은 국민은행 보통예금계좌에서 이체하여 지급하였다.

9. 단기매매차익을 목적으로 3,000,000원에 매입한 (주)대우물산의 주식을 매각하고 대금 2,500,00원을 국민은행 보통예금 계좌로 이체받았다.

10. 단기매매차익을 목적으로 9월 5일 매입한 (주)대박식품의 주식(3,000,000원)을 전부 매각하고, 매각대금 3,150,000원은 국민은행 보통예금 계좌로 입금하였다.

객관식

01. 한공기업은 20x0년 12월 7일 외상으로 판매한 상품대금 30,000원을 20x1년 2월 1일 보통예금으로 회수하였다. 20x1년 2월 1일 회계처리 영향에 대한 설명으로 옳지 않은 것은?

① 유동자산이 증가한다.
② 매출채권이 감소한다.
③ 현금및현금성자산이 증가한다.
④ 순이익에는 영향을 미치지 않는다.

02. 다음 중 현금및현금성자산에 속하지 않는 것은?

① 당좌예금
② 보통예금
③ 가입당시 만기가 3개월인 정기예금
④ 3개월 이내에 처분할 목적으로 구입한 주식

03. 다음 중 재무상태표상 현금및현금성자산에 해당하지 않는 것은?

① 통화 및 타인발행수표
② 당좌예금
③ 1년 만기 정기적금
④ 취득당시 만기가 3개월 이내 도래하는 어음관리구좌(CMA)

04. 다음 중 재무상태표상의 현금및현금성자산에 해당하지 않는 것은?

① 당좌예금
② 타인발행수표
③ 가입당시 만기가 3개월 이내에 도래하는 정기예금
④ 만기가 6개월 후에 도래하는 정기적금

05. 다음 중 현금 및 현금성자산에 해당하지 않는 것은?

① 만기가 도래한 공사채이자표 ② 타인발행 수표

③ 우편환증서 ④ 타인발행 약속어음

06. 다음은 (주)한공의 총계정원장의 일부이다. 현금 계정과 관련된 상대 계정의 전기가 잘못된 것은?

현금					
1/ 1	전 기 이 월	800,000원	1/ 3	외상매입금	20,000원
1/14	외상매출금	30,000원	1/21	이 자 비 용	10,000원
			1/30	상 품	200,000원

① 외상매출금

차변	대변
1/14 현금 30,000원	

② 상 품

차변	대변
1/30 현금 200,000원	

③ 외상매입금

차변	대변
1/3 현금 20,000원	

④ 이자비용

차변	대변
1/21 현금 10,000원	

07. 다음 자료에 대한 일자별 회계처리로 옳은 것은?

> • 20x1년 11월 1일 장부상 현금보다 실제 현금이 10,000원 부족한 것을 발견하였다.
> • 20x1년 12월31일 기말까지 현금부족의 원인을 찾을 수 없었다.

	11월 1일	12월 31일
①	(차) 현금과부족 10,000원 (대) 현금 10,000원	(차) 현금과부족 10,000원 (대) 잡이익 10,000원
②	(차) 현금 10,000원 (대) 현금과부족 10,000원	(차) 현금과부족 10,000원 (대) 잡이익 10,000원
③	(차) 현금 10,000원 (대) 현금과부족 10,000원	(차) 잡손실 10,000원 (대) 현금과부족 10,000원
④	(차) 현금과부족 10,000원 (대) 현금 10,000원	(차) 잡손실 10,000원 (대) 현금과부족 10,000원

08. 다음은 한공상사의 결산과 관련된 대화 장면이다. 회계처리에 대한 설명으로 옳은 것은?

> • 김부장 : 오늘이 결산일인데, 지난 달 현금과부족으로 회계처리했던 현금 부족액 7만원의 원인을 파악하였나요?
> • 이대리 : 3만원은 교통비 지급액으로 밝혀졌는데, 나머지 금액은 원인을 파악하지 못했습니다.

① 현금 계정 차변에 40,000원을 기입한다.
② 잡이익 계정 대변에 40,000원을 기입한다.
③ 여비교통비 계정 대변에 30,000원을 기입한다.
④ 현금과부족 계정 대변에 70,000원을 기입한다.

09. 다음은 (주)한공의 단기매매증권 관련 자료이다. 이에 대한 설명으로 옳지 않은 것은?

> • (주)성공 발행주식 1,000주(액면금액 5,000원)를 1주당 15,000원에 매입하였다.
> • 주식 매입대금은 거래수수료 80,000원과 함께 보통예금으로 이체하다.
> • 기말 현재 (주)성공 주식의 공정가치는 1주당 12,000원으로 평가되었다.

① 보통예금이 감소한다.
② 영업외비용이 발생한다.
③ 단기매매증권의 취득원가는 15,000,000원이다.
④ 단기매매증권평가손실 3,080,000원이 발생한다.

주관식

AT시험에서 이론 문제는 객관식으로 출제되나, 수험생들의 학습효과를 높이기 위하여 주관식으로 편집했습니다.

01. 다음은 (주)한공의 보유중인 자산의 일부이다. 현금및현금성자산은 얼마인가?

- 현금 20,000원
- 당좌차월 10,000원
- 타인발행수표 30,000원
- 보통예금 40,000원
- 취득당시 만기가 3개월 후인 받을어음 3,000원

02. 다음 자료에서 재무상태표상 현금및현금성자산 계정에 표시할 금액은 얼마인가?

- 현 금 1,000,000원
- 당좌예금 1,500,000원
- 보통예금 800,000원
- 만기가 6개월 후에 도래하는 정기예금 500,000원

03. 다음은 (주)한공이 단기투자목적으로 일괄 취득한 (주)서울의 주식과 관련된 거래내역이다.

일자	거래	수량	총거래금액
20x1년 12월 15일	취득	200주	2,000,000원
20x1년 12월 22일	처분	50주	600,000원
20x1년 12월 31일	평가	150주	1,300,000원

① 1주당 취득원가?

② 처분시 처분손익은?

③ 기말평가시 평가손익은?

④ 재무상태표상 단기매매증권 장부가액은?

04. 다음 자료에 의해 단기매매증권의 취득원가를 계산하시오.

- 취득 주식 수 : 100주
- 거래수수료 : 20,000원(현금 지급)
- 1주당 액면단가 : 10,000원
- 1주당 취득단가 : 12,000원

05. 다음은 (주)대한의 단기매매증권 관련 자료이다. 단기매매증권처분손익은 얼마인가?

- 3월 6일 단기시세차익을 목적으로 ㈜한공에서 발행한 주식 100주(액면 : 주당 5,000원)를 1주당 7,000원에 취득하였다. 취득 시 수수료 20,000원은 현금으로 지급하였다.
- 4월 3일 보유 중인 ㈜한공 발행 주식 전부를 800,000원에 처분하였다.

06. 다음은 한공기업이 20x0년 단기매매목적으로 매입하여 20x1년 매각한 (주)서울 주식관련 자료이다. 20x1년 3월 3일 처분시점에 인식할 (주)서울의 단기매매증권처분손익을 계산하시오.

일자	거래내역
20x0년 2월 20일	주식 매입 (100주, 주당 1,000원)
20x0년 12월 31일	주당 시가 1,200원
20x1년 3월 3일	주식 처분 (100주, 주당 1,300원)

07. 다음은 (주)한공이 당기에 구입하여 보유하고 있는 주식 관련 자료이다. 결산분개 후 손익계산서에 표시될 평가손익은 얼마인가?

구분	보유주식 수	취득원가	1주당 공정가치(결산일)
단기매매증권	5,000주	5,000,000원	1,300원

08. 20x1년 8월 20일 장부상 현금잔액은 500,000원이고, 실제 보유 현금잔액은 450,000원으로 발견되었으며, 그 원인은 조사 중이다. 기말결산 시까지 원인을 발견하지 못하였을 경우에 회계처리 시 차변 계정과목은 무엇인가?

연습 답안

Financial Accounting Technician
회계정보처리 자격시험 2급

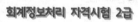

분개연습

[1]	(차)	세금과공과금(판)	50,000	(대)	현 금	50,000
[2]	(차)	차량유지비(판)	30,000	(대)	현 금	30,000
[3]	(차)	전력비(판) or 수도광열비(판)	100,000	(대)	현 금	100,000
[4]	(차)	외상매입금(가자전자)	32,000,000	(대)	보통예금(국민은행)	32,000,000
		수수료비용(판)	1,000		현 금	1,000
[5]	(차)	단기대여금(백두아트)	3,000,000	(대)	보통예금(우리은행)	3,000,000
[6]	(차)	보통예금(우리은행))	1,100,000	(대)	단기대여금(김영곤)	1,000,000
					이자수익	100,000
[7]	(차)	단기매매증권	2,500,000	(대)	보통예금(농협은행)	2,500,000
[8]	(차)	단기매매증권	700,000	(대)	보통예금(국민은행)	750,000
		수수료비용(영 · 비)	50,000			
[9]	(차)	보통예금(국민은행)	2,500,000	(대)	단기매매증권	3,000,000
		단기매매증권처분손실	500,000			

☞ **처분손익 = 처분가액(2,500,000) − 장부가액(3,000,000) = △500,000(처분손실)**

[10]	(차)	보통예금(국민은행)	3,150,000	(대)	단기매매증권	3,000,000
					단기매매증권처분이익	150,000

☞ **처분손익 = 처분가액(3,150,000) − 장부가액(3,000,000) = +150,000(처분이익)**

객관식

1	2	3	4	5	6	7	8	9						
①	④	③	④	④	①	④	④	④						

[풀이 – 객관식]

01 2월 1일 분개 (차) 보통예금(유동) 30,000원 (대) 매출채권(유동) 30,000원
→ 유동자산은 변동하지 않는다.

02 3개월 이내에 처분할 목적으로 구입한 주식은 단기매매증권이고, **가입당시(취득당시) 3개월 이내인 정기예금은 현금 및 현금성자산**이다.

03 1년 만기 정기적금은 단기금융상품에 해당한다.

04 **만기가 6개월 후에 도래하는 정기적금은 단기투자자산에** 해당한다.

05 타인발행 약속어음은 **상거래와 관련된 경우에는 매출채권, 상거래가 아닌 경우에는 미수금 또는 대여금**으로 분류한다.

06 1월 14일 분개 : (차) 현금 30,000원 (대) 외상매출금 30,000원
외상매출금 계정원장의 대변에 전기해야 한다.

07 11월 1일 현금이 부족하므로 현금과부족계정이 차변으로 그리고 **원인을 알 수 없으므로 기말에 잡손실**로 처리한다.

08 결산시 분개 (차) 여비교통비 30,000원 (대) 현금과부족 70,000원
잡손실 40,000원
현금 부족액은 현금과부족계정 차변에 잔액이 나타나고, 원인이 밝혀지면 현금과부족 계정 대변에 기재하고, 결산 시까지 원인이 밝혀지지 않으면 잡손실로 회계처리한다.

09 단기매매증권평가손익 = (12,000 - 15,000) × 1,000주 = △3,000,000원(손실)

- 매입 (차) 단기매매증권 15,000,000 (대) 보통예금외 15,080,000
  수수료비용 80,000
- 평가 (차) 단기매매증권평가손실 3,000,000 (대) 단기매매증권 3,000,000

주관식

1	90,000원	2	3,300,000원
3	① 10,000원 ② 단기매매증권처분이익 100,000원 ③ 단기매매증권평가손실 200,000원 ④ 1,300,000원	4	1,200,000원
5	단기매매증권처분이익 100,000원	6	단기매매증권처분이익 10,000원
7	평가이익 1,500,000원		잡손실

[풀이 – 주관식]

01 현금및현금성자산 = 현금(20,000) + 타인발행수표(30,000) + 보통예금(40,000) = 90,000원
당좌차월은 단기차입금이고, **취득당시 만기가 3개월인 받을어음은 매출채권**이다.

02. 현금 1,000,000원 + 보통예금 800,000원 + 당좌예금 1,500,000원 = 3,300,000원
현금, 요구불예금(당좌예금, 보통예금 등)은 재무상태표에 현금및현금성자산 계정으로 통합하여 표시한다.

03. ① 2,000,000원/200주 = 10,000원
② 단기매매증권처분이익 = 처분가액 - 장부가액
= 600,000원 - 2,000,000원 × 50주/200주 = 100,000원(처분이익)
③ 단기매매증권평가손익 = 공정가액 - 장부가액 (2,000,000 - 500,000)
= 1,300,000원 - 1,500,000원 = △200,000원(평가손실)
④ 기말공정가액 평가액이 장부가액이다.

04. 취득원가는 100주 × 12,000원 = 1,200,000원이다.
단기매매증권을 취득한 경우 취득원가는 공정가치인 거래금액으로 측정한다. 취득 시 발생하는 거래비용은 취득원가에 가산하지 않고 **당기의 비용(영업외비용)으로 처리**한다.

05. 단기매매증권 **취득 시 발생하는 부대비용은 영업외비용(수수료비용)**으로 회계처리한다.
- 처분금액(800,000) - 장부금액(700,000) = 100,000원(단기매매증권처분이익)

06. 처분손익 = 처분가액 - 장부가액 = 100주 × 1,300원 - 100주 × 1,200원 = 10,000원(처분이익)

〈20x0년 2월 20일〉

(차) 단기매매증권	100,000원	(대) 현 금 등	100,000원

〈20x0년 12월 31일〉

(차) 단기매매증권	20,000원	(대) 단기매매증권평가이익	20,000원

〈20x1년 3월 3일〉

(차) 현금 등	130,000원	(대) 단기매매증권	120,000원
		단기매매증권처분이익	10,000원

07 단기매매증권 1주당 취득원가 : 5,000,000원/5,000주 = 1,000원
단기매매증권평가이익 : (1,300원 - 1,000원) × 5,000주 = 1,500,000원

08.

• 8/20 (차)	**현금과부족**	50,000	(대)	현금	50,000
• 12/31 (차)	잡손실	50,000	(대)	**현금과부족**	50,000

(4) 채권 · 채무회계

채권이란 기업이 영업활동을 수행하는 과정에서 재화나 용역을 외상으로 판매하고 그 대가로 나중에 현금 등을 받을 권리 또는 다른 회사나 타인에게 자금을 대여하고 그 대가로 차용증서나 어음을 수취하는 경우 등을 통칭하여 채권이라 부른다.

반대로 채무는 다른 회사나 타인에게 재화 또는 용역 또는 현금을 지급해야 할 의무를 말한다.

이를 요약하면 다음과 같다.

채권자		거 래	채무자	
매출채권	외상매출금	일반적인 **상거래에서** 발생한 채권 · 채무	매입채무	외상매입금
	받을어음			지급어음
미수금		일반적인 **상거래 이외**에서 발생한 채권 · 채무	미지급금	
대여금		자금거래에서 발생한 채권 · 채무	차입금	
선급금		재화나 용역의 완료 전에 지급하는 계약금	선수금	

① 외상매출금과 외상매입금(상거래 채권 및 채무)

상품매매업에 있어서 가장 빈번하게 발생하는 거래는 상품의 매출/매입거래이다.

그리고 대부분의 상품매매거래는 신용으로 거래되는 것이 대부분이다. 이때 사용하는 회계계정과목이 외상매출금과 외상매입금이다. 즉, 회사 영업의 주목적인 일반 상거래(상품이나 제품판매)에서 발생한 채권을 외상매출금, 채무를 외상매입금이라고 한다.

예제 2-7 외상매출금과 외상매입금

레고상사와 거래상대방의 거래에 대하여 분개하시오.

1. 3월 15일 (주)금강에게 상품 100,000원을 외상으로 매입하다.
2. 3월 31일 (주)금강에게 구입한 상품을 (주)섬진에게 200,000원에 외상으로 판매하다.
   수익인식만 회계처리하시오.
3. 4월 15일 (주)금강에게 상품외상매입대금 100,000원을 보통예금으로 이체하다.
4. 4월 30일 (주)섬진으로부터 상품 외상판매대금 200,000원을 현금으로 받다.

해답

	레고상사	거래 상대방
1.	(차) 상품 100,000 (대) 외상매입금 100,000	(주)금강 (차) 외상매출금 100,000 (대) 상품매출 100,000
2.	(차) 외상매출금 200,000 (대) 상품매출 200,000	(주)섬진 (차) 상품 200,000 (대) 외상매입금 200,000
3.	(차) 외상매입금 100,000 (대) 보통예금 100,000	(주)금강 (차) 보통예금 100,000 (대) 외상매출금 100,000
4.	(차) 현금 200,000 (대) 외상매출금 200,000	(주)섬진 (차) 외상매입금 200,000 (대) 현금 200,000

■ T계정 이해

외상매출금

ⓐ전기이월(기초)	1,000,000	ⓒ회수액	8,000,000
ⓑ외상매출액	10,000,000	ⓓ차기이월(기말)	3,000,000
계	11,000,000	계	11,000,000

ⓐ 전기이월(기초) : 전년도로부터 이월된 금액으로서 전기재무상태표의 외상매출금과 일치한다.

ⓑ 외상매출액 : 상품 등을 판매하여 외상매출금 금액을 증가된 금액

(차) 외상매출금(자산) 10,000,000 (대) 상품매출(수익) 10,000,000

ⓒ 회수액 : 외상매출금에 대해서 현금 등으로 회수한 금액

(차) 현금/받을어음 8,000,000 (대) 외상매출금 8,000,000

ⓓ 차기이월(기말) : 외상매출금을 미회수한 금액으로 재무상태표 외상매출금계정에 집계되고, 차기의 기초금액이 된다.

② 받을어음과 지급어음(<u>상거래채권 및 채무</u>)

상품이나 제품의 외상대금을 결제할 때 현금이나 수표에 의한 지급과 **어음에 의한 지급방법**이 있다.

어음이란 상품을 구입한 구매자가 일정기일에 대금을 판매자에게 지급하겠다고 약속하는 증서이다. 받을어음이란 회사가 상품을 판매하고 어음수령한 경우에 어음상의 채권을 말한다. 지급어음이란 회사가 상품을 구입하고 어음을 발행한 경우에 어음상의 채무를 말한다.

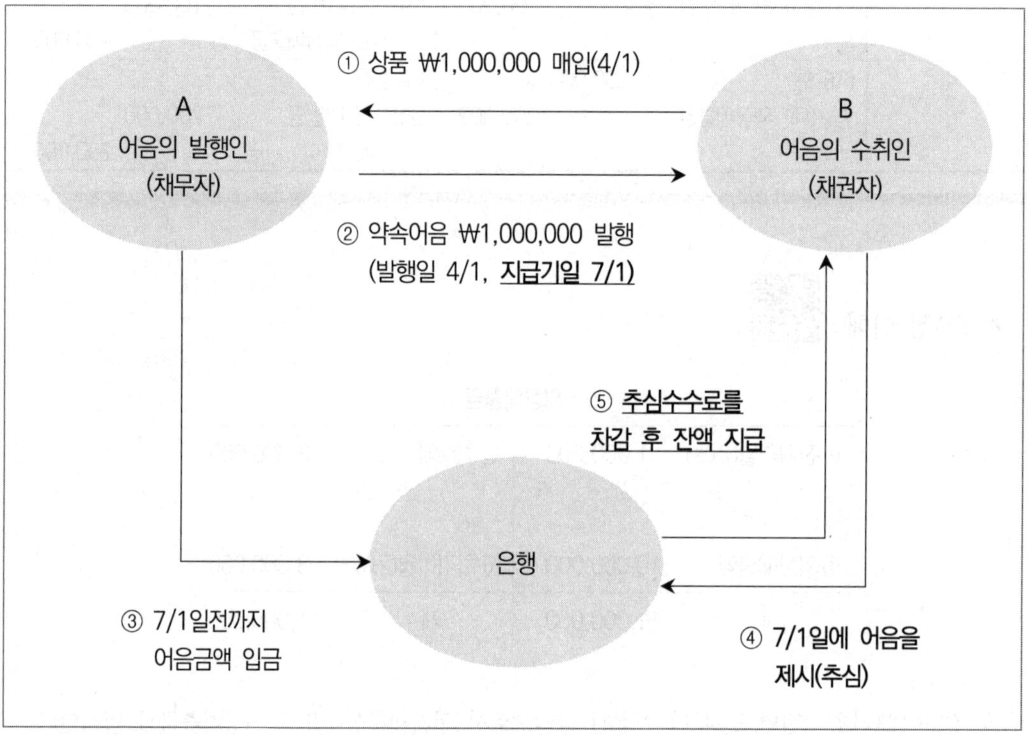

㉠ 어음의 양도

어음의 소지인은 만기일 전에 **어음상의 권리를 자유로이 타인에게 양도**할 수 있다.

어음을 양도할 때 어음 뒷면에 필요사항을 기입하고 서명날인 하는 것을 배서라고 한다.

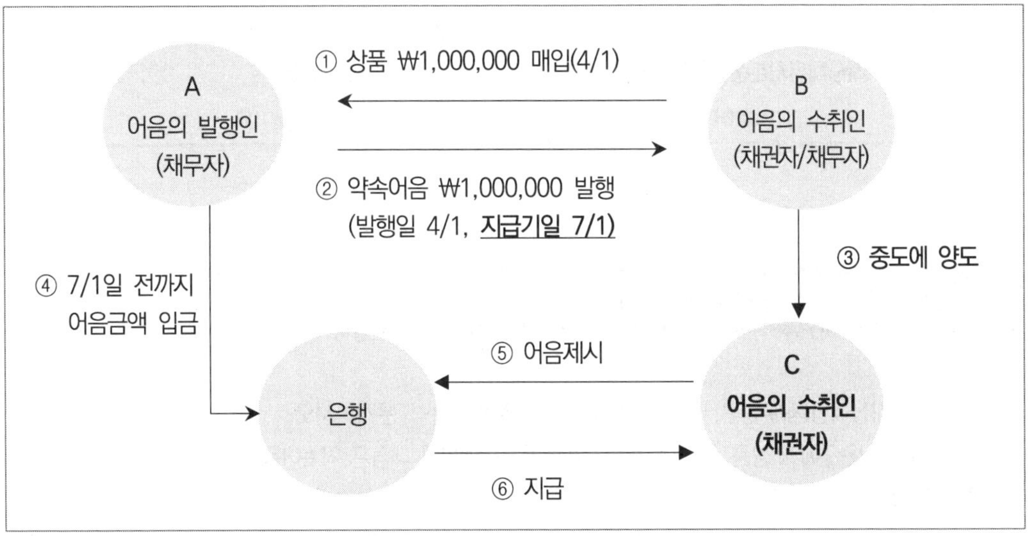

㉡ 어음의 추심위임배서

은행이 어음 소지인의 의뢰를 받아 어음을 지급인에게 제시하여 지급하게 하는 것을 어음추심이라 한다. 어음을 추심의뢰할 때에도 어음에 배서를 하여야 하는데 이것을 추심위임배서라 하고, 은행은 일정액의 추심수수료를 지급받게 되는데, **추심수수료는 영업상의 거래에 해당하므로 수수료비용(판매비와 관리비)**으로 처리한다.

㉢ 어음의 할인

기업의 자금이 부족한 경우에는 소지하고 있는 어음을 만기일 전에 금융기관에 선이자(할인료)와 수수료를 공제하고 대금을 받을 수 있는데 이를 어음의 할인이라고 한다.

어음을 할인한 경우(매각거래일 경우) 할인료와 수수료는 매출채권처분손실이라는 영업외비용으로 처리한다.

[어음의 할인 및 추심]

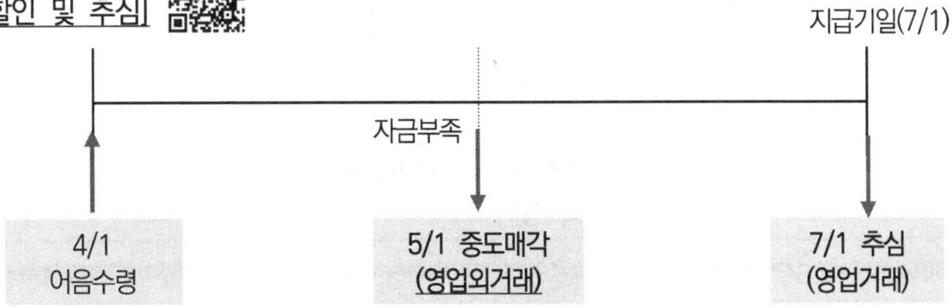

〈어음의 매각 및 추심〉

	중도매각(매각거래)	추심(만기)
	할인료	추심수수료
성격	**영업외거래(영업외비용)**	**영업거래(판관비)**
회계처리	(차) 현 금 XX **매출채권처분손실(영 · 비)** XX (대) 받을어음 XX	(차) 현 금 XX **수수료비용(판)** XX (대) 받을어음 XX

예제 2-8 어음거래(약속어음)

레고상사와 거래상대방(제일완구, 하이모리) 거래에 대하여 각각 분개하시오.

1. 3월 10일 제일완구에게 상품 100,000원을 외상으로 판매하고 대금은 약속어음(발행일 3월 10일 만기일 : 6월 10일)으로 지급받다
2. 3월 20일 하이모리에게 상품 200,000원을 구입하면서 상품판매로 받은 어음(발행인 ㈜묘향)을 배서양도하다.
3. 3월 30일 상품판매로 받은 어음(발행인 ㈜섬진)이 만기가 되어 추심수수료 1,000원을 제외한 999,000원이 당좌예금계좌로 입금되다.
4. 5월 1일 단기 자금부족으로 인하여 3월 15일에 ㈜금강으로부터 받은 어음을 국민은행에 할인하고 할인료 10,000원을 제외한 90,000원이 보통예금통장에 입금되다. 매각거래로 회계처리하세요.

해답

1.	레고상사	(차) 받을어음	100,000원	(대) 상품매출	100,000원
	제일완구	(차) 상품	100,000원	(대) 지급어음	100,000원
2.	레고상사	(차) 상품	200,000원	(대) 받을어음	200,000원
	하이모리	(차) 받을어음	200,000원	(대) 상품매출	200,000원
3.(추심)		(차) 당좌예금 **수수료비용** **(판관비)**	999,000원 **1,000원**	(대) 받을어음	1,000,000원
4.(매각거래)		(차) 보통예금 **매출채권처분손실** **(영업외비용)**	90,000원 **10,000원**	(대) 받을어음	100,000원

③ 미수금과 미지급금(상거래이외 채권 및 채무)

상품의 매매 등 일반적 상거래에서 발생한 채권, 채무에 대해서는 매출채권과 매입채무라는 계정을 사용하지만 **그 이외의 거래에서 발생하는 채권, 채무**는 미수금이나 미지급금 계정을 사용한다.

즉, 미수금, 미지급금이란 토지, 건물, 비품 등을 구입하거나 처분하는 과정에서 발생하는 채권, 채무에 사용된다. 비록 **토지 등(유형자산등)을 구입하거나 처분 시에 어음을 지급하거나 수취하더라도 지급어음이나 받을어음계정을 사용해서는 안되고 미수금, 미지급금 계정을 사용하여야 한다.**

예제 2-9 상거래이외 채권 및 채무

레고상사와 거래상대방(㈜현대자동차, 하이모리) 거래에 대하여 각각 분개하시오.

1. 3월 10일 ㈜현대자동차로부터 차량을 10,000,000원에 구입하고, 8,000,000원은 당좌수표를 발행하여 주고, 잔액은 다음달 말일까지 주기로 하다.
2. 3월 20일 하이모리(영업목적으로 구입)에게 회사의 영업목적으로 사용하던 토지(장부가액 3,500,000원) 중 일부를 5,000,000원에 처분하고 1,000,000원은 자기앞수표로 받고, 잔액은 다음달 말일에 받기로 하다.

해답

1.	레고상사	(차)	차량운반구	10,000,000원	(대) 당좌예금	8,000,000원
					미지급금	2,000,000원
	㈜현대자동차	(차)	현금	8,000,000원	(대) 제품매출	10,000,000원
			외상매출금	2,000,000원		
		☞ ㈜현대자동차는 제조기업이므로 제품매출(수익)과 상거래채권인 외상매출금을 사용한다.				
2.	레고상사	(차)	현금	1,000,000원	(대) 토지	3,500,000원
			미수금	4,000,000원	유형자산처분익 (영업외수익)	1,500,000원
		☞ 처분손익=처분가액(5,000,000)－장부가액(3,500,000)=1,500,000(처분이익)				
	하이모리	(차)	토지	5,000,000원	(대) 현금	1,000,000원
					미지급금	4,000,000원

(5) 대손회계

기업이 보유한 모든 채권을 100% 회수한다는 것은 거의 불가능하다. 채무자의 부도, 파산, 사망 등으로 어느 일정 정도 회수 불가능한 위험을 가지고 있다. 만약 채무자의 파산, 부도 등의 사유로 회수가 불가능하게 된 경우를 **"대손"**이라고 한다.

☞ 파산 : 개인이나 기업이 재산을 모두 날려버리고 망함.

레고상사의 20x1 5월 1일 현재 외상매출금(전년도 발생)이 1건 있고 회수가 불가능해졌다고 가정하자.

부분 재무상태표

레고상사 20×1. 5.01

외상매출금 1,000,000	

회사는 회수불가능 외상매출금을 제거하고 비용처리하여야 한다.

(차) 대손상각비(판관비) 1,000,000원 (대) 외상매출금 1,000,000원

이러한 회계처리 방법을 **직접상각법**이라고 한다.

예제 2 - 10 대손회계1(직접상각법)

레고상사는 스마트폰을 판매하는 기업이다. 다음 거래에 대하여 분개하시오.

1. 1월 10일 ㈜금강에게 상품을 100,000원에 외상판매하고 다음달 말일에 받기로 하다.
2. 1월 20일 ㈜섬진에게 상품을 200,000원에 외상판매하고 대금은 약속어음(만기 3월 20일)으로 수취하다.
3. 1월 30일 ㈜금강의 파산으로 외상대금을 대손처리하기로 하다. 직접상각법으로 비용처리하시오.
4. 2월 10일 ㈜섬진의 부도로 인하여 수취한 어음에 대해 대손처리하기로 하다. 직접상각법으로 비용처리하시오.

해답

1.	(차) 외상매출금	100,000원	(대)	상품매출	100,000원
2.	(차) 받을어음	200,000원	(대)	상품매출	200,000원
3.	(차) 대손상각비(판)	100,000원	(대)	외상매출금	100,000원
4.	(차) 대손상각비(판)	200,000원	(대)	받을어음	200,000원

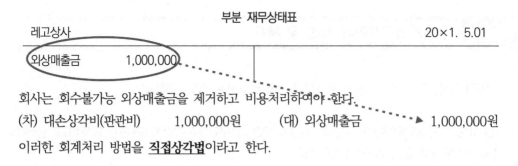

그러나 기업회계기준에서 대손에 관한 회계처리는 **<u>충당금설정법(보충법)</u>**으로 회계처리하도록 규정하고 있다. **충당금설정법은 재무상태표일(보고기간말) 매출채권잔액으로부터 회수불가능채권을 추정하여 이 추정금액을 대손금충당금으로 설정하고 동시에 이를 비용(대손상각비)으로 회계처리하는 방법**이다.

즉, 회사는 20x0년 12월 31일 외상매출금에 대해서 대손예상액을 추정하여 비용처리하여야 한다. 만약 회사가 300,000원을 대손추정했다고 가정하자.

(차) 대손상각비(판)	300,000원	(대) 대손충당금	300,000원

그러면 외부에 공시되는 재무제표에는 다음과 같이 표시된다.

부분 재무상태표

레고상사 20×0.12.31.

외상매출금	1,000,000	
대손충당금	<u>(300,000)</u>	700,000

( ),△은 음수를 표시하는 것으로서 대손충당금은 대변금액이다.

채권의 순실현가액 (장부가액)

그리고 20x1년 5월 1일 대손처리시에는 먼저 인식한 비용인 대손충당금을 우선 상계시키고, 대손충당금이 부족시에는 차액을 비용처리하면 된다.

(차) 대손충당금	300,000원	(대) 외상매출금	1,000,000원
대손상각비(판관비)	700,000원		

<u>[직접상각법 VS 충당금설정법]</u>

	직접상각법		충당금 설정법	
	20x0년	20x1년	20x0년	20x1년
재무상태표				
- 외상매출금	1,000,000	0	1,000,000	0
대손충당금	<u>0</u>		<u>(300,000)</u>	
	1,000,000		**700,000**	
손익계산서				
1. 매 출 액	1,000,000		**1,000,000**	
----------				
9. 대손상각비(판)	0	1,000,000	**300,000**	700,000

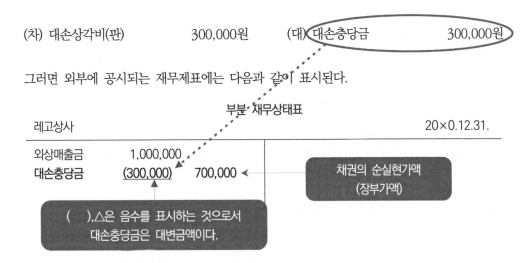

충당금설정법이 직접상각법과 비교할 때 다음과 같은 장점을 가지고 있다.

1. 기말 현재 매출채권에 대하여 대손상각비를 비용으로 인식하기 때문에
   수익비용대응원칙에 충실하다.
2. ***매출채권을 회수가능액으로 표현***하기 때문에 더 유용한 정보를 제공한다.

그리고 모든 채권에 대해서 보고기간말 마다 회수가능성을 판단하여 대손충당금을 설정해야 한다.

부분 재무상태표

레고상사			20×1.12.31.
외상매출금	100,000		
대손충당금	(10,000)	90,000	
받을어음	200,000		
대손충당금	(20,000)	180,000	← 순실현가액(장부가액)
미수금	300,000		
대손충당금	(30,000)	270,000	

- **대손추산액(대손충당금)** : 기말 채권 잔액 중 회수가 불가능할 것으로 예상하는 금액
  결국 기말 대손충당금계정으로 재무상태표에 매출채권을 차감 표시된다.
- **대손상각비** : 대손충당금의 설정으로 인한 당기 비용 설정액

① 대손확정시 회계처리

㉠ 대손충당금 계정잔액이 충분한 경우

(차) 대손충당금	×××	(대) 외상매출금(받을어음)	×××

㉡ 대손충당금 계정잔액이 부족한 경우

(차) **대손충당금(우선상계)**	×××	(대) 외상매출금(받을어음)	×××
대손상각비(판)	×××		

② 대손처리한 채권의 회수 시 회계처리

대손처리한 채권이 나중에 회수된 경우가 있다. 이 경우에 당기에 대손처리 한 경우와 전기 이전에 대손처리한 매출채권을 현금으로 회수한 경우 모두 동일하게 회계처리하면 된다.

왜냐하면 기말에 대손추산액을 계산 시 보충법으로 대손상각비를 계상하기 때문에 자연스럽게 대손상각비를 감소시키는 효과를 가져오기 때문이다.

- 대손분개취소

  (차) ~~매출채권~~ ×××　　(대) 대손충당금 ×××

- 채권회수분개

  (차) 현　　금 ×××　　(대) ~~매출채권~~ ×××

상기 두 분개는 하나의 분개로 나타낼 수 있는데,

(차) 현　　금 ×××　　**(대) 대손충당금** ×××

③ 기말대손충당금의 설정(기말수정분개)

기업회계기준에서는 보충법을 원칙으로 하고 있다. 보충법이란 기말 매출채권잔액에 대손추정율을 추정하여 대손추산액을 구하고 여기에 기 설정된 대손충당금잔액을 뺀 나머지 금액을 추가로 비용처리(대손상각비)하는 것을 말한다.

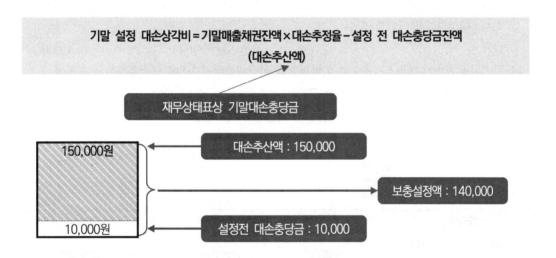

기말 설정 대손상각비 = 기말매출채권잔액 × 대손추정율 − 설정 전 대손충당금잔액
(대손추산액)

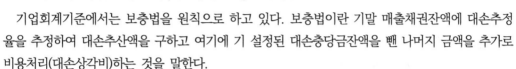

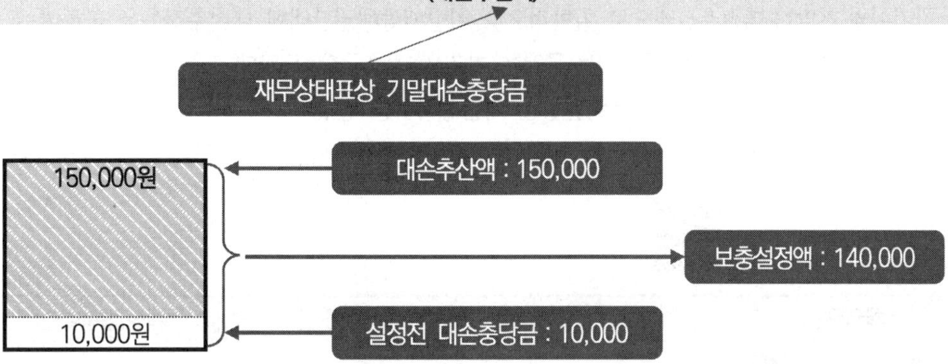

	결산수정분개
기말대손추산액>설정전 대손충당금잔액	(차) 대손상각비(판관비) ××× (대) 대손충당금 ×××
기말대손추산액<설정전 대손충당금잔액	(차) 대손충당금 ××× (대) **대손충당금환입(판관비)** ×××

■ T계정 이해

대손충당금

ⓑ대손	7,000	ⓐ전기이월(기초)	10,000
		ⓒ회수(현금)	1,000
ⓓ차기이월(기말)	9,000	ⓔ설정액	5,000
계	16,000	계	16,000

ⓐ 전기이월(기초) : 전년도로부터 이월된 금액으로서 전기재무상태표의 대손충당금과 일치한다.

ⓑ 대손 : 매출채권의 회수 불가능

(차) 대손충당금(자산차감항목) 7,000 (대) 외상매출금(자산) 7,000

ⓒ 회수 : 대손처리한 금액의 회수

(차) 현 금 1,000 (대) 대손충당금 1,000

ⓓ 차기이월(기말) : 대손추산액으로 일반적으로 기말매출채권잔액에 대손추정율을 곱하여 계산한다. 이러한 대손충당금 기말 금액은 차기의 기초금액이 된다.

ⓔ 설정액 : 보충법에 의하여 추가로 설정된 대손상각비를 말한다.

(차) 대손상각비(판) 5,000 (대) 대손충당금 5,000

④ 대손상각비 구분

<table>
<tr><th colspan="2">채권구분</th><th>성격</th><th>비용구분</th><th>계정과목(설정)</th></tr>
<tr><td rowspan="2">매출
채권</td><td>외상매출금</td><td rowspan="2">영업거래</td><td rowspan="2">판매비와 관리비</td><td rowspan="2">대손상각비</td></tr>
<tr><td>받을어음</td></tr>
<tr><td rowspan="2">기타
채권</td><td>대여금</td><td rowspan="2">영업외거래</td><td rowspan="2">영업외비용</td><td rowspan="2">기타의 대손상각비</td></tr>
<tr><td>미수금</td></tr>
</table>

예제 2-11 대손회계2

다음은 레고상사의 거래내역이다. 다음의 거래를 분개하고 기말 부분재무상태표와 대손충당금 T계정을 작성하시오. 20×1년 기초 외상매출금에 대한 대손충당금은 100,000원이다.

1. 3월 15일 외상매출금 중 150,000원이 대손 확정되었다.
2. 3월 31일 전기에 대손처리한 외상매출금중 80,000원이 현금 회수되었다.
3. 4월 30일 외상매출금 중 40,000원이 대손 확정되었다.
4. 12월 31일 기말 외상매출금잔액이 20,000,000원인데 대손추정율을 2%로 추산하였다.

해답

1.	(차) 대손충당금[*1]	100,000원	(대) 외상매출금	150,000원
	대손상각비	50,000원		
	*1.대손충당금을 우선상계하고 부족한 경우에는 대손상각비로 처리한다.			
2.	(차) 현 금	80,000원	(대) 대손충당금	80,000원
3.	(차) 대손충당금	40,000원	(대) 외상매출금	40,000원
4.	(차) 대손상각비	360,000원[*1]	(대) 대손충당금	360,000원
	***1.기말 설정 대손상각비 = 기말외상매출금잔액(20,000,000) × 대손추정율(2%) − 설정전 대손충당금**(40,000) = 360,000			

부분 재무상태표

레고상사 20X1.12.31.

외상매출금	20,000,000		
대손충당금	(400,000)	19,600,000	

대손충당금

1.외상매출금	100,000	기 초 잔 액	100,000
3.외상매출금	40,000	2.현 금	80,000
기 말 잔 액	400,000	4.대손상각비	360,000
계	540,000	계	540,000

대손추산액

당기 대손상각비 = 대손추산액 − 설정전대손충당금

예제 2-12 대손회계3

다음은 레고상사의 기말 수정전시산표를 조회한 결과이다. 기말채권잔액 잔액에 대하여 2%의 대손추산액을 계상한다. 기말 결산수정분개를 하시오.

합계잔액시산표(수정전)

제×기 : 20×1년 12월 31일 현재

차변		계정과목	대변	
잔 액	합 계		합 계	잔 액
10,000,000	20,000,000	외 상 매 출 금	10,000,000	
	200,000	대 손 충 당 금	250,000	50,000
20,000,000	35,000,000	받 을 어 음	15,000,000	
	100,000	대 손 충 당 금	450,000	350,000

해답

1. 당기 대손상각비 계산

계정과목	기말잔액(A)	대손추산액 (B=A×2%)	설정전 대손충당금(C)	당기대손상각비 (B-C)
외상매출금	10,000,000	200,000	50,000	150,000
받을어음	20,000,000	400,000	350,000	50,000

2. 기말결산수정분개

외상매출금	(차) 대손상각비(판)	150,000원	(대) 대손충당금(외상)	150,000원
받을어음	(차) 대손상각비(판)	50,000원	(대) 대손충당금(받을)	50,000원

3. 수정후합계잔액시산표

합계잔액시산표(수정후)

제×기 : 20×1년 12월 31일 현재

차변		계정과목	대변	
잔 액	합 계		합 계	잔 액
10,000,000	20,000,000	외 상 매 출 금	10,000,000	
	200,000	대 손 충 당 금	400,000	**200,000**
20,000,000	35,000,000	받 을 어 음	15,000,000	
	100,000	대 손 충 당 금	500,000	**400,000**

외상매출금 기말잔액의 2%
받을어음 기말잔액의 2%

연습문제

Financial Accounting Technician

회계정보처리 자격시험 2급

분개연습

1. 상품을 중리가구에게 1,700,000원을 외상으로 판매하다.

2. 미인전자에 상품 500,000원을 매출하고 자기앞수표(300,000원)로 일부 회수하고 잔액은 이달 말일에 회수하기로 하였다.

3. 청담의료기에 상품을 판매하고 약속어음 5,000,000원을 수취하다.

4. 양남전자에 대한 외상매출금(2,500,000원)을 전자어음으로 받았다.

5. 매출처 상원가구에서 상품대금으로 받아 보관중인 받을어음(2,500,000원)이 만기가 도래되어 농협 보통예금 통장에 입금되었다.

6. 상원가구부터 상품판매대금으로 받은 약속어음 1,000,000원을 은행에서 할인하고, 할인료 50,000원을 차감한 950,000원을 국민은행 당좌예금에 입금하다. (매각거래로 처리할 것)

7. 거래처 상아가구의 단기차입금 상환 요청이 있어 상아가구와 합의하에 명일공조 발행 당점 수취의 약속어음(6,000,000원)을 배서양도하였다.

8. 명성클라이밍의 파산으로 인하여 6월 11일 거래로 발생한 외상매출금(2,000,000원)이 회수불능하게 되었다.(대손충당금 잔액은 4,000,000원이다.)

9. 인형전자의 파산으로 외상매출금 2,000,000원이 회수불능하여 대손처리하였다. 단, 대손처리시점의 대손충당금 잔액은 800,000원이다.

10. 매출채권(외상매출금, 받을어음) 잔액에 대하여 1%의 대손충당금을 보충법을 적용하여 설정하고 있다.

합계잔액시산표(수정전)

제×기 : 20×1년 12월 31일 현재

차 변		계정과목	대 변	
잔 액	합 계		합 계	잔 액
10,000,000	20,000,000	외 상 매 출 금	10,000,000	
	200,000	대 손 충 당 금	250,000	50,000
20,000,000	35,000,000	받 을 어 음	15,000,000	
	300,000	대 손 충 당 금	220,000	80,000

객관식

01. 다음 중 매출채권에 대한 설명으로 옳지 않은 것은?

① 매출채권이란 일반적 상거래에서 발생한 미수채권을 말한다.
② 외상매출금, 받을어음은 매출채권이다.
③ 식품제조 회사가 자동차를 판매하고 대금을 어음으로 받은 경우 매출채권으로 회계처리한다.
④ 자동차제조 회사가 생산된 자동차를 판매하고 대금을 어음으로 받은 경우 매출채권으로 회계처리한다.

02. 다음은 가구도매업을 영위하는 한공상사의 거래이다. 차변 계정과목으로 옳은 것은?

책상과 의자 10세트를 1,000,000원에 매출하고, 대금은 월말에 받기로 하다.

① 미수금 ② 선수금
③ 상품매출 ④ 외상매출금

03. 다음 거래에 대한 회계처리에서 나타나지 않는 계정과목은?

> • 1월 1일 매출채권에 대한 대손충당금 기초잔액은 50,000원이다.
> • 5월 13일 매출채권 100,000원에 대한 회수불능이 확정되어 대손처리하였다.

① 현금 ② 대손상각비
③ 대손충당금 ④ 매출채권

04. 다음 상품 매매 거래에 대하여 대구상사가 회계처리할 경우 차변에 나타나는 내용으로 옳은 것은?

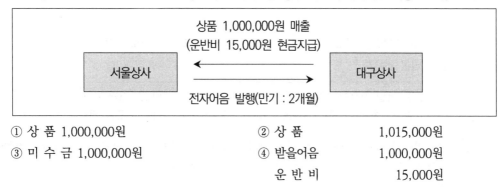

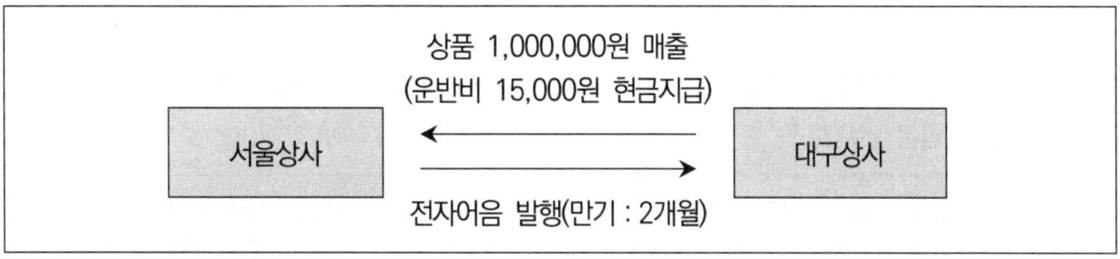

① 상 품 1,000,000원
② 상 품 1,015,000원
③ 미 수 금 1,000,000원
④ 받을어음 1,000,000원
운 반 비 15,000원

05. 도소매업을 영위하는 한공상사의 다음 거래에 대한 회계처리로 옳은 것은?

> • 단기대여금 1,000,000원이 회수불능되어 대손처리하고자 한다.
> • 대손처리 전 단기대여금에 대한 대손충당금 잔액은 800,000원이다

①	(차) 대손상각비	1,000,000원	(대) 단기대여금	1,000,000원
②	(차) 대손상각비	200,000원	(대) 단기대여금	1,000,000원
	대손충당금	800,000원		
③	(차) 대손충당금	1,000,000원	(대) 단기대여금	1,000,000원
④	(차) 기타의대손상각비	200,000원	(대) 단기대여금	1,000,000원
	대손충당금	800,000원		

06. 다음은 한공상사의 20x1년도 결산전 매출채권 및 대손충당금 내역이다. 20x1년 손익계산서에 계상하여야 할 대손상각비 또는 대손충당금환입 금액은 얼마인가?(단, 결산전 계상된 대손상각비는 없으며, 매출채권잔액에 대한 대손추정률은 10%이다.)

매출채권

기초	1,000원	회수	XXX
발생	XXX	기말	1,200원

대손충당금

		기초	100원
기말	XXX	전기대손채권의 회수	300원

① 대손충당금환입 280원　② 대손상각비 120원
③ 대손상각비 300원　④ 대손충당금환입 200원

07. 다음은 도 · 소매업을 영위하고 있는 한공기업의 자금거래에 대한 설명이다. 관련 회계처리에 대한 설명으로 옳지 않은 것은?

- 20x0년 3월 1일 거래처에 300,000원을 빌려주었다.(만기는 20x2년 3월 1일)
- 20x1년 말 거래처의 자금사정 악화로 빌려준 돈의 절반만을 받을 수 있을 것으로 판단된다.

① 자금을 빌려준 것은 영업활동과 직접 관련이 없으므로 매출채권이 아닌 미수금으로 기록한다.
② 거래처에 빌려준 돈을 20x0년 재무상태표에 비유동자산으로 분류한다.
③ 거래처에 빌려준 돈을 20x1년 재무상태표에 유동자산으로 분류한다.
④ 거래처에 빌려준 돈에 대하여 20x1년 재무상태표에 대손충당금 150,000원을 기록한다.

주관식

01. 다음은 (주)한공전자 영업일지의 일부이다. 영업일지의 내용으로 회계처리하는 경우 차변 계정과목을 적으시오.

> **영 업 일 지**
>
> 20x1. 4. 7.(목)　　　　작성자 : 김영업
>
> - 영업 실적
>   - 품목 및 판매수량 : 컴퓨터(판매용) 1대
>   - 판매금액 : 800,000원
>   - 대금결제 : 전액 거래처의 법인신용카드로 결제

02. 다음 자료에 의해 매출채권 금액을 계산하면 얼마인가?

• 외상매출금 : 5,800,000원	• 받을어음 : 3,000,000원
• 미 수 금 : 1,500,000원	• 미수수익 : 3,500,000원

03. 다음 (주)한공의 수정 후 잔액시산표의 일부이다. 매출채권은 얼마인가?

잔액시산표

㈜한공 20x1년 12월 31일 (단위 : 원)

금액	계정과목	금액
600,000	현금	
1,200,000	보통예금	
300,000	단기매매증권	
3,000,000	외상매출금	
2,500,000	받을어음	
⋮	⋮	⋮

04. 다음 자료에 의하여 당기 외상매출액을 계산하시오.

• 외상매출금 전기이월액	2,000,000원	• 외상매출금 회수액	3,300,000원
• 외상매출금 차기이월액	150,000원		

05. 다음은 한공기업의 매출채권에 대한 대화이다. (가)에 해당하는 차변 계정과목을 적으시오.

김부장 : 김과장, ㈜서울의 매출채권 회수는 어떻게 되고 있나요?
정과장 : ㈜서울의 파산으로 100만원이 회수불능입니다.
김부장 : 그럼 60만원은 대손충당금 잔액으로, 나머지 40만원은 **(가)계정**으로 회계처리하세요.

06. 다음 자료에 의하여 회계처리한 후, 대손충당금 잔액은 얼마인가?

- 20x1년 1월 1일 : 대손충당금 잔액 250,000원
- 20x1년 4월 12일 : 거래처 파산으로 외상매출금 120,000원과 받을어음 50,000원이 회수불능으로 판명되다.

07. (주)한공의 결산정리분개 후의 대손충당금잔액은 얼마인가?

- 20x1년 1월 1일 기초 대손충당금 잔액은 250,000원이다.
- 20x1년 3월 2일 100,000원의 대손이 발생하였다.
- 20x1년 12월 31일 기말 수정분개 시 50,000원의 대손충당금을 추가로 계상하였다.

08. 다음은 (주)한공의 20x1년 12월 31일 수정 전 잔액시산표의 일부와 결산정리사항과 관련된 자료이다. 결산정리사항 반영 후 손익계산서상 대손상각비는 얼마인가?

자료 1. 수정 전 잔액시산표

(주)한공 (단위 : 원)

차 변	계정과목	대 변
	⋮	
1,000,000	매출채권	
	대손충당금	20,000
	⋮	

자료 2. 결산정리사항
기말 매출채권잔액의 5%를 대손충당금으로 설정하려고 한다.

09. 매출채권의 당기 대손에 관한 정보는 다음과 같다. 당기 손익계산서에 보고될 대손상각비는 얼마인가?

- 대손충당금의 기초잔액은 150,000원이다.
- 당기 중 거래처의 파산으로 매출채권 120,000원이 회수불능하게 되었다.
- 기말 현재 파악된 매출채권의 대손예상액은 160,000원이다.

10. 다음은 한공상사의 매출채권 및 대손 관련 자료이다. 20x1년 말 재무상태표에 표시될 대손충당금은 얼마인가?(20x1년 말 대손충당금은 매출채권의 1%로 추정된다.)

- 20x0. 12. 31. 매출채권 : 800,000원
- 20x0. 12. 31. 대손충당금 : 8,000원
- 20x1. 12. 31. 매출채권 : 950,000원
- 20x1년 중 대손확정금액 : 5,500원

11. 다음 거래 자료에 의하여 한공상사의 3월 말 현재 매출채권 잔액을 계산하면 얼마인가?

3월 1일 매출채권 전월이월액 1,000,000원
3월 15일 대한상사에 상품 2,000,000원을 외상으로 매출
3월 20일 대한상사로부터 외상매출금 500,000원을 현금으로 회수
3월 29일 대한상사로부터 외상매출금 1,000,000원을 전자어음으로 회수

12. 다음은 (주)한공의 20x1년 매출채권 관련 자료이다. 기말 매출채권 잔액은 얼마인가?

- 기초 매출채권 : 300,000원
- 현금매출액 : 500,000원
- 외상매출액 : 800,000원
- 외상매출분에 대한 현금회수 : 100,000원
- 회수불능 매출채권 대손처리 : 50,000원

13. 다음은 한공상사의 매출채권 정보이다. 결산 시 계상할 대손상각비는 얼마인가?

- 기말 현재 매출채권은 10,000,000원이며, 결산 전 대손충당금은 150,000원이다.
- 경과기간별 매출채권 금액과 대손추정률은 다음과 같다.

경과기간	금액	대손추정률
01~30일 경과	3,000,000원	2%
31~90일 경과	6,000,000원	3%
90일 이상 경과	1,000,000원	5%
합 계	10,000,000원	

연습답안

Financial Accounting Technician

회계정보처리 자격시험 2급

분개연습

[1]	(차)	외상매출금(중리가구)	1,700,000	(대)	상품매출	1,700,000
[2]	(차)	현　금	300,000	(대)	상품매출	500,000
		외상매출금(미인전자)	200,000			
[3]	(차)	받을어음(청담의료기)	5,000,000	(대)	상품매출	5,000,000
[4]	(차)	받을어음(양남전자)	5,000,000	(대)	외상매출금(양남전자)	5,000,000
[5]	(차)	보통예금(농협)	2,500,000	(대)	받을어음(상원가구)	2,500,000
[6]	(차)	당좌예금(국민은행)	950,000	(대)	받을어음(상원가구)	1,000,000
		매출채권처분손실	50,000			
[7]	(차)	단기차입금(상아가구)	6,000,000	(대)	받을어음(명일공조)	6,000,000
[8]	(차)	대손충당금(외상)	2,000,000	(대)	외상매출금(명성크라이밍)	2,000,000
[9]	(차)	대손충당금(외상)	800,000	(대)	외상매출금(인형전자)	2,000,000
		대손상각비(판)	1,200,000			

☞ **대손충당금을 먼저 상계하고 나머지는 비용으로 처리한다.**

[10]	(차)	대손상각비(판)	170,000	(대)	대손충당금(외상)	50,000
					대손충당금(받을어음)	120,000

계정과목	기말잔액(A)	대손추산액 (B = A X 1%)	설정전 대손충당금(C)	당기대손상각비 (B – C)
외상매출금	10,000,000	100,000	50,000	50,000
받 을 어 음	20,000,000	200,000	80,000	120,000

객관식

1	2	3	4	5	6	7
③	④	①	④	④	①	①

[풀이 – 객관식]

01 식품제조 회사가 자동차를 판매하고 대금을 어음으로 받은 경우 **상거래 이외 채권에 해당되어 미수금으로 회계처리**한다.

02 (차) 외상매출금 1,000,000원 (대) 상품매출 1,000,000원

03 (차) 대손충당금 50,000원 (대) 매출채권 100,000원
대손상각비 50,000원

04 대구상사(매출자) 회계처리
(차) 받을어음 1,000,000원 (대) 상품매출 1,000,000원
운 반 비 15,000원 현 금 15,000원

05 **재고자산 거래에서 발생한 대손은 판매비와관리비인 대손상각비로 처리**하고, **그 외의 거래**(자금의 대여나 유형자산의 미수금 등)**에 관한 채권의 대손은 영업외비용인 기타의 대손상각비(대손충당금 먼저 제거)**로 처리한다.

06 20x1년말 대손충당금 잔액 = 1,200원 × 10% = 120원

대손충당금

환입	***280***	기초	100
기말	120	회수	300
계	400	계	400

07 거래처에 빌려준 돈은 대여금으로 기록한다. 20x0년에는 장기대여금(비유동자산) 계정으로, 20x1년에는 단기대여금(유동자산) 계정으로 처리한다. 또한, 회수가 불확실한 대여금에 대해서는 대손충당금을 설정한다.

- 20x0.03.01 (차) 장기대여금(비유동) 300,000 (대) 현금외 300,000
- 20x1.12.31 (차) 단기대여금(유동) 300,000 (대) 장기대여금 300,000
- 20x1.12.31 (차) 기타의대손상각비 150,000 (대) 대손충당금 150,000

주관식

1	외상매출금	2	8,800,000원
3	5,500,000원	4	1,450,000원
5	대손상각비	6	80,000원
7	200,000원	8	30,000원
9	130,000원	10	9,500원
11	2,500,000원	12	950,000원
13	140,000원		

[풀이 – 주관식]

01. 판매용 컴퓨터는 상품이며 신용카드로 결제받았으므로 상품을 외상으로 매출한 것이다. 따라서 차변의 계정과목은 외상매출금이다.

02. 매출채권 = 외상매출금 + 받을어음 = 5,800,000원 + 3,000,000원 = 8,800,000원

03. 매출채권 = 외상매출금 + 받을어음 = 3,000,000원 + 2,500,000원 = 5,500,000원

04.

외상매출금

기초잔액	2,000,000	회수액	3,300,000
매출(발생액 ?)	***1,450,000***	기말잔액	150,000
계	3,450,000	계	3,450,000

05. (차) 대손충당금 600,000원 (대) 매출채권 1,000,000원
대손상각비(판) 400,000원

06. 대손충당금 잔액 = 대손충당금(250,000원) – 매출채권 회수불능액(120,000원 + 50,000원)
= 80,000원

07.

대손충당금

대손	100,000	기초	250,000
기말	***200,000***	대손상각비	50,000
계	300,000	계	300,000

08.

1,000,000×5%

대손충당금

		설정전대손충당금	20,000
기말	50,000	*대손상각비(설정?)*	*30,000*
계	50,000	계	50,000

09.

대손충당금

대손	120,000	기초	150,000
기말	160,000	***대손상각비(설정?)***	***130,000***
계	280,000	계	280,000

10 재무상태표에 기록될 대손충당금 = 대손충당금 설정대상 기말채권(950,000) × 1% = 9,500원

11

매출채권(외상매출금 + 받을어음)

기초잔액	1,000,000	회수액	500,000
매출	**2,000,000**	***기말잔액***	***2,500,000***
계	3,000,000	계	3,000,000

☞ 3월 29일 (차) 받을어음 1,000,000 (대) 외상매출금 1,000,000

12

매출채권

기초잔액	300,000	대손액	50,000
		회수액	100,000
매출(발생액)	**800,000**	***기말잔액***	***950,000***
계	1,100,000	계	1,100,000

13 기말 대손충당금 = 3,000,000원 × 0.02 + 6,000,000원 × 0.03 + 1,000,000원 × 0.05
= 60,000원 + 180,000원 + 50,000원 = 290,000원

대손충당금

		기초	150,000
기말	290,000	***대손상각비(설정?)***	***140,000***
계	290,000	계	290,000

(6) 기타의 당좌자산

① 미수수익(VS 미지급비용)

발생주의에 따라 인식한 수익의 당기 기간경과분에 대한 수익으로서 아직 현금으로 미수취한 경우에 당기에 수익을 가산하는 동시에 **미수수익(당좌자산)**으로 계상하여야 한다(**인위적인 회계기간이 있기 때문에 발생주의에 따라 비록 현금을 수취하지 않았다 하더라도 당기의 수익으로 인식해야 한다**).

예를 들어 20×1년 10월 1일 만기 1년으로 연 이자율 6%의 조건으로 1,000,000원의 정기예금에 가입하였다고 가정하면, 만기(20×2년 10월 1일)에 정기예금 가입금액 1,000,000원과 이자금액 60,000원을 수취하게 된다.

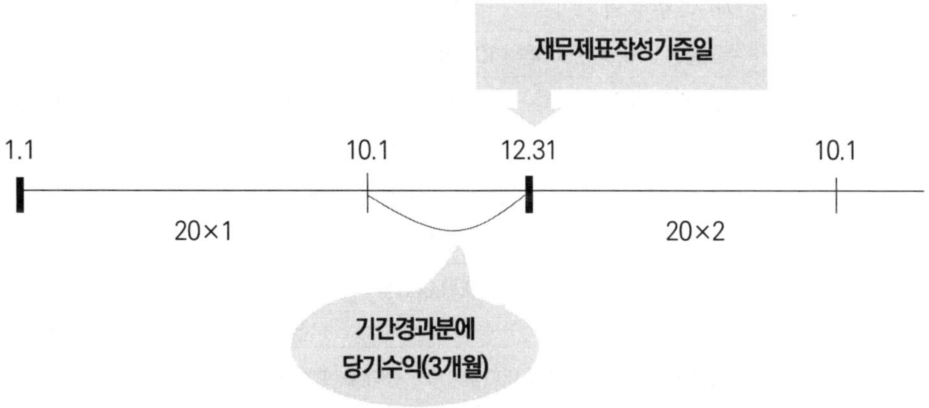

따라서 12월 31일에 기간경과 분(10월 1일부터 12월 31일까지)에 대하여 수익을 인식하여야 한다. 왜냐하면 발생주의 원칙에 따라 올해 발생된 수익을 인식하여야 하기 때문이다.

20×1년 12월 31일 결산수정분개는 다음과 같다.

(차) 미 수 수 익(자산)	15,000원	(대) 이 자 수 익	15,000원

경과분 이자수익은 60,000원×3개월/12개월=15,000원

또한 채무자인 은행도 마찬가지로 발생주의 원칙에 따라 발생된 비용을 인식하여야 한다.

(차) 이 자 비 용	15,000원	(대) 미지급비용(부채)	15,000원

예제 2 - 13 손익의 발생

레고상사와 거래상대방(제일완구, 하이모리)의 거래내역을 각각 분개하시오.

1. ×1년 12월 31일 거래처인 제일완구에 대여한 금액에 대하여 당기분 경과이자를 인식하다(대여금액 10,000,000원, 대여일 7월 1일 연이자율 10% 월할계산할 것).
2. ×1년 12월 31일 거래처인 하이모리의 차입금에 대하여 당기분 경과이자를 인식하다 (차입금액 20,000,000원, 차입일 10월 1일 연이자율 5% 월할계산할 것).
3. ×2년 7월 1일 거래처인 제일완구로부터 1년분이자 1,000,000원을 현금수령하다.

해답

1.	레고상사	(차) 미수수익	500,000원	(대) 이자수익	500,000원
		수익발생 : 10,000,000원×10%×6개월/12개월			
	제일완구	(차) 이자비용	500,000원	(대) 미지급비용	500,000원
2.	레고상사	(차) 이자비용	250,000원	(대) 미지급비용	250,000원
		☞비용발생 : 20,000,000원×5%×3개월/12개월			
	하이모리	(차) 미수수익	250,000원	(대) 이자수익	250,000원
3.	레고상사	(차) 현 금	1,000,000원	(대) 미수수익 이자수익	500,000원 500,000원*1
		*1.당기수익발생 : 10,000,000원×10%×6개월/12개월			
	제일완구	(차) 미지급비용 이자비용	500,000원 500,000원	(대) 현 금	1,000,000원

② 선급비용(VS 선수수익)

발생주의에 따라 당기에 선 지급한 비용 중 차기비용으로서 차기 이후로 이연할 금액을 말한다. 즉, **당기에 지출한 비용 중 내년도 비용은 결산일 기준으로 자산에 해당**된다.

예를 들어 20×1년 10월 1일 창고 화재보험료를 1년분 보험료 1,200,000원을 미리 지급한 경우 지급시 회계처리는 다음과 같다.

(차) 보 험 료	1,200,000원	(대) 현 금	1,200,000원

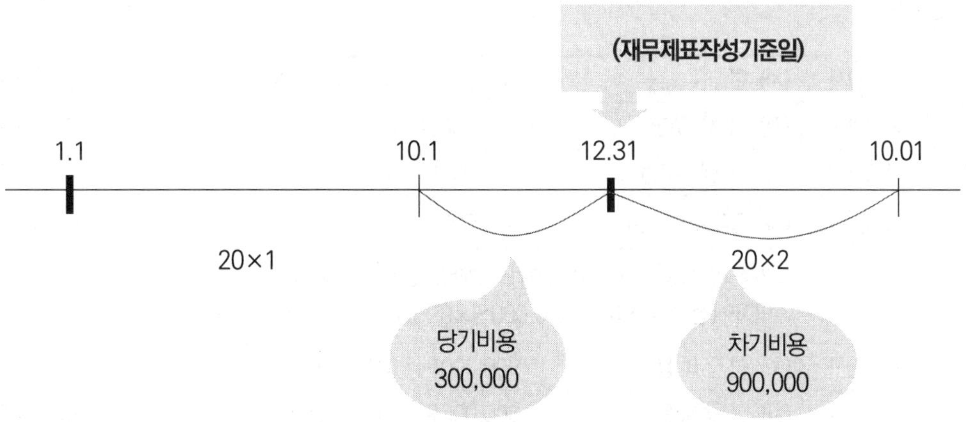

결산일(12월 31일) 시점에서 보면 내년도 보험료 900,000원은 유동자산에 해당한다.
따라서 12월 31일에 기간미경과분에 대한 비용을 자산으로 수정분개하여야 한다.
20×1년 12월 31일 결산수정분개는 다음과 같다.

(차) 선 급 비 용(자산)	900,000원	(대) 보 험 료	900,000원

또한 보험회사의 입장에서 보면,
10월 1일 수령한 현금을 전액 수익(보험료)으로 인식했다면

(차) 현 금	1,200,000원	(대) 수익(보험료)	1,200,000원

12월 31일 올해의 수익(보험료)만 인식하는 결산분개를 행해야 한다.

(차) 수익(보험료)	900,000원	(대) 선 수 수 익(부채)	900,000원

예제 2-14 손익의 이연

레고상사와 거래상대방(제일완구)의 거래내역을 각각 분개하시오.

1. 10월 1일 건물 중 일부를 제일완구에 임대(임대기간 1년)하면서 1년분 임대료 1,200,000원을 현금으로 받고 임대료로 회계처리하다. 제일완구는 비용으로 회계처리하다.
2. 11월 1일 창고건물에 대해서 화재보험에 가입하면서 1년치 보험료 600,000원을 현금지급하면서 비용처리하다.
3. 12월 31일 임대료와 보험료에 대하여 발생기준에 따라 결산수정분개를 하다.

해답

1.	레고상사	(차) 현　　금	1,200,000원	(대) 임대료(영 · 수)	1,200,000원
	제일완구	(차) 임 차 료(판)	1,200,000원	(대) 현　　금	1,200,000원
2.	레고상사	(차) 보 험 료(판)	600,000원	(대) 현　　금	600,000원
3.	레고상사	(차) 임대료(영 · 수)	900,000원	(대) 선 수 수 익	900,000원
		당기수익(임대료) : 1,200,000원×3개월/12개월 = 300,000원 수익이연(선 수 수 익) : 1,200,000원×9개월/12개월 = 900,000원			
	제일완구	(차) 선 급 비 용	900,000원	(대) 임 차 료(판)	900,000원
3.	레고상사	(차) 선 급 비 용	500,000원	(대) 보 험 료(판)	500,000원
		당기비용(보험료) : 600,000원×2개월/12개월 = 100,000원 비용이연(선급비용) : 600,000원×10개월/12개월 = 500,000원			

레고상사		당　기	차　기(손익의 이연)	
임대료 (수익)	1,200,000 (x1.10.1~x2.9.30)	300,000(임대료) (x1.10.1~x1.12.31)	900,000(선수수익) (x2. 1.1~x2.9.30)	수익의 이연
보험료 (비용)	600,000 (x1.11.1~x2.10.31)	100,000(보험료) (x1.11.1~x1.12.31)	500,000(선급비용) (x2. 1.1~x2.10.31)	비용의 이연

〈손익의 이연과 발생 : 손익의 결산정리〉

손익의 이 연	선급비용	발생주의에 따라 올해 지급한 비용 중 차기 비용	**비용의 이연**
	선수수익	발생주의에 따라 올해 수취한 수익 중 차기 수익	**수익의 이연**
손익의 발 생	미수수익	발생주의에 따라 올해 수익 중 받지 못한 수익	**수익의 발생**
	미지급비용	발생주의에 따라 올해 비용 중 지급하지 않은 비용	**비용의 발생**

③ 선급금(vs 선수금)

일반적 상거래에 속하는 재고자산의 구입 등을 위하여 선 지급한 계약금을 말한다. 장차 재고자산 등이 납품되면 재고자산으로 대체 정리될 잠정적인 재화나 용역에 대한 청구권을 내용으로 하는 채권계정이다.

예제 2 - 15 선급금(선수금)

레고상사와 거래상대방(제일완구)의 거래내역을 각각 분개하시오.

1. 1월 31일 거래처인 제일완구에서 상품 10,000,000원을 구입하기로 계약하고 상품대금의 10%를 계약금으로 현금지급하다.
2. 2월 10일 제일완구로부터 상품을 인도받고 나머지 잔금을 보통예금통장에서 이체하다. 제일완구는 상품매출에 해당한다.

해답

1.	레고상사	(차) 선 급 금	1,000,000원	(대) 현 금	1,000,000원
	제일완구	(차) 현 금	1,000,000원	(대) 선 수 금	1,000,000원
2.	레고상사	(차) 상 품	10,000,000원	(대) 선 급 금 보 통 예 금	1,000,000원 9,000,000원
	제일완구	(차) 선 수 금 보 통 예 금	1,000,000원 9,000,000원	(대) 상 품 매 출	10,000,000원

④ 가지급금과 가수금

㉠ 가지급금

회사에서 미리 지급한 금액 중 계정과목이나 금액이 미 확정시 그 내역을 파악할 때까지 일시적으로 처리해두는 계정이다. 회사에서 출장 전에 여비를 미리 개략적으로 계산하여 선지급하고, 출장 후 정산하는 경우가 있다. 이렇게 출장비를 선 지급한 금액이 어떤 용도에 사용될지, 금액이 얼마나 될지 명확하게 모르기 때문에 일시적인 자산계정인 가지급금계정에 기록한다.

㉡ 가수금

회사에 입금된 금액 중 계정과목이나 금액이 미확정시 그 내역을 파악할 때까지 일시적으로 처리해 두는 계정이다. 추후 입금된 내역이 확정시 해당 본 계정으로 회계처리하여야 한다.

재무상태표 작성기준 중 이러한 임시계정은 외부에 공시되는 재무상태표에 표시되어서는 안된다.

예제 2-16 가지급금/가수금

레고상사의 거래내역을 분개하시오.

1. 3월 15일 사원 홍길동의 대전에 출장을 보내면서 출장비 명목으로 100,000원을 현금 지급하다.
2. 3월 31일 사원 홍길동이 출장 후 출장비를 정산한바 숙박비 40,000원, 교통비 50,000원을 사용하고 나머지 10,000원은 현금으로 반환하다.
3. 4월 15일 당사의 보통예금 계좌에 300,000원이 입금되었는데, 내역을 확인할 수 없다.
4. 4월 30일 300,000원의 내역을 확인한바 (주)한라의 외상매출금 100,000원과 상품매출계약금 200,000원으로 확인되다.

해답

1.	(차) 가지급금	100,000원	(대) 현 금	100,000원
2.	(차) 여비교통비(판) 현 금	90,000원 10,000원	(대) 가지급금	100,000원
3.	(차) 보통예금	300,000원	(대) 가 수 금	300,000원
4.	(차) 가 수 금	300,000원	(대) 외상매출금 선 수 금	100,000원 200,000원

⑤ 소모품

소모성 비품 구입에 관한 비용으로서 사무용품, 소모공구 구입비 등 **회사가 중요성에 따라 자산으로 처리하는 것**을 말한다. 소모품비는 비용이고 소모품은 자산에 해당한다.

중요성

특정회계정보가 정보이용자의 **의사결정에 영향을 미치는 정도**를 말한다.
특정정보가 생략되거나 잘못 표시될 경우 정보이용자의 판단이나 의사결정에 영향을 미칠 수 있다면 그 정보는 중요한 것이다. 이러한 정보는 **금액의 대소로 판단하지 않고 정보이용자의 의사결정에 영향을 미치면 중요한 정보가 되는 것**이다. 예를 들어 어느 기업의 소모품비와 같은 소액의 비용을 자산으로 처리하지 않고 발생즉시 비용으로 처리하는 것은 정보이용자 관점에서 별로 중요하지 않기 때문에 당기 비용화하는 것이다.

예제 2 - 17 소모품/소모품비

레고상사의 거래내역을 분개하시오.

1. 7월 15일 사무용소모품을 1,000,000원을 구입하고 대금은 외상으로 하였다.
   (비용으로 처리하시오.)

2. 12월 31일 소모품비로 계상된 금액 중 기말 현재 미사용액은 200,000원이다. 결산수정분개를 하시오.

해답

1.	(차) 소모품비(판)	1,000,000원	(대) 미지급금	1,000,000원
2.	(차) 소모품(자산)	200,000원	(대) 소모품비(판)	200,000원

〈합계잔액시산표〉

차변		계정과목	대변	
잔액	합계		합계	잔액
		당좌자산		
200,000	200,000	소모품		
		판매비와관리비		
800,000	1,000,000	소모품비	200,000	

☞ 구입시 자산(소모품)으로 처리했다고 가정하면,

7/15	(차) 소모품	1,000,000원	(대) 미지급금	1,000,000원
12/31	(차) 소모품비(판)	800,000원	(대) 소모품	800,000원

[최종결과]

구입		당기 비용	자산
사무용소모품	1,000,000	800,000(소모품비)	200,000(소모품)

연습문제

Financial Accounting Technician

회계정보처리 자격시험 2급

분개연습

1. 사무실에서 사용할 종이컵과 물티슈를 구입하고 대금은 30,000원은 현금으로 지급하였다.(비용으로 처리할 것.)

2. 양천애완샵에서 상품(애견사료)을 매입하기로 하고 계약금 10%(500,000원)를 우리은행 보통예금계좌에서 이체하였다.

3. 영업부 업무용 승용차의 자동차 보험료 900,000원을 국민은행 보통예금 계좌에서 이체하여 지급하였다. 보험료는 자산으로 처리할 것.

4. 설악아웃도어는 소모품 구입 시 소모품비로 처리하고 결산 시 미사용분을 자산으로 대체하고 있다. 기말 소모품 재고를 파악한 결과 미사용분은 1,150,000원으로 확인되었다.

5. 출장을 마친 직원 양정우의 여비정산서를 받고 여비 부족액은 현금으로 추가 지급하였다. 출장 전 회사에서 현금 400,000원을 지급하였다.

출장비	지급받은 금액	400,000원	실제소요액	430,000원	추가지급액	30,000원
지출내역	숙박비	150,000원	식 비	80,000원	교 통 비	70,000원
	거래처선물비	130,000원				

6. 대우상사는 부산영업소에 정액자금전도금을 지급하기로 결정하고 11월 전도금 2,000,000원을 보통예금(농협)계좌에서 이체하였다.(영업소전도금은 '소액현금'계정으로 처리하시오.)

7. (주)한공은 당기 10월 1일 소모품을 120,000원에 구입하고 다음과 같이 회계처리하였다.

(차) 소모품비	120,000원	(대) 현 금	120,000원

12월 31일 현재 소모품 잔액은 30,000원이다.

8. (주)한공은 3월 1일에 사용 중인 차량운반구에 대하여 자동차보험에 가입하고, 1년치(20X0.3.1.~20X1.2.28.) 보험료 1,200,000원을 현금으로 지급한 후 다음과 같이 분개하였다. 결산정리분개를 하시오.

(차) 보험료	1,200,000원	(대) 현 금	1,200,000원

9. (주)한공은 20x1년 10월 1일에 사무실 임차료 1년분(임차기간 20x1년 10월 1일~20x2년 9월 30일) 2,400,000원을 지급하고 다음과 같이 분개하였다. 20x1년 12월 31일 결산정리분개를 하시오.

20x1년 10월 1일 (차) 임차료(판)	2,400,000원	(대) 현금	2,400,000원

10. 단기대여금에 대한 미수이자 3개월분 450,000원을 계상하다. 결산정리분개를 하시오.

객관식

01. 다음 중 도소매업을 영위하는 한공상사의 영업외수익 계정과목이 아닌 것은?

① 이자수익 ② 단기매매증권평가이익
③ 미수수익 ④ 잡이익

02. 다음 중 재무상태표 상의 계정과목에 해당하지 않는 것은?

① 미수수익 ② 미지급비용 ③ 선급비용 ④ 기부금

03. 한공상사가 서울상사에 1,000,000원의 상품을 주문하고 계약금으로 현금 100,000원을 지급한 경우 각 회사가 인식할 계정과목으로 옳은 것은?

	한공상사	서울상사		한공상사	서울상사
①	선급금	선수금	②	지급어음	받을어음
③	매입채무	매출채권	④	선급비용	선수수익

04. (가), (나)에 해당하는 계정과목으로 옳은 것은?

> (가) 사무실에서 사용하는 컴퓨터를 처분하고 아직 받지 못한 금액
> (나) 상품을 매입하기 위하여 선지급한 금액

	(가)	(나)		(가)	(나)
①	선수금	미수금	②	외상매출금	선급금
③	미수금	선수금	④	미수금	선급금

05. 다음에 해당하는 계정과목으로 옳은 것은?

> (가) 내용불명 입금액이 발생한 경우
> (나) 비품매각액이 미회수된 경우
> (다) 상품매입 계약금을 지급한 경우

	(가)	(나)	(다)
①	가수금	미수금	선급금
②	가수금	미지급금	선급금
③	가지급금	미수금	선수금
④	가지급금	미지급금	선수금

06. 당기에 발생하였으나 아직 현금이 지급되지 않은 이자비용에 대한 결산정리분개는 다음 중 어떤 유형의 정리분개에 해당하는가?

① 비용의 이연
② 비용의 발생(예상)
③ 수익의 이연
④ 수익의 발생(예상)

07. 다음 중 (가)에 해당하는 결산정리사항으로 옳은 것은?

결산정리사항	재무제표에 미치는 영향
(가)	비용의 발생, 부채의 증가

① 임차료 선급분 200,000원을 계상하다.
② 임대료 선수분 200,000원을 계상하다.
③ 이자수익 미수분 200,000원을 계상하다.
④ 이자비용 미지급분 200,000원을 계상하다.

08. 다음 거래의 결과로 나타나는 항목이 올바르게 연결된 것은?
① 1년분 임차료를 미리 지급했다 - 선수수익
② 이자비용이 발생했으나 지급기일 미도래로 지급하지 않았다 - 미지급비용
③ 대여금에 대한 1년분 이자를 미리 받았다 - 선급비용
④ 상품 매출에 대한 운반비를 지급하지 않았다 - 미수수익

09. 한공기업은 20x1년 10월 1일 화재보험 1년분 60,000원을 지급하고 선급비용으로 처리한 후 20x1년 말에 결산분개를 하지 않았다. 20x1년 기말 재무제표에 미치는 영향으로 옳은 것은?(단, 선급비용은 월할상각을 가정한다.)
① 비용이 15,000원 과대계상된다.
② 비용이 60,000원 과대계상된다.
③ 유동자산이 15,000원 과대계상된다.
④ 유동자산이 60,000원 과대계상된다.

10. (주)한공은 20x1년 3월 1일에 1년분(20x1.3.1~20x2.2.28) 보험료 1,200,000원을 현금으로 지급하고 보험료로 회계처리하였다. (주)한공이 20x1년 12월 31일 결산 시 보험료에 대한 결산정리 사항을 누락한 경우 손익계산서의 당기순이익에 미치는 영향으로 옳은 것은?
① 200,000원 과대계상
② 200,000원 과소계상
③ 1,000,000원 과대계상
④ 1,000,000원 과소계상

주관식

01. 당기에 현금을 수취하지 않았지만 당기의 수익으로 인식하는 항목의 계정과목을 적으시오.

02. 한공은 20x1년 10월 1일에 1년분 보험료 240,000원을 선급하고 전액 비용으로 처리하였다. 이 경우 (주)한공의 20x1년 12월 31일 선급비용으로 계상될 금액은 얼마인가? 단, 선급비용은 월할계산한다.

03. 한공기업은 20x1년 8월 1일 임차료 1년분(20x1년 8월 1일~20x2년 7월 31일) 3,600,000원을 납부하고 전액 비용처리하였다. 12월 31일 결산 후 손익계산서에 계상될 임차료는 얼마인가?(월할계산을 적용한다.)

04. 다음은 한공상사의 보험료 관련 자료이다. 20x1년 손익계산서에 표시될 보험료 금액은 얼마인가?

- 20x1년 4월 1일 : 보험료 12개월분 3,600,000원을 현금으로 지급하고 전액 자산으로 처리하였다.
- 20x1년 12월 31일 : 기간경과분 보험료를 계상하다.(월할 계산)

05. 다음은 (주)한공의 수정전 잔액시산표와 소모품 관련 내역이다. 소모품에 대한 결산 정리 후, 손익계산서에 반영되는 당기 소모품비의 금액은 얼마인가?

잔액시산표(수정 전)

(주)한공 20x1년 12월 31일 (단위 : 원)

차변	계정과목	대변
⋮	⋮	⋮
100,000	소모품	

• 20x1년 12월 31일(결산일) : 소모품 미사용액은 20,000원이다.

06. 다음의 경우 20x1년 손익계산서에 기록되어야 할 소모품비는 얼마인가?

• 20x0년 말 소모품 재고액 : 200,000원
• 20x1년 중 소모품 구입액 : 500,000원
• 20x1년 말 실사결과 소모품 잔액 : 50,000원

연습 답안

Financial Accounting Technician

회계정보처리 자격시험 1급

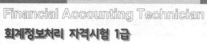

분개연습

[1]	(차) 소모품비(판)	30,000	(대) 현금	30,000
[2]	(차) 선급금(양천애완샵)	500,000	(대) 보통예금(우리은행)	500,000
[3]	(차) 선급비용	900,000	(대) 보통예금(국민은행)	900,000
[4]	(차) 소모품	1,150,000	(대) 소모품비(판)	1,150,000

☞**구입시 회계처리 (차)소모품비 xx (대) 현금 등 xx**

[5]	(차) 여비교통비(판)	300,000	(대) 가지급금(양정우)	400,000
	접대비(기업업무추진비)(판)	130,000	현 금	30,000

☞**출장시 회계처리 (차)가지급금 400,000 (대) 현금 등 400,000**

[6]	(차) 소액현금(부산영업소)	2,000,000	(대) 보통예금(농협)	2,000,000

☞ **소액현금제도**
부서별로 일정기간(보통 1개월) 단위로 현금을 선지급하고, 소액경비지출에 대하여 각 부서별로 지급하고 추후에 영수증을 첨부하여 회계처리하고, 사용분만큼 다시 현금을 재충당하는 제도

[7]	(차) 소모품	30,000	(대) 소모품비(판)	30,000
[8]	(차) 선급비용	200,000	(대) 보험료(판)	200,000

☞ **선급비용=1,200,000원×2개월/12개월**

[9]	(차) 선급비용	1,800,000	(대) 임차료(판)	1,800,000

☞ **선급비용=2,400,000원×9개월/12개월**

[10]	(차) 미수수익	450,000	(대) 이자수익	450,000

객관식

1	2	3	4	5	6	7	8	9	10					
③	④	①	④	①	②	④	②	③	②					

[풀이 – 객관식]

01 미수수익은 자산 계정과목이다.

02 기부금은 영업외비용 계정과목으로서 손익계산서에 나타난다.

03 한공상사의 회계처리 – (차) 선급금 100,000원 (대) 현 금 100,000원
서울상사의 회계처리 – (차) 현 금 100,000원 (대) 선수금 100,000원

04 • 사무실에서 사용하는 컴퓨터를 처분하고 아직 받지 못한 금액 : 미수금
• 상품을 매입하기 위하여 선지급한 금액 : 선급금

05 내용불명 입금액이 발생한 경우 – 가수금
비품매각액이 미회수된 경우 – 미수금
상품매입 계약금을 지급한 경우 – 선급금

06 (차) 이자비용 XXX (대) 미지급비용 XXX ⇨ 비용의 발생

07 (차) 이자비용(비용발생) 200,000원 (대) 미지급비용(부채증가) 200,000원

08 ① 선급비용, ③ 선수수익, ④ 미지급비용(미지급금)

09 당기비용(보험료) = 60,000/12개월 × 3개월 = 15,000원
결산분개 (차) 보험료 15,000원 (대) 선급비용 15,000원
따라서, 결산분개를 수행하지 않을 경우 **비용이 15,000원 과소계상되고 유동자산이 15,000원 과대계상된다.**

10 누락된 회계처리 (차) 선급비용 200,000원 (대) 보험료 200,000원
보험료 200,000원 과대계상, 당기순이익 200,000원 과소계상

주관식

1	미수수익	2	180,000원
3	1,500,000원	4	2,700,000원
5	80,000원	6	650,000원

[풀이 - 주관식]

01. 당기에 현금을 수취하지 않았지만 **당기의 수익으로 인식하는 항목으로 미수수익(미수임대료, 미수이자)** 등이 이에 속한다.

02. 20x1년 10월 1일 (차)보 험 료 240,000원 (대)현 금 240,000원
20x1년 12월 31일 (차)선급비용 180,000원 (대)보 험 료 180,000원

☞ 선급비용 = 240,000원 × $\frac{9월(1.1\sim9.30)}{12월}$ = 180,000원

03. 당기에 비용(임차료)으로 계상될 금액은 5개월분(20x1년 8월 1일~12월 31일)이다.
3,600,000원×5개월/12개월 = 1,500,000원

04. 20x1년 귀속분(당기비용) = 3,600,000원×9개월/12개월 = 2,700,000원이다.

05. 소모품 구입 시 자산으로 회계 처리한 경우, 결산 시 사용액을 소모품비 계정에 대체한다.
소모품 구입액(100,000원) - 소모품 미사용액(20,000원) = 소모품 사용액(80,000원)
결산 정리 분개 : (차) **소모품비 80,000원** (대) 소모품 80,000원

06.

소모품

기초	200,000	*사용액(소모품비)*	*650,000*
구입액	500,000	기말	50,000
계	700,000	계	700,000

2. 재고자산

기업이 영업활동과정에서 판매를 위해서 보유하고 있는 자산이다. 재고자산으로 분류되기 위해서는 영업활동과정에서 판매를 목적으로 소유하고 있어야 한다. 예를 들어 TV제조회사가 있는데 TV를 회의실에 사용하고 있다면 비품으로 분류되나 판매를 위하여 제품창고에 있다면 재고자산으로 분류한다.

또한 재고자산은 판매목적으로 보유하고 있는 자산이므로 정상적인 영업주기내에 판매될 것으로 예상되므로 유동자산으로 분류한다.

(1) 재고자산의 분류

① 상　품 : 정상적인 영업활동과정에서 판매를 목적으로 구입한 상품
② 제　품 : 판매목적으로 제조한 생산품
③ 반제품 : 자가제조한 중간제품과 부분품으로 **판매가 가능한 것**
④ 재공품 : 제품의 제조를 위하여 제조과정에 있는 것
⑤ 원재료 : 제품을 제조하고 가공할 목적으로 구입한 원료, 재료 등
⑥ 저장품 : 소모품, 수선용 부분품 및 기타 저장품 등
⑦ 미착(상)품 : 운송중에 있어서 아직 도착하지 않은 원재료(상품)를 말한다.

(2) 재고자산의 취득원가 결정

자산의 취득원가에는 그 자산을 취득하여 사용하기까지 투입되는 모든 비용을 포함한다. 따라서 재고자산의 취득원가에는 재고자산을 취득하여 사용하기까지 소요된 모든 지출액(매입부대비용)을 포함한다.

취득원가 = 매입가액 + 매입부대비용 − 매입환출 − 매입에누리 − 매입할인 등

① 매입부대비용

재고자산을 매입할 때 매입가액이외에 추가적으로 발생하는 비용을 말한다.

매입운임, 매입수수료, 매입 시 보험료, 하역비 그리고 만약 해외로부터 수입 시 수입관세 및 통관수수료 등 이렇게 매입부대비용을 매입시점에 비용으로 처리하지 않고 재고자산의 취득원가에 가산하는 것은 수익비용대응원칙에 따른 것이다.

☞ 수입관세 : 상품 등을 수입시 자국의 산업보호 등을 위하여 국가에서 부과하는 세금
통관수수료 : 상품 등을 수입시 수입신고를 하여야 하는바 이에 따른 수수료를 말한다.

② 매입환출과 매입에누리

구매한 재고자산에 하자(불량, 수량부족 등)가 발생하여 매입한 재고자산을 판매처에 반품하는 것을 매입환출이라 하고 상기 사유로 인하여 가격을 할인해 주는 경우를 매입에누리라 한다.

③ 매입할인

구매자가 외상매입금을 조기에 지급한 경우 판매자가 가격을 할인해 주는 것을 말한다.

■ 매출환입, 매출에누리, 매출할인

매출환입이란 판매한 재고자산에 하자가 발생하여 매입자로부터 반품을 받은 것을 말하고 매출에누리란 이러한 하자에 대하여 매입자에게 가격을 할인하여 주는 것을 말한다.

매출할인은 외상으로 판매한 매출채권을 매입자가 조기에 대금을 지불하는 경우 외상대금의 일부를 할인해 주는 것을 말한다.

외상거래에 있어서 매출할인의 조건을 보면 다음과 같다.

(2/10,n/30)의 조건으로 계약을 체결했다면 거래일로부터 10일 이내에 대금을 회수하는 경우 대금의 2%를 할인해주고 30일 이내에 대금회수를 완료해야 한다는 조건이다.

구 분		판매자		구매자	
		총매출액	100	총매입액	100
하 자 발 생	반 품 시	(−)매출환입	(5)	(−)매입환출	(5)
	가 격 에 누 리	(−)매출에누리	(10)	(−)매입에누리	(10)
조 기 결 제 에 따 른 할 인		(−)매출할인	(10)	(−)매입할인	(10)
운임(운반비)		운반비	판관비	(+)부대비용(운임)	5
		순매출액	75	순매입액	80

손익계산서상 매출액

재고자산 취득가액

예제 2 - 18 재고자산

레고상사와 거래상대방(하이모리)의 거래내역을 각각 분개하시오.

1. 3월 15일 하이모리(도매업)에서 상품 100,000원(개당 10,000원)을 외상매입하고 운반비 20,000원은 배달업체에 자기앞수표로 지급하다.
2. 3월 20일 하이모리에서 구입한 상품 중 1개가 불량품이 발생하여 반품하다.
3. 3월 25일 하이모리의 외상매입금에 대하여 조기결제하여 1%의 할인을 받고 잔액은 보통예금으로 계좌이체하다.

해답

1.	레고상사	(차) 상 품	120,000원	(대) 외상매입금 현 금	100,000원 20,000원
	하이모리	(차) 외상매출금	100,000원	(대) 상 품 매 출	100,000원
2.	레고상사	(차) 외상매입금	10,000원	(대) 매 입 환 출	10,000원
		☞ (차) 상 품 △10,000원 (대) 외상매입금 △10,000원도 가능하다.			
	하이모리	(차) 매 출 환 입	10,000원	(대) 외상매출금	10,000원
		☞ (차) 외상매출금 △10,000원 (대) 상 품 매 출 △10,000원도 가능하다.			
3.	레고상사	(차) 외상매입금	90,000원	(대) 매 입 할 인 보 통 예 금	900원[*1] 89,100원
	하이모리	(차) 보 통 예 금 매 출 할 인	89,100원 900원	(대) 외상매출금	90,000원
	*1. 매입할인 : 90,000원×1%				

(3) 재고자산의 금액 결정

수량 × 단가 = 금액

수량:
1. 계속기록법
2. 실지재고조사법

단가:
1. 개별법
2. 선입선출법
3. 평균법
4. 후입선출법
5. 소매재고법

1) 재고수량의 결정방법

재고자산의 수량을 결정하는 방법에는 계속기록법과 실지재고조사법이 있다.

① 계속기록법

상품의 매입 또는 판매가 있을 때마다 내역(수량, 단가)을 기록함으로써 당기의 매출수량과 기말재고 수량을 결정하는 방법이다.

기초재고수량 + 당기매입수량 – 당기매출수량 = 기말재고수량

즉, 계속기록법을 사용하면 기말재고수량은 장부상의 재고이고 창고 상에 몇 개의 재고가 남아 있는지 알 수 없다.

② 실지재고조사법

기말 창고에 실제 남아있는 상품의 수량을 카운트해서 당기 매출수량을 파악하는 방법이다.

기초재고수량 + 당기매입수량 – 기말재고수량 = 당기매출수량

③ 상호방법 비교

재 고 자 산

기초(1.1)	1,000개	매출수량 (1.1~12.31)	① 9,000개 ↓	② 10,000개 ↑
구입(1.1~12.31)	10,000개	기말재고 (12.31)	② 2,000개	① 1,000개
계(판매가능수량)	**11,000개**		계속기록법	실지재고조사법

계속기록법을 적용하면 매출수량이 정확하게 계산되고, 실지재고조사법을 적용하면 기말재고자산 수량이 정확하게 계산된다.

재고감모란 재고가 분실, 도난, 마모 등으로 인해 없어진 것을 재고감모라 하며 그 수량을 재고감모수량이라 한다.

재고감모수량 = 계속기록법하의 기말재고수량 - 실지재고조사법하의 기말재고수량

따라서 **계속기록법과 재고조사법을 병행하여 사용하는 것이 일반적이며, 이 경우 매출수량과 감모수량을 정확하게 파악할 수 있다.**

2) 기말재고단가의 결정(원가흐름의 가정)

기말재고금액은 재고수량에 재고의 단위당 원가로 결정된다.

따라서 기말재고수량에 적용할 단가를 어느 단가로 사용할지 문제가 된다.

이론적으로 재고자산에 꼬리표(가격표)를 붙여 일일이 확인하는 방법(개별법)이 가장 정확한 방법이지만 재고자산의 종류가 다양하고 구입과 판매가 빈번한 재고자산의 특성상 개별법으로 적용하기에는 어려움과 비용 상의 문제가 있다.

그래서 재고자산의 실제물량흐름과 관계없이 일정한 가정을 통하여 매출원가와 기말재고로 배분하는데, 개별법, 선입선출법, 후입선출법, 평균법 등이 있다.

① 개별법

재고자산이 판매되는 시점마다 판매된 재고자산의 단가를 정확히 파악하여 기록하는 방법으로 **가장 정확한 원가배분방법**이다. 이 배분방법은 재고자산이 고가이거나 거래가 빈번하지 않는 경우(보석, 골동품 등) 적용되어 왔으나, 기술의 발달로 바코드에 의한 재고자산의 관리가 가능하게 되어 대기업 등에서 적용하고 있다.

② 선입선출법(FIFO－first in, first out)

실제물량흐름과 관계없이 먼저 구입한 재고자산이 먼저 판매된 것으로 가정하는 방법이다. 대부분의 기업은 먼저 구입한 재고자산을 먼저 판매하는 것이 일반적이며, **재고자산의 진부화가 빠른 기업은 선입선출법을 적용**한다.

③ 평균법

실제물량흐름과 관계없이 재고자산의 원가를 평균하여 그 평균단가를 기준으로 배분하는 방법이다. 평균법에는 재고자산의 출고시마다 단가를 계속 기록하는 방법(계속기록법)인 이동평균법과 기말에 재고단가를 일괄하여 계산하고 기록(실지재고조사법)하는 방법인 총평균법이 있다. 주유소를 예로 들 수 있다.

④ 후입선출법(LIFO－last in, first out)

실제물량흐름과 관계없이 나중에 구입한 재고자산이 먼저 판매된 것으로 가정하는 방법이다. 대부분의 기업에서의 **실제물량흐름과 거의 불일치되고 일부 특수 업종에서 볼 수** 있다. 고물상, 석탄 야적장 등을 예로 들 수 있다.

⑤ 소매재고법(매출가격환원법)

대형할인점의 경우 다양한 종류의 재고자산을 구매하고 판매량도 대량이다. 이런 경우에 재고자산의 취득단가를 각각 계산하는 것이 매우 어렵다. 따라서 기말재고의 매출가격에 원가율을 곱해서 기말재고를 추정하는 방법이 소매재고법이다. 일반적으로 유통업에서만 인정하는 방법이다.

■ 상품T계정 이해

상　　품

ⓐ전기이월(기초)		1,000,000	ⓒ매출원가	8,000,000
ⓑ순매입액	**매입액**	**10,000,000**		
	매입운임	**30,000**		
	매입환출	**(10,000)**		
	매입에누리등	**(20,000)**	ⓓ차기이월(기말)	3,000,000
	계	**11,000,000**	계	11,000,000

판매가능상품 = 판매가능재고

상품매출원가 = 기초상품재고액 + 당기상품매입액 − 기말상품재고액

ⓐ 전기이월(기초) : 전년도로부터 이월된 금액으로서 전기재무상태표의 상품금액이다.

ⓑ 순매입액 등 : <u>**상품 총매입액중 매입환출, 매입에누리, 매입할인을 차감한 금액을 말한다.**</u>

(차) 상　　품　　10,000,000　　(대) 현 금 등　　10,000,000

ⓒ 매출원가 : 상품을 판매하고 상품의 원가를 비용인식한 금액을 말한다.

(차) 상품매출원가　　8,000,000　　(대) 상　　품　　8,000,000

ⓓ 차기이월(기말) : 창고에 남아 있는 상품금액으로 재무상태표 상품계정에 집계되고, 차기의 기초상품금액이 된다.

예제 2-19 원가흐름의 가정

레고상사의 매입과 매출에 관한 자료이다. 선입선출법, 평균법, 후입선출법에 의한 매출원가와 기말재고금액을 계산하시오.

일자	구분	입고		출고수량	재고수량
		수량	단가		
1. 1	기초재고	30	100		30
1.10	상품매입	70	110		100
1.31	상품판매			80	20

해답

판매가능재고 = 30개 × 100원 + 70개 × 110원 = 10,700원

구 분	판매가능재고 (a)	매출원가 (b)	기말재고 (a - b)
선입선출법	10,700원	30개 × 100원 + 50개 × 110원 = 8,500원	2,200원
평 균 법		80개 × 107원*1 = 8,560원 *1. 10,700원/100개 = 107원(입고단가)	2,140원
후입선출법		70개 × 110원 + 10개 × 100원 = 8,700원	2,000원

상　　품(선입선출법)

기초(1.1)	30개 × @100	3,000 ❶	매출원가	30개 × @100	3,000
				50개 × @110	5,500
매입	70개 × @110	❷ 7,700	기말(1.31)	20개 × @110	2,200
계(판매가능재고)		10,700	계		10,700

상 품(후입선출법)

기초(1.1)	30개×@100	3,000 ❷	매출원가	70개×@110	7,700
				10개×@100	1,000
매입	70개×@110	7,700 ❶	기말(1.31)	20개×@100	2,000
계		10,700	계		10,700

상 품(총평균법)

기초(1.1)	30개×@100	3,000	매출원가	80개×@107	8,560
		평균단가			
매입	70개×@110	7,700	기말(1.31)	20개×@107	2,140
계	*100개 @107*	10,700	계		10,700

(4) 재고자산의 회계처리(상품)

상품의 매매거래가 발생할 때 장부에 기록하는 방법에는

㉠ **상품의 입출고(매입, 매출)를 상품계정으로 단일 계정으로 처리하는 방법**

㉡ 상품계정을 상품(이월상품)계정, 매입계정, 매출계정의 3개로 분할하여 회계처리하는 방법이 있다.(3분법)

㉠ 방법은 상품을 판매할 때마다 판매된 상품의 원가를 일일이 확인해야 하는 불편한 점이 있다.

㉡ 3분법은 상품의 매매손익을 기말결산 시 일괄해서 처리하는 방법으로서 상품매입이 발생할 때마다 매입이라는 임시계정에 기록하고, 기말에 상품의 재고금액을 확인하여 매출원가로 일괄 대체시킨다. 매출계정은 당기 상품의 매출을 집계하여 매출액을 계산한다.

	상품단일계정	3분법
매입시	(차) 상 품 ××× (대) 현 금 ×××	(차) 매 입 ××× (대) 현 금 ×××
판매시	(차) 현 금 ××× (대) 매 출 ××× 매출원가 ××× 상 품 ×××	(차) 현 금 ××× (대) 매 출 ××× -(분개없음)
결산시	별도의 회계처리 필요 없음	(차) 매 입 ××× (대) 상품(기초) ××× 상품(기말) ××× 매 입 ××× 매출원가 ××× 매 입 ×××
결론	계속기록법으로 상품계정사용	실지재고조사법으로 기중에는 매입이라는 임시계정을 사용하고 기말에 매입잔액을 일괄적으로 매출원가로 대체시킴

소기업은 주로 상품이라는 단일 계정을 사용하다가 매출원가를 계속기록법에 의하여 회계처리하지 않고 기말에 상품재고를 파악해서 매출원가로 일괄대체시키고 있다.

예제 2 - 20 재고자산1

다음 자료에서 매출원가 그리고 매출총이익은 얼마인가?

• 당기총매입액	500,000원	• 총매출액	860,000원
• 기초상품재고액	200,000원	• 매입에누리	30,000원
• 매입환출	40,000원	• 기말상품재고액	50,000원
• 매입운임	20,000원	• 매출할인	60,000원

해답

순매출액 = 총매출액 − 매출할인, 에누리, 환입 = 860,000 − 60,000 = 800,000원

상　품

기초상품	200,000	매출원가	600,000
총매입액	500,000		
매입에누리와환출	(70,000)		
매입운임	20,000	기말상품	50,000
계(판매가능재고)	650,000	계	650,000

손익계산서

Ⅰ. (순)매 출 액	800,000
Ⅱ. 매 출 원 가	600,000
Ⅲ. 총매출이익(Ⅰ − Ⅱ)	200,000

예제 2 - 21 재고자산2

기말재고실사 결과 상품재고액은 5,000,000원이다. 기말 결산 수정분개를 하시오.

<u>수정전 합계잔액시산표</u>

제×기 : 20×1년 12월 31일 현재

차 변		계정과목	대 변	
잔 액	합 계		합 계	잔 액
44,500,000	44,500,000	상 품		

해답

상 품(결산전)

기초상품	xxx	매출원가	?
총매입액	xxx	기말상품	5,000,000
계	44,500,000	계	44,500,000

<u>매출원가 = 판매가능재고 - 기말상품재고액 = 44.500,000 - 5,000,000 = 39,500,000원</u>

기말결산수정분개

(차) 상품매출원가 39,500,000 (대) 상 품 39,500,000

분식회계

자산이나 이익을 실제보다 과대하게 하여 재무제표상의 수치를 고의로 왜곡시켜 주주와 채권자들에게 허위 정보를 제공하여 그들에게 손해를 끼치는 것이다.

1. 재고자산의 과대계상
2. 매출액 및 매출채권의 과대계상
3. 대손충당금의 과소계상 등이 주로 이용하고 있다.

특히 재고자산은 이동성이 용이하여, 재고자산의 과대계상을 통하여 분식회계에 자주 이용된다.

<u>재고자산</u>

기초재고	매출원가 ⇩	과소계상 ➡ 이익과대
		⬆
당기매입	기말재고 ⇧	과대계상
계	계	

연습문제

Financial Accounting Technician

회계정보처리 자격시험 2급

분개연습

1. 상품 2,000,000원을 ㈜영남전기로부터 외상으로 매입하다.

2. 계룡아웃도어에서 상품을 매입하고 상품대금 3,250,000원은 전자어음을 발행하여 지급하였다.

3. 계룡으로부터 상품 12,000,000원을 외상으로 매입하고 당사 부담의 운반비 30,000원 현금으로 지급하다.

4. ㈜성광상사로부터 상품을 구입하고 대금 중 일부(2,000,000원)는 보통예금계좌에서 이체하고 잔액(7,000,000원)은 외상으로 하였다.

5. 거래처인 (주)명동애견으로부터 상품을 외상으로 매입하고 발급받은 거래명세서의 일부내역이다. 당점 부담 배송비를 (주)명동애견에서 대신 지급하였다.

품명	규격	수량	단가	공급가액
애견사료(adult)	box	2	300,000	600,000
애견샴푸	box	30	60,000	1,800,000
배송비(택배)				50,000
합계				**2,450,000**

6. 상품 2,800,000원을 ㈜퍼니처월드로부터 외상으로 매입하다. 다만, 전월에 계약금 800,000원을 지급하였다.

7. 상품의 기말재고액은 3,000,000원이고 다음은 결산일 시산표를 조회한 결과이다. 결산정리 분개를 하시오.(자주기출)

수정전 합계잔액시산표

제×기 : 20×1년 12월 31일 현재

차 변		계정과목	대 변	
잔 액	합 계		합 계	잔 액
93,000,000	93,000,000	상 품		

객관식

01. 다음은 한공상사의 상품 관련 거래내역이다. 이에 대한 설명으로 옳은 것은?

- 11월 1일 상품 250,000원을 구입하기로 계약하고 계약금 50,000원을 보통예금으로 지급하였다.
- 11월 30일 상품을 모두 인수하였다.
- 12월 31일 상품 구입대금 잔금 200,000원을 보통예금으로 지급하였다.

① 11월 1일 : 상품 50,000원 증가
② 11월 30일 : 상품 200,000원 증가
③ 11월 30일 : 외상매입금 200,000원 증가
④ 12월 31일 : 상품 250,000원 증가

02. 재고자산평가방법 중 선입선출법의 특징이 아닌 것은?

① 기말재고는 최근 구입한 것이므로 기말재고자산은 공정가액에 가깝게 보고된다.
② 물가상승 시 이익을 가장 적게 계상하는 보수적인 평가방법이다.
③ 먼저 매입한 것을 먼저 판매하는 경우에는 물량흐름과 원가흐름이 일치한다.
④ 물가상승 시 후입선출법에 비해 매출원가가 적게 계상된다.

03. 물가가 지속적으로 상승하는 경우에 기말재고자산 금액이 가장 크게 나타나는 단가결정방법은?

① 선입선출법　② 이동평균법　③ 총평균법　④ 후입선출법

04. 재고자산 단가 평가방법 중 기말재고자산 금액이 크게 나타나는 순서를 나열한 것으로 옳은 것은?(물가가 지속적으로 상승하고 재고자산 수량이 일정하게 유지 된다고 가정할 것.)

① 이동평균법<선입선출법<총평균법<후입선출법
② 선입선출법>이동평균법>총평균법>후입선출법
③ 선입선출법>이동평균법>후입선출법>총평균법
④ 선입선출법<이동평균법<총평균법<후입선출법

05. 상품을 매입하는 과정에서 매입운임을 현금으로 지급하였다. 매입운임에 대한 올바른 회계처리는?

① 운반비로 회계처리하고, 판매비와관리비로 분류한다.
② 상품의 취득원가에 가산한다.
③ 총상품매입액에서 차감한다.
④ 운반비로 회계처리하고, 영업외비용으로 분류한다.

06. 다음 중 판매자의 기말재고 금액에 포함될 수 있는 경우가 아닌 것은?

① 도착지인도조건에 따라 판매한 기말 현재 운송 중인 상품
② 매입자가 아직까지 매입의사표시를 하지 않은 시송품
③ 금융기관 대출에 대한 담보로 제공한 제품
④ 할부판매로 고객에게 인도된 상품

07. 다음 재고자산에 대한 설명으로 옳지 않은 것은?

① 재고자산은 정상적인 영업과정에서 판매를 위하여 보유하는 자산이다.
② 재고자산의 매입원가는 매입금액에 매입운임 등 취득 부대비용을 가산한다.
③ 재고자산의 감모손실은 영업외비용으로 분류한다
④ 재고자산의 단위원가는 개별법, 선입선출법, 가중평균법 또는 후입선출법 등을 사용하여 결정한다.

주관식

01. 먼저 구입한 상품이 먼저 사용되거나 판매되는 것으로 가정하여 기말재고액을 결정하는 방법은 무엇인가?

02. 다음은 (주)한공의 재고자산 취득에 관한 자료이다. 재고자산의 취득원가는 얼마인가?

• 상품의 매입금액	100,000원	• 판매자부담운임	10,000원
• 매입운반비	20,000원	• 광고선전비	8,000원

03. 다음은 (주)한공의 재고자산 매입과 관련된 자료이다. 재고자산의 취득원가는 얼마인가?

- 상품대금 1,000,000원 • 매입운임 50,000원
- 상품매입 대금 지급 지연으로 인한 연체이자 30,000원
- 매입 후 회사 보관기간 중 발생한 화재보험료 100,000원

04. 다음은 한공상점의 재고자산에 관한 자료이다. 매출원가를 계산시오.

• 기초상품재고액	2,000,000원	• 당기 총매입액(매입제비용 제외)	8,000,000원
• 매입환출	400,000원	• 매입에누리	100,000원
• 매입운임	200,000원	• 기말상품재고액	3,000,000원

05. 다음 자료를 토대로 (주)한공의 매출원가를 계산하면 얼마인가?

• 기초상품재고액 :	50,000원	• 기말상품재고액 :	50,000원
• 당기총매출액 :	700,000원	• 당기총매입액 :	200,000원
• 매입시 운반비 :	5,000원	• 매입에누리 :	3,000원

06. 다음은 (주)한공의 재고자산에 관한 자료이다. 매출원가는 얼마인가?

• 기초상품재고액	60,000원	• 매 입 할 인	10,000원
• 당기상품매입액	1,300,000원	• 매입환출과에누리	20,000원
• 기말상품재고액	100,000원		

07. 다음 자료를 이용하여 계산한 당기 순매입액은 얼마인가?

• 기초상품재고액	10,000원	• 총매입액	100,000원	• 매입에누리액	2,000원
• 매입환출액	3,000원	• 매입운임	500원	• 기말상품재고액	20,000원

08. 다음 자료를 토대로 매출원가를 계산하면 얼마인가?

• 기초상품재고액	500,000원	• 기말상품재고액	300,000원
• 총매입액	4,000,000원	• 매출환입	50,000원
• 매입에누리	40,000원	• 매입할인	30,000원

09. 다음은 개인기업인 한공상사의 3월 중 상품 거래내역이다. 선입선출법에 의한 3월의 매출원가는 얼마인가? (단, 제시된 자료 외에는 고려하지 않는다.)

일자	내역	수량	단가	금액
3월 01일	전월이월	200개	@1,000원	200,000원
3월 15일	매입	300개	@3,000원	900,000원
3월 30일	매출	300개	@4,000원	1,200,000원

10. 다음은 한공상사의 당기 매출 관련 자료이다. 당기 총매출액을 계산하면 얼마인가?

• 매출총이익 :	150,000원	• 매출원가 :	70,000원
• 매출환입 :	30,000원	• 매출에누리 :	10,000원

연습 답안

Financial Accounting Technician

회계정보처리 자격시험 2급

분개연습

[1]	(차) 상 품	2,000,000	(대)	외상매입금((주)영남전기)	2,000,000
[2]	(차) 상 품	3,250,000	(대)	지급어음(계룡아웃도어)	3,250,000
[3]	(차) 상 품	12,030,000	(대)	외상매입금(계룡)	12,000,000
				현 금	30,000

☞ 구입시 부담한 운반비는 상품의 취득부대비용에 해당한다.

[4]	(차) 상 품	9,000,000	(대)	보통예금(국민은행)	2,000,000
				외상매입금((주)성광상사)	7,000,000
[5]	(차) 상 품	2,450,000	(대)	외상매입금((주)명동애견)	2,450,000

☞ 배송비를 공급자가 먼저 부담하고 추후 공급받는 자에게 청구한 내역이다.

[6]	(차) 상 품	2,800,000	(대)	선급금((주)퍼니처월드)	800,000
				외상매입금((주)퍼니처월드)	2,000,000
[7]	(차) 상품매출원가	90,000,000	(대)	상 품	90,000,000

☞ 상품매출원가=판매가능재고－기말상품재고액=93,000,000－3,000,000

객관식

1	2	3	4	5	6	7				
③	②	①	②	②	④	③				

[풀이 – 객관식]

01	11. 1. (차) 선급금	50,000원	(대)	보통예금	50,000원
	11. 30. (차) 상품	250,000원	(대)	선급금	50,000원
				외상매입금	200,000원
	12. 31. (차) 외상매입금	200,000원	(대)	보통예금	200,000원

02 물가상승시 이익이 가장 적게 계상하는 것이 후입선출법의 특징이다.

03 **선입선출법은 먼저 입고된 상품이 먼저 출고한다는 가정하에 출고단가를 결정**하는 방법으로 선입선출법 하에서 기말재고자산에는 최근에 구입한 가장 높은 단가가 적용되므로 기말재고자산이 가장 크게 계상된다.

04 재고자산의 크기는 **언제나 선입선출법, 이동평균법, 총평균법, 후입선출법 순서**로 나타난다.

구입순서(물가상승) 2③개판매		선입선출법	후입선출법
1. 10	매출원가	30	50
2. 20			
3. 30	***기말재고***	***30***	***10***

재고자산의 크기는 선입선출법 〉 이동평균법 〉 총평균법 〉 후입선출법 순이다.

05 매입운임은 상품의 취득관련 부대비용으로 상품의 취득원가에 가산한다.

06 재고자산을 고객에게 인도하고 대금의 회수는 미래에 분할하여 회수하기로 한 경우 대금이 모두 회수되지 않았다 하더라도 상품의 판매시점에서 판매자의 재고자산에서 제외한다.

07 재고자산의 감모손실의 경우 **정상적으로 발생한 감모손실은 매출원가에 가산**하고 **비정상적으로 발생한 감모손실은 영업외비용으로 분류**한다.

주관식

1	선입선출법	2	120,000원
3	1,050,000원	4	6,700,000원
5	202,000원	6	1,230,000원
7	95,500원	8	4,130,000원
9	500,000원	10	260,000원

[풀이 – 주관식]

01. **먼저 구입한 상품이 먼저 사용되거나 판매되는 것으로 가정**하여 기말재고액을 결정하는 방법을 **선입선출법**이라고 한다.

02. 상품매입액(100,000원)+매입운반비(20,000원)=120,000원

03. 재고자산 취득원가 : 1,000,000원+50,000원(운임)=1,050,000원
상품매입 대금 지급 지연으로 인한 **연체이자**와 매입 후 회사 **보관기간 중 발생한 화재보험료는 비용으로 회계처리**한다.

04.

상 품

기초상품	2,000,000	*매출원가(?)*	*6,700,000*
총매입액	8,000,000		
(매입에누리, 환출)	(500,000)		
매입운임	200,000	기말상품	3,000,000
계	9,700,000	계	9,700,000

05

상 품

기초상품	50,000	*매출원가(?)*	*202,000*
총매입액	205,000		
(매입에누리)	(3,000)	기말상품	50,000
계	252,000	계	252,000

06.

상 품

기초상품	60,000	*매출원가(?)*	*1,230,000*
총매입액	1,300,000		
(할인,환출,에누리)	(30,000)	기말상품	100,000
계	1,330,000	계	1,330,000

07 순매입액 = 총매입액(100,000) + 매입운임(500) - 매입에누리액(2,000) - 매입환출액(3,000)
= 95,500원

08

상 품

기초상품	500,000	*매출원가(?)*	*4,130,000*
총매입액	4,000,000		
(매입에누리, 할인)	(70,000)	기말상품	300,000
계	4,430,000	계	4,430,000

09 3월 매출원가(선입선출법) = 200개(전월이월) × @1,000원 + 100개(3.15) × @3,000원
= 500,000원

10 순매출액 = 매출총이익 + 매출원가 = 150,000원 + 70,000원 = 220,000원
총매출액 = 순매출액(220,000) + 매출환입(30,000) + 매출에누리(10,000) = 260,000원

제2절 비유동자산

1년 이내에 현금화되는 자산을 유동자산이라 하는데, 유동자산 외의 자산을 비유동자산으로 구분한다.

비유동자산은 다시 투자자산, 유형자산, 무형자산, 기타비유동자산으로 구분한다.

1. 투자자산

기업은 영업활동을 통해서 창출된 수익 중 여유자금에 대하여 더 높은 수익을 얻기 위해서 예금이나 유가증권, 부동산에 투자한다. 이러한 자산을 투자자산이라 한다.

즉, 기업이 정상적인 영업활동과는 관계없이 **투자를 목적(시세차익)으로 보유하는 자산**을 투자자산이라 한다.

① 장기금융상품 : 정기예적금등 재무상태표일(결산일)로부터 만기가 1년 이내에 도래하지 않는 것을 말한다. 정기예적금 중 비유동자산에 해당하는 계정과목은 **장기성예금**을 선택하면 된다.

② 유가증권

③ 투자부동산 : **투자목적 또는 비영업용**으로 소유하는 토지나 건물을 말한다.

④ 장기대여금 : 대여금 중 만기가 1년 이내에 도래하지 않는 것

〈자산의 구분 : 부동산 취득시〉

취득목적	구 분
판매목적	재고자산(상품)
영업목적	유형자산(토지, 건물)
투자목적	투자자산(투자부동산)

2. 유형자산

유형자산이란 재화나 용역의 생산이나 제공 또는 판매, 관리 활동에 사용할 목적으로 보유하는 물리적 실체가 있는 자산이다.

즉, ① **물리적 실체가 있어야 한다.**

② **1년 초과하여 사용할 것으로 예상되는 자산이다.**

③ **기업의 영업활동 목적에 사용하여야 할 자산이다.**

위의 세 가지 조건을 충족하면 유형자산으로 분류한다.

(1) 종류

① 토지

영업활동에 사용하고 있는 대지, 임야, 전·답을 말한다.
또한 토지는 가치가 하락하지 않으므로 **감가상각대상자산이 아니다.**

② 건물

사옥이나 공장, 창고 등 회사의 영업목적으로 보유하고 있는 자산을 말한다.

③ 구축물

건물이외 구조물을 말하며, 교량, 갱도, 정원설비 등이 포함된다.

④ 기계장치

제조업의 경우 가장 기본적인 자산으로서 제품을 생산하기 위한 각종 기계설비 등을 말한다.

⑤ 차량운반구

영업활동을 위해 사용하는 승용차, 트럭, 버스 등을 말한다.

⑥ 건설중인 자산

유형자산을 건설하기 위하여 발생된 원가를 집계하는 임시계정으로서 유형자산이 완성되어 영업에 사용될 때 건설중인자산의 금액을 해당 유형자산 계정과목으로 대체한다.
건설중인자산은 미완성상태의 자산으로서 아직 사용하지 않으므로 **감가상각대상자산이 아니다.**

⑦ 비품

사무용 비품으로 책상, 의자, 복사기, 컴퓨터 등을 말한다.

(2) 유형자산의 취득원가

유형자산을 취득하여 회사가 **영업목적으로 사용하기 전까지 소요되는 모든 부대비용을 포함**한다.

취득원가 = 매입가액 + 취득부대비용 – 매입할인 등

구입대금에 유형자산이 본래의 기능을 수행하기까지 발생한 모든 부대비용을 포함한다. 부대비용에는 **설치장소 준비를 위한 지출, 운송비, 설치비, 설계와 관련하여 전문가에게 지급하는 수수료, 시운전비, 취득세 등 유형자산의 취득과 직접 관련되는 제세공과금 등이 포함**된다.

☞시운전비 : 자동차나 기계 따위를 새로 만들거나 고쳐서 사용하기 전에 시험삼아 운전할 때 드는 비용

자산의 취득 및 보유에 따른 세금

1. 취득세 : 부동산 및 차량 등 과세물건의 취득에 대하여 그 취득자에게 과세하는 지방세
2. 등록면허세 : 재산권 등의 설정 사항 등을 공부에 등록하는 자에게 과세하는 지방세
3. 재산세 : 부동산등을 소유한 자에게 매년 부과하는 지방세
4. 자동차세 : 차량의 보유에 대해서 매년 부과하는 지방세

지방세	부과시점	회계처리
취득세/등록면허세	취득시점에 한번	자산(토지, 건물, 차량운반구)
재산세	매년	비용(세금과공과)
자동차세	매년	비용(세금과공과)

(3) 유형자산 취득 이후의 지출

기업이 유형자산을 취득하여 사용하는 기간 중에 해당 유형자산과 관련하여 각종 수선·유지를 위한 지출이 발생한다. 이 경우 기업회계기준에서는 자본적지출과 수익적지출로 분류하여 회계처리한다.

수익적지출은 수선비등의 적절한 계정과목으로 비용처리하며, 자본적 지출은 해당 유형자산의 취득원가를 구성하게 된다.

	자본적지출	수익적지출
정 의	**① 미래의 경제적 효익을 증가 (자산가치 증가)시키거나** **② 내용연수를 연장시키는 지출**	**자본적지출 이외**
회계처리	해당 자산가액	**수선비등 비용처리**
예	(중앙)냉난방장치설치, 건축물의 증축, 엘리베이터의 설치, 자동차 엔진교체 등	부속품의 교체, 건물의 도색, 건물의 유리교체, 자동차 타이어·배터리 교체, 에어컨 수리 등

(4) 유형자산의 감가상각

감가란 자산의 가치감소를 뜻하는 것이며, 유형자산의 감가상각이란 해당 유형자산의 취득원가를 효익을 제공받은 기간(내용연수) 동안 체계적 · 합리적으로 비용 배분하는 것을 의미한다.

즉, **감가상각은 유형자산의 취득원가를 체계적 · 합리적으로 비용을 배분하는 것**을 말한다.

① 감가상각의 3요소

㉠ <u>**취득원가**</u>

유형자산의 취득원가는 매입가액과 그 부대비용을 말한다.

여기에 자본적 지출액이 있으면 포함한다.

㉡ <u>**잔존가액**</u>

유형자산의 경제적 효익이 끝나는 기간에 자산을 폐기하거나 처분할 때 획득될 것으로 추정되는 금액을 말한다.

여기에서 (취득원가 - 잔존가치)를 감가상각대상금액이라고 한다.

㉢ <u>**추정내용연수**</u>

유형자산이 영업활동에 사용될 것으로 기대되는 기간을 의미한다.

여기서 내용연수란 유형자산의 물리적 사용연수를 의미하는 것이 아니라, 기업이 수익획득과정에서 사용될 것으로 기대되는 기간으로 경제적 내용연수를 의미한다.

② 감가상각방법

㉠ 정액법

시간의 경과에 따라 감가상각대상금액(취득가액 - 잔존가치)을 경제적 내용연수 동안 매년 균등하게 비용으로 인식하는 방법이다.

감가상각비 = (취득가액 - 잔존가치) / 내용연수

정액법은 계산이 단순하고 사용하기 간편해서 실무에서 가장 많이 사용하는 방법이다.

㉡ 정률법

일반적으로 유형자산의 취득 초기에는 수선유지비가 적게 발생하고 사용기간이 경과할수록 수선유지비가 많이 발생한다.

즉, 취득초기에는 자산의 효율성이 높아 수선비가 적게 발생되며, 취득 후반기에는 자산의 효율성이 떨어지고 수선비가 많이 발생한다.

따라서, 정률법은 취득 초기에 감가상각비를 많이 계상하고 후기에는 감가상각비를 적게 계상함으로써 수익 · 비용대응원칙에 부합된 방법이다.

감가상각비 = 장부가액(취득가액 - 기초감가상각누계액) × 상각률

$$\text{상각율} = 1 - \sqrt[n]{\frac{\text{잔존가치}}{\text{취득가액}}} \quad (n : \text{내용년수})$$

ⓒ 정액법과 정률법 하의 감가상각비 계산

취득가액을 1,000,000원 잔존가치를 100,000원으로 추정되고 추정 내용연수를 3년이라 가정하면 다음과 같이 감가상각비가 계산된다.

〈정액법〉

연간감가상각비 = (1,000,000 - 100,000)/3년

연도	감가상각비	감가상각누계액(A)	기말장부가액 (취득가액 - A)
취득시(연초)			1,000,000
1차년도	300,000	300,000	700,000
2차년도	300,000	600,000	400,000
3차년도	300,000	900,000	100,000

〈정률법〉

$$\text{상각율} = 1 - \sqrt[n]{\frac{\text{잔존가치}}{\text{취득가액}}} = 53.6\%$$

연도	감가상각비 계산 [장부가액(B) × 상각율]	감가상각비	감가상각누계액 (A)	기말장부가액(B) (취득가액 - A)
취득시(연초)				1,000,000
1차년도	1,000,000 × 0.536	536,000	536,000	464,000
2차년도	464,000 × 0.536	248,704	784,704	215,296
3차년도	215,296 × 0.536	115,296 *1	900,000	100,000

*1. 단수차이 조정

〈상각방법에 따른 감가상각비〉

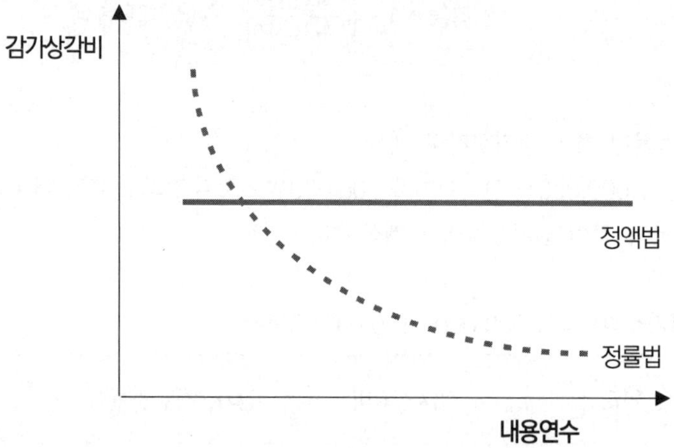

〈정액법 VS 정률법〉

	정액법	정률법
이론적 근거	**감가상각대상액법**	**장부가액법**
계산식	**(취득가액 - 잔존가치)÷내용연수**	**(취득가액 - 감가상각누계액)×상각율**
초기 감가상각비	정률법>정액법	
초기 장부가액	정액법>정률법	

(5) 유형자산의 회계처리와 재무상태표 표시

감가상각에 대해서 회계처리방법에는 직접상각법(해당 자산을 직접 차감하는 방법)과 간접상각법이 있는데, **기업회계기준에서는 간접상각법을 인정**하고 있다.

레고상사의 20x1년 1월 1일 취득한 기계장치(취득가액 1,000,000원 ; 추정내용연수 3년 ; 잔존가치 100,000원 : 정액법)가 있다고 가정하자.

부분 재무상태표(취득시)

레고상사 20×1. 1. 1

기계장치	1,000,000	

12월 31일 감가상각비는 300,000원[(1,000,000 - 100,000)/3년]이 계산된다.

직접상각법으로 회계처리하면 다음과 같고, 기말재무제표는 다음과 같이 표시된다.

(차) 감가상각비	300,000원	(대) 기계장치	300,000원

부분 재무상태표(직접상각법)

레고상사 20×1. 12.31

기계장치	700,000	

간접상각법은 감가상각누계액이란 계정으로 회계처리하고, 감가상각누계액은 해당 자산을 차감하는 계정이다.

(차) 감가상각비	300,000원	(대) <u>감가상각누계액(기계차감)</u>	300,000원

부분 재무상태표(간접상각법)

레고상사 20×1. 12.31

기계장치	1,000,000		
감가상각누계액	(300,000)	700,000	

기계장치의 장부가액

이러한 간접상각법은

재무상태표상에서 **유형자산의 취득원가, 감가상각누계액, 장부가액을 모두 파악할 수 있는 장점**이 있다.

또한 기중에 유형자산을 취득시에 감가상각은 <u>**월할상각**</u>하게 되어 있다.

(6) 유형자산의 처분

유형자산을 처분 시 처분가액과 장부가액을 비교해서 처분가액이 장부금액보다 많은 경우에는 유형자산처분이익(영업외수익)으로 반대로 처분가액이 장부금액보다 적은 경우에는 유형자산 처분손실(영업외비용)로 회계처리한다.

이 경우 **해당 자산의 취득가액과 감가상각누계액을 전액 제거하는 회계처리를 하여야** 한다.

부분재무상태표

기계장치의 장부가액

- 기계장치	1,000,000	
감가상각누계액	(300,000)	700,000

위의 **기계장치를 800,000원에 처분하였다면 다음과 같이 회계처리한다.**

(차) 감가상각누계액	300,000	(대) 기 계 장 치	1,000,000
현　　금	800,000	유형자산처분이익	100,000

여기서 기계장치의 장부가액(취득가액 - 감가상각누계액) 700,000원을 800,000원에 처분하였으므로 유형자산처분이익 100,000원이 계산된다.

☞ **처분손익 = 처분가액 - 장부가액 = 800,000 - 700,000 = 100,000(처분이익)**

〈유형자산 처분손익〉

처분가액〉장부가액(취득가액 - 감가상각누계액)	**유형자산처분이익(영업외수익)**
처분가액〈장부가액	유형자산처분손실(영업외비용)

예제 2 - 22 유형자산

레고상사의 거래내역을 각각 분개하시오.

1. 20×1년 4월 1일 영업목적으로 건물 10,000,000원을 당좌수표를 발행하여 주고, 취득세 1,000,000원은 자기앞수표로 납부하다.

2. 20×1년 4월 20일 건물에 도색을 하면서 2,000,000원을 현금지출하다(수익적지출로 회계처리하시오).

3. 20×1년 4월 25일 영업팀에서 사용하던 승용차(취득가액 15,000,000원, 매각당시 감가상각누계액 8,000,000원)를 하이모리에게 10,000,000원에 매각하고 대금은 어음(만기 3개월)으로 수취하다(단, 당기 감가상각비는 고려하지 않는다).

4. 20×1년 12월 31일 4월초에 취득한 건물에 대해서 감가상각비를 계상하다.
(내용년수 20년, 잔존가치 0원, 정액법)

5-1. 20×1년 12월 31일 년초에 취득한 기계A(취득가액 5,000,000원)에 대해서 감가상각비를 계상하다
(내용년수 5년, 잔존가치 0원, 정률법, 상각율 40%로 가정).

5-2. 20×2년 12월 31일 기계A에 대해서 감가상각비를 계상하다.

해답

1.	(차) 건 물	11,000,000원	(대) 당좌예금 현 금	10,000,000원 1,000,000원
2.	(차) 수 선 비	2,000,000원	(대) 현 금	2,000,000원
3.	(차) 감가상각누계액 미 수 금	8,000,000원 10,000,000원	(대) 차량운반구 유형자산처분익	15,000,000원 3,000,000원
	☞ 처분손익=처분가액-장부가액(취득가액-감가상각누계액) =10,000,000-(15,000,000-8,000,000)=3,000,000(처분이익)			
4.	(차) 감가상각비	412,500원[*1]	(대) 감가상각누계액(건물[*2])	412,500원
	*1. 당기 감가상각비=(11,000,000-0)/20년×9월/12월=412,500원(월할상각) *2. 감가상각누계액은 유형자산 계정별로 별도 구분한다.			
5-1.	(차) 감가상각비	2,000,000원	(대) 감가상각누계액(기계)	2,000,000원
5-2.	(차) 감가상각비	1,200,000원	(대) 감가상각누계액(기계)	1,200,000원

	감가상각비 (장부가액×상각율)		감가상각누계액 (A)	기말장부가액 (취득가액-A)
20x1	5,000,000×40%=	2,000,000	2,000,000	3,000,000
20x2	3,000,000×40%=	1,200,000	3,200,000	1,800,000

3. 무형자산

무형자산이란 재화의 생산이나 용역의 제공, 타인에 대한 임대 또는 관리에 사용할 목적으로 기업이 보유하고 있으며, 물리적 형체가 없지만 식별가능하고 기업이 통제하고 있으며 미래 경제적 효익이 있는 비화폐성자산을 말한다.

즉, ① **물리적 실체가 없지만 식별가능하고,**

② **기업이 통제하고 있으며**

③ **미래 경제적 효익이 있는 자산을 말한다.**

위의 세 가지 조건을 충족하면 무형자산으로 분류한다.

(1) 종류

① 영업권

영업권이란 기업의 **우수한 종업원, 고도의 경영능력, 영업상 또는 제조상의 비법, 양호한 노사관계, 우수한 인재나 자원의 확보** 등으로 미래에 그 기업에 경제적 이익으로 공헌하리라고 기대되는 초과수익력이 있는 경우 그 미래의 초과수익력을 말한다.

영업권이 자산으로 인식되기 위해서는 **외부구입영업권이어야 하고, 내부창설영업권의 자산계상은 인정하지 않는다.** 왜냐하면 내부창설영업권은 그 자산의 취득원가를 신뢰성 있게 측정할 수 없고, 자산을 식별 불가능하기 때문이다.

② 내부적으로 창출된 무형자산(개발비)

개발비란 신제품, 신기술 등의 개발과 관련하여 발생한 비용(소프트웨어의 자체 개발과 관련된 비용을 포함)으로 개별적으로 식별가능하고 미래의 경제적 효익을 기대할 수 있는 것을 말한다. 개발비는 연구개발활동에 투입된 지출 중에서 무형자산의 인식요건에 부합하면 자산으로 계상한다는 의미이며, 법률상의 권리는 아니다.

③ 산업재산권

일정기간 독점적·배타적으로 이용할 수 있는 권리로서 특허권·실용신안권·상표권 등을 말한다.

④ 라이선스

특허권자가 자신의 권리를 사용하고자 하는 특허사용자와 계약하여 권리실시를 허용하는 계약을 말한다.

⑤ 소프트웨어

컴퓨터 프로그램과 그와 관련된 문서들을 총칭하며, 자산인식요건을 충족하는 소프트웨어를 구입하여 사용하는 경우의 구입대가를 말한다.

그러나 컴퓨터를 구입 시 부수되는 OS는 별도의 소프트웨어라는 무형자산으로 인식하는 것이 아니라, 컴퓨터의 취득부대비용으로 인식하여 유형자산으로 회계처리한다.

4. 기타비유동자산

비유동자산 중 투자자산 및 유형자산, 무형자산에 속하지 않는 자산을 의미한다.

(1) 임차보증금

타인소유의 부동산이나 동산을 사용하기 위하여 임대차계약을 체결하는 경우에 월세 등을 지급하는 조건으로 임차인이 임대인에게 지급하는 보증금을 말한다.

(2) 전세권

전세금을 지급하고 타인의 부동산을 그 용도에 따라 사용, 수익하는 권리이다.

(3) 장기매출채권

유동자산에 속하지 아니하는 일반적 상거래에서 발생한 장기의 외상매출금 및 받을어음을 말한다.

(4) 기타 이외에 장기미수금 등이 있다.

연습문제

Financial Accounting Technician
회계정보처리 자격시험 2급

분개연습

1. 사업용 토지취득과 관련하여 취득세 70,000원, 농어촌특별세 7,000원, 지방교육세 42,000원을 현금으로 납부하다.

2. 상품 운송을 위한 중고트럭을 8,000,000원에 매입하고 당사 보통예금(농협) 통장에서 이체하여 지급하였다.

3. 매장에 비치할 업무용 가구 1,500,000원을 비씨카드로 구입하고 발급받은 신용카드전표를 발급받다.

4. 업무용 승용차의 취득세 2,800,000원을 신한은행 보통예금계좌에서 인터넷뱅킹으로 납부하였다.

5. 사무실에서 사용 중인 복사기를 수리(능률유지)하고 대금 150,000원은 삼성카드로 결제하다.

6. 제품 창고가 오래되어 외벽에 페인트 칠을 하고, 운송효율을 높이기 위하여 엘리베이터를 설치하였다. 페인트 칠 관련 대가 1,000,000원과 엘리베이터 설치대가 7,000,000원을 당좌수표를 발행하여 지급하였다.

7. 업무용 승용차(스파크)를 매각하고 대금 7,000,000원은 신한은행 보통예금계좌로 이체받았다. 업무용 승용차(스파크)의 취득가액은 12,000,000원이고, 처분시점까지의 감가상각누계액은 5,000,000원이다.

8. (주)한공은 장부금액 600,000원(취득원가 700,000원, 감가상각누계액 100,000원)인 비품을 700,000원에 처분하고 대금을 3개월 후에 받기로 하였다.

9. 영업부에서 사용하던 승합차를 매각하고, 승합차 매매대금 14,000,000원은 승리상사가 발행한 당좌수표를 수령하였다. 매각직전 자산내역은 다음과 같다.

계정과목	자산명	취득원가	감가상각누계액
차량운반구	승합차	25,000,000원	10,000,000원

10. 효율적인 자원 관리를 위한 ERP소프트웨어를 3,500,000원에 구입하고 구입대금은 다음 달 말일에 지급하기로 하였다.

11. 지점확장을 위해 상가의 월세계약서를 작성하고, 보증금 30,000,000원을 국민은행 보통예금계좌에서 이체하였다.

12. 인성학원의 건물을 임차하여 사용하기로 하고, 보증금 30,000,000원과 당월분 임차료 600,000원을 농협 보통예금 통장에서 이체하여 지급하였다.

객관식

01. 다음 중 투자자산으로 분류되는 계정과목이 아닌 것은?

① 장기대여금 ② 장기매출채권
③ 장기투자증권 ④ 투자부동산

02. 비업무용 토지와 건물이 속하는 계정과목은 무엇인가?

① 무형자산 ② 재고자산
③ 유형자산 ④ 투자자산

03. 다음 (가), (나), (다)에 들어갈 계정과목으로 옳은 것은?

> 부동산을 정상적인 영업과정에서 판매할 목적으로 취득하면 **(가)**(으)로, 투자할 목적으로 취득하면 **(나)**(으)로, 영업활동에 장기간 사용할 목적으로 취득하면 **(다)**(으)로 분류한다.

	(가)	(나)	(다)
①	재고자산	유형자산	투자자산
②	재고자산	투자자산	유형자산
③	투자자산	유형자산	재고자산
④	투자자산	재고자산	유형자산

04. 다음 중 유형자산과 관련된 설명으로 옳지 않은 것은?

① 물리적 형태가 있다.
② 식별이 가능한 비화폐성 자산이다.
③ 판매를 목적으로 구입한 자산이다.
④ 토지, 건물, 비품 등을 유형자산으로 분류한다.

05. 다음의 유형자산 중 감가상각 대상자산을 모두 고른 것은?

> 가. 건 물　　　　나. 건설중인 자산
> 다. 구축물　　　　라. 토 지

① 가, 나　　② 나, 라　　③ 나, 다　　④ 가, 다

06. 도소매업을 영위하는 한공상사가 토지를 매각하고 대금을 다음 달에 받기로 한 거래의 분개 시 차변의 계정과목으로 옳은 것은?

① 받을어음　　② 미수금　　③ 외상매출금　　④ 가수금

07. 다음 중 차량운반구의 취득원가에 포함시킬 수 없는 것은?

① 매입 운송비용　　② 취득세　　③ 자동차세　　④ 취득관련 보험료

08. 다음중 유형자산의 취득원가에 포함하는 항목으로 옳지 않은 것은?

① 유형자산 가동을 위한 시운전비　　② 토지취득세
③ 유형자산 관련 재산세　　④ 취득을 위한 운송중에 발생한 보험료

09. 다음 중 유형자산의 취득원가에 포함될 수 있는 내용으로 옳지 않은 것은?

① 취득과 직접 관련된 제세공과금　　② 제작을 위한 설계비
③ 운반 및 설치에 소요된 비용　　④ 정기점검 및 수리에 소요된 비용

10. 다음 중 유형자산에 대한 수익적 지출이 아닌 것은?

① 비품의 고장에 대한 수리비용　　② 기계장치의 파손된 부품의 교체
③ 차량운반구 소모품의 교환　　④ 건물 내 엘리베이터 설치

11. 다음 중 기계장치의 수익적 지출에 해당하는 것으로 옳은 것은?

① 품질을 향상시키기 위한 개조　　② 경제적 내용연수를 연장시키는 증설
③ 생산량을 증가시키는 부품의 설치　　④ 성능을 유지시키는 윤활유의 교체

12. 다음 거래의 회계처리에 대한 설명으로 옳은 것은?

(주)한공은 회사 업무용으로 사용하던 승용차의 엔진을 1,500,000원에 교체하고 대금은 법인신용카드로 결제하였다.(엔진 교체에 따라 차량의 성능과 내용연수가 현저히 증가하였다.)

① 비용이 발생한다.
② 수익적 지출에 해당한다.
③ 차변 계정과목은 차량운반구이다.
④ 수익적 지출로 처리할 경우 자산이 과대 계상된다.

13. 다음 지출에 대한 회계처리가 재무제표에 미치는 영향으로 옳은 것은?

• 건물에 엘레베이터를 설치하고 이를 수선비로 처리하였다. • 엘레베이터 설치는 건물의 사용가치를 증가시키는 자본적지출에 해당한다.

① 자산이 과대 계상되었다. ② 비용이 과소 계상되었다.
③ 당기순이익이 과소 계상되었다. ④ 감가상각누계액이 과대 계상되었다.

14. 다음 중 유형자산 취득 후 지출에 대한 회계처리로 옳지 않은 것은?

① 유형자산의 내용연수를 연장시키는 지출은 자본적 지출로 처리하여 취득원가에 가산한다.
② 유형자산의 원상회복을 위한 경상적인 지출은 수익적 지출로서 당기비용으로 처리한다.
③ 기계장치의 소모품과 벨트의 교체는 자본적 지출에 해당한다.
④ 건물 내 엘리베이터 또는 냉난방 시설의 설치는 자본적 지출에 해당한다.

15. 다음 중 수익적 지출을 자본적 지출로 잘못 처리한 경우 발생하는 영향에 관하여 옳지 않은 것은?

① 자산이 과대계상된다. ② 비용이 과소계상된다.
③ 자본이 과소계상된다. ④ 순이익이 과대계상된다.

16. 감가상각비에 대한 설명으로 옳지 않은 것은?

① 유형자산의 감가상각은 자산이 사용가능한 때부터 시작한다.
② 건설중인자산은 감가상각비가 발생하지 않는다.
③ 내용연수가 늘어나면 연간 감가상각비는 감소한다.
④ 잔존가치가 늘어나면 연간 감가상각비는 증가한다.

17. 다음 중 감가상각방법에 대한 설명으로 옳지 않은 것은?

① 정액법은 일정 기간에 인식하는 감가상각비가 동일하게 유지된다.
② 정률법은 초기에는 감가상각비를 적게 인식하지만 후기로 갈수록 많이 인식하게 된다.
③ 유형자산의 감가상각은 자산이 사용가능한 때부터 시작한다.
④ 생산량비례법에서는 내용연수와 관계없이 감가상각비가 결정된다.

18. 다음은 회계기간 경과에 따른 감가상각비 추이를 나타낸 그래프이다. 이에 대한 설명으로 옳은 것을 모두 고르면?

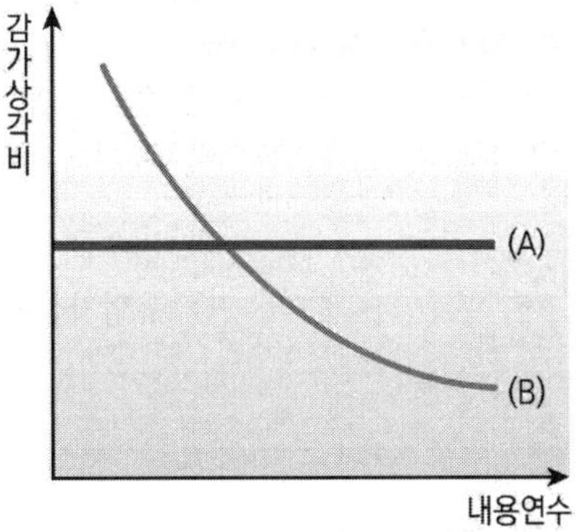

가. (A)의 감가상각방법은 정률법이다.
나. (B)의 감가상각방법은 정액법이다.
다. (A)의 경우 매기 감가상각 금액이 일정하다.
라. (B)의 경우 내용연수가 경과함에 따라 매기 감가상각 금액이 체감한다.

① 가, 라 ② 가, 다 ③ 나, 라 ④ 다, 라

19. (주)한공은 20x0년 7월 1일 본사 건물을 5,000,000원에 구입하였다. 이 건물에 대한 20x1년 감가상각비와 20x1년 12월 31일 감가상각누계액은 얼마인가? (내용연수는 5년, 잔존가치 없음, 정액법 월할 상각함.)

	감가상각비	감가상각누계액
①	500,000원	2,000,000원
②	500,000원	1,500,000원
③	1,000,000원	2,000,000원
④	1,000,000원	1,500,000원

20. 회사가 사용중인 기계장치를 장부금액보다 낮은 금액에 처분할 경우 재무제표에 미치는 영향으로 옳은 것은?

① 수익이 발생한다. ② 자산이 증가한다.
③ 비용이 발생한다. ④ 부채가 감소한다.

21. 다음은 (주)한공의 비품 취득 및 처분 관련 자료이다. 20x1년 1월 1일의 회계처리와 관련 없는 계정과목은?

• 20x0년 1월 1일 비품A를 300,000원에 취득하였다. (내용연수 5년, 잔존가치 없음, 정액법 상각) • 20x1년 1월 1일 사용하던 비품A를 200,000원에 처분하고, 대금은 1개월 후에 받기로 하였다.

① 비품 ② 미수금
③ 유형자산처분이익 ④ 유형자산처분손실

22. 다음 중 무형자산에 해당하지 않는 계정과목은?
① 개발비 ② 영업권 ③ 산업재산권 ④ 임차보증금

23. 다음 중 무형자산에 해당하는 것은?
① 경상연구개발비 ② 개발비 ③ 교육훈련비 ④ 통신비

24. 무형자산에 대한 설명으로 옳지 않은 것은?
① 유형자산과 마찬가지로 미래경제적 효익이 기대되어야 한다.
② 특정한 발명을 등록하여 일정기간 독점적, 배타적으로 사용할 수 있는 권리는 특허권으로 기록한다.
③ 비유동자산으로 분류한다.
④ 미래 경제적 효익이 기대되는 신제품 개발관련 지출은 경상연구개발비로 기록한다.

25. 다음 중 무형자산에 대한 설명으로 옳지 않은 것은?
① 물리적 실체는 없으나 식별가능하다.
② 영업활동에 사용할 목적으로 보유하는 자산이다.
③ 기업이 통제하고 있으며, 미래 경제적 효익이 있는 자산이다.
④ 특별한 경우를 제외하고는 잔존가치는 취득원가의 10%로 본다.

26. 다음 중 무형자산에 대한 설명으로 옳지 않은 것은?

① 무형자산의 상각방법은 정액법만 인정된다.

② 무형자산을 최초로 인식할 때에는 원가로 측정한다.

③ 사용을 중지하고 처분을 위해 보유하는 무형자산은 상각하지 않는다.

④ 무형자산은 미래경제적효익이 기업에 유입될 가능성이 매우 높고, 자산의 원가를 신뢰성 있게 측정할 수 있는 경우에만 인식한다.

27. 다음 대화 내용을 회계 처리했을 때, 차변에 기입될 계정과목으로 옳은 것은?

• 김부장 : 본사 사무실에 대한 임차계약은 체결되었나요?
• 한 대리 : 네. 2년간 임차하기로 하고 보증금 5,000,000원을 현금으로 지급했습니다.

① 영업권 ② 임차료 ③ 임차보증금 ④ 산업재산권

주관식

01. 다음은 (주)한공의 유형자산 관련 거래이다. 토지와 비품의 취득원가는 각각 얼마인가?

• 토지를 구입하면서 토지 구입대금 100,000원과 토지관련 취득세 5,000원을 지급하였다.
• 비품을 취득하면서 구입대금 200,000원과 취득관련 설치비 10,000원을 지급하였다.

02. 다음 (주)한공의 재무상태표에 나타난 업무용 건물이다.

재무상태표

(주)한공	20x1년 12월 31일 현재		(단위 : 원)
유 형 자 산		XXX	
건 물	1,000,000		
건물감가상각누계액	(400,000)	600,000	
⋮			

(1) 건물의 취득가액은 얼마인가?

(2) 취득 후 20x1. 12. 31.까지 감가상각한 금액의 합계액은 얼마인가?

(3) 건물의 장부금액은 얼마인가?

03. (주)한공상사는 20x1년 1월 1일에 건물을 5,000,000원에 구입하고, 취득세 500,000원을 현금으로 지급하였다. 20x1년 12월 31일 결산 시 정액법에 의한 감가상각비는 얼마인가?(단, 내용연수 10년, 잔존가치 500,000원, 결산 연 1회)

04. 다음은 업무용 비품대장의 일부이다. 당기 말 손익계산서에 표시될 감가상각비는 얼마인가?

비품 대장

관리번호/자산명	A-5/소파	관리 책임	관리부장
취 득 일	20x1년 1월 1일	처 분 일	
취 득 금 액	10,000,000원	처 분 금 액	
내 용 연 수	5년	잔 존 가 치	1,000,000원
상 각 방 법	정액법(연1회 월할상각)	기 장 방 법	간접법

05. 다음은 (주)한공(사업연도 : 1.1.~12.31.)의 재무상태표상 차량운반구에 관한 자료이다. (가)에 해당하는 금액을 적으시오.

재 무 상 태 표

(주)한공 (단위 : 원)

과 목	제 6 기 (20x1.12.31.)	
자 산		
⋮		
차량운반구	600,000	
감가상각누계액	(가)	*****

- 차량운반구 : 영업부 사용 업무용 승용차
- 전기말상각누계액 : 60,000원
- 상각방법 : 정액법
- 취득일 : 20x0.7.1.
- 내용연수 : 5년(월할상각)
- 잔존가치 : 없음

06. 다음 자료에 의하여 20x1년 12월 31일 비품의 장부금액을 계산하면 얼마인가?

- 20x1년 10월 1일 비품을 4,000,000원에 구입하다.
- 20x1년 12월 31일 정액법으로 감가상각을 하다.(내용연수 5년, 잔존가치 0원, 월할 상각)

07. (주)한공의 재무상태표 일부와 건물의 처분자료이다. 건물의 처분손익은 얼마인가?

자료 1. 재무상태표 일부

재무상태표

(주)한공 20x0.12.31. 현재 (단위 : 원)

과 목	금 액	
건물	10,000,000	
감가상각누계액	3,000,000	7,000,000

자료 2. 처분내역

- 건물 처분일 : 20x1년 1월 1일
- 처분대금 현금수령 : 8,000,000원

08. 다음의 자료를 이용하여 유형자산처분손익을 계산하면 얼마인가?

> • 취득원가 5,000,000원의 영업용 건물을 3,000,000원에 현금을 받고 매각하였다.
> • 건물의 처분 직전 감가상각누계액은 1,000,000원이다.

09. 다음 자료로 (주)한공이 인식할 유형자산처분손익을 계산하면 얼마인가? 단, 감가상각비는 월할 계산한다.

> • 20x0년 1월 1일에 취득원가 1,200,000원, 잔존가액 200,000원, 내용연수 5년인 비품을 취득하였다.
> • (주)한공의 결산월은 12월이고, 정액법으로 감가상각하였다.
> • 20x1년 10월 1일에 1,000,000원의 현금을 받고 해당 비품을 처분하였다.

10. (주)한공은 취득원가 500,000원인 업무용 토지를 매각하고, 대금은 3개월 후에 받기로 하였다. 토지 매각으로 인해 영업외수익이 200,000원 발생하였다면 토지의 매각대금은 얼마인가?

연습 답안

Financial Accounting Technician

회계정보처리 자격시험 2급

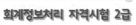

분개연습

[1]	(차)	토 지	119,000	(대)	현 금	119,000

☞ 토지 취득시 관련 세금은 취득부대비용에 해당한다.

[2]	(차)	차량운반구	8,000,000	(대)	보통예금(농협)	8,000,000
[3]	(차)	비 품	1,500,000	(대)	미지급금(비씨카드)	1,500,000
[4]	(차)	차량운반구	2,800,000	(대)	보통예금(신한은행)	2,800,000
[5]	(차)	수선비(판)	150,000	(대)	미지급금(삼성카드)	150,000

☞ 능률유지를 위한 지출은 수익적 지출에 해당한다.

[6]	(차)	건 물	7,000,000	(대)	당좌예금	8,000,000
		수선비(판)	1,000,000			
[7]	(차)	보통예금(신한은행)	7,000,000	(대)	차량운반구	12,000,000
		감가상각누계액(차량)	5,000,000			

☞ 처분손익 = 처분가액 – 장부가액 = 7,000,000 – [12,000,000 – 5,000,000] = 0

[8]	(차)	미수금	700,000	(대)	비 품	700,000
		감가상각누계액(비품)	100,000		유형자산처분이익	100,000

☞ 처분손익 = 처분가액 – 장부가액 = 700,000 – [700,000 – 100,000] = 100,000(처분이익)

[9]	(차)	현 금	14,000,000	(대)	차량운반구	25,000,000
		감가상각누계액(차량)	10,000,000			
		유형자산처분손실	1,000,000			

☞ 처분손익 = 처분가액 – 장부가액 = 14,000,000 – [25,000,000 – 10,000,000] = △1,000,000(처분손실)

[10]	(차)	소프트웨어	3,500,000	(대)	미지급금((주)서울소프트)	3,500,000
[11]	(차)	임차보증금	30,000,000	(대)	보통예금(국민은행)	30,000,000
[12]	(차)	임차보증금(인성학원)	30,000,000	(대)	보통예금(농협)	30,600,000
		임차료(판)	600,000			

객관식

1	2	3	4	5	6	7	8	9	10	11	12	13	14	15
②	④	②	③	④	②	③	③	④	④	④	③	③	③	③
16	17	18	19	20	21	22	23	24	25	26	27			
④	②	④	④	③	③	④	②	④	④	①	③			

[풀이 – 객관식]

01 **장기매출채권은 기타비유동자산으로 분류**된다.

02 **비업무용 토지와 건물은 투자자산**으로 회계처리한다.

03 부동산을 정상적인 영업과정에서 **판매할 목적으로 취득하면 재고자산**으로, **투자할 목적으로 취득하면 투자자산**으로, **영업활동에 장기간 사용할 목적으로 취득하면 유형자산**으로 분류한다.

04 판매를 목적으로 구입한 자산은 재고자산이다.

05 건물과 구축물은 감가상각 대상자산이며, **건설중인자산과 토지는 감가상각 대상자산이 아니다.**

06 재고자산 거래(도소매) 이외의 거래에서 발생한 채권은 미수금으로 처리한다.

07 자동차세는 자동차 운행에 따라 보유과정에서 발생하므로, 기간비용(세금과공과금)으로 처리한다.

08 유형자산을 의도된 용도로 사용할 수 있는 시점까지 발생한 지출은 취득원가에 포함시킨다. 유형자산을 보유하면서 발생한 재산세는 세금과공과로 처리한다.

09 유형자산의 취득 후 발생하게 되는 정기점검 및 수리에 소요되는 비용은 취득원가를 구성하지 않는다.

10 건물 내 엘리베이터 설치는 **미래 경제적 효익을 가져다주는 지출로서 자본적 지출**에 해당한다.

11 성능을 유지시키는 윤활유의 교체는 수익적지출에 해당되며 당기비용으로 인식한다.

12 **내용연수가 증가되므로 자본적 지출**로 처리한다.

(차) 차량운반구	1,500,000원	(대) 미지급금	1,500,000원

13 자본적지출을 수익적지출로 회계처리하면, **자산은 과소계상, 비용은 과대계상, 당기순이익은 과소계상 되며, 감가상각누계액은 과소계상**된다.

14 **기계장치의 소모품과 벨트의 교체는 수선유지를 위한 지출**이므로 수익적 지출에 해당한다.

15 수익적 지출을 자본적 지출로 회계처리하는 경우에는 **자산이 과대계상되고, 비용이 과소계상되므로 순이익과 자본이 과대계상되는 효과**를 가져온다.

16 잔존가치가 늘어나면 **감가상각대상금액(취득가액 - 잔존가치)이 감소**하여 연간 감가상각비는 감소한다.

17 정률법을 적용하면 초기에는 감가상각비를 많이 인식하지만 후기로 갈수록 적게 인식하게 된다.

18 그래프 (A)는 정액법을 나타낸 것이고, 그래프 (B)는 정률법을 나타낸 것이다.

19 감가상각비(연) = 5,000,000원 ÷ 5년 = 1,000,000원/년

20x1년 감가상각누계액 = 연감가상각비(1,000,000) × 1.5년(x0.07.01~x1.12.31) = 1,500,000원

20 처분가액 〈 장부가액일 경우 유형자산처분손실(비용)이 발생한다.

21 감가상각비 = [300,000 - 0] ÷ 5년 = 60,000원(처분시점 감가상각누계액)
처분손익 = 처분가액(200,000) - 장부가액(300,000 - 60,000) = △40,000원(손실)

22 **임차보증금은 기타비유동자산**에 해당한다.

23 ①③④는 판매비와관리비에 해당한다

24 **미래 경제적 효익이 기대되는 신제품 개발관련 지출은 개발비(자산)**로 기록한다.

25 무형자산은 **특별한 경우를 제외하고는 잔존가치가 없는 것으로 본다.**

26 무형자산의 상각방법은 **경제적 효익이 소비되는 행태를 반영한 합리적인 방법**이어야 하며, 이러한 상각방법에는 정액법, 체감잔액법(정률법 등), 연수합계법, 생산량비례법 등이 있다.

27 업무용 사무실을 임차하고 지급한 보증금은 임차보증금 계정으로 처리한다.

주관식

1	토지 105,000원, 비품 210,000원	2	(1) 1,000,000원 (2) 400,000원 (3) 600,000원
3	500,000원	4	1,800,000원
5	180,000원	6	3,800,000원
7	유형자산처분이익 1,000,000원	8	유형자산처분손실 1,000,000원
9	유형자산처분이익 150,000원	10	700,000원

[풀이 – 주관식]

01. 토지의 취득금액 : 105,000원(구입대금 100,000원 + 취득세 5,000원),
비품의 취득금액 : 210,000원(구입대금 200,000원 + 설치비 10,000원)

03. 취득세는 취득가액에 가산한다.
20x1년 감가상각비 = (5,500,000원 - 500,000원) ÷ 10년 = ***500,000원***

04. 감가상각비(정액법) = (10,000,000원 - 1,000,000원) ÷ 5년 = 1,800,000원

05. 제 6기 감가상각비 = (600,000원 - 0원) ÷ 5 = 120,000원
감가상각누계액(가) = 60,000원(전기말) + 120,000원(당기상각) = 180,000원

06.
- 감가상각비 = $\frac{4{,}000{,}000\text{원} - 0\text{원}}{5\text{년}} \times \frac{3\text{개월}}{12\text{개월}}$ = 200,000원
- 장부금액 = 취득금액 - 감가상각누계액 = 4,000,000원 - 200,000원 = 3,800,000원

07. 처분손익 = 처분가액 - 장부가액 = 8,000,000 - 7,000,000 = 1,000,000원(처분이익)

08. 처분손익 = 처분가액 - 장부가액 = 3,000,000 - [5,000,000 - 1,000,000] = △1,000,000(처분손실)

09. 20x0년 감가상각비 = (1,200,000원 - 200,000원) × 1/5 = 200,000원
20x1년 9월까지의 감가상각비 = (1,200,000원 - 200,000원) × 1/5 × 9/12 = 150,000원
20x1년 10월 1일의 장부가액 = 1,200,000원 - (200,000원 + 150,000원) = 850,000원
유형자산처분이익 = 처분가액 - 장부가액 = 1,000,000원 - 850,000원 = 150,000원

10. 처분손익 = 처분가액 - 장부가액 = X - 500,000 = 처분이익 200,000원
처분가액 = 200,000 + 500,000 = ***700,000원***

Section 03 계정과목별 이해(부채)

NCS회계 - 3 **전표관리 – 전표작성하기/증빙서류 관리하기**
자금관리 – 법인카드 관리하기

부채는
① **과거 거래나 사건의 결과로서**
② **현재 기업이 부담하고**
③ **그 이행에 대하여 회사의 경제적 가치의 유출이 예상되는 의무**이다.
부채는 원칙적으로 1년 기준에 의하여 유동부채와 비유동부채로 구분된다.

제1절 유동부채

재무상태표일로부터 만기가 1년 이내에 도래하는 부채를 유동부채라 하고, 그 이외는 비유동부채라 한다.

1. 종류

(1) 매입채무 - 외상매입금과 지급어음(VS 매출채권 - 외상매출금과 받을어음)

회사의 영업활동과 관련(상거래)하여 발생한 채무를 말한다.

(2) 미지급금(VS 미수금)

상거래 이외의 거래에서 발생한 채무로서 1년 이내에 지급할 것

(3) 단기차입금(VS 단기대여금)

금융기관으로부터 1년 이내에 상환할 차입금(금융기관으로부터 당좌차월액 포함)

(4) 미지급비용(VS 미수수익)

발생주의에 따라 당기에 발생된 비용으로서 지급되지 아니한 것

(5) 선수수익(VS 선급비용)

대금은 수령하였으나 수익실현시점이 차기 이후에 속하는 수익

(6) 선수금(VS 선급금)

상거래에서 미리 계약금의 명목으로 선수한 금액

(7) 예수금

일반적인 상거래 이외에서 발생하는 현금 지급액 중 일부를 일시적으로 보관하였다가 바로 제 3자에게 지급해야 하는 금액

(8) 미지급세금

국가나 지방자치단체에 납부해야 할 세금

(9) 유동성장기부채

비유동부채 중 결산일 현재 1년 이내에 상환하여야 할 금액

2. 매입채무(VS 매출채권)

상품이나 원재료를 외상으로 매입(상거래)한 경우 나중에 지급해야 하는 의무를 말한다. 이렇게 상품대금을 구두로 지급약속을 하는 경우에는 외상매입금을 쓰지만, 매입자 측에서 대금지급조건으로 어음을 발행하는 경우 지급어음이라는 계정을 사용한다.

회사에서는 관리목적상 외상매입금과 지급어음이라는 계정으로 기중에 회계처리하지만, 재무상태표에 공시할 때에는 매입채무로 통합표시하도록 하고 있다.

3. 미지급금(VS 미수금)

회사의 상거래 이외의 활동에서 발생한 지급의무로 결산일로부터 1년 이내에 상환해야 하는 부채를 말한다.

즉, 유형자산의 구입을 외상으로 매입하는 과정에서 발생된 단기채무와 비용발생시 외상으로 하는 경우 미지급금으로 분류한다.

또한 **회사가 상거래 이외의 활동에서 어음을 제공하였다 하더라도 지급어음 계정을 사용해서는 안되고 미지급금계정을 사용**해야 한다.

신용카드 및 직불카드

- 신용카드 : 상품이나 서비스 대금의 지급을 은행이 보증하여 일정 기간이 지난 뒤에 그 대금을 결제하는 신용 판매에 이용되는 카드
- 직불카드 : 상품 등을 구입한 소비자가 대금 결제를 위해 카드를 제시하면 가게에 설치된 단말기를 통해 고객의 은행계좌에서 가게의 은행계좌로 대금이 직접 이체되도록 하는 카드(체크카드는 직불카드의 일종으로서 신용카드가맹점에서 사용할 수 있는 카드를 말한다.)

[신용카드]

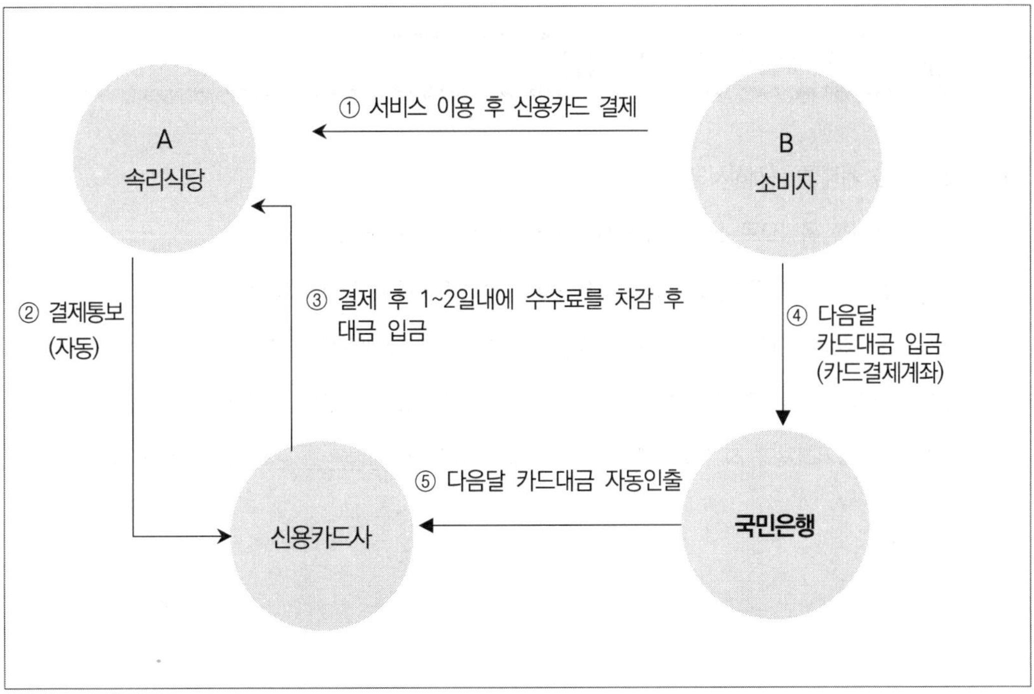

[직불카드(체크카드)]

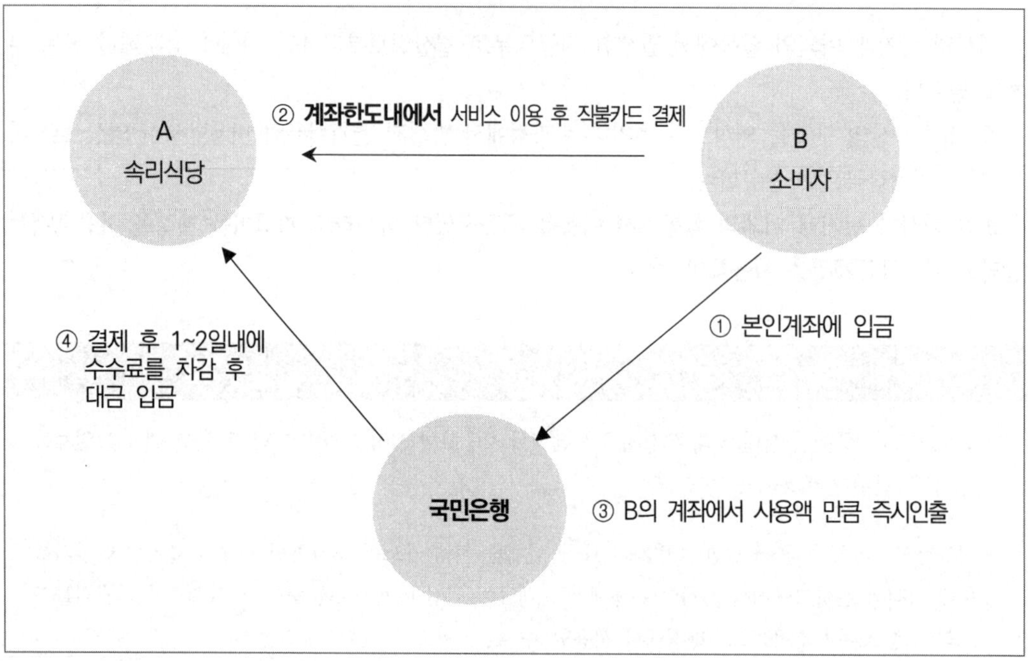

예제 3-1 매입채무와 미지급금

레고상사의 다음 거래를 분개하시오.

1. 10월 3일 판매를 목적으로 상품을 100,000원에 외상으로 구입하다.
2. 10월 5일 상품을 200,000원에 구입하고 약속어음(만기 3개월)을 발행하여 주다.
3. 10월 7일 기계장치를 300,000원에 취득하고 대금은 약속어음(만기 3개월)으로 발행하여 주다.
4. 10월 9일 경리과 직원들이 회식을 하고 식사대금 400,000원을 비씨카드로 결제하다.
5. 10월 11일 매출거래처와 식사를 하고 식사대금 500,000원을 신한은행 보통예금통장에서 발급된 직불카드로 결제하다.

해답

1.	(차) 상 품	100,000	(대) 외상매입금	100,000
2.	(차) 상 품	200,000	(대) 지급어음	200,000
3.	(차) 기계장치	300,000	(대) 미지급금	300,000
4.	(차) 복리후생비(판)	400,000	(대) 미지급금(비씨카드)	400,000
5.	(차) 접대비(기업업무추진비)(판)	500,000	(대) 보통예금	500,000

4. 단기차입금(VS 단기대여금)

차용증서에 의하여 금전을 빌리고 상환기한이 1년 이내인 채무를 단기차입금이라 한다. 주로 기업이 금융기관 등에서 자금을 빌리고 1년 이내 갚아야 되는 금액을 말한다.

그리고 기업이 당좌거래를 하고 있다면 당좌차월에 대해서도 기말에 단기차입금으로 계상하여야 한다.

5. 미지급비용(VS 미수수익)

당기에 속하는 비용으로서 미지급된 것을 말한다. 대표적인 항목에는 미지급급여, 미지급이자, 미지급임차료 등이 있고 이를 총괄하여 미지급비용으로 계상한다. 해당 비용을 차변에 비용의 증가로, 미지급분에 해당하는 비용을 부채의 증가로 표시한다.

6. 선수수익(VS 선급비용)

당기에 수익으로서 이미 대가로 받은 금액 중 차기 이후에 속하는 부분에 대해서는 선수수익으로 부채로 계상하여야 한다.

예를 들어 10월 1일에 회사가 1년 치 임대료를 240,000원 현금으로 수령하였다고 가정하자.

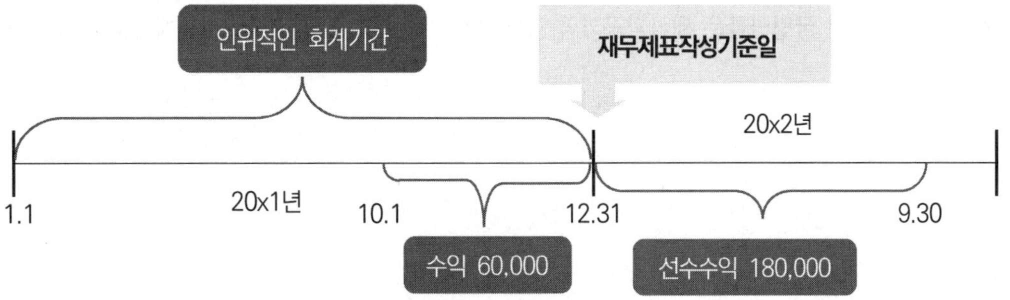

그러므로 재무상태표에는 선수수익(180,000원)과 손익계산서에는 영업외수익 임대료(60,000원)이 표시되어야 한다.

	지급시점에 전액 수익계상	지급시점에 전액 부채 계상
10.01	(차) 현 금 240,000 (대) 임 대 료 240,000	(차) 현 금 240,000 (대) 선수수익 240,000
12.31	(차) 임 대 료 180,000 (대) 선수수익 180,000	(차) 선수수익 60,000 (대) 임 대 료 60,000
재무제표	손익계산서 : 임대료(x1.10.1~x1.12.31) 60,000	
	재무상태표 : 선수수익(x2.1. 1~x2.9.30) 180,000	

7. 선수금(VS 선급금)

기업 간의 거래에 있어서 상품 등을 매매할 때 거래의 이행을 명확하게 하기 위하여 계약금을 수수하는 경우가 있는데 상품거래금액에 일부를 미리 받은 경우 선수금으로 처리한다.

선수금은 아직 상품 등을 인도하지 않았으므로 매출로 기록하지 않고 회사의 상품 등을 매입자에게 인도할 의무가 존재하므로 부채로 인식하여야 한다.

8. 예수금

기업이 거래처나 종업원이 제3자(주로 국가 등)에게 납부해야 할 금액을 일시적으로 보관하였다가 제3자에게 지급해야 하는 금액을 말한다.

예를 들면, 기업이 종업원에게 급여 지급 시 종업원이 국가에 납부해야 할 소득세, 국민연금, 건강보험료 등을 차감하여 지급하고, 이렇게 예수한(차감한) 금액은 기업이 종업원을 대신하여 해당 기관(세무서 등)에 납부하는 것을 원천징수라 한다. 이때 사용하는 계정이 예수금이다.

국민연금과 건강보험료는 종업원이 예수한 금액(50%)과 사업주부담분(50%)을 동시에 납부하여야 한다.

사업주 부담분인 국민연금은 세금과공과금, 건강보험료는 복리후생비라는 비용계정을 사용한다.

[원천징수]

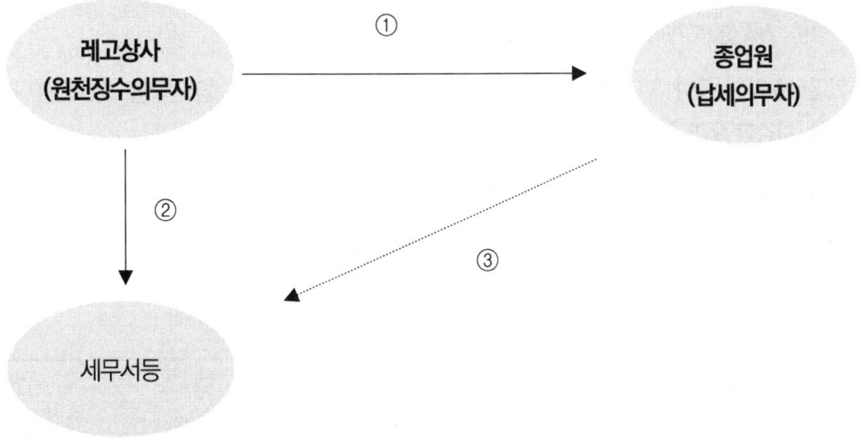

① 레고상사가 종업원에게 급여 2,000,000원을 지급시 소득세/지방소득세와 국민연금, 건강보험료를 차감한 1,800,000원을 지급한다.

② 레고상사는 다음달 종업원으로부터 예수한 소득세 등을 관할관청에 납부한다.
이때 국민연금과 건강보험료는 종업원분(50%)과 사업주부담분(50%)을 납부한다.

③ 이러한 예수금(소득세등)은 실질적으로 종업원이 납부한 것이다.

☞ • 소득세 : 개인의 1년간 소득에 대하여 국가가 부과하는 세금

• 지방소득세 : 소득세 납세의무가 있는 개인 등에 대하여 지방자치단체가 부과하는 지방세(일반적으로 소득세의 10%이다)

• 국민연금 : 근로자 등 가입자가 나이가 들어 퇴직하거나 질병 등으로 인해 소득이 없을 경우 일정한 소득으로 노후를 보장해주는 사회보장제도

• 건강보험 : 질병 등으로 인해 발생한 고액의 진료비로 가계에 과도한 부담이 되는 것을 방지하기 위하여, 국민들이 평소에 보험료를 내고 보험자인 국민건강보험공단이 이를 관리・운영하다가 필요시 보험급여를 제공함으로써 국민 상호간 위험을 분담하고 필요한 의료서비스를 받을 수 있도록 하는 사회보장제도

예제 3-2 예수금

레고상사의 다음 거래를 분개하시오.

1. 10월 25일 종업원 급여 1,000,000원을 지급하면서 소득세 10,000원, 국민연금 9,000원 건강보험료 8,000원을 차감한 973,000원을 현금지급하다.

2. 11월 10일 종업원에게 예수한 소득세 10,000원, 국민연금 9,000원, 건강보험료 8,000원과 사업주 부담분 국민연금 9,000원, 건강보험료 8,000원 총 44,000원을 현금납부하다.

해답

1.	(차) 급 여	1,000,000	(대) 현 금	973,000
			예 수 금	27,000
2.	(차) 예수금(세무서)	10,000	(대) 현 금	44,000
	예수금(국민연금관리공단)	9,000		
	세금과공과(국민연금관리공단)	9,000		
	예수금(건강보험공단)	8,000		
	복리후생비(건강보험공단)	8,000		

9. 가수금(VS 가지급금)

현금 등을 수취하였으나 계정과목이나 금액이 미확정 되었을 경우 임시적으로 처리하는 계정과목이다.

기업회계기준의 재무상태표 작성 기준을 보면 이러한 가계정은 재무상태표에 나타내지 말아야 하므로 그 계정의 내역을 밝혀내어 해당 계정과목으로 재무상태표에 표시하여야 한다.

제2절 비유동부채

부채 중 보고기간말로부터 만기가 1년 이후에 도래하는 부채를 비유동부채라 한다.

1. 종류

① 장기차입금
② 퇴직급여충당부채
③ 사채 : 회사가 불특정다수인에게 자금을 조달할 목적으로 발행하는 확정채무표시 증권을 말한다.

2. 장기차입금

실질적으로 이자를 부담하는 차입금으로서 만기가 재무상표일로부터 1년 이후에 도래하는 것을 말한다.

또한 장기차입금 중 만기가 재무상태표일로부터 1년 이내에 도래 시 유동성장기부채라는 계정과목으로 하여 유동성 대체를 하여야 한다.

예제 3-3 자금의 차입거래

레고상사와 거래상대방(제일완구)의 거래를 각각 분개하시오.

1. ×1년 4월 1일 제일완구에 3년 후 상환조건(연이자율 10%, 월할계산)으로 차용증서를 작성하여 주고 10,000,000원을 현금 차입하다.
2. ×1년 12월 31일 장기차입금에 대한 이자를 계상하다.
3. ×2년 4월 1일 제일완구에 차입금에 대한 1년간 이자 전액을 당사 보통예금 통장에서 이체하였다.

해답

1.	레고상사	(차) 현 금	10,000,000원	(대) 장기차입금	10,000,000원
	제일완구	(차) 장기대여금	10,000,000원	(대) 현 금	10,000,000원
2.	레고상사	(차) 이 자 비 용	750,000원*1	(대) 미지급비용	750,000원
	제일완구	(차) 미 수 수 익	750,000원	(대) 이 자 수 익	750,000원
		*1. 이자비용=10,000,000원×10%×9개월/12개월=750,000원			
3.	레고상사	(차) 미지급비용 이 자 비 용	750,000원 250,000원	(대) 보 통 예 금	1,000,000원
	제일완구	(차) 보 통 예 금	1,000,000원	(대) 미 수 수 익 이 자 수 익	750,000원 250,000원

3. 퇴직급여충당부채

퇴직금은 종업원이 입사 시부터 퇴직 시까지 근로를 제공한 대가로 퇴직 시 일시에 지급받는 급여를 말한다.

근로자퇴직급여보장법에 의하면 기업은 계속 근로기간 1년에 대하여 30일분 이상의 평균임금을 퇴직금으로 지급하여야 한다.

즉 **퇴직금은 평균임금×근속년수의 계산구조**를 가진다.

또한 발생주의에 따라 퇴직금을 지급 시 전액 비용으로 처리하면 안되고 근로를 제공한 각 회계연도의 비용으로 처리하여야 한다.

퇴직급여추계액이란 결산일 현재 전 임직원이 퇴사할 경우 지급하여야 할 퇴직금 예상액을 말하는데 회사는 퇴직급여추계액 전액을 부채로 인식하여야 한다.

회계처리는 대손충당금설정처럼 보고기간말마다 퇴직급여추계액을 부채로 인식하여야 하고 부족분은 보충법으로 비용처리하면 된다.

연습문제

Financial Accounting Technician

회계정보처리 자격시험 2급

분개연습

1. (주)사비코웨이에 발행하였던 지급어음(2,400,000원)이 만기가 도래되어 농협은행 보통예금에서 계좌이체 되었다.

2. (주)영창의 외상매입금(5,000,000원)을 전자어음을 발행하여 지급하였다.

3. 상품 배송용 차량을 영환전자에 8,000,000원에 매각하기로 하고 계약금 10%를 보통예금 계좌로 입금받았다.

4. 경기가전과의 상품매출 계약이 취소됨에 따라 9월 15일 받았던 계약금 500,000원을 국민은행 보통예금 계좌에서 이체하였다.

5. 우산컴퓨터에 상품 8,000,000원을 매출하고 계약금(800,000원)을 제외한 나머지 대금을 전자어음으로 받았다. 계약금은 전월 15일 입금되었다.

6. (주)PC나라에서 국민은행 보통예금 계좌로 2,500,000원이 입금되었다. 입금액 중 외상매출금잔액(1,650,000원)은 전부 회수하고 초과입금액은 주문상품대금을 미리 받은 것이다.

7. 미성상회의 상품 외상대금(32,000,000원)을 국민은행 통장에서 이체하여 지급하고, 송금수수료 8,000원은 현금으로 납부하였다.

8. 백두아웃도어에 대한 단기차입금 일부 1,300,000원을 국민은행 보통예금 계좌에서 이체하여 상환하였다.

9. 결산시 단기차입금에 대한 미지급이자 300,000원을 장부에 계상하다.

10. 결산시 20x1년 말 임대료 중 선수분 1,400,000원을 계상하다.

11. 국민카드 8월 사용분 결제대금(1,976,200원)이 국민은행 보통예금 계좌에서 이체되었음을 확인하였다.

12. 8월분 급여를 국민은행 보통예금 계좌에서 종업원의 계좌로 이체하여 지급하였다.

구분	기본급	직책수당	급여총액	소득세 등	차인지급액
신하나	2,450,000	100,000	2,550,000	206,000	2,344,000
김진상	3,250,000	150,000	3,400,000	298,000	3,102,000
계	5,700,000	250,000	5,950,000	504,000	5,446,000

13. 10월분 급여를 국민은행 보통예금계좌에서 종업원의 계좌로 이체하여 지급하였다.

<table>
<tr><th rowspan="3">구분</th><th colspan="4">수당항목</th><th colspan="4">공제항목</th></tr>
<tr><th>기본급</th><th>직책수당</th><th>식대</th><th rowspan="2">급여총액</th><th>소득세</th><th>국민연금</th><th>고용보험</th><th rowspan="2">차인지급액</th></tr>
<tr><th>차량보조금</th><th>야근근로</th><th>가족수당</th><th>지방소득세</th><th>건강보험</th><th>공제계</th></tr>
<tr><td rowspan="2">조인상</td><td>2,000,000</td><td>500,000</td><td>80,000</td><td rowspan="2">3,000,000</td><td>40,000</td><td>50,000</td><td>20,000</td><td rowspan="2">2,856,000</td></tr>
<tr><td>200,000</td><td>200,000</td><td>20,000</td><td>4,000</td><td>30,000</td><td>144,000</td></tr>
<tr><td rowspan="2">신지숙</td><td>1,500,000</td><td>200,000</td><td>80,000</td><td rowspan="2">2,500,000</td><td>60,000</td><td>60,000</td><td>15,000</td><td rowspan="2">2,319,000</td></tr>
<tr><td>300,000</td><td>300,000</td><td>120,000</td><td>6,000</td><td>40,000</td><td>181,000</td></tr>
<tr><td rowspan="2">계</td><td>3,500,000</td><td>700,000</td><td>160,000</td><td rowspan="2">5,500,000</td><td>100,000</td><td>110,000</td><td>35,000</td><td rowspan="2">5,175,000</td></tr>
<tr><td>500,000</td><td>500,000</td><td>140,000</td><td>10,000</td><td>70,000</td><td>325,000</td></tr>
</table>

14. 11월분 근로소득세 180,000원을 납부기한일에 현금으로 납부하다.

15. 6월분 급여지급분에 대한 건강보험료 500,000원을 농협은행 보통예금계좌에서 이체하여 납부하였다. 건강보험료의 50%는 급여 지급시 원천징수한 금액이며, 50%는 회사부담분이다. 당사는 회사부담분을 "복리후생비"로 처리하고 있다.

16. 국민연금보험료 460,000원을 현금으로 납부하다. 국민연금보험료의 50%는 급여 지급 시 원천징수한 금액이며, 50%는 회사부담분이다. 당사는 회사부담분을 "세금과공과금"으로 처리하고 있다.

17. 출장 중인 김진우 사원으로부터 보통예금계좌로 500,000원이 입금되었으나 입금된 내용은 알 수 없다.

18. 6월 5일 농협 보통예금계좌에 입금된 3,000,000원의 입금내역을 알 수 없어 임시계정(가수금)으로 처리하였으나, 6월 10일 매출처 대구전자의 외상대금 2,000,000원과 상품매출에 대한 계약금 1,000,000원임을 확인하였다.

객관식

01. 다음 중 기말 재무상태표에 표시되는 계정과목으로 옳은 것은?

① 미지급금 ② 가수금 ③ 가지급금 ④ 현금과부족

02. 다음은 (주)한공의 사업용 토지 처분에 관한 대화이다. 이에 대한 회계처리 시 대변 계정과목은?

이부장 : 토지 처분 건은 어떻게 되었나요? 박대리 : 네, 20,000,000원에 매매계약을 체결하고, 계약금 2,000,000원을 현금으로 받았습니다.

① 토지 ② 가수금 ③ 선수금 ④ 건설중인자산

03. 다음 거래의 (가), (나)에 해당하는 대변 계정과목으로 옳은 것은?

(가) 사무실에서 사용할 컴퓨터를 구입하고 대금을 지급하지 않은 경우 (나) 가구 판매회사가 판매용 침대를 구입하고 대금을 지급하지 않은 경우

	(가)	(나)		(가)	(나)
①	외상매입금	미수금	②	미지급금	외상매입금
③	미지급금	미수금	④	외상매입금	미지급금

04. 다음 거래 중 유동부채가 나타나는 거래가 아닌 것은?

① 거래처로부터 현금 30,000,000원을 6개월 만기로 차입하다.

② 비품 500,000원을 구입하고 대금은 1개월 후 지급하기로 하다.

③ 상품 700,000원을 매입하기로 하고 계약금 70,000원을 현금으로 지급하다.

④ 기말 현재 사무실 월 임차료 미지급분 1,000,000원을 계상하다.

05. 다음 중 재무상태표 계정과목의 사용 사례로 옳지 않은 것은?

① 상품을 매입하기 위해 계약금을 지급하면 차변에 선급금을 기록한다.

② 장기차입금의 만기가 내년에 도래하면 기말에 유동성장기부채로 분류한다.

③ 비품을 외상으로 구입하면 대변에 미지급금을 기록한다.

④ 사무실을 빌려서 사용할 목적으로 보증금을 지급하면 대변에 임대보증금을 기록한다.

06. 다음 중 유동부채와 관련 있는 거래가 아닌 것은?

① 상품 20,000원을 매입하고 대금은 3개월 뒤에 지급하기로 하였다.

② 비품 30,000원을 구입하고 대금은 6개월 뒤에 지급하기로 하였다.

③ 상품 40,000원을 매입하기로 하고 계약금 4,000원을 현금으로 지급하였다.

④ 급여 100,000원 중 원천징수 금액 5,000원을 제외한 잔액을 보통예금 계좌에서 이체하였다.

07. 재무상태표 상 비유동부채에 표시되는 계정과목으로 옳은 것은?

① 미지급금　② 지급어음　③ 장기차입금　④ 유동성장기부채

08. 다음 대화 내용에 따라 20x1년도말 결산정리를 할 경우, 대변 계정과목으로 옳은 것은?

> • 이부장 : 거래은행에서 2020년도 3월초에 대출받았던 장기차입금 만기일이 언제인가요?
> • 김대리 : 만기일이 20x2년 3월말입니다. 결산정리에 반영하겠습니다.

① 단기차입금 ② 장기차입금 ③ 임차보증금 ④ 유동성장기부채

09. 다음과 같은 회계처리 오류가 기말자산과 부채에 미치는 영향으로 옳은 것은?

> 외상으로 구입한 상품에 대한 매입기록을 누락하였다.

	자산	부채		자산	부채
①	영향없음	과소계상	②	영향없음	과대계상
③	과소계상	과소계상	④	과소계상	영향없음

10. 다음 중 부채 총액에 영향을 주는 거래가 아닌 것은?

① 이자비용 미지급분을 계상하다.
② 장기차입금을 유동성장기차입금으로 분류하다.
③ 단기차입금을 현금으로 상환하다.
④ 상품매출을 위하여 계약금을 선수하다.

주관식

01. 다음에 해당하는 계정과목을 적으시오.

(가) 내용불명 입금액이 발생한 경우	(나) 비품매각액이 미회수된 경우
(다) 상품매입 계약금을 지급한 경우	

02. 다음 대화내용에서 (가)에 해당하는 계정과목을 적으시오.

- 이과장 : 김대리, 거래처 ㈜대한으로부터 재고자산 판매에 대한 계약금으로 1,000,000원을 현금으로 받은 금액은 어떻게 회계처리하였나요?
- 김대리 : 네, 과장님. 1,000,000원을 유동부채에 해당하는 (가) 계정과목으로 처리하였습니다.

03. 종업원의 급여 지급 시 원천징수하였던 건강보험료, 소득세 등을 현금으로 납부한 경우 차변 계정과목을 적으시오.

04. 다음 대화 내용 중 밑줄 친 부분에 해당하는 계정과목을 적으시오.

- 이 과장 : 국민건강보험료를 납부하세요
- 김 대리 : 예, 급여에서 공제한 국민건강보험료와 <u>회사가 부담하는 국민건강보험료</u>를 함께 납부하겠습니다.

05. 다음 거래를 회계처리할 때 매입채무로 계상되는 금액은 얼마인가?

- 7월 4일 업무용으로 사용할 프린터기를 300,000원에 외상 구입하다.
- 7월 10일 상품 300,000원을 매입하고, 대금 중 100,000원은 현금으로 지급하고 잔액은 8월말에 지급하기로 하다.
- 7월 22일 상품을 500,000원에 매입하고 대금은 약속어음을 발행하여 지급하다.

06. 다음 회계처리 시 차변에 나타나는 계정과목을 적으시오.

> 종업원 김영업씨가 퇴직하게 되어 퇴직급여 1,500,000원을 현금으로 지급하였다.
> 단, 퇴직급여 지급 직전의 퇴직급여충당부채 잔액은 5,000,000원이다.

07. 한공기업은 20x0년 1월 1일 은행으로부터 3년만기, 연이자율 10%의 조건으로 100,000원을 차입하였다. 이자는 만기시 원금과 일시에 지급하기로 약정하였다. 20x1년 결산 후 손익계산서상의 이자비용과 재무상태표상의 미지급이자는 얼마인가?(단, 이자는 단리로 계산한다)

08. 다음은 한공기업의 부채 관련 자료이다. 유동부채 합계액을 계산하면 얼마인가?

• 단기차입금	3,000,000원	• 외상매입금	1,000,000원
• 미지급비용	800,000원	• 예수금	1,500,000원
• 퇴직급여충당부채	5,000,000원		

09. 다음 중 비유동부채 금액의 합계는 얼마인가?

• 외상매입금	3,300,000원	• 미지급이자	700,000원
• 퇴직급여충당부채	2,000,000원	• 지급어음	1,200,000원
• 임차보증금	1,500,000원	• 사채	4,000,000원

10. 한공상사는 20x1. 8. 1.에 임대료 1년분 2,400,000원을 현금으로 받았다. 임대료를 수취하면서 전액 임대료수익으로 인식하였다. 20x1. 12. 31.에 결산 시 계상할 선수수익은 얼마인가?(월할계산하기로 한다.)

연습 답안

Financial Accounting Technician

회계정보처리 자격시험 2급

분개연습

[1]	(차)	지급어음((주)사비코웨이)	2,400,000	(대)	보통예금(농협)	2,400,000
[2]	(차)	외상매입금((주)영창)	5,000,000	(대)	지급어음((주)영창)	5,000,000
[3]	(차)	보통예금(농협)	800,000	(대)	선수금(영환전자)	800,000
[4]	(차)	선수금(경기가전)	500,000	(대)	보통예금(국민은행)	500,000
	☞ 계약금 수취시 (차)	현금 등	500,000	(대)	선수금	500,000
[5]	(차)	선수금(우산컴퓨터)	800,000	(대)	상품매출	8,000,000
		받을어음(우산컴퓨터)	7,200,000			
[6]	(차)	보통예금(국민은행)	2,500,000	(대)	외상매출금((주)PC나라)	1,650,000
					선수금((주)PC나라)	850,000
[7]	(차)	외상매입금(미성상회)	32,000,000	(대)	보통예금(국민은행)	32,000,000
		수수료비용(판)	8,000		현　금	8,000
[8]	(차)	단기차입금(백두아웃도어)	1,300,000	(대)	보통예금(국민은행)	1,300,000
[9]	(차)	이자비용	300,000	(대)	미지급비용	300,000
[10]	(차)	임대료	1,400,000	(대)	선수수익	1,400,000
[11]	(차)	미지급금(국민카드)	1,976,200	(대)	보통예금(국민은행)	1,976,200
[12]	(차)	급여(판)	5,950,000	(대)	보통예금(국민은행)	5,446,000
					예수금	504,000
[13]	(차)	급여(판)	5,500,000	(대)	보통예금(국민은행)	5,175,000
					예수금	325,000
[14]	(차)	예수금	180,000	(대)	현　금	180,000
[15]	(차)	복리후생비(판)	250,000	(대)	보통예금(농협)	500,000
		예수금	250,000			
[16]	(차)	세금과공과금(판)	230,000	(대)	현　금	460,000
		예수금	230,000			
[17]	(차)	보통예금(국민은행)	500,000	(대)	가수금(김진우)	500,000

[18]	(차) 가수금	3,000,000	(대)	외상매출금(대구전자)	2,000,000
				선수금(대구전자)	1,000,000

객관식

1	2	3	4	5	6	7	8	9	10
①	③	②	③	④	③	③	④	③	②

[풀이 – 객관식]

01 **가수금, 가지급금, 현금과부족은 임시 계정**으로서 기말 재무상태표에 표시하지 않는다.

02 유형자산을 처분하기로 하고 **계약금을 받을 경우 선수금 계정**으로 회계처리한다

03 **재고자산 이외의 구입 외상대금은 미지급금**으로 처리한다.

04 상품 매입 **주문 시 지급한 계약금은 선급금으로 유동자산 계정**이다.

05 **보증금을 지급하면 차변에 임차보증금**으로 처리하며, **임대보증금은 보증금을 받은 경우**에 대변에 사용한다.

06

① (차) 상 품	20,000원	(대) 외상매입금	20,000원
② (차) 비 품	30,000원	(대) 미지급금	30,000원
③ (차) 선급금	4,000원	(대) 현 금	4,000원
④ (차) 급 여	100,000원	(대) 예 수 금	5,000원
		보통예금	95,000원

07 장기차입금은 재무상태표 상 비유동부채에 표시된다.
미지급금, 지급어음, **유동성장기부채는 유동부채**에 표시된다.

08 보고기간 종료일로부터 **장기차입금 결제 만기일이 1년 이내이면 유동성장기부채 계정**으로 대체한다.

09 누락된 회계처리 (차) 상품(자산) XX (대) 매입채무(부채) XX
매입채무가 누락되면 기말 부채는 과소계상되고, 기말재고자산이 과소계상된다.

10 부채의 증가와 감소가 동시에 일어나므로 부채 총액에 영향이 없다.

(차변)		(대변)	
① 이자비용(비용의 증가)	XXX	미지급이자(부채의 증가)	XXX
② 장기차입금(부채의 감소)	XXX	유동성장기차입금(부채의 증가)	XXX
③ 단기차입금(부채의 감소)	XXX	현금(자산의 감소)	XXX
④ 현금 등(자산의 증가)	XXX	선수금(부채의 증가)	XXX

주관식

1	(가) 가수금 (나) 미수금 (다) 선급금	2	선수금
3	예수금	4	복리후생비
5	700,000원	6	퇴직급여충당부채
7	이자비용 10,000원 미지급이자 20,000원	8	6,300,000원
9	6,000,000원	10	1,400,000원

[풀이 – 주관식]

02. 재고자산 판매에 대한 계약금으로 미리 받은 돈은 선수금으로 회계처리한다.

04. **회사 부담분 국민건강보험료는 복리후생비**로 처리한다.

05.

7월 4일 : (차) 비 품	300,000원	(대)	미 지 급 금	300,000원
7월 10일 : (차) 상 품	300,000원	(대)	현 금	100,000원
			외상매입금	**200,000원**
7월 22일 : (차) 상 품	500,000원	(대)	**지 급 어 음**	**500,000원**

외상매입금 200,000원과 지급어음 500,000원이 매입채무에 해당한다.

06. 퇴직급여충당부채 잔액이 퇴직급여 지급액보다 크므로, 아래와 같이 회계처리한다.

(차) 퇴직급여충당부채	1,500,000원	(대)	현 금	1,500,000원

07. 이자비용(x1년) = 100,000원 × 10%(연이자율) = 10,000원

미지급이자(x1년) = 100,000원 × 10% × 2년 = 20,000원

08. 유동부채 = 단기차입금(3,000,000) + 외상매입금(1,000,000) + 미지급비용(800,000)
+ 예수금(1,500,000) = 6,300,000원

퇴직급여충당부채는 비유동부채에 해당한다.

09 비유동부채 = 퇴직급여충당부채(2,000,000) + 사채(4,000,000) = 6,000,000원

10 선수수익 = 2,400,000원 × 7(1.1~7.31)/12 = 1,400,000원

Section 04 계정과목별 이해(자본)

NCS회계 - 3 전표관리 - 전표작성하기/증빙서류 관리하기

제1절 자본의 성격

기업은 크게 두 가지 원천으로 자금을 조달하여, 기업의 자산을 구성한다.
부채는 타인자본으로서 채권자 지분이고, 자본은 자기자본으로서 소유주 지분이다.

자산 = 부채(채권자지분) + 자본(소유주지분)
자산 - 부채 = 자본(순자산)

제2절 자본금(개인기업)

1. 자본금

개인기업의 자본금은 기업주의 순자산액을 표시한다.
즉, 개인기업의 자본금은 다음과 같다.

기말자본금 = 기초자본금 ± 당기순손익 - (기업주)인출금 + (기업주)출자금

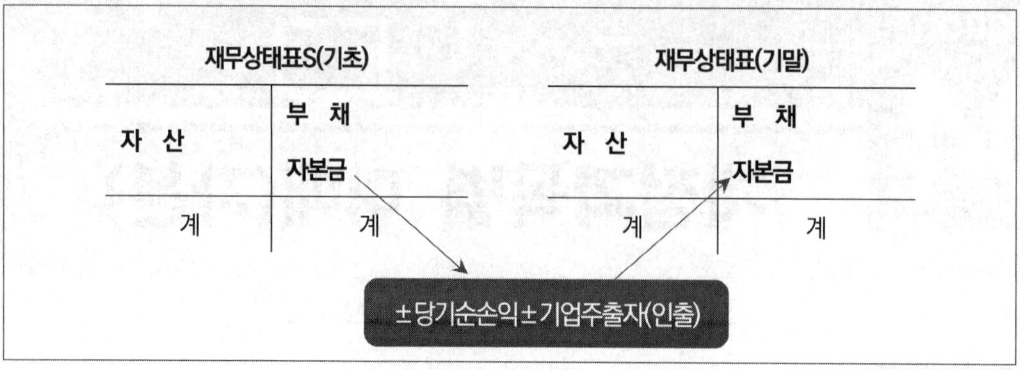

(1) 자본금 현금 납입시(기업주 출자)

(차) 현 금	×××	(대) 자 본 금	×××

(2) 자본금 현금 인출시(기업주 인출)

(대) 자 본 금	×××	(대) 현 금	×××

2. 인출금

기업주가 자본을 추가출자하거나 개인적인 용도로 개인기업의 현금이나 상품을 인출시, 별도로 인출금 계정을 설정하여 처리하였다가 기말에 인출금 계정잔액을 자본금 계정에 대체한다.

예제 4 - 1 개인기업의 자본금1

다음 거래를 분개하고, 기말자본금을 산출하시오.

회사의 기초자본금은 100,000원이고, 기중에는 인출금계정을 사용하다가, 기말에 일괄적으로 자본금에 대체한다. 당기순이익은 50,000원이 발생하다.

1. 3월 1일 사업주가 회사자금이 부족하여 300,000원을 보통예금계정에 입금하다.
2. 3월 10일 상품 200,000원을 사업주가 개인적인 용도로 사용하다.
3. 12월 31일 인출금계정 잔액을 자본금으로 대체하다.

해답

1.	(차) 보통예금	300,000	(대) 인 출 금	300,000
2.	(차) 인 출 금	200,000	(대) 상 품	200,000
3.	(차) 인 출 금	100,000	(대) 자 본 금	100,000

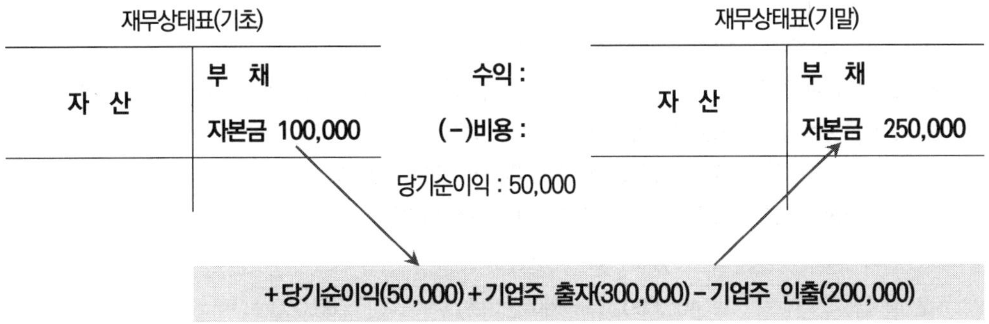

자 본 금

		전기이월(기초)	100,000
		인 출 금	100,000
차기이월(기말)	250,000	손익(당기순이익)	50,000
계	250,000	계	250,000

예제 4-2 개인기업의 자본금2

다음은 레고상사의 경영성과 및 재무상태 현황이다. 다음 중 빈칸을 채우세요.

(경영성과)

• 상품매출액	3,000,000	• 임직원 급여	500,000
• 상품매출원가	2,000,000	• 임차료	400,000
• 임대료	1,000,000	• 접대비(기업업무추진비)	300,000
• 유형자산처분손	300,000	• 이자수익	500,000

(재무상태)

기초			기말		
자산	부채	자본	자산	부채	자본
㉮	1,300,000	700,000	2,000,000	㉯	㉰

☞ 기중에 사업주 인출액이 400,000원이 있다.

해답

1. 자산 = 부채 + 자본 따라서 ㉮자산은 2,000,000원이다.
2. 당기순이익 = 총수익 - 총비용 = 1,000,000원
   총수익 = 상품매출액 + 임대료 + 이자수익 = 4,500,000
   총비용 = 상품매출원가 + 유형자산처분손 + 급여 + 임차료 + 접대비(기업업무추진비) = 3,500,000
   ㉰기말자본금 = 기초자본금 + 당기순손익 + 기업주 출자 - 기업주 인출
   = 700,000 + 1,000,000 - 400,000 = 1,300,000원
3. ㉯부채 = 자산 - 자본 = 2,000,000 - 1,300,000 = 700,000원

자 본 금

인 출 금	400,000	전기이월(기초)	700,000
차기이월(기말)	1,300,000	손익(당기순이익)	1,000,000
계	1,700,000	계	1,700,000

재무상태표(기초)

자 산	부 채 1,300,000
㉮ 2,000,000	자 본 700,000
계	계

수익 : 4,500,000
(-)비용 : 3,500,000
당기순이익 : 1,000,000

재무상태표(기말)

자 산	부 채 ㉯700,000
2,000,000	자 본 ㉰1,300,000
계	계

+당기순이익(1,000,000) - 기업주인출(400,000)

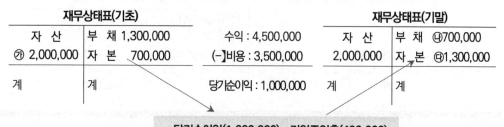

연습문제

분개연습

01. 사업주(개인사업자)의 소득세 100,000원을 현금으로 납부하였다.

02. 사장(개인사업자) 개인용 승용차에 대한 자동차세 628,500원을 현금으로 납부하였다.

03. 회사 업무용 차량에 대한 자동차세 400,000원과 기업주(개인사업자)의 가사용 차량에 대한 자동차세 200,000원을 보통예금 통장에서 이체하였다.

04. 사장님(개인사업자) 자택공사비에 대한 견적서를 받았으며, 견적금액 1,200,000원을 회사 보유현금으로 지급하였다.

객관식

01. 다음 거래와 관련된 계정과목은?

사업주가 회사자금으로 개인적 용도로 사용할 승용차를 구입하였다.

① 차량운반구 ② 인출금
③ 접대비(기업업무추진비) ④ 복리후생비

02. 다음 중 재무상태표와 관련된 등식으로 옳지 않은 것은?

① 자본 = 자산 - 부채 ② 자산 = 유형자산 + 무형자산
③ 유동자산 = 당좌자산 + 재고자산 ④ 부채 = 유동부채 + 비유동부채

03. 다음 중 개인기업의 자본을 감소시키는 거래로 옳은 것은?

① 사무실 책상을 외상으로 구입하다.

② 현금과 건물을 출자하여 영업을 개시하다.

③ 기업주의 종합소득세를 현금으로 납부하다.

④ 단기매매증권을 장부금액보다 큰 금액에 현금으로 매각하다.

주관식

01. 다음은 개인기업인 한공상회의 자료이다. 20x1년 12월 31일 자본금은 얼마인가?

- 20x1년 1월 1일 기초 자본금은 5,000,000원이다.
- 20x1년 5월 31일 사업주의 종합소득세 1,000,000원을 현금으로 납부하였다.
- 20x1년 12월 31일 결산시 당기순이익 4,000,000원을 계상하였다.

02. 다음은 한공기업의 20x1년 자본에 대한 내역이다. 기말자본은 얼마인가?(단, 제시된 자료 외에는 고려하지 않는다)

자료 1. 기초 재무상태

자산	500,000원	부채	300,000원
		자본	200,000원

자료 2. 당기 경영성과

총비용	300,000원	총수익	400,000원

자료 3. 기중 자본 변동

- 추가 출자액 50,000원

03. 다음은 개인기업인 한공상점의 20x1년 기초 · 기말 재무상태와 기중 자본 변동 내역에 대한 자료이다. 20x1년 당기순이익은 얼마인가?(단, 제시된 자료 외에는 고려하지 않는다)

자료1. 재무상태

기초				기말			
자산	1,000원	부채	800원	자산	2,000원	부채	1,000원
		자본	×××원			자본	×××원

자료2. 기중 자본 변동 내역

- 추가 출자액 300원

04. 다음은 한공상사의 자본 관련 자료이다. 당기 중 추가 출자액은 얼마인가?

기초 자본	인출금	기말 자본	당기순이익
60,000원	10,000원	130,000원	30,000원

연습 답안

Financial Accounting Technician
회계정보처리 자격시험 2급

분개연습

[01]	(차)	인출금	100,000	(대)	현 금	100,000
[02]	(차)	인출금	628,500	(대)	현 금	628,500
[03]	(차)	인출금	200,000	(대)	보통예금(농협)	600,000
		세금과공과금(판)	400,000			
[04]	(차)	인출금	1,200,000	(대)	현 금	1,200,000

객관식

1	2	3
②	②	③

[풀이 – 객관식]

01 사업주가 업무와 관련없이 사적으로 지출한 비용은 인출금(출자금 차감) 계정으로 처리한다.

02 자산 = 유동자산 + 비유동자산

03

①	(차)	비품(자산)	XX	(대)	미지급금(부채)	XX
②	(차)	현금(자산)	XX	(대)	자본금(자본)	XX
		건물(자산)				
③	(차)	인출금/자본금(자본)	XX	(대)	현금(자산)	XX
④	(차)	현금(자산)	XX	(대)	단기매매증권(자산)	XX
					단기매매증권처분이익(수익)	XX

주관식

1	8,000,000원	2	350,000원
3	500원	4	50,000원

[풀이 – 주관식]

01. 사업주의 소득에 대한 소득세(종합소득세)는 인출금에 해당한다.

B/S(기초)			B/S(기말)	
자 산	부 채	수익 :	자 산	부 채
	자본금 5,000,000	(–)비용 :		*자본금 8,000,000*
계	계	당기순이익 : 4,000,000	계	계

+당기순이익(4,000,000) – 기업주인출(1,000,000)

02.

B/S(기초)			B/S(기말)	
자 산 500,000	부 채 300,000	수익 : 400,000	자 산	부 채
	자본금 200,000	**(–)비용 : 300,000**		*자본금 350,000*
계	계	당기순이익 : 100,000	계	계

+당기순이익(100,000) + 기업주출자(50,000)

03.

B/S(기초)			B/S(기말)	
자 산 1,000	부 채 800	수익 : ?	자 산 2,000	부 채 1,000
	자 본 200	(–)비용 : ?		자 본 1,000
계	계	당기순이익 : 500	계	계

+ *당기순이익(500)* + 기업주출자(300)

04. 기말자본(130,000) = 기초자본(60,000) + 당기순이익(30,000) – 인출금(10,000) + 추가출자액(??)

∴추가출자액 = 50,000원

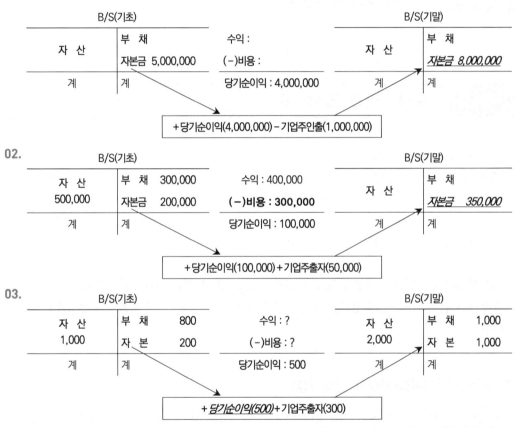

Section 05 계정과목별 이해(수익 · 비용)

NCS회계 - 3 전표관리 – 전표작성하기/증빙서류 관리하기

제1절 수익 · 비용 인식기준

수익과 비용은 원칙적으로 발생주의에 따라 인식한다.

발생주의란 현금의 유출입보다는 현금의 유출입을 일어나게 하는 경제적 사건이 발생하였을 때 발생사실에 따라 수익과 비용을 인식한다.

그러나 수익은 발생주의보다는 수익인식요건을 구체적으로 설정하여 이 요건이 충족되는 시점에 수익이 발생하였다고 하는데 이를 실현주의라 한다.

첫번째 요건은 **수익획득과정이 완료 되었거나 실질적으로 거의 완료**되어야 한다.

두번째 요건은 이러한 **<u>수익금액을 신뢰성 있게 측정할 수 있고, 경제적 효익의 유입가능성</u>**이 매우 높아야 한다.

1. 수익의 인식시점(매출의 인식시점)

수익인식시점은 기업마다(업종별) 상이하지만 일반적으로 제조업의 경우에는 원재료를 구입하여 제품을 제조하고, 이를 판매하고 최종적으로 대금을 회수하는 과정을 거친다.

수익획득과정 중 위의 수익 실현조건을 충족시키는 사건은 판매라 할 수 있다.

즉 제품, 상품 등을 판매할 경우 수익획득과정이 완료됨과 동시에 구매자로부터 유입되는 기대현금액과 현금청구권이 발생한다.

따라서 대부분의 기업은 **<u>판매시점 또는 인도시점에 수익을 인식</u>**하는 것이 일반적이다.

2. 비용의 인식기준

비용의 인식이란 비용이 어느 회계기간에 귀속되는가를 결정하는 것이다.

비용도 수익과 마찬가지로 기업의 경영활동 전 과정을 통해서 발생하므로 회사의 순자산이 감소할 때마다 인식해야 한다. 그러나 현실적으로 이 논리를 적용하기에는 어려움이 있어, 비용은 수익이 인식되는 시점에서 비용을 인식하는데 이것을 **수익 · 비용대응의 원칙**이라 한다.

즉, 비용은 수익 · 비용 대응원칙에 따라 수익을 인식한 회계기간에 대응해서 인식한다.

제2절 매출액과 매출원가

1. 상품매출액

기업의 주요 영업활동과 관련하여 재화나 용역을 제공함에 따라 발생하는 대표적인 수익이다. 손익계산서에는 이러한 순매출액이 기재된다.

(순)매출액 = 총매출액 − 매출환입 및 에누리 − 매출할인

2. 상품매출원가

상품 매출액에 직접 대응되는 원가로서 일정기간 중에 판매된 상품에 배분된 매입원가를 매출원가라 한다.

즉, 상품매출원가는 기초상품재고액과 당기상품매입액의 합계액에서 기말상품재고액을 차감하여 계산한다.

판 매 업		
Ⅰ. 매 출 액		×××
Ⅱ. 매 출 원 가(1+2−3)		×××
1. 기초상품재고액	×××	
2. 당기상품매입액	×××	
3. 기말상품재고액	(×××)	
Ⅲ. 매출총이익(Ⅰ − Ⅱ)		×××

당기상품매입액 = 총매입액 − 매입에누리와 환출 − 매입할인

제3절 판매비와 관리비

상품, 제품과 용역의 판매활동 또는 기업의 관리와 유지활동에서 발생하는 비용으로서 매출원가에 속하지 아니하는 모든 영업비용을 말한다.

판매비와 관리비는 당해 비용을 표시하는 적절한 항목으로 구분하여 표시하거나 일괄하여 표시할 수 있다.

1. 급여

판매 및 관리부문에 종사하는 종업원에 대한 정기적인 급료와 임금, **상여금(상여는 상여금이란 별도 계정을 사용하기도 한다)**과 관련 모든 수당을 말한다.

그리고 **일용직(일용근로자)의 경우 잡급이라는 계정**을 사용하기도 한다.

급여지급 시에는 급여에서 공제하는 세금(소득세 등)과 국민연금, 건강보험료 등이 있는데 이들 공제항목은 예수금계정을 사용하다가 통상적으로 다음 달에 국가 등에 납부한다.

2. 퇴직급여

판매 및 관리업무에 종사하는 종업원의 퇴직급여충당부채전입액을 말하며, 종업원이 퇴직 시 지급되는 퇴직금은 먼저 퇴직급여충당부채와 상계하고, 동 충당부채 잔액이 부족 시 퇴직급여인 비용으로 회계처리 한다.

3. 복리후생비

판매 및 관리업무에 종사하는 종업원들에 대한 복리비와 후생비로서 **법정복리비, 복리시설부담금, 건강보험료(사용자부담분), 기타 사회통념상 타당하다고 인정되는 장례비, 경조비, 위로금** 등을 말한다.

4. 여비교통비

판매 및 관리업무에 종사하는 종업원들에게 지급하는 **출장비, 시내교통비** 등을 말한다.

5. 통신비

판매 및 관리업무에서 발생한 **전신료, 전화료, 우편료(등기우편), 인터넷 사용료 등과 그 유지비로서 통신**을 위해 직접 소요된 비용을 말한다.

6. 수도광열비

판매 및 관리업무에서 발생한 **수도료, 전기료, 유류비, 가스비** 등을 말한다.

7. 세금과공과

기업이 부담하는 국세, 지방세와 국가 또는 지방자치단체가 부과하는 **공과금, 벌금, 과태료, 과징금** 등을 말한다. 또한 조합 또는 법정단체의 공과금(상공회의소회비, 조합회비)등도 포함한다.

8. 임차료

부동산이나 동산을 임차하고 그 소유자에게 지급하는 비용을 말한다.

9. 차량유지비

판매 및 관리에 사용하는 차량에 대한 유지비용으로 **유류대, 주차비, 차량수리비** 등을 말한다.

10. 운반비

상품판매시 운반에 소요되는 비용을 판매자가 부담시 사용한다.
그러나 **상품매입시 운반비를 부담한 경우에는 상품의 취득부대비용으로 처리**한다.

11. 소모품비

판매 및 관리업무에 사용하는 **소모성 비품 구입에 관한 비용으로 사무용품, 기타 소모자재** 등이 있다.

12. 교육훈련비

판매 및 관리업무 임직원의 직무능력 향상을 위한 교육 및 훈련에 대한 비용을 말한다.

13. 도서인쇄비

판매 및 관리업무용 **도서구입비 및 인쇄와 관련된 비용**을 말한다.

14. 수수료비용

판매 및 관리업무에서 제공받은 용역의 대가를 지불할 때 사용하는 비용을 말한다.

15. 접대비(기업업무추진비)

판매 및 관리업무 시 거래처에 대한 접대(기업업무추진)비용으로 **거래처에 대한 경조금, 선물대, 식사대** 등을 포함한다.

> ☞ 세법개정시 접대비의 명칭이 기업업무추진비로 변경되었습니다. 그러나 세법이 변경됐지만, 회계에서는 별도 언급이 없습니다. Kc-Lep(전산 프로그램)에서는 기업업무추진비로 Smart-A에서는 접대비라는 계정을 사용합니다.

16. 보험료

판매 및 관리업무용 부동산에 대한 **화재 및 손해보험 등의 보험료**를 말한다.

17. 수선비

판매 및 관리업무용 **건물, 기계장치, 비품 등의 수선비**를 말한다.

18. 광고선전비

제품의 판매촉진활동과 관련된 비용을 말한다.

19. 감가상각비

유형자산의 취득원가를 기간손익에 반영하기 위하여 내용연수동안 배분한 금액을 말한다.

20. 대손상각비

회수가 불가능한 채권과 대손추산액을 처리하는 비용을 말한다.

21. 경상개발비

개발활동과 관련하여 경상적으로 발생하는 비용을 말한다.

22. 잡비

이상 열거한 판매비와 관리비에 해당하는 비용 이외에 발생빈도나 금액적 중요성이 없는 비용을 말한다.

제4절 영업외손익

회사의 주된 영업활동 이외의 보조적 또는 부수적인 활동에서 발생하는 수익(영업외수익)과 비용(영업외비용)을 말한다.

1. 이자수익(VS 이자비용)

이자수익은 금융업 이외의 판매업, 제조업 등을 영위하는 기업이 일시적인 유휴자금을 대여한 경우나 은행에 예 · 적금을 가입한 경우에 발생한 이자 및 국공채 등에서 발생하는 이자 등을 포함하고, 이자비용은 타인자본을 사용하였을 경우에 이에 대한 대가로서 차입금에 대한 이자 및 회사채이자 등을 말한다.

회계기말에 이자수익(이자비용)이 발생한 경우에 발생기간에 따라 정확하게 이자수익(이자비용)을 인식하여야 한다.

2. 배당금수익

주식이나 출자금 등에서 발생하는 이익 또는 잉여금의 분배로 받는 현금배당금액을 말한다.

3. 임대료

부동산 또는 동산을 타인에게 임대하고 일정기간마다 사용대가로 받는 임대료, 지대, 집세 및 사용료를 말한다. 부동산임대업을 주업으로 하는 경우에는 매출액이 되지만, 이외의 업종에서는 영업외수익으로 계상하여야 한다.

반대로 **임차료는 영업관련비용으로서 판매비와 관리비로 회계처리**한다.

4. 단기매매증권평가이익(VS단기매매증권평가손실)

단기매매증권은 결산일 현재 공정가액으로 평가하여야 한다.

공정가액이 장부가액보다 큰 경우에 그 차액을 영업외수익으로 계상하여야 하고, 공정가액이 장부가액보다 적은 경우에는 그 차액을 영업외비용으로 회계처리한다.

5. 단기매매증권처분이익(VS단기매매증권처분손실)

단기매매증권을 처분하는 경우에 장부가액보다 높은 가액으로 처분하는 경우에 그 차액을 영업외수익으로, 낮은 가액으로 처분한 경우에는 영업외비용으로 회계처리한다. 여기서 주의할 점은 처분가액은 각종 처분시 수수료를 차감한 금액을 말한다.

6. 외환차익(VS외환차손)

외화로 표시된 자산·부채를 회수·상환시 발생하는 차익/차손을 말한다.

외화자산을 회수시 장부가액보다 원화 회수액이 많은 경우와 외화부채를 상환시 장부가액보다 원화상환액이 적을 경우 그 차액은 영업외수익으로 계상하고, 반대의 경우에는 영업외비용으로 회계처리한다.

7. 외화환산이익(VS외환환산손실)

결산일에 외화자산·외화부채를 기말 환율로 평가해야 하는 경우 환율의 변동으로 인하여 발생하는 환산이익과 환산손실을 말한다.

외환차손익은 외환 거래시 마다 발생하나, 외화환산손익은 결산일에 외화자산·부채의 평가시에만 나타난다.

예제 외화환산손익

㈜백두의 다음 거래를 분개하시오.

1. 20×1년 10월 01일 미국 ABC사로부터 상품 $1,000을 외상매입하다. (환율 1,100원/$)
2. 20×1년 11월 15일 영국 토트넘사로부터 상품 $2,000(환율 1,000원/$)을 외상매출하다.
3. 20×1년 12월 31일 외화자산·부채에 대해서 기말환율(1,200원/$)로 평가하다.

해답

1.	(차) 상품	1,100,000	(대) 외상매입금	1,100,000
2.	(차) 외상매출금	2,000,000	(대) 상 품 매 출	2,000,000
3.	〈부채 외화환산〉			
	(차) 외화환산손실	100,000	(대) 외상매입금	100,000
	☞ 환산손익(부채)＝공정가액($1,000×1,200)－장부가액($1,000×1,100)＝100,000원(환산손실)			
	〈자산 외화환산〉			
	(차) 외상매출금	400,000	(대) 외화환산이익	400,000
	☞ 환산손익(자산)＝공정가액($2,000×1,200)－장부가액($1,000×1,000)＝＋400,000원(환산이익)			

8. 유형자산처분이익(VS 유형자산처분손실)

유형자산을 장부가액보다 높은 가액으로 처분하는 경우에는 영업외수익, 반대의 경우에는 영업외비용으로 회계처리한다.

여기서 유형자산의 장부가액이란 취득가액에서 처분 시 감가상각누계액 잔액을 차감한 금액을 말한다.

유형자산처분이익	처분가액>장부가액	장부가액 = 취득가액 - 감가상각누계액
유형자산처분손실	처분가액<장부가액	

9. 자산수증이익

회사가 주주, 채권자 등 타인으로부터 무상으로 자산을 증여받은 경우에 발생하는 이익을 말한다. 여기서 자산의 취득가액은 해당 자산의 공정가액으로 계상한다.

공정가액이란 합리적인 판단력과 거래의사가 있는 독립된 당사자간에 거래될 수 있는 교환가격을 말한다.

10. 채무면제이익

회사가 채권자로부터 채무를 면제받은 경우에 발생하는 이익을 말한다.

11. 기부금

상대방에게 아무런 대가없이 기증하는 금전, 기타의 재산가액을 말한다.

기부금은 업무와 무관하게 지출되지만, 접대비(기업업무추진비)는 업무와 관련하여 지출한다는 점에서 차이가 있다.

12. 보험차익(보험금수익)

보험의 만기 또는 재해로 인하여 보험금을 수령시 수령금액 총액을 수익으로 인식한다.

13. 기타의 대손상각비(VS 대손충당금환입)

기타의 대손상각비는 매출채권이외의 채권(미수금, 대여금 등)에 대한 대손상각비를 처리하는 계정을 말한다.

대손충당금환입은 대손추산액(기말대손충당금)보다 설정 전 대손충당금 잔액이 많은 경우 사용하는 계정이다.

(차) 대손충당금(미수금, 대여금 등) ××× (대) 대손충당금환입(영업외수익) ×××

14. 잡이익(VS 잡손실)

금액적으로 중요하지 않거나 그 항목이 구체적으로 밝혀지지 않는 수익과 손실을 말한다.

제5절 소득세비용

개인기업의 소득에 대하여 세금을 납부해야 하는데 이에 대한 세금을 소득세(사업소득세)라 한다. 소득세비용은 회사의 영업활동의 결과인 1월 1일부터 12월 31일까지 벌어들인 소득에 대하여 부과되는 세금이므로 기간비용으로 인식하여야 한다.

연습문제

Financial Accounting Technician

회계정보처리 자격시험 2급

분개연습

1. 상품을 맑은나라에 1,100,000원에 판매하다. 전월 계약시 계약금(100,000원)을 현금으로 받았고, 잔액은 외상으로 하다.

2. 용산전기의 단기대여금에 대한 이자 500,000원이 보통예금(농협)계좌로 입금되었다.

3. 총무부 단합대회 후 식대 180,000원을 국민카드로 결제하다.

4. 직원 야유회를 위하여 과일을 구입하고 대금 500,000원은 자기앞수표로 지급하였다.

5. 영업부서 단합을 목적으로 영화입장권을 40,000원을 현금으로 구입하다.

6. 종업원에 대한 고용보험료(실업급여분) 230,000원을 국민은행 보통예금계좌에서 납부하였다. 보험료는 종업원과 회사가 50%씩 부담하고 있으며, 회사부담분은 '복리후생비'로 처리한다.

7. 신상품 설명회 후 거래처 직원과 함께 식사를 하고 식사대금 45,000원은 삼성카드로 결제하였다.

8. 매출거래처 직원의 결혼식에 보낼 화환을 구입하고 계산서(공급가액 95,000원)를 발급받다. 대금은 당사 당좌수표(행복은행)를 발행하여 지급하였다.

9. 사무실 영업부 대표전화의 전화요금 213,240원을 농협 보통예금계좌에서 이체하여 납부하였다.

10. 주방나라에서 요청한 견적서를 우편발송하고 현금 4,000원을 지급하다.

11. 영업부 사무실의 7월분 전기요금 500,000원을 우리은행 보통예금계좌에서 이체하였다.

12. 사무실의 7월분 수도요금(73,840원)을 국민은행 보통예금 계좌에서 이체하였다. (납기일에 비용으로 처리할 것)

13. 상품 배달용 트럭에 대한 면허세 60,000원을 납기일에 농협은행 보통예금계좌에서 전자납부하였다.

14. 민준영(서울컴퓨터)이 소유하고 있는 매장건물의 재산세 454,590원을 납부기한 내에 현금으로 납부하였다.

15. 사무실 전기설비 고장으로 긴급출장을 요청하여 수리하고 대금 230,000원은 현금으로 지급하였다.

16. 영업부 업무용 승용차에 대해서 자동차보험을 가입하고, 보험료 750,00원은 우리은행 보통예금계좌에서 이체하여 지급하였다. (보험료는 비용처리할 것)

17. 관리부 업무용 승용차의 유류대 30,000원을 현금으로 지급하고 영수증을 수취하였다.

18. 영업부차량을 주차하기 위하여 강남주차장과 장기계약을 맺고 1개월분 주차비 90,000원을 현금으로 지급하다.

19. (주)레저나라에 상품을 발송하고 택배 영수증(12,000원)을 수취하다. 택배비는 당사가 부담하며 현금으로 지급하였다.

20. 신입사원의 실무능력향상을 위한 외부 위탁교육을 실시하고 교육비 300,000원 현금으로 지급하였다.

21. 영업부에 필요한 도서를 구입하고 계산서를 발급받고, 대금은 보관 중인 자기앞수표(120,000원)로 지급하였다.

22. 판매상품을 포장하기 위해 박스를 구매하고 대금 30,000원은 현금으로 지급하였다.

23. 문구류를 구입하고 대금 30,000원은 월말에 지급하기로 하였다.(문구구입비를 '사무용품비'로 처리할 것)

24. 아영문구에서 문구류 30,000원을 구입하고 대금은 현금으로 지급하였다.

25. 광고용 홍보책자를 인수하고 대금 1,000,000원을 현금으로 지급하다.

26. 농협의 단기차입금(만기일자 : 20x2.4.30.)에 대한 11월분 이자 136,500원을 국민은행 보통예금계좌에서 이체하였다.

객관식

01. (주)한공이 매출로 인식할 수 있는 거래에 해당하는 것은?

① 거래처와 상품매매계약을 체결하다.
② 고객으로부터 상품매매계약과 관련한 계약금을 받다.
③ 고객에게 3개월 유효기간의 상품권을 발행하였다.
④ 거래처에 상품을 판매하고 대금 결제는 12개월 할부로 하다.

02. 다음 거래를 토대로 한공기업이 매출을 인식할 일자와 금액은 얼마인가?

- 3월 3일 상품 50개를 1개당 100원에 판매하기로 계약을 체결
- 3월 5일 상품 50개를 거래처에 인도하고 운반비 150원을 지출
- 3월 8일 판매했던 상품대금을 보통예금으로 회수

	일자	금액		일자	금액
①	3월 3일	5,000원	②	3월 5일	5,000원
③	3월 5일	4,850원	④	3월 8일	4,850원

03. 다음 중 한공상사의 매출로 인식되는 거래에 해당하지 않는 것은?

① 고객에게 6개월 유효기간의 상품권을 발행・판매하였다.
② 거래처에 상품을 판매하고 대금은 다음 달에 받기로 하였다.
③ 수탁자인 한국유통이 소비자에게 한공상사의 상품을 판매하였다.
④ 시송품을 사용한 고객이 상품 구입의사를 표시하였다.

04. 다음 중 영업외수익의 발생 거래로 옳지 않은 것은?

① 도서 판매점에서 사용중인 중고복사기를 처분하여 얻은 수익
② 가구제품 도소매점에서 일부 매장을 임대하여 발생한 수익
③ 자전거 제조기업이 거래은행으로부터 정기예금에 대하여 받은 이자
④ 부동산매매업을 영위하는 기업이 판매목적 부동산을 처분하고 얻은 수익

05. 다음 중 한공상사(도매업)의 영업외수익이 발생하지 않는 거래는?

① 은행 예금에 대한 이자를 받는 경우
② 회사가 소유하는 주식에 대하여 배당금을 지급받는 경우
③ 거래처에 일시적으로 창고를 사용하게 하고 임대료를 받는 경우
④ 거래처에 상품을 판매한 경우

06. 다음 중 손익계산서의 영업수익에 영향을 미치는 계정과목이 아닌 것은?

① 도소매업의 상품판매금액
② 부동산매매업의 재고부동산 판매대금
③ 컴퓨터수리업의 컴퓨터 수리비 청구액
④ 서비스업의 계약체결 후 수령한 계약금

07. 다음 중 전자제품 소매업을 영위하는 한공상사의 영업외수익이 발생하는 거래가 아닌 것은?

① 외상매출금 100,000원을 조기회수하면서 약정에 의해 10%를 할인해 주었다.
② 단기대여금에 대한 이자 10,000원을 현금으로 받았다.
③ 거래처로부터 차입한 단기차입금 100,000원에 대한 상환을 면제받았다.
④ 본사건물 일부를 임대하고 임대료 10,000원을 현금으로 받았다.

08. 다음 (가), (나)의 거래를 분개할 때 발생하는 수익 계정과목으로 옳은 것은?

> (가) 단기시세차익을 목적으로 보유 중인 (주)서울의 주식 800,000원(장부금액)을 1,000,000원에 매각하다.
> (나) 거래처 외상매입금 500,000원 중 200,000원은 현금으로 지급하고 300,000원은 면제받다.

	(가)	(나)
①	단기매매증권처분이익	이자수익
②	단기매매증권처분이익	채무면제이익
③	단기매매증권평가이익	자산수증이익
④	단기매매증권평가이익	유형자산처분이익

09. 다음은 도 · 소매업을 영위하는 한공상사의 비용의 종류를 구분한 것이다. (가)에 해당하는 계정과목으로 옳은 것은?

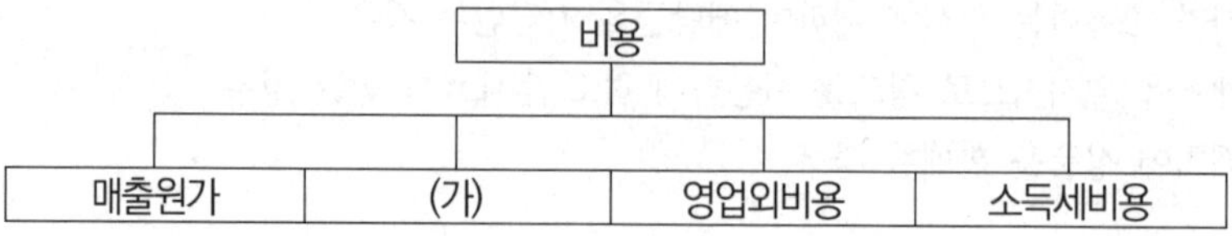

① 기부금
② 잡손실
③ 이자비용
④ 접대비(기업업무추진비)

10. 다음 중 판매비와관리비에 해당하는 계정과목으로만 구성된 것은?

① 급여, 이자비용
② 세금과공과, 통신비
③ 대손상각비, 기타의 대손상각비
④ 기부금, 접대비(기업업무추진비)

11. 다음은 (주)한공이 화환을 구입하고 수령한 영수증이다. (가)는 (주)한공의 직원 자녀 돌잔치를 위한 구입 건이고, (나)는 거래처 직원 결혼식을 위한 구입 건이다. 이에 대한 설명으로 옳은 것은?

(가) 영 수 증

20x1/10/22

사랑꽃화원 Tel. (02)222 - 6430
서울 금천구 가산로 115
214 - 12 - 45123

종명	수 량	단 가	금 액
돌잔치화환			40,000

합계 : 40,000원

감사합니다.

(나) 영 수 증

20x1/10/22

사랑꽃화원 Tel. (02)222 - 6430
서울 금천구 가산로 115
214 - 12 - 45123

종명	수 량	단 가	금 액
결혼식화환			50,000

합계 : 50,000원

감사합니다.

① (가)는 접대비(기업업무추진비)로 회계처리한다.
② (가)와 (나) 모두 복리후생비 90,000원으로 회계처리한다.
③ (가)와 (나) 모두 접대비(기업업무추진비) 90,000원으로 회계처리한다.
④ (나)는 접대비(기업업무추진비)로 회계처리한다.

12. 다음 거래의 회계처리 시 차변 계정과목으로 옳은 것은?

> 가. 신문과 잡지 구독료 50,000원을 현금으로 지급하였다.
> 나. 거래처 직원과의 점심식사 비용 100,000원을 법인카드로 결제하였다.
> 다. 본사 건물의 재산세 1,500,000원을 보통예금 계좌에서 이체하였다.

	(가)	(나)	(다)
①	도서인쇄비	접대비(기업업무추진비)	세금과공과
②	교육훈련비	여비교통비	복리후생비
③	도서인쇄비	여비교통비	세금과공과
④	교육훈련비	접대비(기업업무추진비)	복리후생비

13. 한공상사 직원들에 관한 다음 회계처리 중 옳지 <u>않은</u> 것은?

① 결혼하는 직원에게 지급한 축의금은 복리후생비로 회계처리한다.
② 직원들의 업무역량 강화를 위한 학원 수강료 지원금액은 교육훈련비로 회계처리한다.
③ 직원들의 사기진작을 위한 야유회에 지출한 다과비는 복리후생비로 회계처리한다.
④ 직원들의 건강보험료 납부액은 수수료비용으로 회계처리한다.

14. 다음 중 도소매업을 영위하는 한공상사의 판매비와관리비로 분류되지 <u>않는</u> 것은?

① 업무상 출장 중에 지출한 식대
② 직원들의 업무능력 향상을 위한 학원 수강료
③ 단골 거래처 직원을 위한 경조사비
④ 사회복지시설에 지급한 기부금

15. 다음 중 도소매업을 영위하는 한공상사의 손익계산서상 영업이익에 영향을 미치는 계정과목이 아닌 것은?

① 소모품비　② 광고선전비　③ 경상연구개발비　④ 이자비용

16. 다음 중 영업이익을 계산할 때 필요하지 않은 것은?(도소매업으로 가정한다)

① 접대비(기업업무추진비)　② 매출액
③ 매출원가　④ 유형자산처분이익

17. 다음은 한공상사의 지출내역이다. 이에 대한 회계처리 시 (가)와 (나)의 차변 계정과목으로 옳은 것은?

지 출 내 역

구분	적요	품목	수량	단가	금액
(가)	거래처 직원 선물 제공	휴대용충전기	100개	10,000원	1,000,000원
(나)	노인회관 무상 제공	난방기	2개	5000,000원	1,000,000원

	(가)	(나)		(가)	(나)
①	접대비 (기업업무추진비)	기부금	②	접대비 (기업업무추진비)	광고선전비
③	복리후생비	기부금	④	복리후생비	광고선전비

18. 다음 중 도소매업을 영위하는 한공상사의 영업외손익에 대한 설명으로 옳지 않은 것은?

① 영업외손익 금액이 변경되어도 매출총이익에는 영향을 미치지 않는다.
② 영업외비용은 기업의 주된 영업활동이 아닌 활동으로부터 발생한 비용이다.
③ 영업외수익은 임대료수익, 유형자산처분이익 등을 포함한다.
④ 영업외비용은 급여, 이자비용, 기타의 대손상각비 등을 포함한다.

주관식

01. 다음에 해당하는 계정과목은?

> 상품 매매 기업의 주된 영업활동으로 인하여 발생하는 것으로, 재화를 제공함에 따라 얻어지는 수익을 말한다.

02. (주)한공의 다음 거래를 분개할 때 차변의 계정과목을 적으시오.

> 2월분 사무실의 전화료 50,000원과 인터넷 사용료 30,000원이 보통예금에서 자동이체되다.

03. 다음은 한공기업 분개장의 일부이다. (가)에 들어갈 계정과목을 적으시오.

분개장

일자	적요	차변	대변
3.15.	(가)	1,000,000원	
	(현금)		1,000,000원
	직원체육대회비 지급		

04. 다음 신문기사에 나타난 내용을 회계처리 할 때 나타나는 계정과목을 적으시오.

> 한공기업은 연말연시를 맞아 교육부에서 추천한 소년 · 소녀 가장에게 장학금을 지급하는 행사를 가졌다.
>
> -서울신문, 20x1년 12월 23일자-

05. 다음 (가), (나)의 거래를 분개 할 때 발생하는 수익 계정과목을 적으시오.

> (가) 단기시세차익을 목적으로 보유 중인 (주)한국의 주식 900,000원(장부금액)을 1,000,000원에 매각하다.
> (나) 거래처 외상매입금 500,000원 중 300,000원은 현금으로 지급하고 200,000원은 면제받다.

06. 다음 자료에 의하여 순매출액을 계산하면 얼마인가?

• 총매출액	1,000,000원	• 매출할인	50,000원
• 매출에누리	100,000원	• 판매관련 운임	30,000원

07. 다음 자료를 토대로 영업외수익의 합계액은 얼마인가?(단, 도소매업을 가정한다.)

• 매출액	10,000,000원	• 유형자산처분이익	2,500,000원
• 이자수익	6,000,000원	• 자산수증이익	1,600,000원
• 매출할인	1,500,000원	• 배당금수익	3,400,000원

08. 다음 자료에 의해 판매비와관리비를 계산하면 얼마인가?

• 급 여	1,000,000원	• 세금과공과금	100,000원
• 여비교통비	200,000원	• 접대비(기업업무추진비)	500,000원
• 기부금	300,000원		

연습답안

Financial Accounting Technician

회계정보처리 자격시험 2급

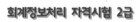

분개연습

[1]	(차)	외상매출금(맑은나라)	1,000,000	(대)	상품매출	1,100,000
		선수금(맑은나라)	100,000			
[2]	(차)	보통예금(농협)	500,000	(대)	이자수익	500,000
[3]	(차)	복리후생비(판)	180,000	(대)	미지급금(국민카드)	180,000
[4]	(차)	복리후생비(판)	500,000	(대)	현 금	500,000
[5]	(차)	복리후생비(판)	40,000	(대)	현 금	40,000
[6]	(차)	복리후생비(판)	115,000	(대)	보통예금(국민은행)	230,000
		예수금	115,000			
[7]	(차)	접대비(기업업무추진비)(판)	45,000	(대)	미지급금(삼성카드)	45,000
[8]	(차)	접대비(기업업무추진비)(판)	95,000	(대)	당좌예금(행복은행)	95,000
[9]	(차)	통신비(판)	213,240	(대)	보통예금(농협)	213,240
[10]	(차)	통신비(판)	4,000	(대)	현 금	4,000
[11]	(차)	수도광열비(판)	500,000	(대)	보통예금(우리은행)	500,000
[12]	(차)	수도광열비(판)	73,840	(대)	보통예금(국민은행)	73,840
[13]	(차)	세금과공과금(판)	60,000	(대)	보통예금(농협)	60,000
[14]	(차)	세금과공과금(판)	454,590	(대)	현 금	454,590
[15]	(차)	수선비(판)	230,000	(대)	현 금	230,000
[16]	(차)	보험료(판)	750,000	(대)	보통예금(우리은행)	750,000
[17]	(차)	차량유지비(판)	30,000	(대)	현 금	30,000

[18]	(차) 차량유지비(판)	90,000	(대) 현 금		90,000
[19]	(차) 운반비(판)	12,000	(대) 현 금		12,000
[20]	(차) 교육훈련비(판)	300,000	(대) 현 금		300,000
[21]	(차) 도서인쇄비(판)	120,000	(대) 현 금		120,000
[22]	(차) 포장비(판)	30,000	(대) 현 금		30,000
[23]	(차) 사무용품비(판)	30,000	(대) 미지급금(아영문구)		30,000
[24]	(차) 소모품비(판)	30,000	(대) 현 금		30,000
[25]	(차) 광고선전비(판)	1,000,000	(대) 현 금		1,000,000
[26]	(차) 이자비용	136,500	(대) 보통예금(국민은행)		136,500

객관식

1	2	3	4	5	6	7	8	9	10
④	②	①	④	④	④	①	②	④	②
11	**12**	**13**	**14**	**15**	**16**	**17**	**18**		
④	①	④	④	④	④	①	④		

[풀이 – 객관식]

01 ① 상품매매계약을 체결은 거래가 아니다.
② 계약금은 선수금으로 처리한다.
③ **상품권은 회수시점에 수익으로 인식**한다.
④ 일반기업회계기준에서 수익의 인식은 발생기준에 의한다. 따라서, 대금을 회수하는 시점이 아닌 당해 거래나 사건이 발생한 기간에 인식한다.

02 **상품 판매의 경우 매출액은 인도시점(3/5)에 인식**하며, 매입관련 운반비를 매입부대비용으로 보아 매입금액에 가산하는 것과는 달리 판매관련 **운반비**는 매출액(50개×100원)에서 차감하지 않고 **판매비와관리비로 기록**한다.

03 상품권의 발행과 관련된 수익은 상품권을 회수하는 시점 즉, 재화를 인도하거나 판매하는 시점에 인식한다. **상품권을 판매한 때에는 선수금**으로 처리한다.

04 **부동산매매업을 영위하는 기업**이 **판매목적 부동산을 처분하고 얻은 수익은 영업수익**이다.

05 ① 이자수익 ② 배당금 수익 ③ 임대료수익은 모두 영업외수익에 해당하며, ④ **상품매출은 영업수익**에 해당한다.

06 **계약금은 수익계정이 아닌 부채계정**(선수금)이다.

07 외상매출금을 조기에 회수할 때 약정에 의해 할인하는 금액은 매출액에서 차감한다.
②이자수익, ③채무면제이익, ④임대료는 영업외수익이다.

08 (가) 단기매매증권의 처분 시 장부금액보다 처분금액이 높은 경우 그 차액을 단기매매 증권처분이익이라 한다.
(나) 거래처 등으로부터 채무를 면제받은 경우 채무면제이익이 발생한다.

09 (가)는 판매비와관리비이고, 접대비(기업업무추진비) 계정은 판매비와관리비에 해당한다.

10 영업외비용 : 이자비용, 기타의 대손상각비, 기부금

11 (가) 복리후생비(직원), (나) 접대비(기업업무추진비)(거래처)

13 직원들의 건강보험료 납부액 중 **본인부담분은 예수금으로, 회사부담분은 복리후생비**로 회계처리한다.

14 **사회복지시설에 지급한 기부금은 영업외비용**이다.

15 도소매업의 경우 이자비용은 영업외비용에 해당한다

16 유형자산처분이익은 영업외수익이다.

17 (가) 영업과 관련한 거래처의 접대(기업업무추진)를 위한 선물 제공 등은 접대비(기업업무추진비)로 처리한다.
(나) 국가 또는 지방자치단체, 공공 단체, 학교, 종교 단체 등에 무상으로 지급한 재화는 기부금으로 처리한다.

18 급여는 판매비와관리비에 해당한다.

주관식

1	상품매출	2	통신비
3	복리후생비	4	기부금
5	(가)단기매매증권처분익 (나)채무면제이익	6	850,000원
7	13,500,000원	8	1,800,000원

[풀이 – 주관식]

01. 기업의 주된 영업활동으로 인하여 발생하는 수익을 영업수익이라고 한다. 상품매매기업의 경우 상품매출이 영업수익이다.

02. 업무와 관련된 전화, 핸드폰, 팩스, 인터넷 등의 사용 요금 지급은 통신비 계정으로 처리한다.

03. 직원 체육대회비 지급액은 복리후생비로 처리한다.

04. 소년 · 소녀 가장에게 지급하는 장학금은 기부금으로 처리한다.

05. (가) 단기매매증권의 처분 시 장부금액보다 처분금액이 높은 경우 그 차액을 단기매매 증권처분이익이라 한다.

(나) 거래처 등으로부터 채무를 면제받은 경우 채무면제이익이 발생한다.

06 순매출액 = 총매출액(1,000,000) – 매출에누리(100,000) – 매출할인(50,000) = 850,000원

07 영업외수익 = 유형자산처분이익(2,500,000) + 이자수익(6,000,000)
+ 자산수증이익(1,600,000) + 배당금수익(3,400,000) = 13,500,000원

08 판매비와관리비 = 급여(1,000,000) + 세금과공과금(100,000) + 여비교통비(200,000) + 접대비(기업업무추진비)(500,000)
= 1,800,000원

Section 06 결산 및 재무제표작성

NCS회계 - 4 결산관리 - 결산분개/장부마감/재무제표 작성하기

제1절 결산의 의의 및 절차

결산이란 회계연도 종료 후에 그 회계연도의 회계처리를 마감하여, 회계처리 결과인 재무제표를 작성하는 일련의 절차를 말한다.

결산의 절차는 다음의 순서로 수행한다.

1. 예비절차	1. 수정전시산표의 작성 2. 결산수정분개 3. 수정후시산표의 작성
2. 본 절차	4. 계정의 마감(**손익계정 ⇨ 집합손익계정 ⇨ 재무상태계정순)**
3. 결산보고서	5. 재무제표의 작성(손익계산서, 재무상태표순)

제2절 시산표

1. 시산표의 의의

시산표란 회계거래가 총계정원장상의 각 계정에 정확하게 되었는지를 검토하기 위하여 회계연도 중에 사용한 모든 계정의 총액 잔액을 하나의 표에 작성하는 서식을 말한다.

회계상 거래에 대하여 분개를 하고 총계정원장에 전기를 한다.

따라서 차변의 금액과 대변의 금액의 합계는 당연히 일치하여야 하며, 이를 대차평균의 원리라 한다.

대차평균의 원리에 의하여 분개하고 총계정원장에 정확하게 전기를 하였다면 시산표에도 대차평균의 원리에 따라 대차가 일치되어야 한다.

그런데 시산표의 차변의 합계와 대변의 합계가 일치하지 않았다면 분개에서부터 시작하여 총계정원장에 전기하는 과정 중 어디에선가 오류가 발생되었음을 의미한다.

이처럼 시산표의 작성목적은 거래를 분개하고 전기하는 과정에서 누락하거나 오류기입을 발견해서 수정하는 것이다.

시산표를 작성하는 또 다른 목적은 회사의 개괄적인 재산 상태나 경영성과를 파악하는데 이용하고 있으며, 기중에도 수시로 시산표를 작성해 기업의 의사결정에 활용하기도 한다.

시산표의 목적 ① **분개와 전기의 금액적인 오류 파악**
② 회사의 개략적인 재무상태나 경영성과 파악

2. 합계잔액시산표

합계와 잔액을 모두 나타내는 시산표로서 기업에서 가장 많이 보편적으로 사용한다.

총계정원장의 현금계정과 외상매입금 계정이 다음과 같다고 가정하고 합계잔액시산표를 작성해 보자.

현 금

1/1 차입금	10,000,000	1/3 임차보증금	8,000,000 ②
1/5 외상매출금	10,000,000 ①		
		잔액	12,000,000

외상매입금

현금	5,000,000	1/5 상품	10,000,000
잔액	5,000,000		

합계잔액시산표

제×기 : 20×1년 12월 31일 현재

차 변		계정과목	대 변	
잔 액	합 계		합 계	잔 액
12,000,000	①20,000,000	자산계정 - 현금	②8,000,000	
	5,000,000	부채계정 - 외상매입금	10,000,000	**5,000,000**
		자본계정		
		수익계정		
		비용계정		
××××××		계		××××××

결국 자산의 경우 시산표상 차변의 잔액이 재무상태표상 자산의 금액이 되고, 부채의 경우 시산표상 대변의 잔액이 재무상태표상 부채의 금액이 된다.

제3절 결산수정분개

1. 결산수정분개의 의의

회계연도별로 기업의 재무상태와 경영성과를 정확하게 산출하기 위해서는 기말에 2 이상의 회계기간에 영향을 미치는 거래에 대하여 각 회계연도별로 정확한 금액을 귀속시키기 위한 수정분개가 필요하다.

이처럼 회계연도 종료시점(결산일)에서 자산, 부채, 자본의 현재금액과 당해 연도에 발생한 수익, 비용금액을 확정하기 위하여 회계연도 종료 후에 반영하는 분개를 기말수정분개 또는 결산수정분개라 한다.

회사의 재무상태나 경영성과≠회사 장부 ⇒ 일치시키는 작업

결산수정분개의 목적은 다음과 같다.

① 일상의 거래 기록과정에서 적정하게 구분하지 못한 회계기간별 수익과 비용을 **발생주의 회계원칙에 따라 적정하게 수정**하고

② 결산일 현재 재무상태와 경영성과를 적정하게 표시하기 위해서 **자산과 부채를 정확하게 평가**한다.

2. 결산수정분개의 유형

<table>
<tr><th>유 형</th><th colspan="3">수 정 분 개 내 용</th></tr>
<tr><td>1. 매출원가계산</td><td colspan="3">재고자산실사 → 재고자산의 평가 → 매출원가의 계산 순으로 한다.</td></tr>
<tr><td rowspan="4">2. 손익의 결산정리
(발생주의)</td><td rowspan="2">이연</td><td>선 급 비 용</td><td>당기에 지출한 비용 중 차기 이후의 비용</td></tr>
<tr><td>선 수 수 익</td><td>당기에 수취한 수익 중 차기 이후의 수익</td></tr>
<tr><td rowspan="2">발생</td><td>미 수 수 익</td><td>당기에 발생하였는데 대금을 받지 못한 경우 당기의 수익 발생분</td></tr>
<tr><td>미 지 급 비 용</td><td>당기에 발생하였는데 대금을 지급하지 않는 경우 당기의 비용 발생분</td></tr>
<tr><td rowspan="3">3. 자산 · 부채의 평가</td><td colspan="2">대손충당금 설정</td><td>보충법에 따라 대손상각비 인식</td></tr>
<tr><td colspan="2">재고자산의 평가</td><td>감모와 재고자산의 가격하락을 반영</td></tr>
<tr><td colspan="2">퇴직급여충당부채 설정</td><td>당기 퇴직급여 비용 인식</td></tr>
<tr><td>4. 자산원가배분</td><td colspan="3">유 · 무형자산의 취득원가를 내용연수 동안 나누어 비용으로 인식하는 절차</td></tr>
<tr><td>5. 유동성대체</td><td colspan="3">비유동자산(비유동부채)의 만기가 1년 이내에 도래하는 경우 유동자산(유동부채)로 분류 변경하는 것</td></tr>
<tr><td>6. 소득세(법인세) 비용 계상</td><td colspan="3">결산일에 당기의 법인세 비용(개인기업 : 소득세 등)을 정확하게 산출하여 비용으로 계상</td></tr>
<tr><td>7. 기타</td><td colspan="3">소모품(소모품비)의 수정분개
가지급금 · 가수금, 전도금 등의 미결산항목정리</td></tr>
</table>

3. 계정과목별 결산수정분개

(1) 매출원가의 산정

상품매매거래는 기중에 수시로 발생하기 때문에 상품매출액과 구입액에 대하여 관련 증빙(세금계산서 등)으로 확인할 수 있으나 대부분의 중소기업들은 당기 판매분에 대하여 매출원가를 수시로 기록하지 않는다.

이러한 기업들은 기말에 상품재고액을 실사하여 일괄적으로 매출원가를 산출하게 된다.

즉 재고자산의 입출고시 마다 매출원가를 계산하는 계속기록법보다 결산일에 기말재고를 산출하여 매출원가를 계산하는 실지재고조사법을 이용한다.

레고상사의 기초상품이 500,000원, 당기 매입액이 5,000,000원이라고 가정하면 결산일에 재고자산 실사를 통해서 기말상품재고액이 350,000원이 산출되어지고 이것을 통해서 매출원가 5,150,000원이 계산되어진다.

상 품

ⓐ기초상품	500,000	**ⓒ매출원가**	**5,150,000**
ⓑ순매입액	5,000,000	ⓓ기말상품	350,000
계	5,500,000	계	5,500,000

손익계산서

Ⅰ.매 출 액	XXX
Ⅱ.매출원가	5,150,000
Ⅲ.총매출이익(Ⅰ－Ⅱ)	YYY

그러면 기말수정분개는 다음과 같다.

(차) 매 출 원 가 5,150,000원 (대) 상 품 5,150,000원

(2) 손익의 결산정리(손익의 발생, 손익의 이연)

기업회계기준은 발생주의에 의하여 기간손익을 계산하기 때문에 기중에 현금주의로 회계처리한 사항은 결산일에 발생주의로 수정분개하여야 하는데 이를 손익의 결산정리라고 한다.

수익의 이연에는 선수수익과 비용의 이연에는 선급비용이 있고, 수익의 발생에는 미수수익과 비용의 발생에는 미지급비용이 있다.

	먼저	적기(적시)	나중
현금유입	선수수익 (부채)	수 익	미수수익 (자산)
현금유출	선급비용 (자산)	비 용	미지급비용 (부채)
	이연		발생
		현금주의	
	발 생 주 의		

(3) 자산의 평가

① 채권의 평가

모든 채권(매출채권, 기타의 채권)은 회수여부가 불투명하다.

따라서 결산일에 모든 채권에 대하여 회수가능성을 판단하고, 회수불가능하다고 판단하는 채권에 대하여 대손충당금을 설정하여야 한다.

대손충당금은 합리적이고 객관적인 기준(예를 들면 과거의 대손경험율)에 따라 계산하여야 한다.

따라서 당기에 인식할 대손상각비는 다음과 같이 계산한다.

당기대손상각비 = 기말채권의 잔액 × 대손추정율 − 결산전 대손충당금

또한 매출채권(외상매출금, 받을어음)의 대손상각비는 회사의 주된 영업과 관련되어 있으므로 판매비와 관리비인 "대손상각비"로 처리한다.

② 퇴직급여충당부채의 설정

기말 현재 전임직원이 퇴사할 경우 지급해야 할 퇴직금을 퇴직급여추계액이라 하는데 이는 회사의 충당부채에 해당한다. 따라서 회사는 부족한 퇴직급여충당부채를 당기 비용으로 인식하여야 한다.

(차) 퇴 직 급 여 ××× (대) 퇴직급여충당부채 ×××

③ 외화자산 · 부채의 평가

기업이 외화자산을 보유하고 있거나 외화부채를 가지고 있다면, 환율은 매일 매일 변동하므로 기업의 자산과 부채도 환율변동에 따라 변동된다.

기업회계기준에서는 화폐성 외화자산·부채를 결산일 현재 환율을 적용하여 환산하고 그에 따른 차손익을 외화환산손익으로 인식하여야 한다.

만약, 외화자산을 보유하고 있다면 환율이 상승하는 경우 기업의 자산이 증가하지만 반대로 외화부채를 보유하고 있다면 기업의 부채가 증가한다.

(4) 자산원가의 배분

유형자산과 무형자산은 회사의 영업활동에 장기적으로 사용하기 위하여 보유하는 자산이다.

이러한 자산은 한 회계기간 이상에 걸쳐 효익을 제공하는 것이다.

즉 수익발생과는 명확한 인과관계를 알 수 없지만 일정기간(내용연수)동안 수익 창출활동에 기여할 것으로 판단되면 그 해당기간에 걸쳐 합리적이고 체계적인 방법으로 배분하여야 한다.

따라서 감가상각비와 무형자산상각비는 수익·비용 대응의 원칙에 따라 당기에 비용을 인식하는 것을 말한다.

(차) 감가상각비	×××	(대) 감가상각누계액	×××

재무상태표에는 유형자산의 취득원가에서 감가상각누계액을 차감하는 형식(간접상각법)으로 보고한다.

기말에 다음과 무형자산상각비를 인식하면

(차) 무형자산상각비	×××	(대) 무 형 자 산	×××

유형자산의 감가상각과는 달리 무형자산상각누계액을 설정하지 않고 재무상태표에서 무형자산상각비를 무형자산취득원가에서 직접 차감(직접상각법)하여 보고할 수도 있다. 무형자산의 상각은 직접 차감하여 보고하는 것이 일반적이다.

예제 6-1 수정후 당기순이익

레고상사는 결산시 당기순이익이 1,000,000원으로 계상되었으나, 다음과 같이 누락된 결산정리 사항이 발견되었다. 이를 수정한 후 정확한 당기순이익을 계산하시오.

- 보험료 선급분 계상 누락 : 50,000원
- 이자 미수분의 계상 누락 : 60,000원
- 건물 임차료 미지급분 계상 누락 : 70,000원
- 차량운반구 감가상각비 과소계상액 : 80,000원

해답

1. 수정전 당기순이익	1,000,000				
① 보험료 선급분	50,000	(차) 선급비용	xx	(대) 보 험 료	xx
② 이자 미수분	60,000	(차) 미수수익	xx	(대) 이자수익	xx
③ 임차료 미지급분	−70,000	(차) 임 차 료	xx	(대) 미지급비용	xx
④ 감가상각비 과소계상액	−80,000	(차) 감가상각비	xx	(대) 감가상각누계액	xx
2. 수정후 당기순이익	960,000				

정산표

결산 시에 작성해야 할 시산표, 결산수정분개, 손익계산서 및 재무상태표를 한 곳에 모은 것을 말한다. 이러한 정산표는 장부나 재무제표가 아니고 결산을 간편하게 임의로 작성하는 표이다. 정산표의 종류도 다양하나 아래는 정산표의 예에 해당한다.

계정과목	수정전시산표		기말수정분개		수정후시산표		손익계산서		재무상태표	
	차변	대변	차변	대변	차변	대변	차변	대변	차변	대변

제4절 장부마감

회계장부는 회계연도별로 구분하여 작성한다.

회계연도가 종료되면 당해 회계연도 중에 작성된 회계장부는 모든 거래를 기록한 후 별도로 보관하여야 한다. 이때 회계장부의 작성을 완료하기 위해서는 당해 연도에 기록된 총계정원장상의 모든 계정과목에 대해 차변금액과 대변금액을 일치시켜 장부를 마감한다.

손익계산서의 손익계정(수익과 비용)은 최종적으로 재무상태표의 자본금(개인기업)에 그 결과를 대체하고 소멸하는 **임시계정**이므로 회계연도가 끝나면 잔액을 "0"으로 만든다.

반면에 재무상태표 계정(자산, 부채, 자본)은 회계연도가 끝나더라도 계정잔액이 소멸하지 않고, 다음 회계기간에 이월되는 **영구적 계정**이다.

집합손익계정

집합손익계정이란 수익과 비용계정을 마감하여 잔액을 '0'으로 만들기 위해 마감을 위한 임시계정이다. 이러한 집합손익계정의 잔액을 '0'으로 만들면서 재무상태표의 '이익잉여금'계정(개인기업 : 자본금)으로 대체된다.

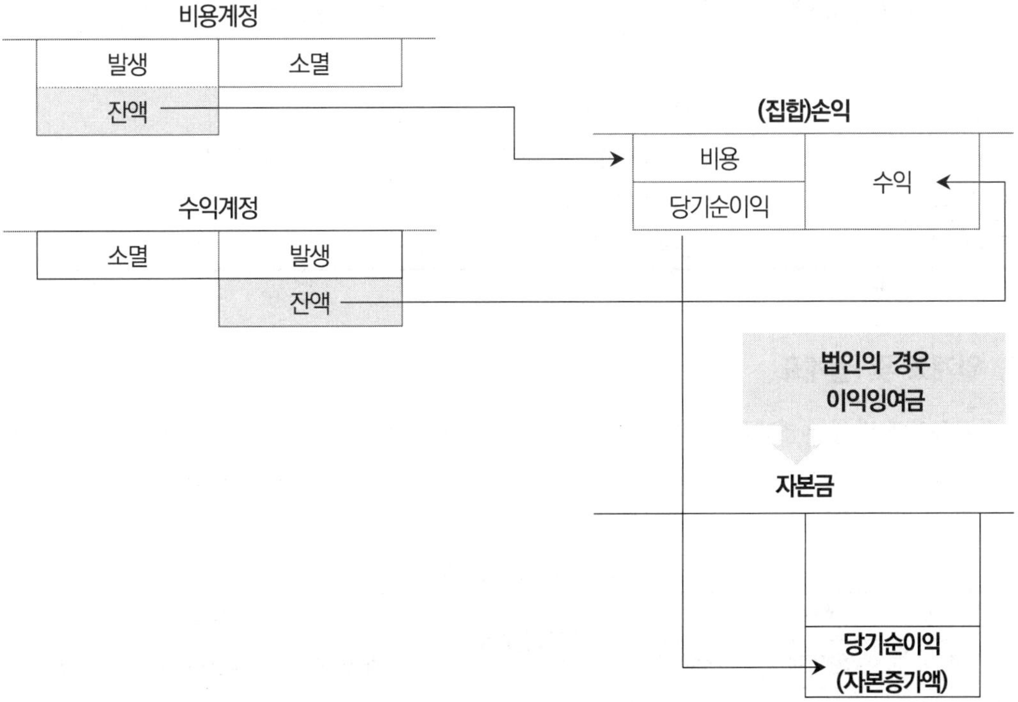

제5절 회계정보조회

회계상 거래에 대해서 분개를 하고, 이러한 분개를 전기하고, 최종적으로 재무제표를 작성한다. 회사는 이러한 각종 회계정보를 활용하여 경영정보를 분석한다.

회계의 순환과정	산출되는 경영정보
1.거래	
2.분개	분개장
3.전기	총계정원장, 일계표(월계표), 현금출납장, 거래처원장
4.시산표	합계잔액시산표
5.재무제표	손익계산서 ⇨ 재무상태표

1. 일계표 및 월계표

하루동안에 발생한 거래들은 전표에 기록되고, 이러한 전표를 합한 것을 일계표라 하고, 일계표는 하루의 거래 결과가 요약된 표이다. 월계표는 전표를 월단위로 합한 것을 말한다.

[일계표 및 월계표]

차변			계정과목	대변		
계	❸대체	❶현금		❷현금	❸대체	계
1,000,000		1,000,000	보통예금			
-	-	-	상품매출	5,000,000	9,000,000	14,000,000

❶현금은 출금전표의 합계액을 의미한다.
보통예금의 현금거래란 다음의 거래를 의미한다.
(차) 보통예금 1,000,000원 (대) 현 금 1,000,000원

❷현금은 입금전표의 합계액이고, ❸대체는 대체거래의 합계액을 의미한다.
상품매출의 현금거래는
(차) 현 금 5,000,000원 (대) 상 품 매 출 5,000,000원
상품매출의 대체거래는
(차) 외상매출금, 받을어음 등 9,000,000원 (대) 상 품 매 출 9,000,000원 을 의미한다.

예제 6-2 일계표(월계표)

레고상사의 3월 월계표를 조회한 결과이다.

일계표 | 월계표

조회기간 : 년 03월 ~ 년 03월

차변			계정과목	대변		
계	대체	현금		현금	대체	계
268,000,000	268,000,000		1.유동자산	50,000,000	5,000,000	55,000,000
268,000,000	268,000,000		<당좌자산>	50,000,000	5,000,000	55,000,000
113,000,000	113,000,000		외상매출금	50,000,000		50,000,000
155,000,000	155,000,000		받을어음		5,000,000	5,000,000
20,000,000		20,000,000	2.비유동자산			
20,000,000		20,000,000	<투자자산>			
20,000,000		20,000,000	장기대여금			
			3.유동부채		15,000,000	15,000,000
			미지급금		15,000,000	15,000,000
			4.매출		263,000,000	263,000,000
			상품매출		263,000,000	263,000,000
174,550,000	15,000,000	159,550,000	5.판매비및일반관리비			
20,000,000		20,000,000	급여			
50,000,000		50,000,000	퇴직급여			
15,000,000		15,000,000	복리후생비			
5,550,000		5,550,000	접대비			
15,000,000	15,000,000		수도광열비			
10,000,000		10,000,000	임차료			
14,000,000		14,000,000	차량유지비			
20,000,000		20,000,000	소모품비			
25,000,000		25,000,000	수수료비용			
462,550,000	283,000,000	179,550,000	금월소계	50,000,000	283,000,000	333,000,000
93,734,000		93,734,000	금월잔고/전월잔고	223,284,000		223,284,000
556,284,000	283,000,000	273,284,000	합계	273,284,000	283,000,000	556,284,000

1. 3월 판매비와 관리비중 가장 많은 금액이 발생한 계정과목은 무엇인가?
2. 3월 판매비와 관리비의 현금 지출액은 얼마인가?
3. 3월 수도광열비의 대체거래액은 얼마인가?

해답

1. 퇴직급여 2. 159,550,000원 3. 15,000,000원

일계표 | 월계표

조회기간 : 년 03월 ~ 년 03월

차변			계정과목	대변		
계	대체	현금		현금	대체	계
268,000,000	268,000,000		1.유동자산	50,000,000	5,000,000	55,000,000
268,000,000	268,000,000		<당좌자산>	50,000,000	5,000,000	55,000,000
113,000,000	113,000,000		외상매출금	50,000,000		50,000,000
155,000,000	155,000,000		받을어음		5,000,000	5,000,000
20,000,000		20,000,000	2.비유동자산			
20,000,000		20,000,000	<투자자산>			
20,000,000		20,000,000	장기대여금			
			3.유동부채		15,000,000	15,000,000
			미지급금		15,000,000	15,000,000
			4.매출		263,000,000	263,000,000
			상품매출		263,000,000	263,000,000
174,550,000	15,000,000	159,550,000	5.판매비및일반관리비			
20,000,000		20,000,000	급여			
50,000,000		50,000,000	퇴직급여			
15,000,000		15,000,000	복리후생비			
5,550,000		5,550,000	접대비			
15,000,000	15,000,000		수도광열비			
10,000,000		10,000,000	임차료			
14,000,000		14,000,000	차량유지비			
20,000,000		20,000,000	소모품비			
25,000,000		25,000,000	수수료비용			
462,550,000	283,000,000	179,550,000	금월소계	50,000,000	283,000,000	333,000,000
93,734,000		93,734,000	금월잔고/전월잔고	223,284,000		223,284,000
556,284,000	283,000,000	273,284,000	합계	273,284,000	283,000,000	556,284,000

2. 현금출납장

현금의 입금과 출금 그리고 잔액을 기록하는 보조장부로서 일자별로 조회할 수 있다.

예제 6-3 현금출납장

레고상사의 1월 20일 현금출납장을 조회한 결과이다.

기 간 년 1월 20일 ~ 년 1월 20일

일자	코드	적요	코드	거래처	입금	출금	잔액
		[전 일 이 월]			33,847,000		33,847,000
01-20	2	물품매각 관련 현금입금			39,000,000		
01-20	1	전화료및 전신료 납부				480,000	
01-20	2	직원식대및차대 지급				450,000	
01-20	1	상하수도요금 납부				200,000	
01-20	1	소모자재대 지급				250,000	71,467,000
		[월 계]			39,000,000	1,380,000	
		[누 계]			78,000,000	6,533,000	

1. 1월 20일 현금 잔액은 얼마인가?
2. 1월 20일 출금 금액은 얼마인가?
3. 1월 20일 현금 증가액은 얼마인가?

해답

1. 71,467,000원
2. 1,380,000원
3. 37,620,000원[입금계(39,000,000) - 출금계(1,380,000)]
   또는 [당일잔액(71,467,000) - 전일잔액(33,847,000)]

기 간 년 1월 20일 ~ 년 1월 20일

일자	코드	적요	코드	거래처	입금	출금	잔액
		[전 일 이 월]			33,847,000		33,847,000
01-20	2	물품매각 관련 현금입금			39,000,000		
01-20	1	전화료및 전신료 납부				480,000	
01-20	2	직원식대및차대 지급				450,000	
01-20	1	상하수도요금 납부				200,000	
01-20	1	소모자재대 지급				250,000	71,467,000
		[월 계]			39,000,000	1,380,000	
		[누 계]			78,000,000	6,533,000	

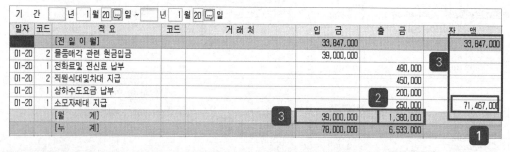

3. 총계정원장

모든 거래는 분개된 후 해당 계정에 전기된다. 이러한 계정들이 모여 있는 장부를 총계정원장이라 하고 간략하게 원장이라고도 한다.

예제 6 - 4 총계정원장

레고상사의 총계정원장(20x1.1.1~20x1.12.31)중 외상매출금을 조회한 결과이다.

기간 : 년 01 월 01 일 ~ 년 12 월 31 일
계정과목 0101 현금 ~ 0999 소득세등

코드	계정과목
0101	현금
0102	당좌예금
0103	보통예금
0108	외상매출금
0109	대손충당금
0110	받을어음
0111	대손충당금
0114	단기대여금
0120	미수금
0134	가지급금
0141	현금과부족
0146	상품
0179	장기대여금
0202	건물
0203	감가상각누계액

일자	차변	대변	잔액
[전기이월]	9,500,000		9,500,000
/01	3,600,000		13,100,000
/02	229,000,000	18,800,000	223,300,000
/03	113,000,000	50,000,000	286,300,000
/04	75,000,000	13,500,000	347,800,000
/05	136,000,000	10,000,000	473,800,000
/06		25,000,000	448,800,000
/07			448,800,000
/08			448,800,000
/09	1,000,000		449,800,000
/10		950,000	448,850,000
/11			448,850,000
/12	-1,000,000	-950,000	448,800,000
합계	566,100,000	117,300,000	

1. 상반기(1~6월)중 외상매출금의 잔액이 가장 큰 달은 언제이고 금액은 얼마인가?
2. 3월달 외상매출금의 회수금액은 얼마인가?
3. 상반기(1~6월)중 외상매출이 가장 많이 발생한 달은 언제이고 금액은 얼마인가?

해답

1. 5월, 473,800,000원
2. 50,000,000원(3월 대변금액)
3. 2월, 229,000,000원(2월 차변금액)

기간 : 년 01 월 01 일 ~ 년 12 월 31 일
계정과목 0101 현금 ~ 0999 소득세등

코드	계정과목
0101	현금
0102	당좌예금
0103	보통예금
0108	외상매출금
0109	대손충당금
0110	받을어음
0111	대손충당금
0114	단기대여금
0120	미수금
0134	가지급금
0141	현금과부족
0146	상품
0179	장기대여금
0202	건물
0203	감가상각누계액

일자	차변	대변	잔액
[전기이월]	9,500,000		9,500,000
/01	3,600,000		13,100,000
/02	3 229,000,000	18,800,000	223,300,000
/03	113,000,000	2 50,000,000	286,300,000
/04	75,000,000	13,500,000	347,800,000
/05	136,000,000	10,000,000	1 473,800,000
/06		25,000,000	448,800,000
/07			448,800,000
/08			448,800,000
/09	1,000,000		449,800,000
/10		950,000	448,850,000
/11			448,850,000
/12	-1,000,000	-950,000	448,800,000
합계	566,100,000	117,300,000	

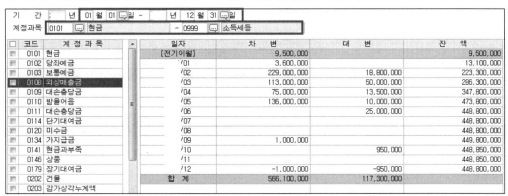

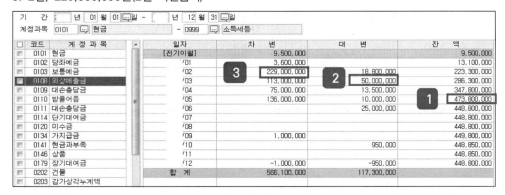

4. 계정별원장

특정계정(현금계정 제외)에 대하여 일자별로 상세하게 기재되어 있는 것을 계정별원장이라고 한다.

예제 6 - 5 계정별원장

레고상사의 3월 외상매출금의 계정별원장을 조회한 결과이다.

기 간 년 3월 1 일 ~ 년 3월 31 일
계정과목 0108 외상매출금 ~ 0108 외상매출금

코드	계 정 과 목	일자	적 요	코드	거 래 처	차 변	대 변	잔 액
0108	외상매출금		[전 월 이 월]			242,100,000	18,800,000	223,300,000
		03-03		00210	캐럭터문구	35,000,000		258,300,000
		03-06		00211	영일문구	28,000,000		286,300,000
		03-15		00610	짱문구	50,000,000		336,300,000
		03-15		00213	솔로몬문구		50,000,000	286,300,000
			[월 계]			113,000,000	50,000,000	
			[누 계]			355,100,000	68,800,000	

1. 3월달 외상매출금액은 얼마인가?
2. 3월달 외상매출금 중 회수한 금액은 얼마인가?
3. 3월달 외상매출금 잔액은 얼마인가?

해답

1. 113,000,000원(차변 월계)
2. 50,000,000원(대변 월계)
3. 286,300,000원

기 간 년 3월 1 일 ~ 년 3월 31 일
계정과목 0108 외상매출금 ~ 0108 외상매출금

코드	계 정 과 목	일자	적 요	코드	거 래 처	차 변	대 변	잔 액
0108	외상매출금		[전 월 이 월]			242,100,000	18,800,000	223,300,000
		03-03		00210	캐럭터문구	35,000,000		258,300,000
		03-06		00211	영일문구	28,000,000		286,300,000
		03-15		00610	짱문구	50,000,000		336,300,000
		03-15		00213	솔로몬문구		50,000,000	286,300,000
			[월 계]			113,000,000	50,000,000	
			[누 계]			355,100,000	68,800,000	

1, 2

3

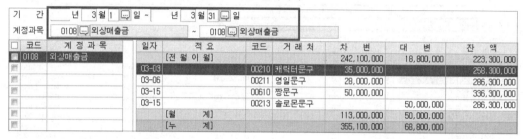

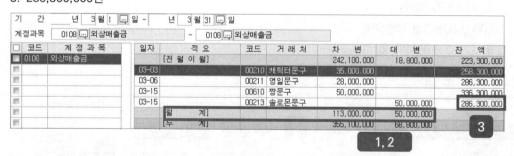

5. 거래처원장

채권, 채무에 대하여 특정거래처의 거래내용과 잔액을 관리하는 보조원장이다.

예제 6-6 거래처원장

레고상사의 3월달 외상매출금의 거래처원장(모든 거래처)을 조회한 결과이다.

기 간 년 3 월 1 일 ~ 년 3 월 31 일 계정과목 0108 외상매출금 잔액 0

거래처분류 ~ 거 래 처 00102 (주)수원캐릭터 ~ 00669 국민카드

코드	거 래 처	등록번호	대표자명	전월이월	차 변	대 변	잔 액
00205	오피스문구	236-43-17937	김상진	4,000,000			4,000,000
00209	하늘상사	120-25-34675	임하늘	4,000,000			4,000,000
00210	캐릭터문구	130-02-31754	송재일	25,000,000	35,000,000		60,000,000
00211	영일문구	203-23-30209	이명동	5,300,000	28,000,000		33,300,000
00213	솔로몬문구	120-23-33158	임녀수	185,000,000		50,000,000	135,000,000
00610	짱문구	605-10-25862	허지수		50,000,000		50,000,000

1. 3월말 현재 외상매출금 잔액이 가장 많은 거래처와 금액은 얼마인가?
2. 3월달 솔로몬문구로부터 회수한 외상매출금 금액은 얼마인가?
3. 3월말 현재 캐릭터문구의 외상매출금 잔액은 얼마인가?

해답

1. 솔로몬문구, 135,000,000원(잔액 비교)
2. 50,000,000원(솔로몬문구 대변)
3. 60,000,000원

기 간 년 3 월 1 일 ~ 년 3 월 31 일 계정과목 0108 외상매출금 잔액 0

거래처분류 ~ 거 래 처 00102 (주)수원캐릭터 ~ 00669 국민카드

코드	거 래 처	등록번호	대표자명	전월이월	차 변	대 변	잔 액
00205	오피스문구	236-43-17937	김상진	4,000,000			4,000,000
00209	하늘상사	120-25-34675	임하늘	4,000,000			4,000,000
00210	캐릭터문구	130-02-31754	송재일	25,000,000	35,000,000		60,000,000
00211	영일문구	203-23-30209	이명동	5,300,000	28,000,000		33,300,000
00213	솔로몬문구	120-23-33158	임녀수	185,000,000		50,000,000	135,000,000
00610	짱문구	605-10-25862	허지수		50,000,000		50,000,000

6. 합계잔액시산표

합계잔액시산표는 각 계정별로 차변과 대변의 합계와 잔액을 표시한다. 자산, 부채, 자본, 수익, 비용 순으로 조회된다.

예제 6-7 합계잔액시산표

레고상사의 3월달 합계잔액시산표를 조회한 결과이다.

기간 : 년 03 월 31 일

관리용 제출용 표준용

차변		계정과목	대변	
잔액	합계		합계	잔액
633,534,000	942,400,000	1.유 동 자 산	309,054,000	188,000
567,534,000	876,400,000	<당 좌 자 산>	309,054,000	188,000
93,734,000	327,800,000	현 금	234,066,000	
20,500,000	20,500,000	당 좌 예 금		
6,000,000	7,000,000	보 통 예 금	1,000,000	
286,300,000	355,100,000	외 상 매 출 금	68,800,000	
		대 손 충 당 금	123,000	123,000
156,500,000	161,500,000	받 을 어 음	5,000,000	
		대 손 충 당 금	65,000	65,000
2,500,000	2,500,000	단 기 대 여 금		
2,000,000	2,000,000	미 수 금		
66,000,000	66,000,000	<재 고 자 산>		
66,000,000	66,000,000	상 품		
99,500,000	99,500,000	2.비 유 동 자 산	6,800,000	6,800,000
20,000,000	20,000,000	<투 자 자 산>		
20,000,000	20,000,000	장 기 대 여 금		
79,500,000	79,500,000	<유 형 자 산>	6,800,000	6,800,000
50,000,000	50,000,000	건 물		
		감 가 상 각 누 계 액	1,000,000	1,000,000
22,000,000	22,000,000	차 량 운 반 구		
		감 가 상 각 누 계 액	4,000,000	4,000,000
7,500,000	7,500,000	비 품		

1. 3월말 현재 외상매출금은 얼마인가?
2. 3월말 현재 받을어음의 장부가액은 얼마인가?
3. 1~3월 회수한 외상매출금은 얼마인가?

해답

1. 286,300,000원(외상매출금 잔액)
2. 156,435,000원[받을어음 잔액(156,500,000) - 대손충당금잔액(65,000)]
3. 68,800,000원(외상매출금 대변 합계)

기간 : 년 03 월 31 일

관리용 | 제출용 | 표준용

차변 잔액	차변 합계	계정과목	대변 합계	대변 잔액
633,534,000	942,400,000	1.유 동 자 산	309,054,000	188,000
567,534,000	876,400,000	<당 좌 자 산>	309,054,000	188,000
93,734,000	327,800,000	현 금	234,066,000	
20,500,000	20,500,000	당 좌 예 금		
6,000,000	7,000,000	보 통 예 금	1,000,000	
286,300,000	355,100,000	외 상 매 출 금	68,800,000	
		대 손 충 당 금	123,000	123,000
156,500,000	161,500,000	받 을 어 음	5,000,000	
		대 손 충 당 금	65,000	65,000
2,500,000	2,500,000	단 기 대 여 금		

7. 손익계산서 및 재무상태표

재무제표는 전기와 당기를 비교하는 형식으로 작성하여야 한다. 당기 3월을 조회하면 전기와 비교하는 형식의 재무제표가 생성된다.

만약 조회 월을 3월로 하면 다음과 같은 비교하는 형식의 재무제표가 생성된다.

	당 기	전 기
손익계산서(일정기간)	20x1.1.1.~20x1.3.31(3개월간)	20x0.1.1.~20x0.12.31(1년간)
재무상태표(일정시점)	20x1.3.31 현재	20x0.12.31. 현재

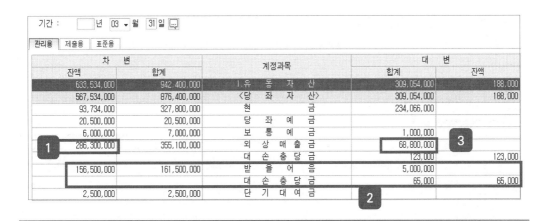

예제 6-8 손익계산서

레고상사의 3월말 손익계산서를 조회한 결과이다.

기간 : 년 03 월

관리용 | 제출용 | 표준용

과 목	제 4(당)기 년1월1일 ~ 년3월31일		제 3(전)기 년1월1일 ~ 년12월31일	
	금액		금액	
Ⅰ. 매출액		741,600,000		105,600,000
상품매출	741,600,000		105,600,000	
Ⅱ. 매출원가				49,300,000
상품매출원가				49,300,000
기초상품재고액	9,000,000		3,300,000	
당기상품매입액	57,000,000		55,000,000	
기말상품재고액	66,000,000		9,000,000	
Ⅲ. 매출총이익		741,600,000		56,300,000
Ⅳ. 판매비와관리비		229,066,000		23,430,000
급여	52,500,000		13,600,000	
퇴직급여	50,000,000			
복리후생비	18,600,000		3,500,000	
여비교통비	350,000		800,000	
접대비	11,725,000		860,000	
통신비	480,000		720,000	
수도광열비	15,200,000		735,000	
세금과공과	1,500,000			
감가상각비			1,045,000	
임차료	10,000,000			
수선비	558,000			
보험료	800,000			
차량유지비	16,500,000		1,900,000	
소모품비	21,103,000			
수수료비용	29,750,000			
대손상각비			270,000	
Ⅴ. 영업이익		512,534,000		32,870,000
Ⅵ. 영업외수익				1,450,000
이자수익			500,000	
유형자산처분이익			950,000	
Ⅶ. 영업외비용				615,000
이자비용			115,000	
기부금			500,000	
Ⅷ. 소득세차감전이익		512,534,000		33,705,000

1. 3월말까지 매출액은 전년대비 얼마나 증가하였나?
2. 3월말까지 판매비와 관리비중 가장 많이 발생한 계정과목은 무엇이고, 금액은 얼마인가?
3. 3월말까지 영업이익은 전년대비 얼마나 증가하였나?

해답

1. 636,000,000원[당기1~3월 매출액(741,600,000) - 전기매출액(105,600,000)]
2. 급여, 52,500,000원
3. 479,664,000원[당기1~3월 영업이익(512,534,000) - 전기영업이익(32,870,000)]

기간 : 년 03 월

관리용 | 제출용 | 표준용

과 목	제 4(당)기 년1월1일 ~ 년3월31일		제 3(전)기 년1월1일 ~ 년12월31일	
	금액		금액	
Ⅰ.매출액		741,600,000		105,600,000
상품매출	741,600,000		105,600,000	
Ⅱ.매출원가				49,300,000
상품매출원가				49,300,000
기초상품재고액	9,000,000		3,300,000	
당기상품매입액	57,000,000		55,000,000	
기말상품재고액	66,000,000		9,000,000	
Ⅲ.매출총이익		741,600,000		56,300,000
Ⅳ.판매비와관리비		229,066,000		23,430,000
급여	52,500,000		13,600,000	
퇴직급여	50,000,000			
복리후생비	18,600,000		3,500,000	
여비교통비	350,000		800,000	
접대비	11,725,000		860,000	
통신비	480,000		720,000	
수도광열비	15,200,000		735,000	
세금과공과	1,500,000			
감가상각비			1,045,000	
임차료	10,000,000			
수선비	558,000			
보험료	800,000			
차량유지비	16,500,000		1,900,000	
소모품비	21,103,000			
수수료비용	29,750,000			
대손상각비			270,000	
Ⅴ.영업이익		512,534,000		32,870,000
Ⅵ.영업외수익				1,450,000
이자수익			500,000	
유형자산처분이익			950,000	
Ⅶ.영업외비용				615,000
이자비용			115,000	
기부금			500,000	
Ⅷ.소득세차감전이익		512,534,000		33,705,000

예제 6 - 9 재무상태표

레고상사의 3월말 재무상태표를 조회한 결과이다.

기간 : 년 03 월

관리용 | 제출용 | 표준용

과 목	제 4(당)기 년1월1일 ~ 년3월31일		제 3(전)기 : 년1월1일 ~ 년12월31일	
	금액		금액	
자산				
Ⅰ.유동자산		633,346,000		68,812,000
① 당좌자산		567,346,000		59,812,000
현금		93,734,000		13,000,000
당좌예금		20,500,000		20,500,000
보통예금		6,000,000		6,000,000
외상매출금	286,300,000		9,500,000	
대손충당금	123,000	286,177,000	123,000	9,377,000
받을어음	156,500,000		6,500,000	
대손충당금	65,000	156,435,000	65,000	6,435,000
단기대여금		2,500,000		2,500,000
미수금		2,000,000		2,000,000
② 재고자산		66,000,000		9,000,000
상품		66,000,000		9,000,000
Ⅱ.비유동자산		92,700,000		72,700,000
① 투자자산		20,000,000		
장기대여금		20,000,000		
② 유형자산		72,700,000		72,700,000
건물	50,000,000		50,000,000	
감가상각누계액	1,000,000	49,000,000	1,000,000	49,000,000
차량운반구	22,000,000		22,000,000	
감가상각누계액	4,000,000	18,000,000	4,000,000	18,000,000
비품	7,500,000		7,500,000	
감가상각누계액	1,800,000	5,700,000	1,800,000	5,700,000
③ 무형자산				
④ 기타비유동자산				
자산총계		726,046,000		141,512,000
부채				
Ⅰ.유동부채		113,000,000		41,000,000
외상매입금		69,600,000		12,600,000
지급어음		9,800,000		9,800,000
미지급금		18,600,000		3,600,000
단기차입금		15,000,000		15,000,000

1. 3월말 현재 받을어음의 장부가액은 얼마인가?
2. 3월말 현재 건물의 장부가액은 얼마인가?
3. 3월말 현재 외상매입금은 전년말대비 얼마나 증가하였나?

해답

1. 156,435,000원[장부가액은 대손충당금을 차감한 금액]
2. 49,000,000원[장부가액은 감가상각누계액을 차감한 금액]
3. 57,000,000원[3월말 현재(69,600,000) - 전기말(12,600,000)]

기간 : 년 03 월

관리용 | 제출용 | 표준용

과목	제 4(당)기 년1월1일 ~ 년3월31일 금액		제 3(전)기 : 년1월1일 ~ 년12월31일 금액	
자산				
Ⅰ.유동자산		633,346,000		68,812,000
① 당좌자산		567,346,000		59,812,000
현금		93,734,000		13,000,000
당좌예금		20,500,000		20,500,000
보통예금		6,000,000		6,000,000
외상매출금	286,300,000		9,500,000	
대손충당금	123,000	286,177,000	123,000	9,377,000
받을어음	156,500,000		6,500,000	
대손충당금	65,000	156,435,000	65,000	6,435,000
단기대여금		2,500,000		2,500,000
미수금		2,000,000		2,000,000
② 재고자산		66,000,000		9,000,000
상품		66,000,000		9,000,000
Ⅱ.비유동자산		92,700,000		72,700,000
① 투자자산		20,000,000		
장기대여금		20,000,000		
② 유형자산		72,700,000		72,700,000
건물	50,000,000		50,000,000	
감가상각누계액	1,000,000	49,000,000	1,000,000	49,000,000
차량운반구	22,000,000		22,000,000	
감가상각누계액	4,000,000	18,000,000	4,000,000	18,000,000
비품	7,500,000		7,500,000	
감가상각누계액	1,800,000	5,700,000	1,800,000	5,700,000
③ 무형자산				
④ 기타비유동자산				
자산총계		726,046,000		141,512,000
부채				
Ⅰ.유동부채		113,000,000		41,000,000
외상매입금		69,600,000		12,600,000
지급어음		9,800,000		9,800,000
미지급금		18,600,000		3,600,000
단기차입금		15,000,000		15,000,000

제6절 재무회계 개념체계

재무회계 개념체계란 재무보고의 목적과 기초개념을 체계화함으로써 일관성 있는 (일반)기업회계기준을 제정케 하고, 재무제표의 성격 등에 관한 기본적 토대를 제공한다.

<u>개념체계와 일반기업회계기준이 상충될 경우에는 일반기업회계기준이 개념체계보다 우선한다.</u>

1. 기본구조

재무보고의 목적	정보이용자들의 의사결정에 유용한 정보 제공
↓	
회계정보의 질적특성	의사결정에 유용한 정보가 되기 위하여 회계정보가 갖추어야 할 특성
↓	
재 무 제 표	기업실체의 외부정보이용자에게 기업실체에 관한 재무적 정보를 전달하는 핵심적 보고수단
↓	
재무제표 기본 요소의 인식 및 측정	회계상의 거래나 사건을 화폐액으로 측정하여 재무제표에 공식적으로 보고하는 과정

2. 회계정보의 질적 특성

회계정보의 질적특성이란 회계정보가 유용한 정보가 되기 위해 갖추어야 할 주요 속성을 말하는데 이해가능성, 목적적합성, 신뢰성 및 비교가능성이 있다.

재무보고의 목적	정보이용자의 의사결정에 유용한 정보제공			
질적특성	**1. 이해가능성**	**2. <u>목적적합성</u>**	**3. <u>신뢰성</u>**	**4. 비교가능성**
질적특성의 구성요소		**1. 예측역할과 확인역할 2. 적시성**	**1. 표현의 충실성 2. 중립성 3. 검증가능성**	1. 기간별 2. 기업별

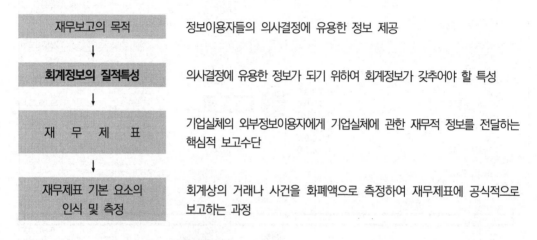

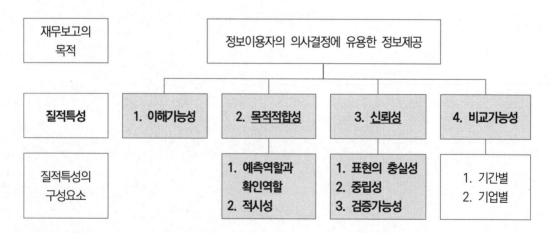

(1) 이해가능성

회계정보는 궁극적으로 회계정보이용자에게 유용한 정보가 되어야 하고, 동시에 이러한 정보는 이용자에게 이해가능한 형태로 제공되어야 한다.

(2) 주요질적특성

회계정보의 질적 특성 중 **가장 중요한 질적특성은 목적적합성과 신뢰성이다.**

① 목적적합성

목적적합한 정보란 이용자가 과거, 현재 또는 미래의 사건을 평가하거나 과거의 평가를 확인 또는 수정하도록 도와주어 경제적 의사결정에 영향을 미치는 정보를 말한다.

㉠ 예측역할(예측가치)과 확인역할(피드백가치)

예측역할이란 **정보이용자가 기업의 미래 재무상태, 경영성과, 현금흐름 등을 예측하는 경우에 그 정보가 활용될 수 있는지 여부**를 말하고, 확인역할이란 **회계정보를 이용하여 예측했던 기대치(재무상태나 경영성과 등)를 확인하거나 수정**함으로써 의사결정에 영향을 미칠 수 있는지의 여부를 말한다.

㉡ 적시성

정보가 지체되면 그 정보는 목적적합성을 상실할 수 있다. 따라서 경영자는 적시성 있는 보고와 신뢰성 있는 정보 제공의 장점에 대한 상대적 균형을 고려할 필요가 있다.

② 신뢰성

회계정보가 유용하기 위해서는 신뢰할 수 있는 정보여야 한다는 속성이다.

㉠ 표현의 충실성

기업의 재무상태나 경영성과를 초래하는 사건에 대해서 충실하게 표현되어야 한다는 속성이다. 표현의 충실성을 확보하기 위해서는 회계처리되는 대상이 되는 거래나 사건의 형식보다는 그 경제적 실질에 따라 회계처리하여야 한다.

㉡ 검증가능성

다수의 독립적인 측정자가 동일한 경제적 사건이나 거래에 대하여 동일한 측정방법을 적용한다면 유사한 결론에 도달할 수 있어야 함을 의미한다.

㉢ 중립성

회계정보가 신뢰성을 갖기 위해서는 한쪽에 치우침 없이 중립적이어야 한다는 속성으로 회계정보가 특정이용자에게 치우치거나 편견을 내포해서는 안된다는 것을 의미한다.

③ 질적특성간의 균형

목적적합성과 신뢰성간의 상충관계를 고려하여, 이러한 질적특성간에 적절한 균형을 이루는 것을 목표로 하여야 한다.

(3) 비교가능성

기업의 재무상태, 경영성과 등의 과거 추세분석과 기업 간의 상대적 평가를 위하여 회계정보는 **기간별 비교가능성(일관성)과 기업간 비교가능성(통일성)**을 가지고 있어야 한다는 속성이다.

기간별 비교가능성은 기업의 재무제표를 다른 기간의 재무제표와 비교할 수 있는 속성을 말하는 것이고, 기업별 비교가능성은 동종산업의 다른 기업과 유사한 정보와 비교할 수 있는 속성을 말한다.

3. 재무제표의 기본가정

재무제표의 기본가정이란 재무제표를 작성하는데 있어서 기본 전제를 말한다.

(1) 기업실체의 가정

"기업은 주주나 경영자와는 별개로 존재하는 하나의 독립된 실체이다"라는 가정이다.

(2) 계속기업의 가능성

재무제표를 작성시 계속기업으로서의 존속가능성을 평가하여야 한다. **역사적 원가주의의 근간이 된다.**

(3) 기간별보고의 가정

인위적인 단위(회계기간)로 분할하여 각 기간별로 재무제표를 작성하는 것을 말한다.

연습문제

Financial Accounting Technician

회계정보처리 자격시험 2급

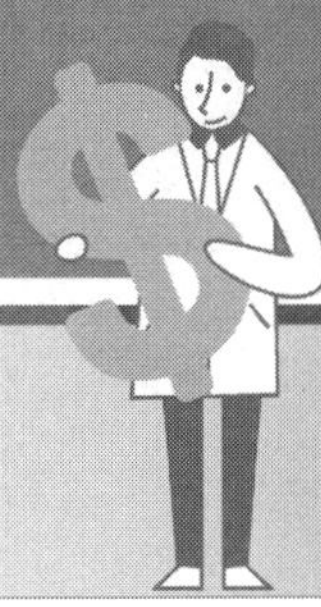

분개연습

1. 20x1년도말 미사용분 소모품은 200,000원으로 확인되었다. 소모품 구입시 비용으로 회계처리하였으며 결산시 미사용분은 자산으로 계상한다.

2. 결산일 현재 보험료 미경과분 400,000원을 계상하시오.(지급시 비용으로 처리하다.)

3. 재고자산 명세서에 의한 기말재고액과 수정전 합계잔액시산표는 다음과 같다. 결산분개를 하시오. (자주기출)

품 목	단 위	재고수량	재고단가	재고금액
식기세척기	EA	20	1,500,000	30,000,000원
유아용세탁기	EA	10	1,000,000	10,000,000원
합 계		30		40,000,000원

<u>수정전 합계잔액시산표</u>

제×기 : 20×1년 12월 31일 현재

차 변		계정과목	대 변	
잔 액	합 계		합 계	잔 액
100,000,000	100,000,000	상 품		

4. 단기차입금에 대한 3개월분 이자 미지급액 300,000원과 보험료선급액 250,000원을 계상하다.

5. 당기분 차량운반구에 대한 감가상각비 800,000원과 비품에 대한 감가상각비 1,200,000원을 계상하다. (자주기출)

6. 매출채권(외상매출금과 받을어음)에 대하여 1%의 대손충당금을 보충법을 적용하여 회계처리하시오. (자주기출)

<u>**합계잔액시산표(수정전)**</u>

제×기 : 20×1년 12월 31일 현재

차변		계정과목	대변	
잔액	합계		합계	잔액
10,000,000	20,000,000	외상매출금	10,000,000	
	200,000	대손충당금	250,000	50,000
20,000,000	35,000,000	받을어음	15,000,000	
	100,000	대손충당금	220,000	120,000

7. 12월 31일 현재 현금과부족 잔액(차변 200,000원)에 대해서 결산일까지 그 내역이 밝혀지지 않았다.

객관식

01. 다음 중 기말 결산 시 손익계정으로 대체되는 계정과목은?

① 선수수익 ② 미지급비용 ③ 단기대여금 ④ 기부금

02. 다음의 오류가 당기 손익계산서에 미치는 영향으로 옳은 것은?

기말 재고자산을 120,000원으로 계상하였으나 정확한 기말재고금액은 100,000원이다.

	매출원가	당기순이익		매출원가	당기순이익
①	과대	과대	②	과대	과소
③	과소	과소	④	과소	과대

03. 다음 중 시산표의 작성을 통하여 발견되지 않는 오류는?

① 분개의 차변과 대변 금액을 차변에만 전기한 경우
② 분개의 차변과 대변 금액을 대변에만 전기한 경우
③ 분개의 차변과 대변 금액을 대차가 불일치하게 전기한 경우
④ 분개의 차변과 대변의 계정과목을 반대로 전기한 경우

04. 기업실체의 존속기간을 일정한 기간 단위로 분할하여 각 기간별로 재무제표를 작성한다는 회계공준에 해당하는 것은?

① 기업실체의 가정　② 계속기업의 가정
③ 기간별 보고의 가정　④ 화폐가치 안정의 가정

05. 한공상사는 20x1년도 기말재고자산을 과대계상하는 오류를 범하였다. 이로 인한 영향으로 옳지 않은 것은?

① 20x1년도 매출원가가 과소계상된다.
② 20x2년도 기초재고자산이 과대계상된다.
③ 20x1년도 당기순이익이 과소계상된다.
④ 20x1년도 기말자본이 과대계상된다.

06. 다음 중 회계정보의 질적 특성인 목적적합성의 하위 속성이 아닌 것은?

① 예측가치　② 피드백가치　③ 적시성　④ 중요성

07. 다음 중 상품매출원가 산출과정을 올바르게 나타낸 것은?

① 당기상품매출액 - 상품매입에누리
② 기초재고자산 + 당기상품매입액 - 기말재고자산
③ 당기상품매출액 - 상품매입할인
④ 기말재고자산 + 기초재고자산

주관식

01. 다음 자료에 의하여 손익계산서에 반영될 보험료는 얼마인가?

<u>수정 전 잔액시산표</u>

(주)한공 20x1년 12월 31일 (단위 : 원)

차 변	계 정 과 목	대 변
⋮	⋮	⋮
150,000	보 험 료	
	⋮	⋮

〈결산정리사항〉
- 결산일 현재 보험료 미지급액 : 50,000원

02. 다음은 (주)한공의 손익계산서 일부이다. 다음 자료를 이용하여 (가)의 금액을 계산하면 얼마인가?

<u>손익계산서</u>

20x1년 1월 1일부터 20x1년 12월 31일까지

(주)한공 (단위 : 원)

과 목	제4(당)기	
매출액		10,000,000
매출원가		×××
기초상품재고액	1,000,000	
당기상품매입액	5,000,000	
기말상품재고액	2,000,000	
매출총이익		(가)

03. 다음 자료를 이용하여 상품소매업을 영위하는 한공실업의 당기순이익을 계산하면 얼마인가?

- 상품매출 2,000,000원
- 상품매출원가 1,200,000원
- 급여 300,000원
- 이자비용 100,000원

04. 다음은 (주)한공의 총계정원장의 일부이다. 장부 마감 시 (가), (나)에 들어갈 내용을 적으시오.

외상매출금

3/1	제 좌	700,000원	8/20	보통예금	500,000원
			12/31	(가)	200,000원
		700,000원			700,000원
1/1	xxx	200,000원			

복리후생비

12/20	현 금	30,000원	12/31	(나)	30,000원

05. 다음은 (주)한공의 20x1년 회계자료이다. 영업이익과 당기순이익을 계산하면 얼마인가? (다만, 20x1년 회계연도에 부담할 법인세 등은 없다고 가정한다)

매출액	30,000원	이자수익	500원	매출원가	8,200원
급여	8,500원	광고선전비	3,000원	수도광열비	250원
보험료	480원	임차료	920원	이자비용	800원

06. 다음 자료에 의해 도소매업을 운영하는 한공상사의 영업이익을 계산하면 얼마인가?

손익계산서

한공상사　　20x1년 1월 1일부터 20x1년 12월 31일까지　　(단위 : 원)

비 용	금 액	수 익	금 액
매 출 원 가	2,000,000	매 출	4,000,000
급 여	500,000		
복 리 후 생 비	200,000		
임 차 료	150,000		
기 부 금	300,000		
당 기 순 이 익	850,000		
	4,000,000		4,000,000

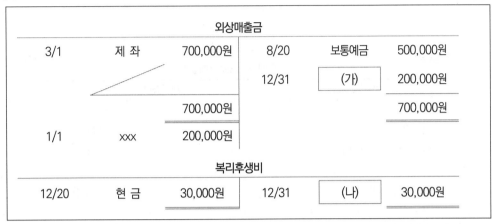

07. 다음은 도매업을 영위하는 한공상사의 손익계산서 일부이다. 당기 발생 비용을 반영한 후 (가)의 금액은 얼마인가?

손익계산서

한공상사 20x1년 1월 1일부터 20x1년 12월 31일까지 (단위 : 원)

과 목	제5(당)기	
⋮		⋮
매 출 총 이 익		3,000,000
판 매 비 와 관 리 비		×××
⋮	⋮	⋮
영 업 이 익		**(가)**

[당기 발생 비용]

- 급 여 800,000원
- 수도광열비 60,000원
- 이자비용 40,000원
- 대손상각비 200,000원
- 세금과공과 90,000원
- 외환차손 10,000원

08. 다음은 한공기업의 20x1년 손익계산서의 일부이다. 매출원가는 얼마인가? (단, 제시된 자료 외의 다른 계정은 고려하지 않는다)

- 총매출액 5,000,000원
- 판매비와관리비 1,500,000원
- 매출에누리와 환입액 100,000원
- 영업이익 1,000,000원

09. 다음 자료를 토대로 한공상사의 20x1년도 손익계산서상 판매비와관리비를 계산하면 얼마인가?

- 총매출액 3,000,000원
- 매출에누리와환입 200,000원
- 영업외비용 170,000원
- 영업이익 1,000,000원
- 기초상품재고액 100,000원
- 기말상품재고액 30,000원
- 당기상품매입액 1,000,000원
- 소득세비용 100,000원
- 영업외수익 250,000원

10. 다음은 (주)한공의 결산시점 각 계정잔액을 나타낸 것이다. 이 자료를 토대로 매출원가를 계산하면 얼마인가?(실지재고조사법을 채택하고 있으며 장부상 재고액과 실지재고액은 차이가 없었음.)

기초재고	52,000원	매입환출	7,000원	총매출액	450,000원
당기매입(총액)	219,000원	매입운임	8,000원	매출환입	18,000원
기말재고	48,000원	매입에누리	11,000원	매출할인	9,000원

11. (가)에 해당하는 회계의 공준(기본가정)으로 무엇인가?

> (가) 이란 기업이 설립 되면 해산이나 청산 없이 계속적으로 존속하는 경영 주체라는 가정 하에 모든 회계처리를 하는 것을 말한다.

12. 다음에서 설명하는 회계의 기본가정은 무엇인가?

> 기업을 소유주와는 독립적으로 존재하는 회계단위로 간주하고 이 회계단위의 관점에서 그 경제활동에 대한 재무정보를 측정 및 보고하는 것을 말한다.

13. 다음에서 설명하는 회계의 기본 가정으로 무엇인가?

> • 회계순환과정에 있어 기말결산정리를 하는 근거가 된다.
> • 기업 실체 존속기간을 일정한 기간 단위로 분할하여 각 기간에 대해 경제적 의사결정에 유용한 정보를 보고하는 것이다.

연습 답안

분개연습

[1]	(차)	소모품	200,000	(대)	소모품비(판)	200,000
[2]	(차)	선급비용	400,000	(대)	보험료(판)	400,000
[3]	(차)	상품매출원가	60,000,000	(대)	상 품	60,000,000

☞ **상품매출원가 = 판매가능재고 − 기말상품재고액 = 100,000,000 − 40,000,000**

[4]	(차)	이자비용	300,000	(대)	미지급비용	300,000
		선급비용	250,000		보험료(판)	250,000
[5]	(차)	감가상각비(판)	2,000,000	(대)	감가상각누계액(차량)	800,000
					감가상각누계액(비품)	1,200,000
[6]	(차)	대손상각비(판)	130,000	(대)	대손충당금(외상)	50,000
					대손충당금(받을)	80,000

계정과목	기말잔액(A)	대손추산액 (B = A X 1%)	설정전 대손충당금(C)	당기대손상각비 (B − C)
외상매출금	10,000,000	100,000	50,000	50,000
받 을 어 음	20,000,000	200,000	120,000	80,000

[7]	(차)	잡손실	200,000	(대)	현금과부족	200,000

객관식

1	2	3	4	5	6	7
④	④	④	③	③	④	②

[풀이 - 객관식]

01 ①, ②는 부채, ③은 **자산 계정으로서 다음 연도로 이월되는 재무상태표 항목**이고, ④ 기부금은 **비용 계정으로서 손익(집합손익)계정으로 대체되는 손익계산서 항목**이다.

02 **자산과 이익은 비례관계**이다. 따라서 기말 재고자산이 과대계상되면 매출원가는 20,000원 과소계상되고 당기순이익은 20,000원 과대계상된다.

03 시산표는 대차평균의 원리에 의하여 오류를 검증하므로 **차변과 대변의 금액에 변화가 없는 오류는 발견할 수 없다.**

05 **자산과 이익은 비례관계**이다. 기말재고자산이 과대계상되면, 당기의 매출원가가 과소계상되어 당기순이익과 자본이 과대계상된다. 또한 과대계상된 기말재고자산이 차기이월되어 다음연도 기초재고자산이 과대계상된다.

06 목적적합성의 하위 속성은 **예측가치, 피드백가치, 적시성**이다.

07 상품매출원가 = 기초재고자산 + 당기상품매입액 - 기말재고자산

주관식

1	200,000원	2	6,000,000원
3	400,000원	4	(가) 차기이월(기말잔액) (나) (집합)손익
5	영업이익 8,650원 당기순이익 8,350원	6	1.150,000원
7	1,850,000원	8	2,400,000원
9	730,000원	10	213,000원
11	계속기업의 공준(가정)	12	기업실체의 가정
13	기간별 보고의 가정		

[풀이 – 주관식]

01. 보험료 = 수정 전 잔액시산표 금액(150,000원) + 보험료 미지급액(50,000원) = 200,000원

02.

상	품		
기초상품	1,000,000	***매출원가***	***4,000,000***
매입액	5,000,000	기말상품	2,000,000
계	6,000,000	계	6,000,000

매출총이익 = 매출액 – 매출원가 = 10,000,000원 – 4,000,000원 = 6,000,000원

03.

손익계산서		
1.(순)매출액	2,000,000	
2.매출원가	1,200,000	
3.매출이익(1 – 2)	800,000	
4.판관비, 영업외비용	400,000	급여는 판관비, 이자비용은 영업외비용
5.당기순이익(3 – 4)	**400,000**	

04. 총계정원장은 자산, 부채, 자본의 계정과목 잔액을 차기이월(기말잔액)로 마감한 후, 그 다음해 전기이월로 기입하며 **수익과 비용 계정의 마감은 (집합) 손익이라는 집합계정을 설정하여 마감**한다.

05.

손익계산서		
1.(순)매출액	30,000	
2.매출원가	8,200	
3.매출이익(1 – 2)	21,800	
4.판관비	13,150	급여(8,500원) + 광고선전비(3,000원) + 수도광열비(250원) + 보험료(480원) + 임차료(920원) = 13,150원
5.영업이익(3 – 4)	**8,650**	
6.영업외수익	500	이자수익
7.영업외비용	800	이자비용
8.법인세비용		
9.당기순이익	**8,350**	

06 매출총이익 = 매출액(4,000,000) – 매출원가(2,000,000) = 2,000,000원
영업이익 = 매출총이익(2,000,000) – 판매비와관리비(850,000 급여, 복리후생비, 임차료)
= 1,150,000원

07.

손익계산서		
3.매출이익(1 – 2)	3,000,000	
4.판관비	1,150,000	급여(800,000원) + 대손상각비(200,000원) + 수도광열비(60,000원) + 세금과공과(90,000원) = 1,150,000원
5.영업이익(3 – 4)	**1,850,000**	이자비용과 외환차손은 영업외비용

08.

매출액	4,900,000원	총매출액 – 매출에누리와환입 = 5,000,000원 – 100,000원
(–)매출원가	×××	매출액 – 매출총이익 = 4,900,000 – 2,500,000원 = **2,400,000원**
매출총이익	2,500,000원	판매비와관리비 + 영업이익 = 1,000,000원 + 1,500,000원
(–)판매비와관리비	1,500,000원	
영업이익	1,000,000원	

09.

손익계산서		
1.(순)매출액	2,800,000	총매출액 – 매출환입
2.매출원가	1,070,000	기초상품재고액 + 당기매입액 – 기말상품재고액
3.매출이익(1 – 2)	1,730,000	
4.판관비	*730,000*	
5.영업이익(3 – 4)	1,000,000	

10.

상품			
기초상품	52,000	*매출원가(?)*	*213,000*
총매입액	219,000 + 8,000		
(매입에누리외)	(18,000)	기말상품	48,000
계	261,000	계	261,000

11. 계속기업의 가정(공준)이란 기업은 그 **경영 활동을 청산하거나 중대하게 축소시킬 의도가 없다는 가정하에 재무제표를 작성**한다.

Login Financial Accounting Technician 2

Part Ⅱ

실무능력

Log-In
Log-In

FAT 2급 실무시험 출제내역

1. 기초정보관리	회사등록정보수정 신규거래처등록 및 수정 계정과목 및 적요 등록 및 수정 전기분 재무상태표/손익계산서 수정 거래처별 초기이월
2. 거래자료입력	증빙에 의한 일반전표입력
3. 전표수정	거래처 변경, 계정과목 변경
4. 결산	**수동결산 및 자동결산**
5. 회계정보 조회 및 분석	제장부 조회, 자금정보조회, 재무제표 조회

〈AT 비대면 실무시험〉

			문항수	방법	점수
실무수행과제	기초정보관리	1. 기초정보관리 이해	2	*실무수행과제 입력 후 수행평가(장부 및 재무제표 조회) 답안 작성*	-
	회계정보관리	2. 거래자료입력	8		
		3. 전표수정	2		
		4. 결산	1		
수행평가	*회계정보조회&분석*	1. 회계정보조회	20		62
		2. 회계정보분석	2		8
계					70

FAT 2급 시험문제 중 전표입력(거래자료입력, 전표수정, 결산)을 하여야 하고,
이로 인한 각종장부를 조회해야 답안을 작성해야 합격하므로 분개 및 장부조회를 못하면 합격할 수 없습니다.

Chapter 01 회계 프로그램 설치 및 실행

NCS회계 - 3 회계정보시스템 운용 - 회계관련 DB마스터 관리

01 STEP 설치하기

1 https://at.kicpa.or.kr/ (한국공인회계사회 AT자격시험 홈페이지)에서 설치파일을 다운로드 하고 설치한다.

2 설치가 완료되면, 바탕화면에 단축아이콘 을 확인할 수 있다.

02 STEP 실행하기

1 바탕화면에서 아이콘을  더블클릭하여 아래와 같이 프로그램을 실행한다.

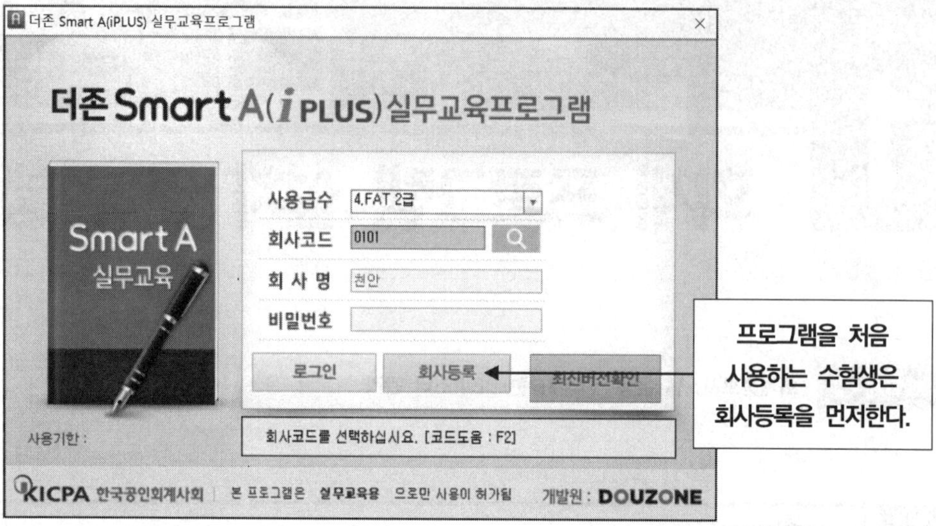

(1) 사용급수

① 응시하는 시험의 급수(FAT2급)를 선택한다.

② 시험에서는 해당하는 급수에서 다루어지는 메뉴만 구성하기 때문에 시험의 급수선택에 따라 나타나는 메뉴의 항목 수가 다르다.

(2) 회사코드

기존에 이미 작업이 이루어진 경우에는 [검색] 키를 클릭하여 회사코드도움이 나타나고 이때 원하는 회사를 선택한다. 그러나 **프로그램을 처음 설치한 경우라면 기존 작업한 회사가 없으므로 화면 하단의 [회사등록] 키를 이용하여 임의의 회사를 등록**한 후 실습을 하여야 한다.

(3) 회사명

회사를 선택하면 자동으로 회사명이 표시된다.
하단의 "확인"키를 클릭하면 선택된 급수와 회사의 메인화면이 실행된다.

(4) 최신버전확인

깜박거리면 클릭하여 최신버전으로 실습을 하시기 바랍니다.

03 STEP 메인화면 소개

FAT 2급 수험용 프로그램은 재무회계프로그램으로만 구성되어 있고, 이것을 클릭하면 8개의 메뉴로 구성되어 있다.

메 뉴		주요 내용
회계	기 초 정 보 관 리	환경설정, 회사등록, 거래처등록, 전기분 재무제표 등
	전 표 입 력 / 장 부	일반전표입력, 매입매출전표입력, 각종 장부 조회
	결 산 / 재 무 제 표 1	결산자료입력, 재무제표, 영수증수취명세서등
	금 융 / 자 금 관 리	일일자금명세,예적금 및 받을어음 현황 등
	데 이 터 관 리	데이터백업 및 백업데이타 복구 등

〈주요 메뉴키〉

 또는 	[F2]코드도움입니다.
	[ESC]메뉴를 종료합니다.
	현재라인을 삭제합니다.
	장부에 새로 반영된 데이타를 다시 조회합니다.
	해당 화면과 관련된 기능이 조회된다.
	홈(처음 페이지)으로 이동한다.
	전체 메뉴를 보여준다.

Chapter 02

프로그램의 첫걸음

NCS회계 - 3 회계정보시스템 운용 - DB마스터관리/회계프로그램 운용/회계정보활용

01 STEP 기초정보관리

회계처리를 하고자 하는 회사에 대한 기본적인 등록 작업을 말한다.
재무회계 메인화면에서 [기초정보관리]-[회사등록]을 클릭하면 아래와 같은 화면이 실행된다.

1 회사등록

회사등록은 회계처리를 하고자 하는 회사를 등록하는 작업으로 가장 기본적이고 우선되어야 하는 작업이다. 회사등록은 작업할 회사의 사업자등록증을 토대로 작성하여 등록된 내용이 각종 출력물상의 회사 인적사항에 자동 표시됨은 물론 각종 계산에 영향을 주게 되므로 정확히 입력되어야 한다.

코드와 회사명을 입력하고 **구분을 개인으로** 하면 다음과 같은 회사등록화면이 나타난다.

(1) 회사등록사항

① 코 드

장부를 작성할 회사에 대한 코드를 부여하며, 101~9999까지 사용이 가능하다.

② 회사명

사업자등록증에 기재된 상호명을 입력한다.

③ 구 분

사업자등록증상 법인과 개인의 구분을 의미한다.

법인사업자의 경우는 "0", 개인사업자의 경우는 "1"을 선택한다.

④ 1.회계연도

당해연도의 사업년도를 의미하며 개업일로부터 당해연도까지의 사업년도에 대한 기수를 선택하고 회계기간을 입력한다.

⑤ 2.사업자등록번호

사업자등록증상의 사업자등록번호, 법인등록번호를 입력한다.

사업자등록증상의 앞의 세자리는 세무서코드, 가운데 두자리는 개인과 법인의 구분번호, 마지막 다섯자리는 일련번호와 검증번호이다.

사업자등록번호 입력이 잘못되면, 빨간색으로 표시되므로 정확한 사업자등록번호를 입력한다.

⑥ 4.대표자명, 5. 거주구분, 6.대표자주민번호

사업자등록증상의 대표자 성명과 대표자 거주구분, 대표자 주민번호를 입력한다.

⑦ 8.사업장주소

사업자등록증상의 주소를 입력한다. F2나 ?클릭하면 우편번호검색화면이 나오면 도로명주소 우편번호를 클릭하여, 해당 도로명을 입력하여 우편번호를 선택하고 나머지 주소를 입력한다.

⑧ 11.업종코드, 12.업태와 13.종목

사업자등록상의 업태와 종목을 입력한다.

업태란 사업의 형태를 말하는 것으로서 제조업, 도매업, 소매업, 서비스업 등으로 분류된다. 종목은 업태에 따라 취급하는 주요품목을 말한다. 업종코드는 문제에서 주어지면 입력한다.

⑨ 14.사업장세무서

14.사업장세무서는 사업자등록증상의 하단부에 표기된 관할 세무서를 코드로 등록한다.

⑩ 16.개업연월일

사업자등록증상의 개업연월일을 입력한다.

예제 따라하기 회사등록

레고상사(회사코드 : 4001)는 완구용품을 판매하는 중소기업이며 당기(제3기)의 회계기간은 2025. 1.1.~2025.12.31.이다. 전산회계 프로그램을 이용하여 회사등록을 하시오.

사 업 자 등 록 증

(일반과세자)

등록번호: 104-03-11251

상　　　　호: 레고상사
대 표 자 명: 이 대 호
개 업 년 월 일: 2023년 2월 1일
사업장 소재지 : 서울시 동작구 상도로 13

사 업 의 종 류: 업태 도 · 소매업 종목 완구 등

교 부 사 유: 신규

사업자단위과세 적용사업자여부: 여( ) 부(√)
전자세금계산서 전용 메일주소: lee@bill36524.com

2023년 2월 1일

동작세무서장 (인)

국세청 전자문서(pdf파일)로 발급된 소득공제증명서류입니다. 전자문서는 출력용으로 사용할 수 없습니다. 전자문서 진본여부 확인은 홈페이지(yesone.go.kr) 자료실을 참고 바랍니다.

사업자등록증을 참고하여 주업종코드(513921)도 등록하시오.

① 프로그램실행 후 "회사등록"을 클릭한다.
② 1.회계연도 : 2023년도 개업이므로 2025년의 기수 3기를 입력한다.
③ 2,4,5,6 사업자등록증상의 사업자등록번호, 대표자명, 거주구분, 대표자주민번호를 입력한다.
④ 8.사업장주소를 입력한다. **사업장 주소는 시도 · 시군구를 선택하고 도로명주소를 입력하여 도움을 받아 입력할 수도 있다.**
⑤ 11.12,13 업종코드를 입력하면 업태와 종목은 자동입력된다.
⑥ 14. 코드 도움을 받아 사업장 세무서는 사업자등록증상의 관할세무서를 입력한다.
⑦ 17.개업연월일을 입력한다.

해답

회사등록사항을 모두 입력한 화면은 아래와 같다.

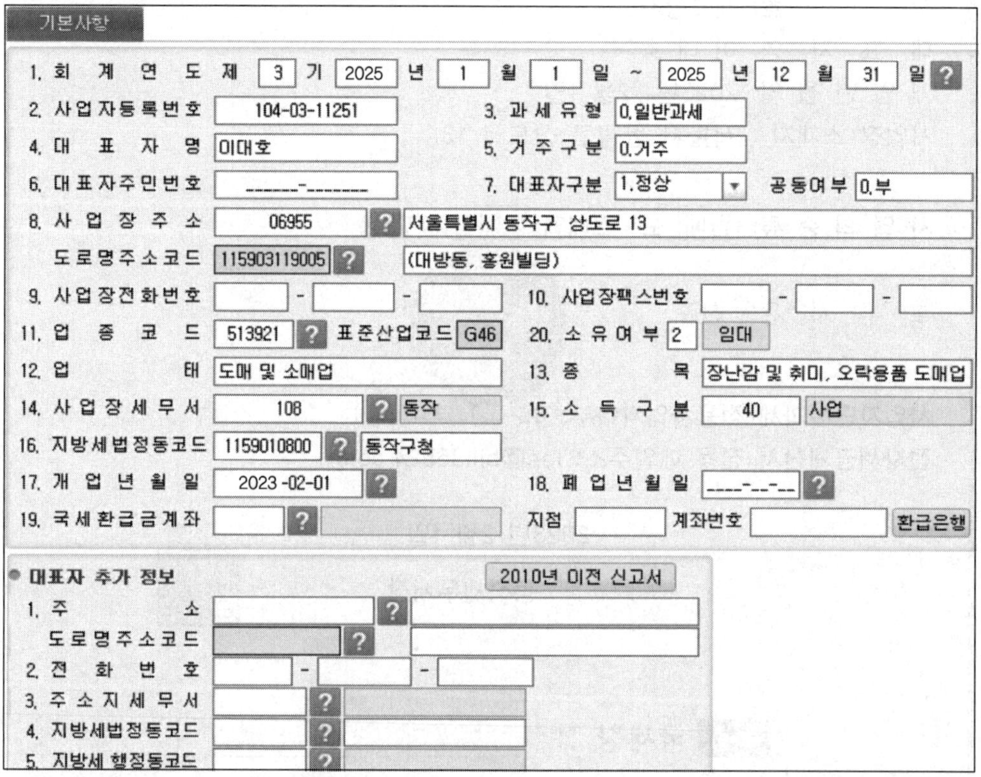

상단의 ☒ 닫기나 키보드상의 Esc를 누르고 나오면 회사등록이 완료된 것이다.
그리고 실행화면에서 4001(레고상사)를 선택하고 클릭하면 메인화면이 나타난다.

좌측의 [회계] 를 클릭하면 재무회계 화면이 나타난다.

2 환경설정

회계프로그램을 유용하게 활용하기 위한 설정사항으로서 기본계정설정을 해 줄 수 있다. [환경설정]을 클릭하고, 상단의 [회계]를 클릭하면 다음과 같은 화면이 나타난다.

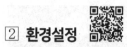

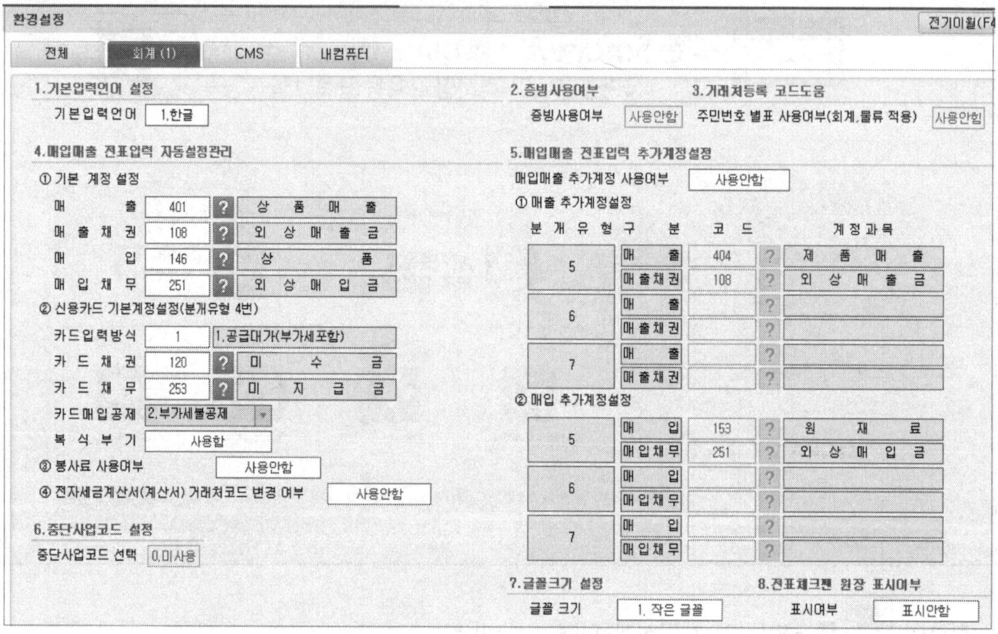

상품매매업(도소매)이 시험범위이므로 401.상품매출/146.상품으로 설정되어 있고 수정이 가능하다.

	기본계정 설정: 도소매업(FAT 2급)		
매출	**매출**	**상품매출(401)**	(차) 외상매출금 XXX
	매출채권	외상매출금(108)	**(대) 상품매출 XXX**
매입	**매입**	**상품(146)**	**(차) 상 품 XXX**
	매입채무	외상매입금(251)	(대) 외상매입금 XXX

3 거래처 등록

상품, 제품을 외상거래나 기타채권, 채무에 관한 거래가 발생했을 때 외상매출금계정이나 외상매입금계정 등의 보조장부로서 거래처별 장부를 만들게 되는데, 이렇게 각 거래처별 장부를 만들기 위해서는 장부를 만들고자 하는 거래처를 등록하여야 한다.

또한 기업은 여러 개의 통장을 소유하고 있다. 이럴 경우 **은행계좌별로 장부와 통장잔액을 일치시켜야 하므로 거래처(은행)를 등록하고 거래처 코드를** 입력한다. ← 전산회계 시험에서는 예금에 대해서 거래처를 입력하지 않는다.

〈반드시 거래처코드를 입력해야 하는 계정과목〉

보통예금, 당좌예금 등	
채권계정	**채무계정**
외상매출금	외상매입금
받을어음	지급어음
미 수 금	미지급금
선 급 금	선 수 금
대여금(단기, 장기)	차입금(단기, 장기), 유동성장기부채
가지급금	가수금(거래처를 알고 있을 경우 입력)
임차보증금	임대보증금

(1) 일반거래처

부가가치세신고 대상거래는 반드시 거래처등록을 해야 하며, 기타 채권채무관리를 위한 거래처를 등록한다. 입력시 하단의 메시지를 참고하여 입력한다.

Message	거래처코드를 입력합니다. (101~97999) ※ 참고 : Enter시 거래처코드를 자동부여합니다.

① 코드

"00101~97999"의 범위 내에서 코드번호를 부여한다.

② 거래처명 및 유형

유형은 "0.전체" "1.매출" "2.매입"을 선택한다.

③ 일반거래처 등록사항

사업자등록번호, 주민등록번호, 대표자성명, 업태, 종목, 사업장주소 등을 입력한다.

④ 거래시작일과 거래종료일

신규거래처를 등록하면 거래시작일이 자동 입력된다.

⑤ 담당자메일주소

전자세금계산서를 발급시 추가사항란에 담당자 메일주소를 입력한다.

(2) 금융기관

보통예금, 당좌예금, 정기예금, 정기적금유형으로 나누어 입력한다.

① 코드

"98000~99599"의 범위 내에서 코드번호를 부여한다.

② 거래처명을 입력하고 유형은 해당 예금에 맞는 유형을 선택한다.

③ 계좌번호를 입력한다.

(3) 카드거래처

카드거래처 입력은 회사가 거래하는 신용카드사를 입력하는 것이다.

매출카드거래처는 회사가 신용카드사에 가맹되어 있는 경우를 말하고, 매입카드거래처는 회사의 사업용카드(법인카드 등)를 보유하고 있는 경우에 입력한다.

① 코드

"99600~99999"의 범위 내에서 임의 선택하여 부여한다.

② 카드사명, 가맹점번호, 구분, 결제일, 입금계좌, 수수료

카드사, 구분(매입카드,매출카드), 가맹점번호, 카드종류 등을 입력한다.

예제 따라하기 거래처등록

레고상사(4001)에 대한 거래처는 다음과 같다. 거래처를 등록하시오.

[일반거래처]

- 거래처 유형은 0 : 전체를 선택한다.
- 거래처 시작일은 모두 20x1년 3월 1일로 입력한다.

<table>
<tr><th rowspan="2">코드</th><th rowspan="2">거래처명</th><th>대표자명</th><th>사업자등록번호</th><th>업태</th><th>종목</th><th>담당자 메일주소</th></tr>
<tr><th colspan="5">사업장 주소</th></tr>
<tr><td rowspan="2">1001</td><td rowspan="2">오공상사</td><td>이한라</td><td>104-81-23639</td><td>도소매</td><td>완구</td><td>kyc@nate.com</td></tr>
<tr><td colspan="5">서울시 은평구 갈현로 181</td></tr>
<tr><td rowspan="2">1002</td><td rowspan="2">제일완구</td><td>최미리</td><td>206-86-10100</td><td>도소매</td><td>완구</td><td>song@nate.com</td></tr>
<tr><td colspan="5">서울시 서초구 과천대로 802</td></tr>
</table>

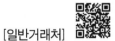

[금융기관]

기능모음(F11) 과 은행등록으로 국민은행[100]을 등록하여 계좌개설점을 입력하시오.

코드	금융기관명	구 분	계좌번호
98000	국민은행(구로)	일반	123-456-789

[신용카드]

코드	카드(사)명	카드(가맹점)번호	구분
99600	비씨카드	5000	매출카드
99700	국민카드	1234-5678-9123-4567	매입카드*1

*1.회사카드가 국세청에 등록한 사업용카드이다.

해답

메인화면의 [기초정보관리]-[거래처등록]을 클릭한다.
화면 내에서 좌우화면으로 옮길시 마우스나 키보드상의 탭키를 이용한다.

[일반거래처 등록화면]

1.오공상사

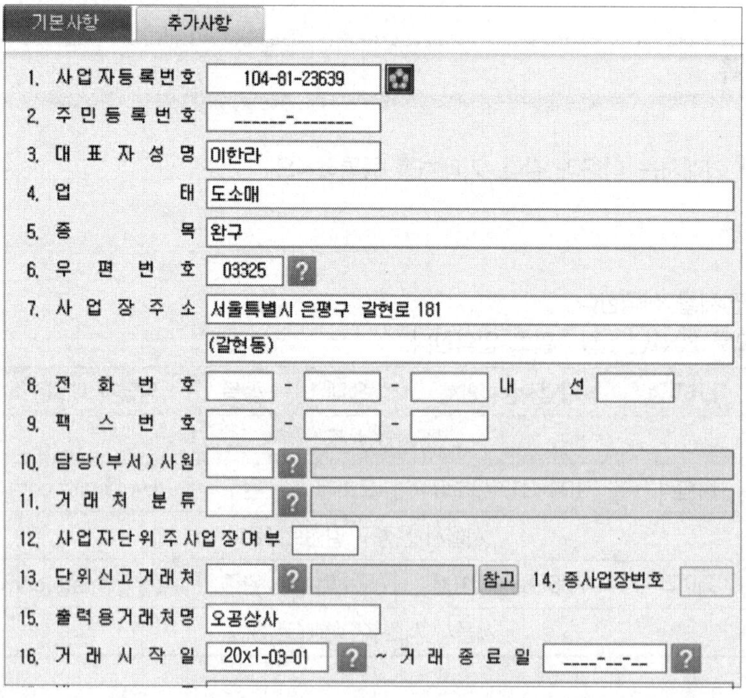

거래시작일을 20x1년 3월 1일로 수정하고, 추가사항란에 담당자메일주소를 입력한다.

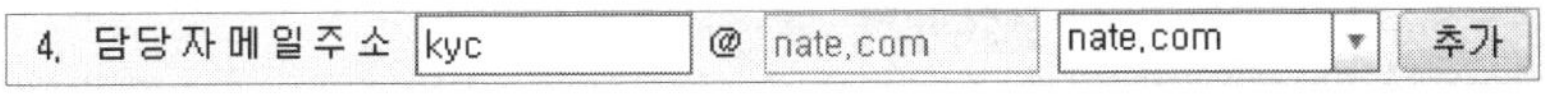

4. 담 당 자 메 일 주 소	kyc	@	nate,com	nate,com	▼	추가

2. 제일완구

기본사항	추가사항

1. 사 업 자 등 록 번 호	206-86-10100	✦
2. 주 민 등 록 번 호	_____-_____	
3. 대 표 자 성 명	최미리	
4. 업 태	도소매	
5. 종 목	완구	
6. 우 편 번 호	06761	?
7. 사 업 장 주 소	서울특별시 서초구 과천대로 802	
	(방배동)	
8. 전 화 번 호	[] - [] - [] 내 선 []	
9. 팩 스 번 호	[] - [] - []	
10. 담 당 (부 서) 사 원	[] ?	
11. 거 래 처 분 류	[] ?	
12. 사 업 자 단 위 주 사 업 장 여 부	[]	
13. 단 위 신 고 거 래 처	[] ? 참고 14. 종사업장번호 []	
15. 출 력 용 거 래 처 명	제일완구	
16. 거 래 시 작 일	20x1-03-01 ? ~ 거 래 종 료 일 ____-__-__ ?	

거래시작일을 20x1년 3월 1일로 수정하고, 추가사항란에 담당자메일주소(song@nate.com)를 입력한다.

[금융기관등록화면]

-은행등록 : 기능모음(F11) ▼ 을 클릭하여 은행등록을 한다.

	코드	금융기관명
1	100	국민은행
2		

은행 코드를 입력하세요

확인(Tab) 삭제(F5)

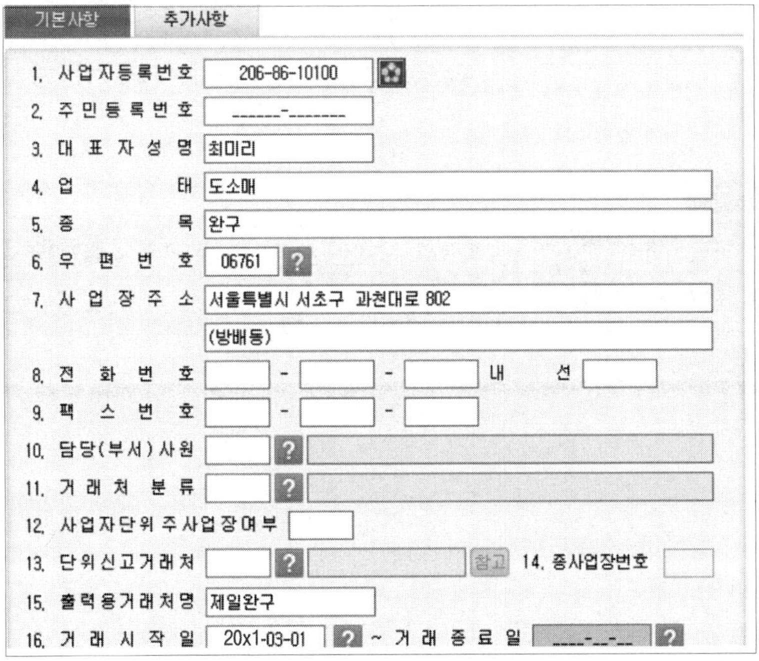

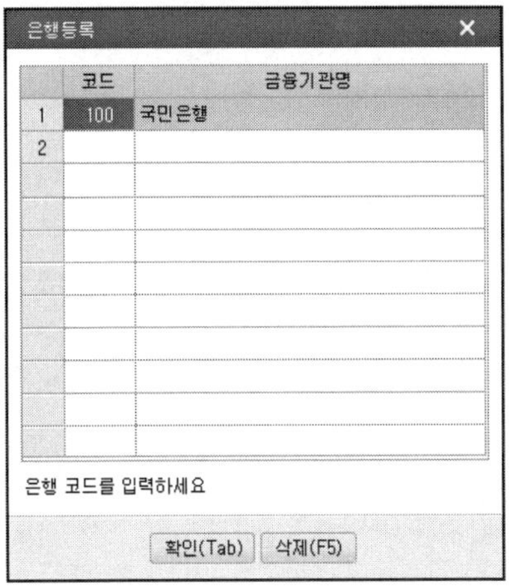

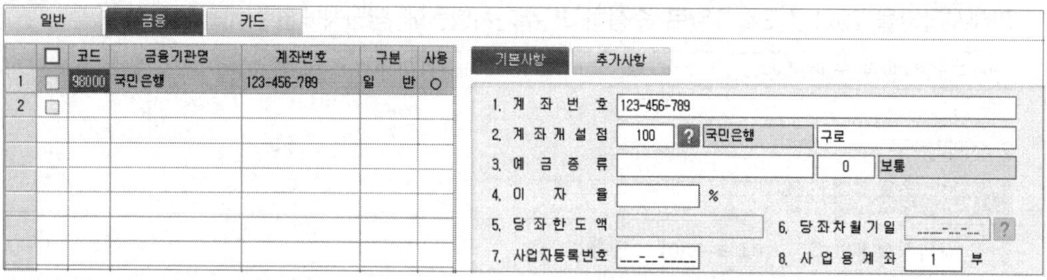
일반
금융
카드
코드
금융기관명
계좌번호
구분
사용
1
98000
국민은행
123-456-789
일 반
○
2
기본사항
추가사항
1. 계 좌 번 호
123-456-789
2. 계 좌 개 설 점
100
국민은행
구로
3. 예 금 종 류
0
보통
4. 이 자 율
%
5. 당 좌 한 도 액
6. 당 좌 차 월 기 일
7. 사업자등록번호
8. 사 업 용 계 좌
1
부

[카드등록화면]

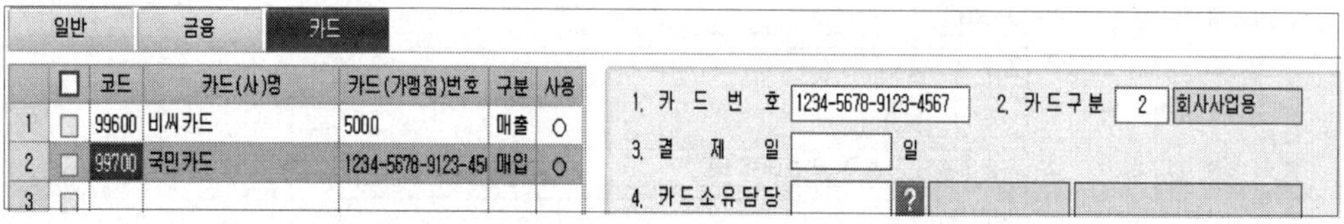
일반
금융
카드
코드
카드(사)명
카드(가맹점)번호
구분
사용
1
99600
비씨카드
5000
매출
○
2
99700
국민카드
1234-5678-9123-45
매입
○
3
1. 카 드 번 호
1234-5678-9123-4567
2. 카드구분
2
회사사업용
3. 결 제 일
일
4. 카드소유담당

4 계정과목 및 적요등록

(1) 계정과목

적색계정은 자주 사용하는 계정과목이며, **일반적으로 적색계정과목은 수정하지 않으나, 수정시에는 Ctrl+F1을 클릭한 후 수정한다.**

흑색계정과목은 자유롭게 수정할 수 있다.

(2) 구분

해당계정의 성격을 나타낸다. 흑색계정과목은 바로 수정이 가능하나, 적색계정과목은 Ctrl+F1을 **클릭한 후 수정할 수 있다.**

□	코드	계정과목	구분	사용	과목	관
□	101	현 금	일 반			
□	102	당 좌 예 금	예 금			
□	103	보 통 예 금	예 금			
□	104	정 기 예 금	예 금			
□	105	정 기 적 금	예 금			
□	106	기 타 단기금융상품	예 금			
□	107	단 기 매 매 증 권	유가증권			

0.
1. 예 금
2. 적 금
3. 일 반
4. 차 감
5. 유 가 증 권
6. 채 권
7. 기 타

(3) 관계코드

관계있는 다른 계정과목을 표시하면 된다.

예를 들어 대손충당금(109)은 외상매출금(108)을 차감하는 계정과목이다.

□	109	대 손 충 당 금	차 감	○	109	108	거래처,부서/사원	대손충당금	Allowance for
□	110	받 을 어 음	일 반	○	110		거래처,부서/사원,받을C	받을어음	Notes receivat

관계코드를 수정할려면 Ctrl+F1**을 클릭한 후 수정한다.**

(4) 적요의 수정

적요는 현금적요와 대체적요가 있으며 수정하고자 하는 계정과목에서 커서를 이동한 후 추가 등록할 내용으로 입력한다.

좌측 자산, 부채, 자본을 클릭 후 해당 자산으로 바로 이동이 가능하다.

계정과목및적요등록

재무제표 유형설정 | 기능모음(F11)

- 전체
- 자산
  - 유동자산
    - 당 좌 자 산(10100~14599)
    - 재 고 자 산(14600~17599)
  - 비유동자산
- 부채
- 자본
- 매출
- 매출원가
- 판관비
- 기타
- 제조
- 도급
- 분양

코드	계정과목	구분	사용	과목	관계	관리항목	표준코드	표준재무제표항목	출력
146	상 품	일반재고	○	146		거래처,부서/사원,카드	045	상품	상품
147	매 입 환출및에누리	환출차감	○	147	146	거래처,부서/사원			매입환
148	매 입 할 인	할인차감	○	148	146	거래처,부서/사원			매입할
149	관 세 환 급 금	관세차감	○	149	146	거래처,부서/사원			관세환
150	제 품	일반재고	○	150		거래처,부서/사원	046	제품	제품
151	관 세 환 급 금	관세차감	○	151	150	거래처,부서/사원			관세환
152	완 성 건 물	일반재고	○	152		거래처,부서/사원	060	완성공사(주택외)	완성건
153	원 재 료	일반재고	○	153		거래처,부서/사원,카드	051	원재료	원재료
154	매 입 환출및에누리	환출차감	○	154	153	거래처,부서/사원			매입환
155	매 입 할 인	할인차감	○	155	153	거래처,부서/사원			매입할
156	원 재 료 (도 급)	일반재고	○	156		거래처,부서/사원,카드	051	원재료	원재료(
157	매 입 환출및에누리	환출차감	○	157	156	거래처,부서/사원			매입환
158	매 입 할 인	할인차감	○	158	156	거래처,부서/사원			매입할
159	원 재 료 (분 양)	일반재고	○	159		거래처,부서/사원,카드	051	원재료	원재료(
160	매 입 환출및에누리	환출차감	○	160	159	거래처,부서/사원			매입환
161	매 입 할 인	할인차감	○	161	159	거래처,부서/사원			매입할

● 현금적요

No	적요내용	비고
01	상품 현금매입	
02	상품매입환출및 에누리	
06	의제매입세액 원재료차감(부가)	의제매입세액
07	재활용 폐자원매입세액(부가)	제활용폐자원

● 대체적요

No	적요내용	비고
01	상품외상매입	
02	상품수표 매입	
03	상품어음매입	
04	상품매출원가 대체	
05	타계정에서 대체액	

예제 따라하기 계정과목 및 적요등록

1. 레고상사는 국민연금납부와 관련된 적요를 "예수금"계정에서 등록하여 사용하려고 한다.
2. '254.예수금' 계정의 대체적요를 등록하시오.
   - 대체적요 : 9. 국민연금 본인 부담분 현금납부

해답

[기초정보관리]-[계정과목 및 적요등록]

1. 적요 추가등록

– 254.예수금을 찾아서 대체적요를 신규등록한다.

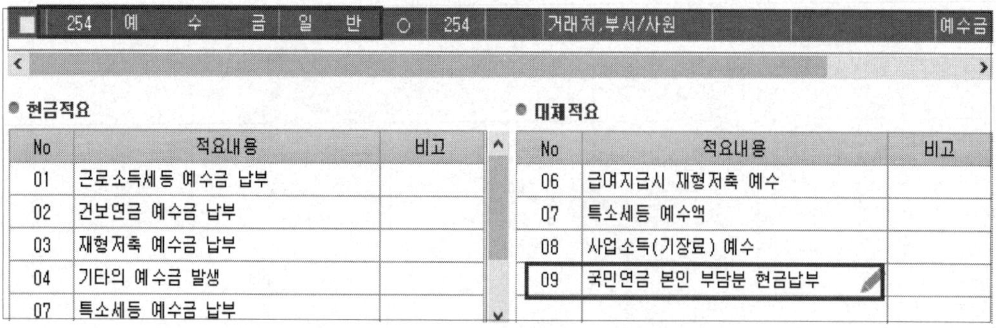

254	예 수 금	일 반	○	254	거래처,부서/사원	예수금

● 현금적요

No	적요내용	비고
01	근로소득세등 예수금 납부	
02	건보연금 예수금 납부	
03	재형저축 예수금 납부	
04	기타의 예수금 발생	
07	특소세등 예수금 납부	

● 대체적요

No	적요내용	비고
06	급여지급시 재형저축 예수	
07	특소세등 예수액	
08	사업소득(기장료) 예수	
09	국민연금 본인 부담분 현금납부	

02 STEP 전기분 재무제표입력(초기이월)

1. 계정과목입력방법

코드란에 커서를 놓고 F2를 클릭하여 계정과목을 검색하여 입력하거나 계정코드란에 바로 계정과목명 1자리이상(일반적으로 2글자 이상)을 입력해서 검색하여 입력해도 된다.

2. 차감계정입력방법

대손충당금과 감가상각누계액 코드 = 해당 계정과목코드 + 1

3. 금액입력방법

금액을 입력시 컴마(,)없이 입력한다. **키보드 우측에 있는 숫자키 중 +키를 누르면 "0"이 세 개 (000)입력된다.** 금액입력방법은 어디서나 동일한 방법으로 입력하면 된다.

1 전기분 재무상태표

전년도의 재무상태표를 입력하면 되는데, **재무상태표상의 상품의 기말재고금액은 손익계산서 상품매출원가의 기말상품재고액으로 자동반영된다.**

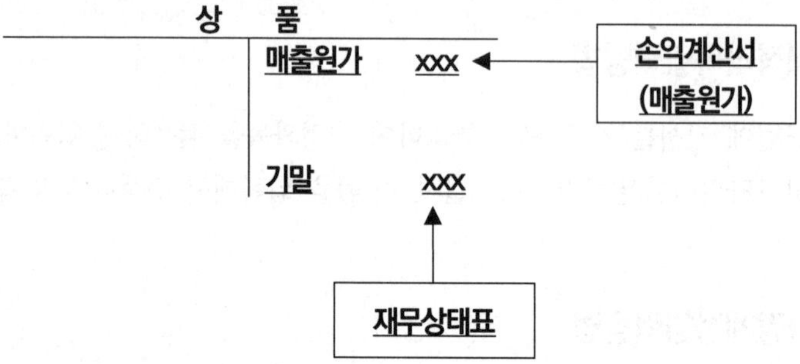

예제 따라하기 전기분 재무상태표

레고상사(4001)의 전기분재무상태표는 다음과 같다. 다음 자료를 이용하여 전기분 재무상태표를 입력하시오.

전기분재무상태표

레고상사 제 2기 20×0년 12월 31일 현재 (단위 : 원)

과 목	금 액		과 목	금 액	
Ⅰ. 유 동 자 산		104,000,000	**Ⅰ. 유 동 부 채**		90,000,000
(1) 당 좌 자 산		94,000,000	외 상 매 입 금		50,000,000
현 금		10,000,000	미 지 급 금		40,000,000
외 상 매 출 금	40,000,000		**Ⅱ. 비 유 동 부 채**		20,000,000
대 손 충 당 금	(2,000,000)	38,000,000	퇴 직 급 여 충 당 부 채		20,000,000
받 을 어 음	50,000,000				
대 손 충 당 금	(4,000000)	46,000,000	**부 채 총 계**		110,000,000
(2) 재 고 자 산		10,000,000			
상 품		10,000,000			
			Ⅰ. 자 본 금		29,000,000
Ⅱ. 비 유 동 자 산		35,000,000	자 본 금		29,000,000
(1) 투 자 자 산		10,000,000	(당기순이익:10,000,000)		
투 자 부 동 산		10,000,000			
(2) 유 형 자 산		25,000,000	**자 본 총 계**		39,000,000
건 물	30,000,000				
감 가 상 각 누 계 액	(5,000,000)	25,000,000			
자 산 총 계		139,000,000	**부 채 와 자 본 총 계**		139,000,000

해답

1. [기초정보관리] → [전기분재무상태표]를 클릭한다.
2. 계정과목입력

   코드란에 커서를 놓고 F2를 클릭하여 계정과목을 검색하여 입력하거나 코드란에 바로 계정과목명 2자리이상을 입력해서 엔터를 쳐서 맞는 계정과목을 입력해도 된다.

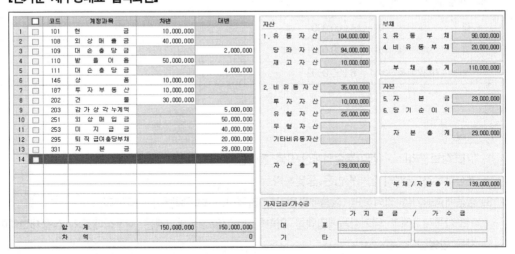

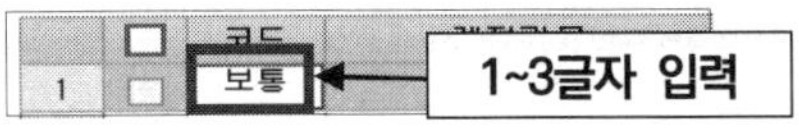

3. 금액입력

   금액을 입력시 컴마(,)없이 입력한다. **키보드 우측에 있는 숫자키 중 +키를 누르면 "0"이 세 개 (000)입력된다.**
4. 차감계정입력방법

   대손충당금과 감가상각누계액 코드 = 해당 계정과목코드 + 1

   즉, 외상매출금 계정코드가 108번이기 때문에 외상매출금에 대한 대손충당금 계정코드는 109번을 입력하면 되고, 건물 계정코드가 202번이기 때문에 건물에 대한 감가상각누계액 계정코드는 203번을 입력하면 된다.
6. 계정과목과 금액을 입력하면 우측 화면에 자산·부채항목별로 집계되고 또한 하단의 차변, 대변 합계에 집계된다. 그리고 **하단의 자산/자본/부채 총계를 확인하고 차액이 "0"이 되어야 정확하게 입력한 것이다.**
7. 작업종료시 방법 ; Esc 또는 닫기 눌러서 프로그램을 종료시키면 작업한 내용이 저장된다.

[전기분 재무상태표 입력화면]

	코드	계정과목	차변	대변
1	101	현금	10,000,000	
2	108	외상매출금	40,000,000	
3	109	대손충당금		2,000,000
4	110	받을어음	50,000,000	
5	111	대손충당금		4,000,000
6	146	상품	10,000,000	
7	187	투자부동산	10,000,000	
8	202	건물	30,000,000	
9	203	감가상각누계액		5,000,000
10	251	외상매입금		50,000,000
11	253	미지급금		40,000,000
12	295	퇴직급여충당부채		20,000,000
13	331	자본금		29,000,000
14				
		합계	150,000,000	150,000,000
		차액		0

자산		부채	
1. 유동자산	104,000,000	3. 유동부채	90,000,000
당좌자산	94,000,000	4. 비유동부채	20,000,000
재고자산	10,000,000	부채총계	110,000,000
2. 비유동자산	35,000,000	**자본**	
투자자산	10,000,000	5. 자본금	29,000,000
유형자산	25,000,000	6. 당기순이익	
무형자산		자본총계	29,000,000
기타비유동자산			
자산총계	139,000,000	부채/자본총계	139,000,000

가지급금/가수금

	가지급금	가수금
대표		
기타		

2 전기분 손익계산서

전년도의 손익계산서를 입력하면 되는데, 입력방식은 전기분 재무상태표와 거의 유사하다.
기말상품은 재무상태표상의 금액이 자동반영된다.

예제 따라하기 전기분 손익계산서

레고상사(4001)의 전기분 손익계산서는 다음과 같다. 다음 자료를 이용하여 전기분 손익계산서를 입력하시오.

전기분 손익계산서

레고상사 제 2기 20×0년 1월 1일부터 20×0년 12월 31일까지 (단위 : 원)

과 목	금 액		과 목	금 액	
Ⅰ. 매출액		100,000,000	**Ⅴ. 영업이익**		12,000,000
상품매출	100,000,000		**Ⅵ. 영업외수익**		3,000,000
Ⅱ. 매출원가		60,000,000	이자수익	3,000,000	
상품매출원가		60,000,000	**Ⅶ. 영업외비용**		4,000,000
기초상품재고액	20,000,000		이자비용	4,000,000	
당기상품매입액	50,000,000		**Ⅷ. 소득세차감전순이익**		11,000,000
기말상품재고액	10,000,000		**Ⅸ. 소득세등**		1,000,000
Ⅲ. 매출총이익		40,000,000	**Ⅹ. 당기순이익**		10,000,000
Ⅳ. 판매비와관리비		28,000,000			
급여	14,000,000				
복리후생비	8,000,000				
접대비(기업업무추진비)	6,000,000				

해답

1. [기초정보관리] → [전기분손익계산서]를 클릭한다.
2. 계정과목과 금액의 입력방법은 동일하다.
3. 상품매출원가를 입력하면, 상품매출원가를 입력하는 보조화면이 나타난다.
   기초상품재고액과 당기상품매입액을 입력하고, **기말상품재고액은 재무상태표의 상품재고액이 자동 반영**된다.

매출원가(복귀:ESC)

기초상품재고액		20,000,000
당기 상품 매입액	+	50,000,000
매입환출및에누리	-	0
매입할인	-	0
타계정에서대체액	+	0
타계정으로대체액	-	0
관세환급금	-	0
상품평가손실	+	0
상품평가손실환입	-	0
기말상품재고액	-	10,000,000
매출원가	=	60,000,000

재무상태표에서 자동반영된다.

4. 판매비와 관리비, 영업외수익, 영업외비용, 법인세등을 입력한다.
5. 문제상의 **당기순이익과 프로그램 입력 후의 당기순이익과 일치하면 정확하게 입력한 것이다.**

[전기분 손익계산서 입력화면]

	□	코드	계정과목명	금액
1	□	401	상 품 매 출	100,000,000
2	□	451	상 품 매 출 원 가	60,000,000
3	□	801	급 여	14,000,000
4	□	811	복 리 후 생 비	8,000,000
5	□	813	접 대 비	6,000,000
6	□	901	이 자 수 익	3,000,000
7	□	931	이 자 비 용	4,000,000
8	□	999	소 득 세 등	1,000,000
9	□			

항 목 별 합 계 액

1. 매 출	100,000,000
2. 매 출 원 가	60,000,000
3. 매 출 총 이 익	40,000,000
4. 판 매 비 와 관 리 비	28,000,000
5. 영 업 이 익	12,000,000
6. 영 업 외 수 익	3,000,000
7. 영 업 외 비 용	4,000,000
8. 소 득 세 차 감 전 이 익	11,000,000
9. 소 득 세 등	1,000,000
10. 당 기 순 이 익	10,000,000
주 당 이 익	0

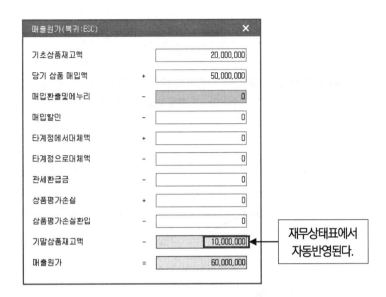

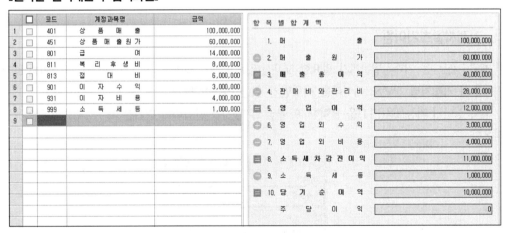

재무제표간의 상호 연관성

> **재무상태표상의 기말상품 ⇨ 손익계산서상의 매출원가의 기말상품**
> **손익계산서의 당기순이익 ⇨ 재무상태표의 자본금에 가산**

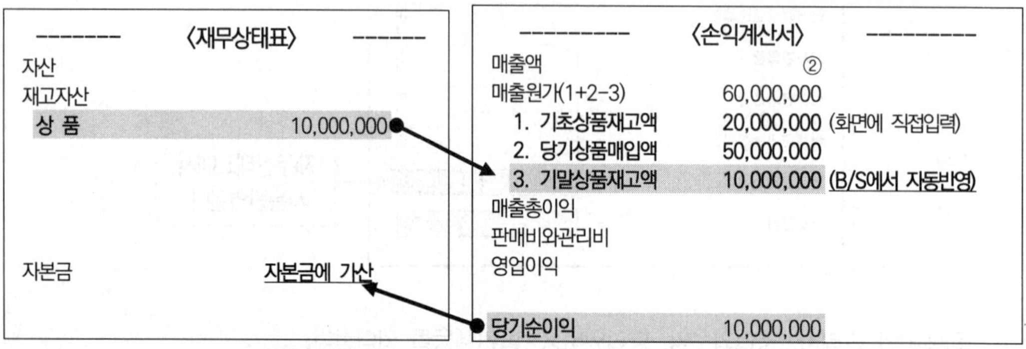

> **재무상태표(기말상품) → 손익계산서 → 재무상태표** 순으로 수정

③ 거래처별초기이월

채권·채무 등 거래처별관리가 필요한 재무상태표 항목에 대하여 [거래처원장]에 "전기이월"로 표기하면서 거래처별 전년도 데이터를 이월받기 위한 메뉴이다.

좌측 상단의 기능모음(F11)을 클릭한 후 불러오기(F3)를 클릭하여 전기분 재무상태표의 금액을 불러온다.

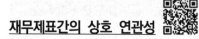

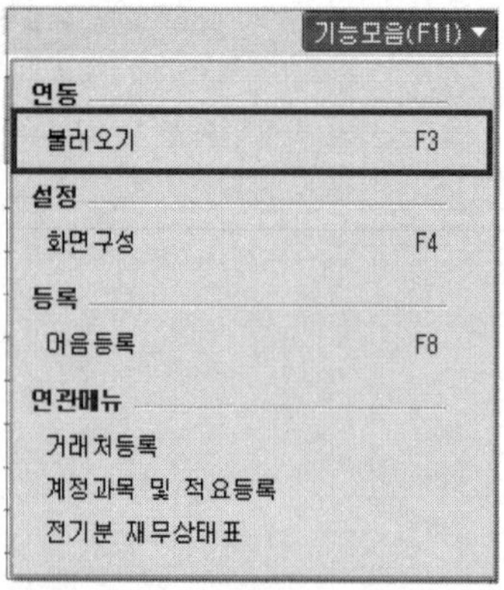

예제 따라하기 거래처별 초기이월

레고상사(4001)의 거래처별 초기이월자료를 입력하시오.

계정과목	거래처	금 액	비 고
받을어음	오공상사	50,000,000	자수어음 발행(거래)일자:20x0.12.31 만기일자:20x1.1.31 전자어음번호: 가나1234567 지급기관: 국민은행
외상매입금	오공상사	20,000,000	
	제일완구	30,000,000	
미지급금	국민카드	40,000,000	

☞자수어음: 어음발행인(오공상사)이 지급인(레고상사)에게 직접 발행한 어음

해답

1. [기초정보관리] → [거래처별초기이월]을 클릭한다.
2. 기능모음(F11)을 클릭한 후 불러오기(F3)
3. 받을어음을 [더블클릭] 또는 [TAB 이동]한 후 어음화면 이동 후 거래처명(F2를 이용), 만기일자, 어음번호, 발행인, 발행일자, 어음종류 등을 입력]

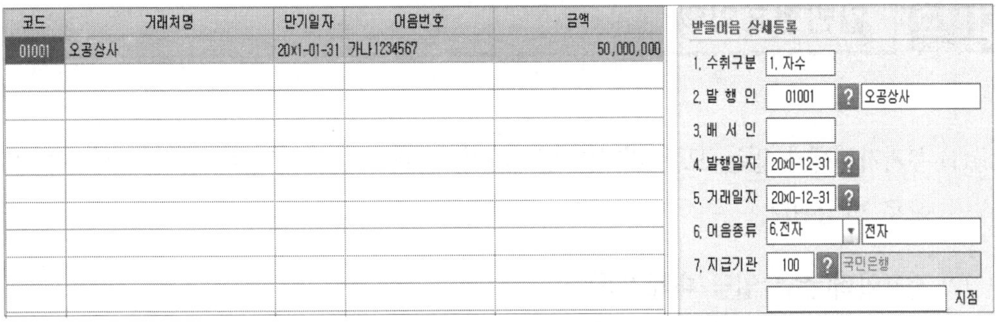

본 화면에서 하단의 차액이 "0"이 되어야 정확하게 입력된 것이다.

[거래처별초기이월 입력후 화면]

	코드	계정과목	전기분재무상태표	차 액	거래처합계금액
1	101	현금	10,000,000	10,000,000	
2	108	외상매출금	40,000,000	40,000,000	
3	109	대손충당금	2,000,000	2,000,000	
4	110	받을어음	50,000,000		50,000,000
5	111	대손충당금	4,000,000	4,000,000	
6	146	상품	10,000,000	10,000,000	
7	187	투자부동산	10,000,000	10,000,000	
8	202	건물	30,000,000	30,000,000	
9	203	감가상각누계액	5,000,000	5,000,000	
10	251	외상매입금	50,000,000		50,000,000
11	253	미지급금	40,000,000		40,000,000
12	295	퇴직급여충당부채	20,000,000	20,000,000	
13	331	자본금	29,000,000	29,000,000	
14					

코드	거래처	금액
01001	오공상사	20,000,000
01002	제일완구	30,000,000
합	계	50,000,000
차	액	0

차액 "0"

03 STEP 일반전표입력

(1) **부가가치세가 없는 모든 거래를 입력하며, 분개자료는 제 장부 및 재무제표에 자동으로 반영된다.**

(2) **전표입력(출금/입금/대체거래)**

구 분	내 용	사 례
입금전표	현금이 수입된 거래	(차) 현 금 ××× (대) 매 출 ×××
출금전표	현금이 지출된 거래	(차) 복리후생비 ××× (대) 현 금 ×××
대체전표	현금의 수입과 지출이 없는 거래	(차) 보통예금 ××× (대) 이자수익 ×××
	현금이 일부 수반되는 거래	(차) 현 금 ××× (대) 매 출 ××× 외상매출금 ×××

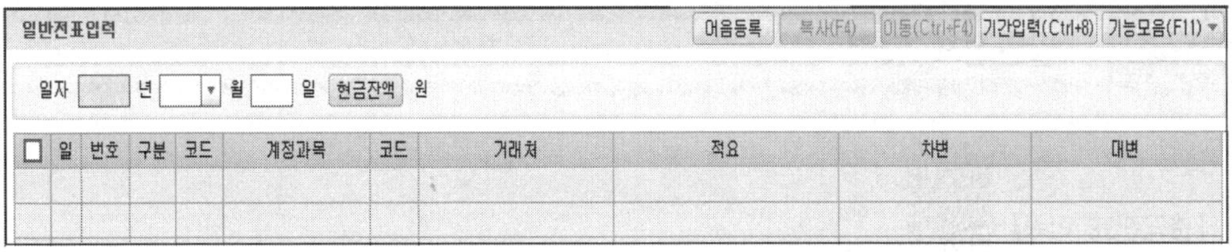

(3) 일반전표입력방법

① 입력할 전표의 월/일을 선택 입력한다.

② 전표번호는 자동생성된다.

③ 구분(1:출금/2:입금/3:차변/4:대변/5:결산차변/6:결산대변)을 입력한다.

입금/출금전표는 전표입력의 편리성으로 만들었기 때문에 **모든 거래를 대체거래로 입력해도 무방합니다.** **그리고 입력 순서는 없습니다.**

④ 계정과목 코드란에 계정과목 1글자이상(보통 2글자이상)을 입력하고 엔터를 치면, 계정코드도움 화면이 나타나고 해당계정과목을 선택한다.

⑤ 거래처코드에 거래처명 1글자이상(보통 2글자이상)을 입력하고 엔터를 치면 거래처코드도움 화면이 나타나고 해당거래처를 선택한다. 거래처코드를 입력하면 거래처명이 나타난다. **거래처코드가 입력되어야 거래처가 정상적으로 입력된 것이다.**
채권·채무, 예금 거래 등 관리대상 거래자료에 대하여는 거래처코드를 반드시 입력한다,

⑥ 전표의 적요사항을 입력한다. **FAT2급 시험에서는 특정거래(타계정대체 등)에 대해서는 적요번호를 선택하여야 한다.**

⑦ 차변 또는 대변에 금액을 입력한다.(금액란에 "+"키를 입력하면 "000"이 입력된다)

예제 따라하기 일반전표 입력

[출금전표 입력]

"1월 14일 레고상사는 여비교통비(영업부서) 50,000원을 현금으로 지급하였다."

(차) 여비교통비(판관비) 50,000 (대) 현 금 50,000 → 출금전표

1. [전표입력]→[일반전표입력]를 클릭한다.
2. 해당 1월을 선택하고 일자를 입력한다.
3. "구분"에 "1"을 선택하여 출금전표를 선택한다.
4. 코드란 "여비교" 세글자를 입력하면 계정과목도움이 나타나고, 영업부서이므로 **800번대(판매관리비) 여비교통비를** 선택한다. **거래처코드는 원칙적으로 예금과 채권/채무계정에만** 입력한다.

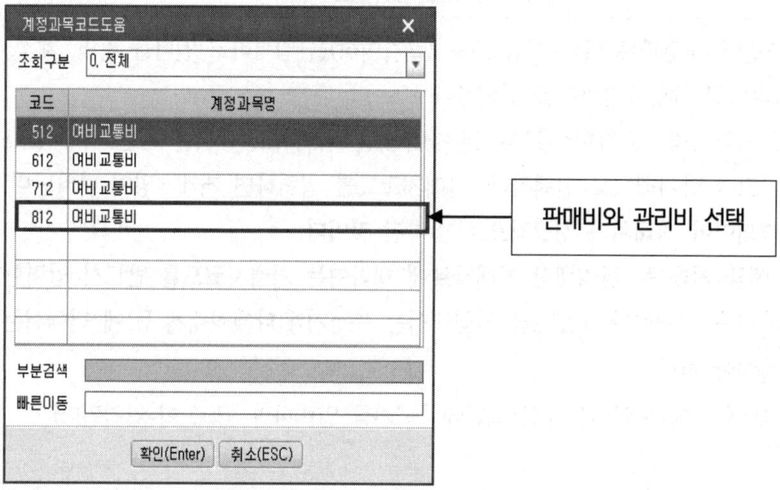

5. 등록된 적요를 선택하거나 "0"을 선택한 후 직접 입력할 수 있다.
6. 차변에 금액을 입력하고 엔터를 치면 라인이 변경되고 해당 거래가 입력이 완료된다.

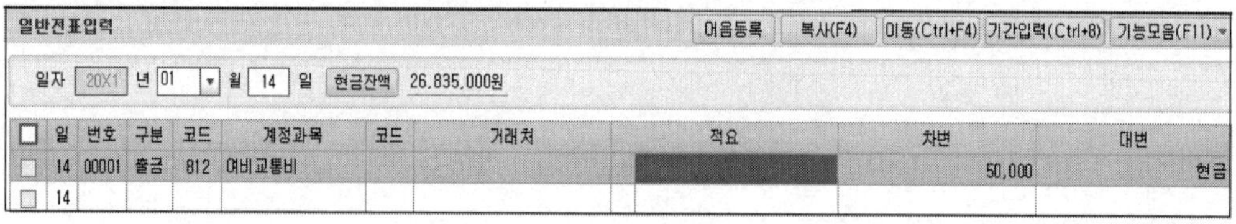

7. 하단의 [▼] 을 클릭하면 분개내용을 확인할 수 있다.

812	여비교통비	50,000	101	현금		50,000
		[차변 :50,000]				[대변 :50,000]

【입금전표 입력】

"1월 15일 레고상사는 오공상사로부터 외상매출금 17,000,000원을 현금으로 회수하였다."

(차) 현 금 17,000,000 (대) 외상매출금 17,000,000 → 입금전표

 (오공상사)

1. "구분"에 "2"을 선택하면 [입금]이라는 글자가 나타나고 입금전표를 선택한 것이다.

2. 코드란 "외상매"세 글자를 입력하면 계정과목도움이 나타나고, 해당계정인 외상매출금 계정을 선택한다.

3. [코드]는 거래처코드를 의미하므로 **F2나 거래처명중 두 글자를 입력**하면 해당 거래처가 나타나므로 해당 거래처를 선택하여 입력하면 된다.

4. 여기서 등록된 적요를 선택하거나 "0"을 선택한 후 직접 입력할 수 있다.

5. 대변에 금액을 입력한다.

일자 [2017] 년 [01 ▼] 월 [15] 일 [현금잔액] 43,835,000원

☐	일	번호	구분	코드	계정과목	코드	거래처	적요	차변	대변
☐	15	00001	입금	108	외상매출금	01001	오공상사		현금	17,000,000
☐	15									

7. 하단의 [▼] 을 클릭하면 분개내용을 확인할 수 있다.

【어음등록 및 대체전표입력】

"1월 16일 레고상사는 제일완구의 외상매입금 10,000,000원에 대하여 만기 3개월인 전자어음을 발행하여 지급하였다."

어음을 등록(어음수령일 1월 16일)하고, 자금관련정보를 입력하여 지급어음현황에 반영하시오.

전 자 어 음

제일완구 귀하 020201409082222

금 일천만원정 **10,000,000원**

위의 금액을 귀하 또는 귀하의 지시인에게 지급하겠습니다.

지급기일 20x1년 4월 16일 발행일 20x1년 1월 16일
지 급 지 국민은행 발행지 서울 구로구 구로동로 79
지급장소 구로지점 주 소
 발행인 레고상사 [전자서명]

(차) 외상매입금(제일완구) 10,000,000 (대) 지급어음(제일완구) 10,000,000

1. 상단의 [어음등록] 을 클릭 후 어음등록을 한다.

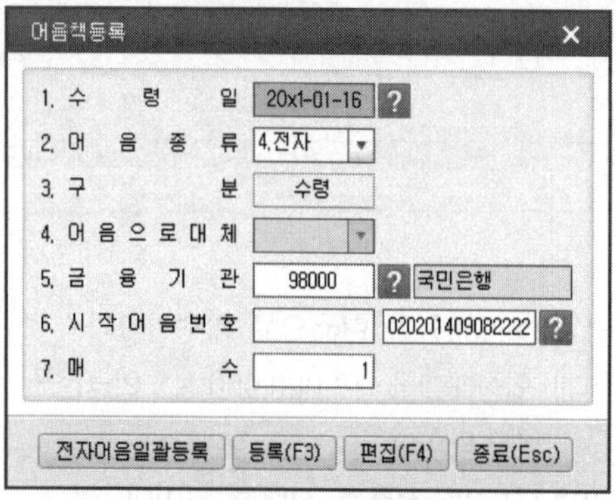

2. "구분"에 "3"을 입력하여 [차변]을 선택한다.
3. 외상매입금 계정코드를 입력하고, 거래처코드와 차변에 금액을 입력한다.
4. 다음 라인 "구분"에 "4"를 입력하여 [대변]을 선택한다.
5. 지급어음 계정코드를 입력하고, 거래처코드와 대변의 금액을 입력한다. **거래처코드(1002)를 직접 입력해도 된다.**

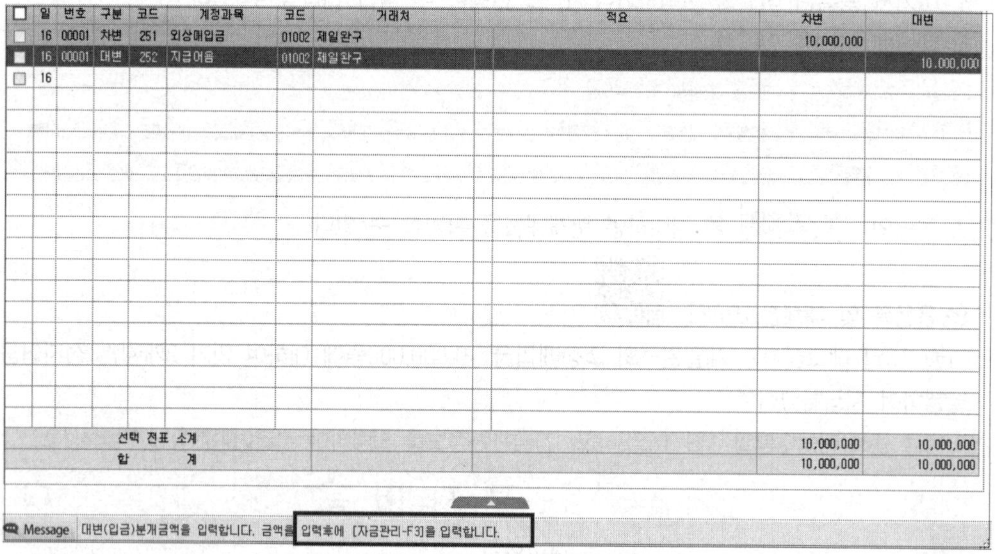

6. 하단의 메시지를 참고로 하여 [자금관리-F3]을 입력한다.

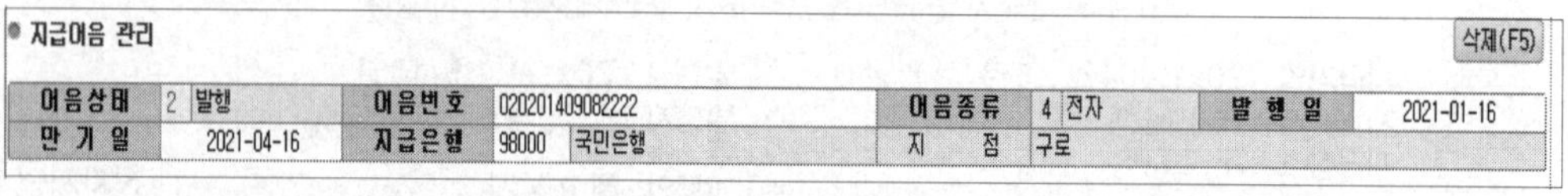

☞ ***어음번호에 커서를 위치하고 더블클릭하면 어음 등록화면이 나타나고, 어음을 선택하면 된다.***

[신규거래처등록]

"1월 17일 레고상사의 영업사원들은 속리가든에서 회식을 하고 회식비 50,000원을 다음달 결제하기로 하다"

- 거래처코드 : 5101
- 사업자등록번호 : 210-39-84214
- 대표자성명 : 이속리
- 업태 : 서비스
- 종목 : 한식

(차) 복리후생비(판관비) 50,000 (대) 미지급금(속리가든) 50,000

1. "구분"에 "3"을 선택하고 복리후생비 계정과목, 금액을 입력한다.
2. "구분"에 "4"을 선택하고 미지급금계정과목을 입력한다.
3. 거래처코드란에 "00000" 또는 "+"키를 누른 후 거래처명 "속리가든"을 입력하고, 엔터를 치면 거래처등록화면이 나오는데 거래처코드에 코드번호 5101을 입력한다.

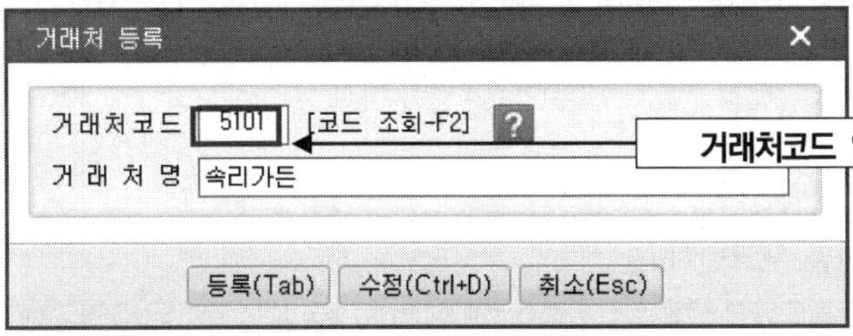

4. **수정을 클릭하고 화면 하단에** 새로운 거래처의 상세내역을 등록할 수 있다.

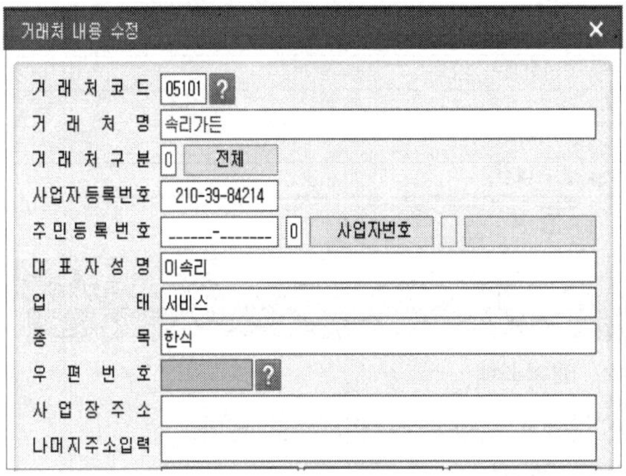

5. 대변의 금액을 입력한다. 하단의 분개내용을 확인할 수 있다.

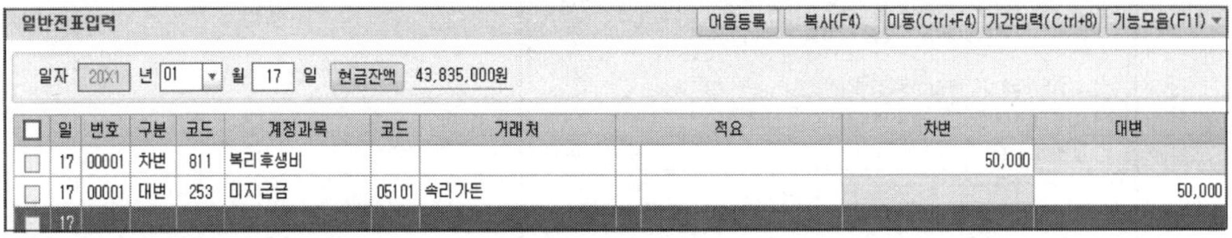

참고

전표입력시 차액 자동 입력 기능

(차) 복리후생비 100 (대) 현 금 100 전표입력시 차변 금액 100원을 입력하고 대변에도 100원을 입력해야 하는데, 환경설정에서 대변금액이 자동으로 입력하는 기능이 있다.
<환경설정>⇒<내컴퓨터>⇒<3.일반전표 엔터키 자동복사 기능>▷<***5.대체거래시 차액이 발생하면 금액 자동입력 : 사용함***> 으로 체크함.

5.대체거래입력 시 차액이 발생하면 금액 자동입력	사용함

차변(또는 대변)금액을 입력하면 자동으로 대변(또는 차변)금액이 입력되므로 전표입력시 매우 편리한 기능이다.

(4) 데이터 백업 및 백업데이터 복구

회계자료를 입력하고 이러한 입력된 자료를 백업할 수 있고, 백업된 데이터를 다른 컴퓨터에서도 불러 올 수 있다.

① 데이터백업

㉠ [데이터관리]→[데이터백업]을 클릭한다.

㉡ 백업할 회사를 체크하고, 회계를 체크한다.

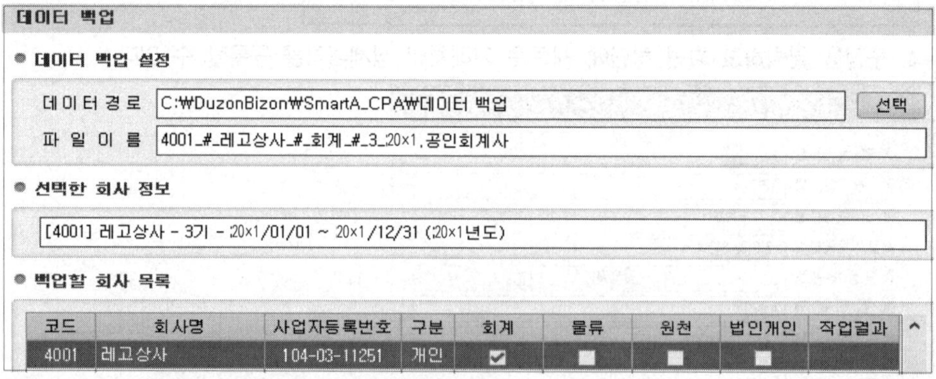

㉢ 백업하기를 실행하면 자동으로 데이터가 백업된다.

㉣ 데이터가 백업되었고 기타 저장장치(USB등)에 백업을 진행할 수도 있다.

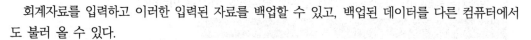

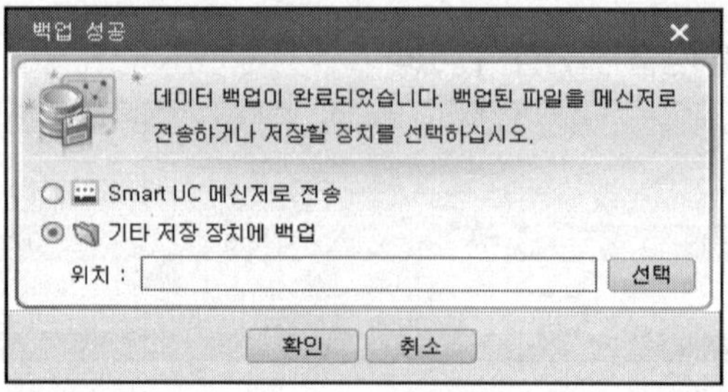

ⓜ c:\duzonbizon\Smart_CPA\데이터 백업 폴더에 4001(레고상사)가 백업된 것을 확인할 수 있다.

② 데이터백업 복구

㉠ [데이터관리] → [백업데이터 복구]를 클릭한다.

㉡ 데이터 경로를 지정한다. 방금 전에 백업한 c:\duzonbizon\Smart_CPA\데이터 백업을 선택한다.

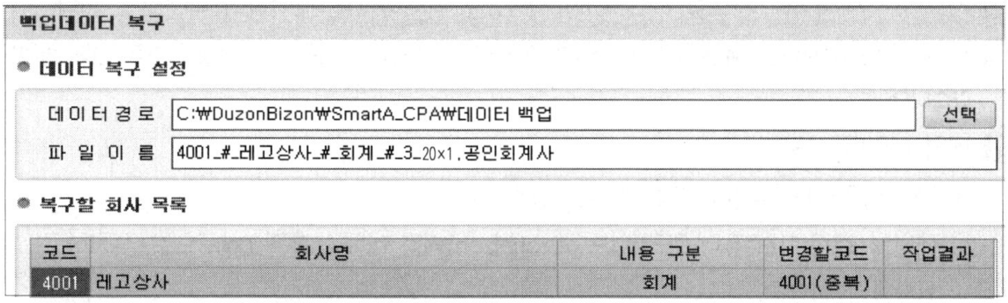

㉢ 복구하기를 실행하면 다음화면에서 데이터 복구를 할 수 있다. 새롭게 회사코드를 설정도 가능하고 기존 회사코드로도 복구할 수 있다.

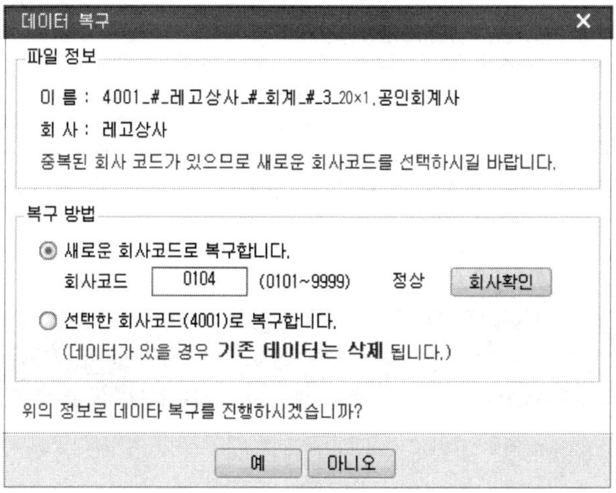

㉣ 복구를 실행하면 작업결과에 성공이라는 메시지가 뜨면 정상적으로 복구가 된 것이다.

백데이타 다운로드 및 설치

1 도서출판 어울림 홈페이지(www.aubook.co.kr)에 접속한다.

2 홈페이지에 상단에 자료실 - 백데이타 자료실을 클릭한다.

3 자료실 - 백데이터 자료실 - LOGIN FAT2급 백데이터를 선택하여 다운로드 한다.

4 **압축이 풀린 데이터는 "내컴퓨터\C드라이브\duzonbizon\백업 데이타 복구\login" 폴더 안에 풀리도록 되어 있습니다**

5 백업 데이타 복구

㉠ [데이타관리]→[백업데이타 복구]를 클릭한다.

㉡ 데이터 경로 **"내컴퓨터\C드라이브\duzonbizon\백업 데이타 복구\login"**으로 지정하고 회사를 선택한다.

㉢ 복구를 실행하면 작업결과에 성공이라는 메시지가 뜨면 정상적으로 복구가 된 것이다.

이해가 안되시면 도서출판 어울림 홈페이지에 공지사항(82번) "더존 스마트에이 데이터 백업 및 복구 동영상"을 참고해주십시오.

(5) 회사변경

상단의 [4001] 레고상사 을 클릭하면 처음 실행화면이 나오는데 회사코드도움을 선택하여 회사를 변경하면 된다.

예제 거래자료입력

한강전자[회사코드 4002]는 컴퓨터 도 · 소매업을 운영하는 개인기업이다. 제시된 자료와 [자료설명]을 참고하여, [평가문제]의 물음에 답하시오.

실무수행 유의사항	1. 타계정 대체와 관련된 적요는 반드시 코드를 입력하여야 한다. 2. **채권 · 채무, 예금거래 등 관리대상 거래자료에 대하여는 거래처코드**를 반드시 입력한다. 3. 자금관리 등 추가 작업이 필요한 경우 지문에 따라 추가 작업하여야 한다. 4. 등록된 계정과목 중 가장 적절한 계정과목을 선택한다. 5. 부가가치세는 고려하지 않는다.

☞ **타계정대체거래란?**
상품매매기업에서의 원가흐름은 상품 → 상품매출원가로 이루어져 있는데, 상품을 판매목적 이외로 사용하는 경우[접대비(기업업무추진비), 복리후생비 등] 타계정대체액이라 하고 해당 재고자산의 적요란에 "8"(타계정으로 대체액)을 반드시 선택하여야 한다.

1. **재고자산의 매입거래 입력**

거 래 명 세 서
(공급받는자 보관용)

납품년월일 : 20x1년 7월 1일
증빙번호　　　　**당거래액 :**

공급받는자	등록번호	211-23-11111			공급자	등록번호	314-81-12762		
	상 호	한강전자	성명	김길동		상 호	한강컴퓨터	성명	김파워
	주 소	서울 강남구 강남대로 520				주 소	서울 서대문구 독립문로8길 120		
	업 태	도 · 소매업	종목	컴퓨터		업 태	제조업	종목	전자제품

순번	품 명	규 격	단 위	수 량	단 가	금 액	비 고
	와이드모니터			20	80,000	1,600,000	
수량계		부가세계		공급가액계			

비 고	전미수액	당일거래총액	입금액	미수액	인수자
		1,600,000			

자료설명	[7월 1일] 상품을 외상으로 매입하고 발급받은 거래명세서이다.
평가문제	거래자료를 입력하시오.

2. 통장사본에 의한 거래 입력

■ 보통예금(우리은행) 거래내역

		내용	찾으신금액	맡기신금액	잔액	거래점
번호	거래일	계좌번호 1234-765-186647 한강전자				
1	20x1-7-02	평화상사		400,000	***	***

자료설명	[7월 02일] 평화상사에 상품 2,000,000원을 판매하기로 계약하였으며, 이 중 20%의 계약금이 우리은행 보통예금계좌에 입금되었다.
평가문제	거래자료를 입력하시오.

3. 단기매매증권구입

■ 보통예금(우리은행) 거래내역

		내 용	찾으신금액	맡기신금액	잔 액	거래점
번호	거래일	계좌번호 1234-765-186647 한강전자				
1	20x1-07-03	주식대금 등	1,020,000		***	***

자료설명	[7월 3일] 단기매매차익을 목적으로 상장회사인 ㈜오성전자 주식 100주를 주당 10,000원(액면가액 5,000원)에 구입하고 매입수수료 20,000원을 포함하여 당사의 보통예금계좌에서 인출하여 지급하였다. (단, 매입수수료는 영업외비용으로 처리할 것)
평가문제	거래자료를 입력하시오.

4. 단기매매증권 매각

매입일자	매입처(발행처)	매입주식수	주당단가	액면가	매입금액	매매목적
20x1.1.2.	(주)한미	1,000주	6,000원	5,000원	6,000,000원	단기매매차익

자료설명	[7월 4일] 회사는 단기매매를 목적으로 매입하여 보유하고 있던 (주)한미의 주식 전부를 주당 9,000원에 매각하고, 거래수수료 100,000원을 차감한 잔액을 우리은행 보통예금 계좌로 이체받았다.
평가문제	거래자료를 입력하시오.

5. 증빙에 의한 전표입력

** 현금영수증 **
(RECEIPT)

사업자등록번호 : 214-09-12321 강기열
사업자명 : 광고나라
단말기ID : 73453259(tel :02-345-4546)
가맹점주소 : 서울 노원구 노원로 16길 2

현금영수증 회원번호
211-23-11111 **한강전자**
승인번호 **: 83746302 (PK)**
거래일시 : 20x1년 07월 05일 16시28분21초

공급금액 **150,000원**
부가세금액
총합계 **150,000원**

휴대전화, 카드번호 등록
http://현금영수증.kr
국세청문의(126)
38036925-GCA10106-3870-U490
〈〈〈〈〈〈이용해 주셔서 감사합니다.〉〉〉〉〉〉

자료설명	[7월 5일] 신상품의 광고를 위한 현수막을 제작하고 제작비를 현금으로 지급하였다.
평가문제	거래자료를 입력하시오.

6. 대손의 발생

자료설명	[7월 06일] 인천전자의 파산으로 외상매출금 2,000,000원이 회수불능하여 대손처리하였다. 단, 대손처리시점의 대손충당금 잔액을 조회하여 처리하시오.
평가문제	거래자료를 입력하시오.

7. 출장비 정산

여비 정산서

소 속	영업부	직 위	사원	성 명	홍길동		
출장내역	일 시	20x1년 7월 1일 ~20x1년 7월 5일					
	출 장 지	부 산					
	출 장 목 적	판매 샘플 제공					
출장비	지급받은 금액	500,000원	실제소요액	530,000원	추가지급액	30,000원	
지출내역	숙 박 비	150,000원	식 비	80,000원	교 통 비	70,000원	
	거래처선물비	230,000원					

20x1년 7월 7일

신청인 성명 홍 길 동 (인) 홍길동

자료설명	[7월 7일] 1. 출장을 마친 직원의 여비정산서를 받고 여비 부족액은 현금으로 추가지급하였다. 2. 출장 전 회사에서 현금 500,000원을 지급하였다.
평가문제	거래자료를 입력하시오.

8. 실무프로세스 - 통장거래

■ 보통예금(농협) 거래내역

		내 용	찾으신금액	맡기신금액	잔 액	거래점
번호	거래일	계좌번호 111-21-34276 한강전자				
1	20x1-07-08	어음대금 입금		3,000,000	***	***

자료설명	[7월 8일] 매출처 이랜드전자에서 상품대금으로 받아 보관중인 받을어음이 만기가 도래되어 보통예금 통장에 입금되었다. (어음번호 : 2017123412341234)
평가문제	1. 거래자료를 입력하시오. 2. 자금관련정보를 입력하여 받을어음현황에 반영하시오

9. 증빙에 의한 전표입력

영 수 증 (공급받는자용)					
NO	한강전자				귀하
공급자	사업자 등록번호	105-21-24807			
공급자	상호	영진문구		성명	이아영
공급자	사업장 소재지	서울 서대문구 북아현로 1			
공급자	업태	도 · 소매		종목	문구
작성일자		공급대가총액		비고	
20x1.7.9.		30,000			
공 급 내 역					
월/일	품명	수량	단가	금액	
7/9	문구류			30,000	
합 계		₩30,000			
위 금액을 영수(청구)함					

자료설명	[7월 09일] 영진문구에서 문구류를 구입하고 대금은 현금으로 지급하였다.
평가문제	거래자료를 입력하시오. (비용으로 처리할 것)

10. 약속어음 발행거래

전 자 어 음

중앙전자 귀하 020201812341234

금 일백만원정 1,000,000원

위의 금액을 귀하 또는 귀하의 지시인에게 지급하겠습니다.

지급기일 20x1년 10월 10일
지 급 지 국민은행
지급장소 역삼지점

발행일 20x1년 7월 10일
발행지 주 소 서울 강남구 강남대로 520
발행인 한강전자

전자서명

자료설명	[7월 10일] 중앙전자에 대한 외상매입금을 위의 전자어음을 발행하여 지급하였다.
평가문제	1. 거래자료를 입력하시오. 2. 자금관련정보를 입력하여 지급어음 현황에 반영하시오.

11. 실무프로세스 - 계산서 거래

(청 색)

<table>
<tr><td colspan="9">계산서 (공급받는자 보관용) 승인번호</td><td colspan="3"></td></tr>
<tr><td rowspan="5">공급자</td><td>등록번호</td><td colspan="4">120-23-34671</td><td rowspan="5">공급받는자</td><td>등록번호</td><td colspan="4">211-23-11111</td></tr>
<tr><td>상호</td><td>삼성교육원</td><td>성 명
(대표자)</td><td colspan="2">박호영</td><td>상호</td><td>한강전자</td><td>성 명
(대표자)</td><td colspan="2">김길동</td></tr>
<tr><td>사업장
주소</td><td colspan="4">서울 강남구 역삼로 123</td><td>사업장
주소</td><td colspan="4">서울 강남구 강남대로 520</td></tr>
<tr><td>업태</td><td>서비스</td><td colspan="3">종사업장번호</td><td>업태</td><td>도 · 소매업</td><td colspan="3">종사업장번호</td></tr>
<tr><td>종목</td><td>교육</td><td colspan="3"></td><td>종목</td><td>컴퓨터외</td><td colspan="3"></td></tr>
<tr><td colspan="2">작성일자</td><td colspan="3">20x1.7.11.</td><td colspan="2">공급가액</td><td colspan="5">500,000</td></tr>
<tr><td>월</td><td>일</td><td>품목명</td><td>규격</td><td>수량</td><td>단가</td><td colspan="3">공급가액</td><td colspan="2">비고</td><td></td></tr>
<tr><td>7</td><td>11</td><td>경리 교육</td><td></td><td></td><td></td><td colspan="3">500,000</td><td colspan="2"></td><td></td></tr>
<tr><td></td><td></td><td></td><td></td><td></td><td></td><td colspan="3"></td><td colspan="2"></td><td></td></tr>
<tr><td></td><td></td><td></td><td></td><td></td><td></td><td colspan="3"></td><td colspan="2"></td><td></td></tr>
<tr><td colspan="2">합계금액</td><td>현금</td><td>수표</td><td>어음</td><td colspan="2">외상미수금</td><td rowspan="2" colspan="5">이 금액을 ◉영수 ○청구 함</td></tr>
<tr><td colspan="2">500,000</td><td>500,000</td><td></td><td></td><td colspan="2"></td></tr>
</table>

자료설명	[7월 11일] 경리사원의 실무능력향상을 위한 외부 위탁교육을 실시하고 교육비는 현금으로 지급하였다.
평가문제	거래자료를 입력하시오.

12. 통장사본에 의한 거래입력

■ 보통예금(우리은행) 거래내역

		내 용	찾으신금액	맡기신금액	잔 액	거래점
번호	거래일	계좌번호 1234-765-186647 한강전자				
1	20x1-07-12	홍길동		500,000	***	***

자료설명	[7월 12일] 출장 중인 홍길동 사원으로부터 보통예금계좌로 500,000원이 입금되었으나 입금된 내용은 알 수 없다.
평가문제	거래자료를 입력하시오.

13. 유형자산의 매각

자동차매매계약서

※ 매도인과 매수인은 쌍방 합의하에 매매 계약을 다음과 같이 체결한다.

1. 매매할 자동차의 표시			
등록번호	39로 3138	차대번호	Y62565H
차 종	승용차	차 명	SM7

2. 계약내용(약정사항)

제1조 위 자동차를 매매함에 있어 금액을 아래와 같이 지불하기로 한다.

매매금액	一金 칠백만원(₩ 7,000,000)
계약금	一金
잔금	一金 칠백만원(₩ 7,000,000)은 인도 시 지불한다.

제2조 (당사자 표시) 매도인을 "갑"이라 하고 매수인을 "을"이라 한다.
제3조 (동시이행 등) "갑"은 잔금수령과 상환으로 자동차와 소유권이전등록에 필요한 서류를 "을"에게 인도한다

20x1년 7월 13일

특약사항

매도인 매수인 쌍방의 매매계약서로 충분히 유효합니다.

3. 계약당사자 및 입회인 인적사항

매도인	주소	서울시 강남구 강남대로 520		
	사업자등록번호	211-23-11111	성명	한강전자(김길동)
매수인	주소	서울특별시 강남구 강남대로 252		
	사업자등록번호	211-86-44373	성명	인천전자(이인영)

자료설명	[7월 13일] 1. 업무용 승용차를 매각하고 대금은 우리은행 보통예금계좌로 이체받았다. 2. 업무용 승용차(스파크)의 취득가액은 20,000,000원이고, 처분시점까지의 감가상각누계액은 15,000,000원이다.
평가문제	거래자료를 입력하시오.

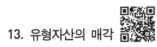

14. 증빙에 의한 전표입력

(건물) 임 대 차 계 약 서						□ 임 대 인 용 ■ 임 차 인 용 □ 사무소보관용
부동산의 표시	소재지	서울 강남구 논현로 213				
	구 조		용도	상업용	면적	50㎡
임 차 보 증 금		금 30,000,000 원정 임차료 1,000,000 원정				

제 1 조 위 부동산의 임대인과 임차인 합의하에 아래와 같이 계약함.

제 2 조 위 부동산의 임대차에 있어 임차인은 보증금을 아래와 같이 지불키로 함.

계 약 금	금 원정
중 도 금	원정은 년 월 일 지불하며
잔 금	금 30,000,000 원정은 20x1 년 07 월 14일 중개업자 입회하에 지불함.

제 3 조 위 부동산의 명도는 20x1 년 7 월 14 일로 함.

제 4 조 임대차 기간은 20x1 년 7 월 14 일로부터 (24)개월로 함.

제 5 조 월세금액은 매월(30)일에 지불키로 하되 만약 기일내에 지불치 못할 시에는 보증금액에서 공제키로 함.

제 6 조 임차인은 임대인의 승인하에 개축 또는 변조할 수 있으나 계약 대상물을 명도시에는 임차인이 일체 비용을 부담하여 원상복구 하여야 함.

제 7 조 임대인과 중개업자는 별첨 중개물건 확인설명서를 작성하여 서명 날인하고 임차인은 이를 확인 수령함. 다만, 임대인은 중개물건 확인설명에 필요한 자료를 중개업자에게 제공하거나 자료수집에 따른 법령에 규정한 실비를 지급하고 대행케 하여야 함.

제 8 조 본 계약을 임대인이 위약시는 계약금의 배액을 변상하며 임차인이 위약시는 계약금은 무효로 하고 반환을 청구할 수 없음.

제 9 조 부동산 중개업법 제 20 조 규정에 의하여 중개료는 계약당시 쌍방에서 법정수수료를 중개인에게 지불하여야 함.

위 계약조건을 확실히 하고 후일에 증하기 위하여 본 계약서를 작성하고 각 1통씩 보관한다.

20x1년 7월 14일

임 대 인	주 소	서울 강남구 삼성로 29				
	주민등록번호	770211-*******	전화번호	010-3021-****	성명	명성건물 ㊞
임 차 인	주 소	서울 강남구 강남대로 520				
	주민등록번호	721103-*******	전화번호	010-6677-****	성명	김길동 ㊞
중개업자	주 소	서울 강남구 논현로 4			허가번호	**-***-***
	상 호	청남중개사무소	전화번호	010-5422-****	성명	이청남 ㊞

자료설명	[7월 14일] 지점확장을 위해 상가의 월세계약서를 작성하고, 보증금을 우리은행 보통예금계좌에서 이체하였다.
평가문제	거래자료를 입력하시오.

15. 실무프로세스 – 일반거래

산출내역

납기내 20x1.7.31. 까지	60,000 원
면허세	60,000 원
납기후 (3% 가산) 까지	원
면허세	원

<납부장소>
시중은행 본·지점(한국은행 제외), 농·수협(중앙회 포함), 우체국

전용계좌로도 편리하게 납부
은행
은행
은행

*세금 미납시에는 재산업류 등 체납처분을 받게 됩니다.

20x1 년 07 월(정기분) 면허세 — **납세자 보관용 영수증**

납 세 자	한강전자
주 소	서울 강남구 강남대로 520
납세번호	기관번호 / 세목 / 납세년월기 / 과세번호

• 이 영수증은 과세명세로도 사용 가능합니다.
• 세금 미납시에는 재산업류 등 체납처분을 받게 됩니다.
▼ 인터넷 납부시 입력번호

면허종목	자동차분	납기내 60,000 원 20x1. 7.31. 까지
면허(등록) 종목	32소 1234	
상 호	한강전자	납기후 61,800 원 20x1. 8.31. 까지(3% 가산)
물건소재지	서울 강남구 강남대로 520	
체납세액	체납표기 제외대상입니다.	

위의 금액을 납부하시기 바랍니다. 위의 금액을 영수합니다.
20x1 년 7 월 31 일 　　년 월 일 (수납인)

강 남 구 청장

• 수납인과 취급자인이 없으면 이 영수증은 무효입니다.
• 공무원은 현금을 수납하지 않습니다.

자료설명	[7월 15일] 상품 배달용 트럭에 대한 면허세를 납기일에 우리은행 보통예금계좌에서 전자납부하였다.
평가문제	거래자료를 입력하시오.

16. 증빙에 의한 전표입력

자동차보험증권

Insurance 　20X1년 8월 15일 　자보업무팀에서 작성하여 발행한 것임.

계약번호	2018-3224976	계약일	20x1 년 7 월 16일
기명피보험자	한강전자(김길동)	기명피보험자코드	
계약자	한강전자(김길동)	계약자코드	

보험 가입 자동차				보험료 납입사항		
차량번호 (차대번호)	39러 3138(연식 : 2016)			납입하신 보험료	의무보험	원
					임의보험	원
차명	승용차					
차량가액	1,620 만원	부속품가액	50 만원	연간적용보험료		800,000 원
의무보험	20x1 년 7 월 16 일 24:00 부터 20x2 년 7 월 16 일 24:00					
임의보험기간	20x1 년 7 월 16 일 24:00 부터 20x2 년 7 월 16 일 24:00					

자료설명	[7월 16일] 1. 영업부 업무용 승용차의 자동차보험증권(엘지보험)이다. 2. 보험료는 우리은행 보통예금계좌에서 이체하여 지급하였다.
평가문제	거래자료를 입력하시오.(보험료는 자산처리하고, 거래처도 입력하시오.)

17. 증빙에 의한 전표입력

자료1. 건강보험료 영수증

건강 보험료 20x1 년 6 월 영수증(납부자용)

사 업 장 명	한강전자
사 용 자	김길동(서울 강남구 강남대로 520)

납부자번호		사 업 장 관리번호	211-23-11111

납 부 할 보 험 료 (ⓐ+ⓑ+ⓒ+ⓓ+ⓔ)	100,000 원
납 부 기 한	20x1.7.25. 까지

보험료	건 강 ⓐ	100,000 원	연금 ⓒ	원
	장기요양 ⓑ		고용 ⓓ	원
	소계(ⓐ+ⓑ)	100,000 원	산재 ⓔ	원

납기후금액	원	납기후기한	까지

◉ 납부기한까지 납부하지 않으면 연체금이 부과됩니다.

※ 납부장소 : 전 은행, 우체국, 농・수협(지역조합 포함), 새마을금고, 신협, 증권사, 산림조합중앙회, 인터넷지로(www.giro.or.kr)

※ 2D코드 : GS25, 세븐일레븐, 미니스톱, 바이더웨이, 씨유에서 납부 시 이용.(우리・신한은행 현금카드만 수납가능)

20x1 년 7 월 17 일

국민건강보험공단 이 사 장 (국민건강보험공단) (수납인)

자동이체 신청 납부자번호 :

자료2. 보통예금(우리은행) 거래내역

		내 용	찾으신금액	맡기신금액	잔 액	거래점
번호	거래일	계좌번호 1234-765-186647 한강전자				
1	20x1-07-17	국민건강보험공단	100,000		***	***

자료설명	[7월 17일] 6월 급여지급분에 대한 건강보험료를 우리은행 보통예금계좌에서 이체하여 납부하였다. 건강보험료의 50%는 급여 지급 시 원천징수한 금액이며, 50%는 회사부담분이다. 당사는 회사부담분을 "복리후생비"로 처리하고 있다.
평가문제	거래자료를 입력하시오.

18. 증빙에 의한 전표입력

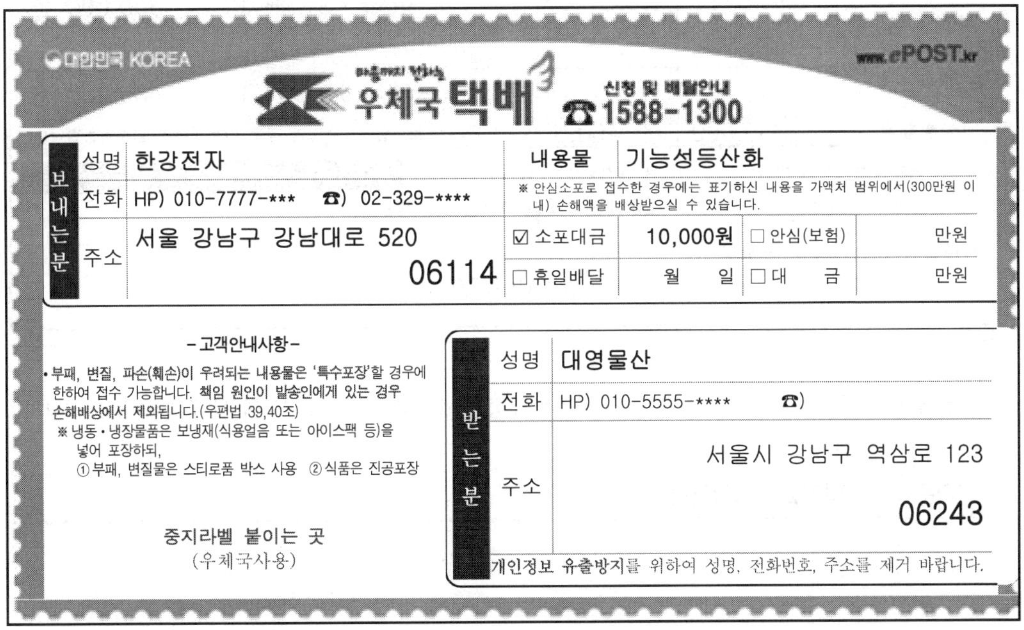
대한민국 KOREA

www.ePOST.kr

마음까지 전하는 우체국 택배

신청 및 배달안내 ☎ 1588-1300

보내는 분					
성명	한강전자	내용물	기능성등산화		
전화	HP) 010-7777-*** ☎) 02-329-****	※ 안심소포로 접수한 경우에는 표기하신 내용을 가액처 범위에서(300만원 이내) 손해액을 배상받으실 수 있습니다.			
주소	서울 강남구 강남대로 520	☑ 소포대금	10,000원	□ 안심(보험)	만원
	06114	□ 휴일배달	월 일	□ 대 금	만원

-고객안내사항-

• 부패, 변질, 파손(훼손)이 우려되는 내용물은 '특수포장'할 경우에 한하여 접수 가능합니다. 책임 원인이 발송인에게 있는 경우 손해배상에서 제외됩니다.(우편법 39,40조)

※ 냉동·냉장물품은 보냉재(식용얼음 또는 아이스팩 등)을 넣어 포장하되,
① 부패, 변질물은 스티로폼 박스 사용 ② 식품은 진공포장

중지라벨 붙이는 곳
(우체국사용)

받는 분	
성명	대영물산
전화	HP) 010-5555-**** ☎)
주소	서울시 강남구 역삼로 123 06243

개인정보 유출방지를 위하여 성명, 전화번호, 주소를 제거 바랍니다.

자료설명	[7월 18일] 대영물산에 상품을 발송하고 수취한 택배 영수증이다. 택배비는 당사가 부담하며 현금으로 지급하였다.
평가문제	거래자료를 입력하시오.

19. 증빙에 의한 전표입력

서울특별시	20x1년 7월 (건물분) 재산세 도시지역분 지역자원세 지방교육세 고지서	납세자 보관용 1
납세번호	기관번호 120-25 세목 333 납세년월기 20x107 과세번호 555	
납세자 주소	김길동 서울 강남구 강남대로 520	
과세대상	건물	

※ 이 영수증은 과세증명서로 사용할 수 있습니다.

세목	납기내금액	납기후금액
재산세	350,000	460,000
도시지역분		
지역자원시설세		
지방교육세		
0세액합계	350,000	460,000

납기내 20x1.7.31. 까지 350,000 원

납기후 20x1.8.31. 까지 460,000 원

※ 납기가 토요일·공휴일인 경우 다음날까지 납부가능합니다.

위의 금액을 납부하시기 바랍니다. 년 월 일

서울특별시 강남 구청장

위의 금액을 영수합니다. 20x1년 7월 19일

수납인 20x1/7/19

전자납부번호

자료설명	[7월 19일] 김길동(한강전자)이 소유하고 있는 매장건물의 재산세를 납부기한 내에 현금으로 납부하였다.
평가문제	거래자료를 입력하시오.

20. 약속어음 - 매각거래

전 자 어 음

한강전자 귀하　　　　2018123456789

금　오백만원정　　　　**5,000,000원**

위의 금액을 귀하 또는 귀하의 지시인에게 지급하겠습니다.

지급기일 20x1년 8월 20일
지 급 지 국민은행
지급장소 역삼지점

발행일 20x1년 06월 20일
발행지 주 소 서울 강남구 역삼로 541
발행인 중앙전기

자료설명	[7월 20일] 1. 중앙전기에서 받은 전자어음을 우리은행에서 할인하고, 할인료 200,000원을 차감한 잔액은 보통예금(우리은행-강남지점)계좌로 입금하였다. 2. 매각거래로 간주한다.
평가문제	1. 거래자료를 입력하시오. 2. 자금관련정보를 입력하여 받을어음현황에 반영하시오.

21. 일반거래

급 여 명 세 서

(단위:원)

구분	수당항목			급여 총액	공제항목			차인 지급액
	기본급 / 차량보조금	직책수당 / 야근근로	식대 / 가족수당		소득세 / 지방소득세	국민연금 / 건강보험	고용보험 / 공제계	
관리부 (이주몽)	3,000,000	500,000	80,000	4,000,000	40,000	50,000	20,000	3,856,000
	200,000	200,000	20,000		4,000	30,000	144,000	
영업부 (이길수)	2,000,000	200,000	80,000	3,000,000	50,000	60,000	15,000	2,830,000
	300,000	300,000	120,000		5,000	40,000	170,000	
계	5,000,000	700,000	160,000	7,000,000	90,000	110,000	35,000	6,686,000
	500,000	500,000	140,000		9,000	70,000	314,000	

자료설명	[7월 21일] 관리부(이주몽) 및 영업부(이길수) 사원의 급여를 우리은행 보통예금 계좌에서 이체하여 지급하였다.(단, 당사는 급여를 포함한 모든 수당을 급여계정으로 회계처리한다)
평가문제	거래자료를 입력하시오.

해답

1. (차) 상품 1,600,000 (대) 외상매입금(한강컴퓨터) 1,600,000

2. (차) 보통예금(우리은행) 400,000 (대) 선수금(평화상사) 400,000

3. (차) 단기매매증권 1,000,000 (대) 보통예금(우리은행) 1,020,000
   수수료비용(영 · 비) 20,000

4. (차) 보통예금(우리은행) 8,900,000 (대) 단기매매증권 6,000,000
   단기매매증권처분이익 2,900,000

   ☞ 처분손익=처분가액-장부가액=[1,000주×9,000-100,000]-6,000,000 =+2,900,000(처분익)

5. (차) 광고선전비(판) 150,000 (대) 현금 150,000

6. (차) 대손충당금 800,000 (대) 외상매출금(인천전자) 2,000,000
   대손상각비(판) 1,200,000

   ☞ 합계잔액시산표(7/14) 조회

차변		계정과목	대변	
잔액	합계		합계	잔액
		대손충당금	800,000	800,000

7. (차) 접대비(기업업무추진비)(판) 230,000 (대) 가지급금(홍길동) 500,000
   여비교통비(판) 300,000 현 금 30,000

8. (차) 보통예금(농협은행) 3,000,000 (대) 받을어음(이랜드전자) 3,000,000

[받을어음관리]

* 받을어음 관리

어음상태	4 만기	어음번호	2018123412341234	수취구분	1 자수	발행일	20x1-04-08	만기일	20x1-07-08
발행인	00206 이랜드전자			지급은행	200 농협은행			지점	강남
배서인		할인기관		지점		할인율 (%)		어음종류	6 전자
지급거래처				* 수령된 어음을 타거래처에 지급하는 경우에 입력합니다.					

9. (차) 소모품비(판) 30,000 (대) 현 금 30,000

10. (차) 외상매입금(중앙전자) 1,000,000 (대) 지급어음(중앙전자) 1,000,000

[지급어음관리]

* 지급어음 관리

어음상태	2 발행	어음번호	020201812341234	어음종류	4 전자	발행일	20x1-07-10
만기일	20x1-10-10	지급은행	98002 국민은행	지점			

11. (차) 교육훈련비(판) 500,000 (대) 현 금 500,000

12. (차) 보통예금(우리은행) 500,000 (대) 가수금(홍길동) 500,000

    ☞ 가수금의 내역을 추후에 규명하기 위하여 거래처에 입금자를 입력하여 관리하기도 한다.

13.	(차)	보통예금(우리은행)	7,000,000	(대)	차량운반구	20,000,000
		감가상각누계액(차량)	15,000,000		유형자산처분이익	2,000,000

☞ 처분손익=처분가액−장부가액=7,000,000−[20,000,000−15,000,000]=+2,000,000(처분이익)

14.	(차)	임차보증금(명성건물)	30,000,000	(대)	보통예금(우리은행)	30,000,000
15.	(차)	세금과공과금(판)	60,000	(대)	보통예금(우리은행)	60,000
16.	(차)	선급비용(엘지보험)	800,000	(대)	보통예금(우리은행)	800,000
17.	(차)	복리후생비(판)	50,000	(대)	보통예금(우리은행)	100,000
		예수금	50,000			
18.	(차)	운반비(판)	10,000	(대)	현　금	10,000
19.	(차)	세금과공과(판)	350,000	(대)	현　금	350,000
20.	(차)	보통예금(우리은행)	4,800,000	(대)	받을어음(중앙전기)	5,000,000
		매출채권처분손실	200,000			

[받을어음관리]

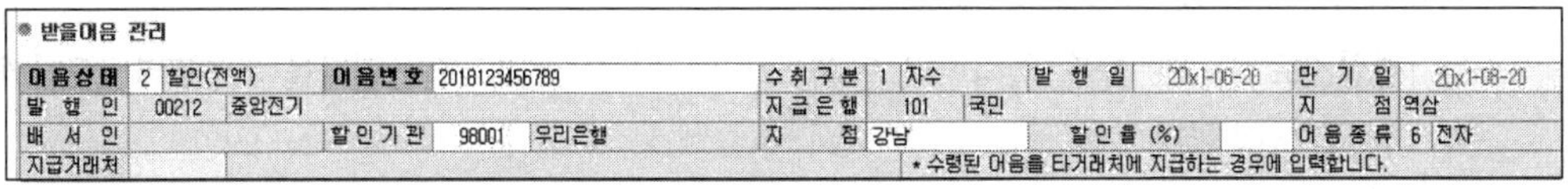

● 받을어음 관리

어음상태	2 할인(전액)	어음번호	2018123456789	수취구분	1 자수	발행일	20x1-06-20
발행인	00212 중앙전기			지급은행	101 국민	만기일	20x1-08-20
배서인		할인기관	98001 우리은행	지점	강남	지점	역삼
지급거래처				할인율(%)		어음종류	6 전자

* 수령된 어음을 타거래처에 지급하는 경우에 입력합니다.

21.	(차)	급여(판)	7,000,000	(대)	예수금	314,000
					보통예금(우리은행)	6,686,000

04 STEP 결 산

1 결산자료 입력하기

수동결산	12월 31일 일반전표입력 **(3.차변 4.대변으로 입력해도 되고 5.결차, 6.결대로 입력해도 무방함)**
자동결산	1. 재고자산의 기말재고액(상품) 2. 유무형자산의 상각비 3. 퇴직급여충당부채 당기 전입액 4. 채권에 대한 대손상각비(보충법) 5. 소득세계상 ☞ **수동결산도 가능하다.**
순서	**수동결산→ 자동결산**

(1) 자동결산입력방법([결산/재무제표Ⅰ] → [결산자료입력])

① 결산일자 입력 및 원가경비 선택

㉠ [결산자료입력] 메뉴를 클릭하면 아래 그림이 나타나는데, 결산일자를 **1월부터 12월까지** 기간을 선택한다.

㉡ FAT2급 시험에서는 상품매출원가가 나오므로 원가경비를 선택할 필요가 없다.

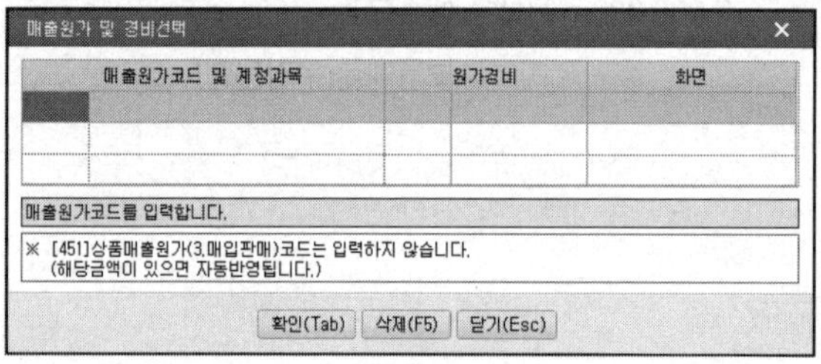

㉢ 다음과 같은 메시지가 나오면 "아니오"를 선택하여 프로그램이 전표입력사항을 다시 불러오도록 한다.

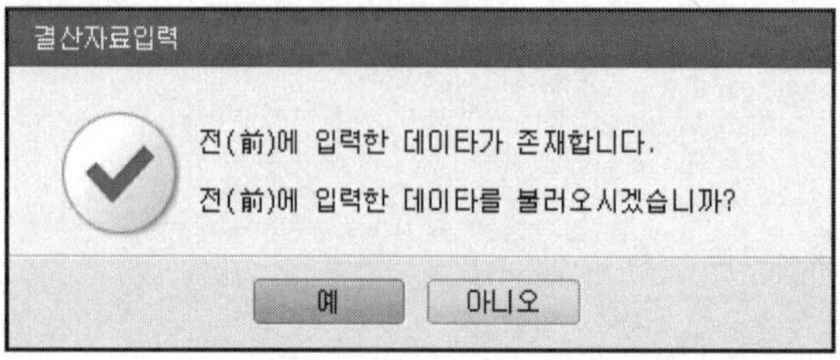

② 기말상품재고 입력

과목	결산분개금액	결산입력사항금액	결산금액(합계)
1. 매출액			824,186,000
상품매출		824,186,000	
2. 매출원가			523,876,800
상품매출원가		523,876,800	523,876,800
(1). 기초 상품 재고액		50,000,000	
(2). 당기 상품 매입액		473,876,800	
(10).기말 상품 재고액			
3. 매출총이익			300,309,200
4. 판매비와 일반관리비			194,530,830

③ 대손상각비 입력

㉠ 합계잔액 시산표(12월 31일)를 조회하여 보충법에 의하여 대손상각비를 산출한다.

㉡ 채권별로 대손상각비를 입력한다.

5). 대손상각			
외상매출금			
받을어음			
단기대여금			
선급금			

④ 퇴직급여, 감가상각비 입력

2). 퇴직급여(전입액)			
3). 퇴직보험충당금전입액			
4). 감가상각비			
건물			
차량운반구			
비품			

⑤ 소득세등 입력

9. 소득세등			
2). 소득세 계상			

⑥ 결산완료 및 수정방법

㉠ 상단의 F3(**전표추가**)를 클릭하면 일반전표에 결산분개가 자동으로 반영됩니다.
그러면 12/31일 일반전표를 조회하면 결산분개가 반영된 것을 확인할 수 있습니다.

일자 20X1 년 12 월 31 일 현금잔액 30,730,420원 결산분개

일	번호	구분	코드	계정과목	코드	거래처	적요	차변	대변
31	00001	결차	451	상품매출원가			01 상품매출원가 대체	523,876,800	
31	00001	결대	146	상품			04 상품매출원가 대체		523,876,800
31									

㉡ 수정은 전표를 체크하고 난 후 상단의 삭제아이콘을 눌러 전표를 삭제하고, 다시 결산 자료를 입력 후 상단의 전표추가를 클릭한다.

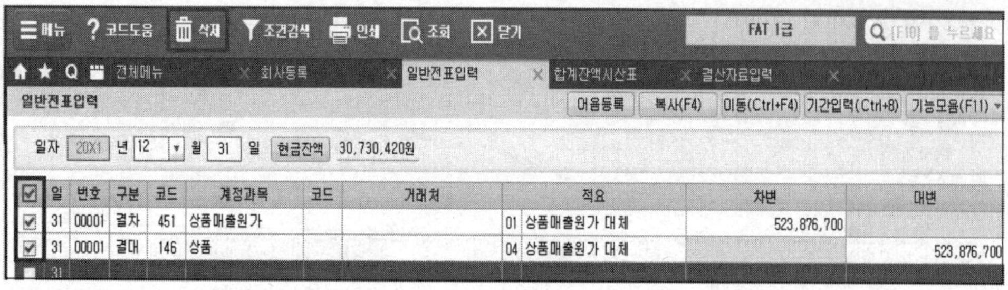

2 재무제표 확정

재무제표는 일정한 순서, 즉 **손익계산서, 재무상태표 순**으로 작성해야 한다.

(1) 손익계산서

[결산/재무제표], **[손익계산서]를 조회한 후 Esc(종료)로 종료 후 저장**한다.
상단의 기능모음(F11)의 '추가'를 클릭하여 '손익대체분개'를 수행한다.

(2) 재무상태표

[결산/재무제표], **[재무상태표]를 조회한 후 Esc(종료)로 종료후 저장**한다.

〈재무제표 확정 순서〉
1. 손익계산서 조회 후 저장 → 2. 기능모음(F11)의 '추가'를 클릭 → 3. 재무상태표 조회 후 저장

예제 결 산

한라전자(4003)의 거래내용은 다음과 같다. 다음 결산자료를 참고로 결산을 수행하고 재무제표를 완성하시오.

〈수동결산〉

1. 손익의 예상과 이연

자료설명	20x1년 기말 현재 단기대여금에 대한 이자수익 중 선수분을 계상하다. (단, 대여금이자는 12개월분이다.)
평가문제	9월 1일 거래를 참고하여 결산정리분개를 입력하시오.(단, 월할계산할 것)

2. 손익의 예상과 이연

자료설명	단기차입금에 대한 기간 경과분 미지급 이자 200,000원과 화물자동차 보험료 기간미경과분 500,000원을 계상하다. (보험료 지급 시 비용처리하였다.)
평가문제	결산정리분개를 입력하시오.

3. 기타 결산정리사항(수동결산)

자료설명	12월 31일 현재 현금과부족 잔액에 대해서 결산일까지 그 내역이 밝혀지지 않았다
평가문제	결산정리분개를 입력하시오.

4. 기타 결산정리사항(수동결산)

자료설명	소모품 구입 시 소모품비로 처리하고 결산 시 미사용분을 자산으로 대체하고 있다. 기말 소모품 재고를 파악한 결과 미사용분은 1,000,000원으로 확인되었다.
평가문제	결산정리분개를 입력하시오.

〈자동결산〉

5. 자동결산- 재고자산

자료설명	[재고자산 내역]

계정과목	자산명	수량	단가	금액
상품	컴퓨터	20	500,000원	10,000,000원
	모니터	20	200,000원	4,000,000원
	하드디스크	50	100,000원	5,000,000원
합계				19,000,000원

평가문제	수동결산 또는 자동결산(결산자료입력) 메뉴를 이용하여 결산을 완료하시오.

6. 자동결산 - 대손충당금

자료설명	매출채권(외상매출금과 받을어음)에 대하여 1%의 대손충당금을 보충법을 적용하여 회계 처리하시오.
평가문제	수동결산 또는 자동결산 메뉴를 이용하여 결산을 완료하시오.

7. 자동결산 - 감가상각비

자료설명	차량운반구에 대한 감가상각비 800,000원과 비품에 대한 감가상각비 1,200,000원을 계상하다.
평가문제	수동결산 또는 자동결산 메뉴를 이용하여 결산을 완료하시오.

해답

[수동결산] 12월 31일 일반전표입력(1~4)

수동결산입력시 결차, 결대로 입력해도 무방합니다.

1. 9월 1일 전표 조회:(차) 보통예금 1,200,000 (대) 이자수익 1,200,000

(차) 이자수익 800,000원 (대) 선수수익 800,000원

☞**선수수익: 1,200,000원 × 8개월/12개월 = 800,000원**

2. (차) 이자비용 200,000원 (대) 미지급비용 200,000원

(차) 선급비용 500,000원 (대) 보험료(판) 500,000원

3. 합계잔액시산표(12/31) 조회 및 차변 잔액(10,000원) 확인

10,000	10,000	현 금 과 부 족		

(차) 잡손실 10,000원 (대) 현금과부족 10,000원

4. [수동결산]

(차) 소모품 1,000,000원 (대) 소모품비(판) 1,000,000원

☞**구입시 회계처리 : (차) 소모품비(판) xxx (대) 현 금 등 xxx**

5. 방법 1 [자동결산]

2. 매출원가			76,450,000
상품매출원가		76,450,000	76,450,000
(1). 기초 상품 재고액		36,000,000	
(2). 당기 상품 매입액		59,450,000	
(10).기말 상품 재고액		19,000,000	

방법 2 [수동결산]

(차) 상품매출원가 76,450,000원 (대) 상 품 76,450,000원

☞ **상품매출원가 : 95,450,000(시산표 상품재고) – 19,000,000=76,450,000원**

[합계잔액시산표]

–입력 후 상품계정 잔액이 19,000,000원이 되면 정답이 된다.

차변 잔액	차변 합계	계정과목	대변 합계	대변 잔액
19,000,000	95,450,000	상 품	76,450,000	

6. 방법 1 [자동결산]

합계잔액시산표(12월 31일 조회)

계정과목	기말잔액(A)	대손추산액 (B=A×1%)	설정전 대손충당금(C)	당기대손상각비 (B-C)
외상매출금	176,440,000	1,764,400	800,000	964,400
받 을 어 음	56,900,000	569,000	0	569,000
계				1,533,400

5). 대손상각		1,533,400	1,533,400
외상매출금		964,400	
받을어음		569,000	

방법 2 [수동결산]

(차) 대손상각비(판) 1,533,400원 (대) 대손충당금(외상) 964,400원

대손충당금(받을) 569,000원

[합계잔액시산표]

-**<u>입력 후 대손충당금 잔액이 매출채권의 1%가 되면 정답이 된다.</u>**

차변 잔액	차변 합계	계정과목	대변 합계	대변 잔액
176,440,000	259,900,000	외 상 매 출 금	83,460,000	
		대 손 충 당 금	1,764,400	1,764,400
56,900,000	68,800,000	받 을 어 음	11,900,000	
		대 손 충 당 금	569,000	569,000

7. 방법1 [자동결산]

4). 감가상각비		2,000,000	2,000,000
건물			
차량운반구		800,000	
비품		1,200,000	

방법2 [수동결산]

(차) 감가상각비(판) 2,000,000원 (대) 감가상각누계액(차량) 800,000원

감가상각누계액(비품) 1,200,000원

- 모든 자동결산항목을 입력 후 상단부 전표추가(F3)를 클릭하면 일반 전표입력 메뉴에 분개가 생성된다.

05 STEP 장부조회

FAT 2급에서는 기초정보관리→전표입력→결산 입력 후 장부 및 재무제표 조회를 통하여 20문항을 작성하여야 한다. 따라서 **장부 및 재무제표 조회가 합격여부에 중요한 부분**이 되었다.

1 일계표/월계표

[일계표/월계표]는 일자별 또는 월간별로 각 **계정별 대체전표 및 현금전표의 내역**을 조회할 수 있다.

[금강전자 – 월계표]

일계표 | 월계표

조회기간 [ ] 년 [01] 월 ~ [ ] 년 [03] 월

차변			계정과목	대변		
계	대체	현금		현금	대체	계
204,700,000	170,200,000	34,500,000	[유 동 자 산]	7,500,000	19,395,000	26,895,000
193,100,000	158,600,000	34,500,000	< 당 좌 자 산 >	7,500,000	19,395,000	26,895,000
110,500,000	82,000,000	28,500,000	보 통 예 금	3,000,000	19,395,000	22,395,000
6,000,000		6,000,000	단 기 매 매 증 권			
76,100,000	76,100,000		외 상 매 출 금	4,500,000		4,500,000
500,000	500,000		받 을 어 음			
11,600,000	11,600,000		< 재 고 자 산 >			
11,600,000	11,600,000		상 품			
4,180,000	660,000	3,520,000	[유 동 부 채]	660,000	21,330,000	21,990,000
3,400,000		3,400,000	외 상 매 입 금		11,600,000	11,600,000
120,000		120,000	미 지 급 금		3,325,000	3,325,000

화면에서 마우스를 더블클릭하면 계정별원장이 나타나고, 해당 전표를 수정할 수 있습니다.

[대체거래 및 현금거래]

차변			계정과목	대변		
계	대체	현금		현금	대체	계
76,100,000	76,100,000		외상매출금	4,500,000		4,500,000

[차변]				
대체거래	(차) 외상매출금	76,100,000원	(대) 상품매출(현금이외)	76,100,000원
[대변]				
현금거래	(차) 현 금	4,500,000원	(대) 외상매출금	4,500,000원

2 합계잔액시산표

합계잔액시산표는 각 계정별로 차변과 대변의 합계와 잔액을 표시한다. 조회하고자 하는 월을 입력하면 **해당 월까지 잔액(누계잔액)**이 조회된다. **재무상태표계정은 설립 시부터 해당 월까지 누계잔액이 표시되고, 손익계산서계정은 1월부터 해당 월까지 누계잔액이 표시된다.**

[금강전자 – 합계잔액시산표]

과목별 | 제출용 | 표준용

기간 [ ] 년 12 월 31 일

차변 잔액	차변 합계	계정과목	대변 합계	대변 잔액
688,585,900	1,094,165,000	◀유 동 자 산▶	406,379,100	800,000
600,135,900	998,715,000	◁당 좌 자 산▷	399,379,100	800,000
88,212,300	248,110,000	현 금	159,897,700	
4,975,000	4,975,000	당 좌 예 금		
51,090,600	194,412,000	보 통 예 금	143,321,400	
206,500,000	206,500,000	정 기 예 . 적 금		
9,918,000	9,918,000	단 기 매 매 증 권		
176,440,000	259,900,000	외 상 매 출 금	83,460,000	
		대 손 충 당 금	800,000	800,000
56,900,000	68,800,000	받 을 어 음	11,900,000	
3,000,000	3,000,000	단 기 대 여 금		
2,000,000	2,000,000	미 수 금		
800,000	800,000	선 급 금		
300,000	300,000	가 지 급 금		
88,450,000	95,450,000	◁재 고 자 산▷	7,000,000	
88,450,000	95,450,000	상 품	7,000,000	
89,775,400	89,775,400	◀비 유 동 자 산▶	30,000,000	30,000,000

3 계정별원장

계정별원장은 각 계정(**현금계정 제외**)의 거래내역을 일자별로 기록한 장부이다. 조회하고자 하는 계정과목을 1개 또는 여러 개를 설정할 수 있고, 기간도 일자별로 설정할 수 있다.

[금강전자 – 계정별원장(외상매출금)]

계정별

기 간 [ ] 년 01 월 01 일 ~ [ ] 년 01 월 31 일 ? 계정과목 102 ? 당좌예금 ~ 끝 ?

금 액 0.전체

코드	계정과목
102	당좌예금
103	보통예금
105	정기예.적금
107	단기매매증권
108	외상매출금
109	대손충당금

날짜	적요	코드	거래처명	차변	대변	잔액
	전기이월			34,800,000		34,800,000
01-06	상품외상매출	02102	인형전자	2,000,000		36,800,000
01-08				20,000,000		56,800,000
01-10	상품외상매출	03403	WILL프라자	3,600,000		60,400,000
	[월 계]			25,600,000		
	[누 계]			60,400,000		

4 거래처원장

거래처원장은 거래처의 채권 · 채무관리를 위한 장부로서 전표입력시 채권 · 채무에 입력한 거래처를 기준으로 작성된다. 즉 거래처 코드를 입력하여야만 거래처원장으로 조회할 수 있다. 거래처원장은 잔액, 내용, 총괄로 구성되어 있다.

[잔액]을 클릭하면 해당 특정 계정과목에 대해 **모든 거래처의 채권 · 채무 잔액을 조회**한다.

[금강전자 – 거래처원장 – 잔액(외상매출금)]

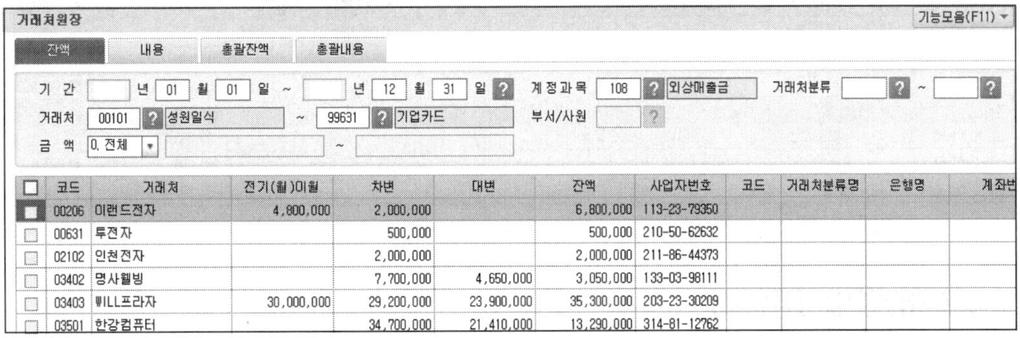

코드	거래처	전기(월)이월	차변	대변	잔액	사업자번호	코드	거래처분류명	은행명	계좌번
00206	이랜드전자	4,800,000	2,000,000		6,800,000	113-23-79350				
00631	투전자		500,000		500,000	210-50-62632				
02102	인천전자		2,000,000		2,000,000	211-86-44373				
03402	명사웰빙		7,700,000	4,650,000	3,050,000	133-03-98111				
03403	WILL프라자	30,000,000	29,200,000	23,900,000	35,300,000	203-23-30209				
03501	한강컴퓨터		34,700,000	21,410,000	13,290,000	314-81-12762				

5 총계정원장

총계정원장은 [전표입력]에 입력된 자료에 의하여 계정과목별로 집계현황을 보여준다. [월별]탭을 클릭하면 계정과목별로 월별 잔액 및 증감내역을 알 수 있다.

[금강전자 – 총계정원장]

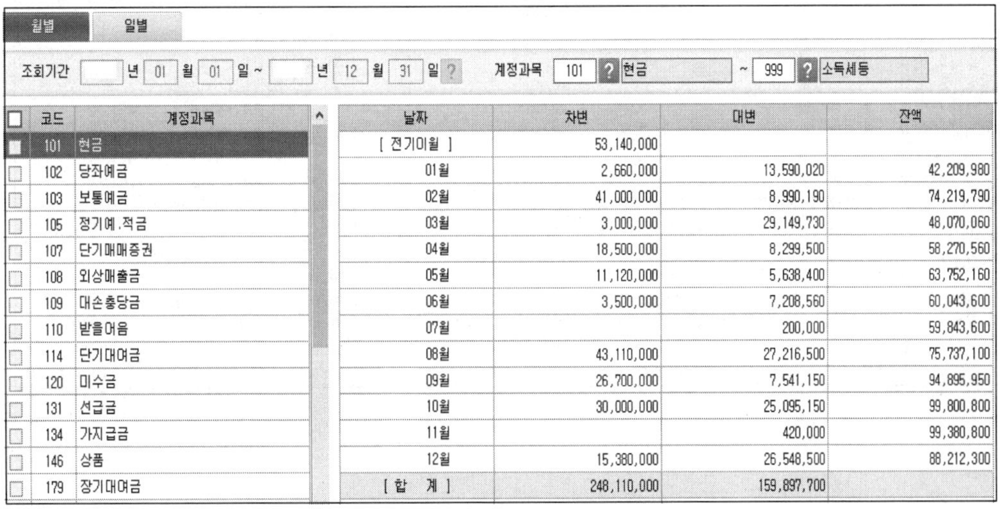

코드	계정과목
101	현금
102	당좌예금
103	보통예금
105	정기예.적금
107	단기매매증권
108	외상매출금
109	대손충당금
110	받을어음
114	단기대여금
120	미수금
131	선급금
134	가지급금
146	상품
179	장기대여금

날짜	차변	대변	잔액
[전기이월]	53,140,000		
01월	2,660,000	13,590,020	42,209,980
02월	41,000,000	8,990,190	74,219,790
03월	3,000,000	29,149,730	48,070,060
04월	18,500,000	8,299,500	58,270,560
05월	11,120,000	5,638,400	63,752,160
06월	3,500,000	7,208,560	60,043,600
07월		200,000	59,843,600
08월	43,110,000	27,216,500	75,737,100
09월	26,700,000	7,541,150	94,895,950
10월	30,000,000	25,095,150	99,800,800
11월		420,000	99,380,800
12월	15,380,000	26,548,500	88,212,300
[합 계]	248,110,000	159,897,700	

6 현금출납장

현금출납장은 현금의 입 · 출금 내역과 **현금의 장부상 시재액(현재 잔액)을 제공**한다.

[금강전자 – 현금출납장]

전체

기간 ?년 01 월 01 일 ~ ?년 01 월 31 일

전표일자	코드	적요명	코드	거래처명	입금	출금	잔액
		[전 기 이 월]			53,140,000		53,140,000
'2-01-01		사장인출금			1,000,000		
'2-01-01	01	식대 지급	00101	성원일식		12,100	
'2-01-01		소모품구입				1,000,000	53,127,900
		[일 계]			1,000,000	1,012,100	
'2-01-02		식대 지급	00101	성원일식		23,250	
'2-01-02						6,000,000	47,104,650
		[일 계]				6,023,250	

7 일일자금명세(경리일보)

일일자금명세란 하루 동안 지출 및 수입된 자금 내역을 기록하여 보고하기 위한 목적으로 작성하는 문서를 말한다. 일일자금일보에는 매출, 매입, 예금, 차입금 등과 입금액, 출금액, 잔액 등을 상세히 기록하도록 한다.

[금강전자 – 일일자금명세]

일 자 ?년 01 월 01 일 자금항목 0. 전체 일일거래 구분 0. 전체 01월01일

일일거래	복 리 후 생 비			12,100		일 숙직비 지급	성원일식
	소 모 품 비		1,000,000			소모품구입	
	현 금				1,000,000	소모품구입	
	인 출 금				1,000,000	사장인출금	
	현 금		1,000,000			사장인출금	
	보 통 예 금		5,000,000			명일공조상품매출	우리은행
	상 품 매 출				5,000,000	명일공조상품매출	(주)성일
	보 통 예 금		70,000,000			대진목재상품매출	우리은행
	상 품 매 출				70,000,000	대진목재상품매출	산내전자
계	전일현금:53,140,000		77,000,000	12,100	77,000,000	당일현금:53,127,900	
구분	은행	전일잔액	당일증가	당일감소	당일잔액	한도잔액	계좌번호
당좌예금	듬뿍은행	4,475,000			4,475,000	4,475,000	114-87-1215474
	사랑은행	500,000			500,000	500,000	891111-15-2561001
계		4,975,000			4,975,000	4,975,000	
구분	은행	전일잔액	당일증가	당일감소	당일잔액	계좌개설점	계좌번호
보통예금	우리은행		75,000,000		75,000,000		1234-765-186647
	국민은행	7,550,000			7,550,000		123123-12-564111

8 예적금현황

예적금의 변동상황과 잔액을 일별 확인할 수 있고 은행별 원장도 조회가 가능하다.

[금강전자 – 예적금현황]

잔액 | 원장

기 간 [ ] 년 [01] 월 [31] 일 [?]

	코드	계좌명	계좌번호	예금종류	잔액	계약기간	개설일	만기일	수령액/한도액	코드	금융기관	계좌 개설점
1	98000	듬뿍은행	114-87-1215474		14,475,000	~						
2	98001	우리은행	1234-765-186647	보통예금	68,535,000	~						
3	98002	국민은행	123123-12-564111	보통예금	7,550,000	~						
4	98003	신한은행	111-123-123456	보통예금	202,500,000	~						
5	98006	사랑은행	891111-15-256100	당좌예금	5,500,000	~						
6	98007	농협은행	111-21-342764	보통예금	7,000,000	~				200	농협은행	강남

9 받을어음/지급어음 현황

어음의 발행일, 거래일 또는 만기별로 현황을 확인할 수 있고, 어음의 배서양도 및 할인 내역을 확인할 수 있다.

[금강전자 – 받을어음현황–만기월별]

만기일(월)별 | 거래처별 | 어음조회 | 부분할인/분할배서조회

조회구분 [2.월별] [1.만기일] [ ] 년 [01] 월 ~ [ ] 년 [12] 월 거 래 처 [처음] [?] [ ] ~ [끝] [?] [ ]

만기	보관	할인	배서양도	만기	부도	부분할인	반환	계
-07	5,500,000	2,500,000						3,000,000
-08	5,000,000							5,000,000
-12	1,000,000							1,000,000

10 어음집계표

지급어음에 대하여 수불관리를 할 수 있는데, 어음책을 수령하고 어음발행일, 만기일 등을 확인할 수 있다.

11 재무제표(재무상태표, 손익계산서)

전기말과 현재 기준월과의 계정과목의 증감을 비교시에는 재무상태표, 손익계산서를 조회한다.

〈조회기간-7월〉

	당 기(20X1)	전 기(20X0)
손익계산서(일정기간)	2025.1.1.~2025.7.31(7개월간)	2024.1.1.~2024.12.31(1년간)
재무상태표(일정시점)	2025.7.31. 현재	2024.12.31. 현재

상단의 [과목별]은 계정과목별로 출력되고 [제출용]은 외부에 공시하는 재무제표로 나타난다.

과목별	제출용
현 금 보통예금 당좌예금	**현금 및 현금성자산**
외상매출금 받을어음	**매출채권**

12 문제유형에 따라 조회해야 하는 장부

조회문제는 하나의 장부에 답이 있는 게 아니라, 여러 가지 장부를 조회하여 해답을 찾을 수 있습니다.	
1. **계정과목에 대한 월별잔액 비교문제**	**총계정원장**
2. **기간을 주고 현금지급액 또는 대체거래액**	**일계표(월계표)**
3. 채권/채무거래 중 거래처별 잔액 비교	**거래처원장**
4. 일정시점을 주고 계정과목별 금액 비교	합계잔액시산표(누계잔액)
5. 기간을 주고 계정과목별 상세내역	계정별원장
6. 현금의 입출금내역	현금출납장
7. 전기와 당기의 증감액(비교시)	**재무상태표/손익계산서**

예제 장부조회

금강전자(4004)의 입력자료 및 회계정보를 조회하여 다음 물음에 답하시오.

1. 일/월계표

① 상반기(1월~6월) 판매관리비 중 현금지출액이 가장 많은 계정과목과 금액은?
② 상반기(1월~6월) 판매관리비 중 대체지출액이 가장 많은 계정과목은?
③ 3분기(7월~9월)에 발생한 여비교통비의 합계액은 얼마인가?

2. 거래처 원장

① 7월 31일 현재 지급어음 잔액이 가장 많은 거래처는 어디인가?
② 6월 30일 한강컴퓨터에 대한 외상매출금 잔액은 얼마인가?
③ 9월 30일 현재 외상매입금 잔액이 가장 큰 거래처와 가장 작은 거래처의 차이는 얼마인가?

3. 총계정원장 또는 계정별원장

① 수도광열비가 가장 많이 발생된 월과 가장 적게 발생된 월은 각각 몇 월인가?
② 상반기 중 상품매출이 가장 많은 달은 몇 월이고 금액은?
③ 6월 한 달간의 외상매출금 회수액은 얼마인가?

4. 일일자금명세

① 5월 31일자 일일자금명세(경리일보) 당좌예금의 잔액은 얼마인가?
② 5월 31일자 일일자금명세(경리일보) 현금의 잔액은 얼마인가?
③ 5월 31일자 일일자금명세(경리일보) 받을어음의 잔액은 얼마인가?
④ 5월 31일자 일일자금명세(경리일보)의 지급어음 발행금액은 얼마인가?

5. 받을어음/지급어음현황

① 6월 30일 이랜드전자의 받을어음 잔액은 얼마인가?
② 8월에 만기가 도래 예정인 받을어음의 금액은 얼마인가?
③ 6월(6월 1일 ~ 6월 30일) 중 만기가 되는 지급어음의 거래처는 어디인가?

6. 합계잔액시산표

① 6월 28일 현재 현금시재액(현금잔액)은 얼마인가?
② 6월말 현재 판매비와관리비 잔액으로 얼마인가?
③ 6월 말 현재 보험료는 얼마인가?

7. 손익계산서

① 전기와 당기와 비교하면 통신비의 증가액은 얼마인가?
② 5월말 기준으로 판매비와관리비를 조회하였을 때 가장 많은 금액이 발생하는 계정과목은?
③ 6월 30일 현재 손익계산서상 상품매출원가와 영업이익은 각각 얼마인가?
④ 6월 말 손익계산서상 영업이익율은 얼마인가? (단, 소수 둘째자리 이하 반올림한다)

$$영업이익율 = \frac{영업이익}{매출액} \times 100$$

8. 재무상태표

① 6월 30일 현재 재무상태표상 매출채권(대손충당금 차감전) 금액은 얼마인가?
② 6월 30일 현재 매출채권에서 대손충당금을 차감한 순 매출채권 잔액은 얼마인가?
③ 상반기(1월~6월) 단기매매증권은 전년대비 얼마나 증가되었는가?
④ 3월 31일 현재 건물의 장부금액(취득원가 - 감가상각누계액)은 얼마인가?
⑤ 3월 말 현재 유동자산과 유동부채의 차액은 얼마인가?

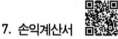

해답

1. 일계표/월계표

① 월계표(1~6월) 접대비(기업업무추진비), 6,278,000

차변			계정과목	대변		
계	대체	현금		현금	대체	계
69,011,000	42,541,600	26,469,400	[판 매 관 리 비]			
39,600,000	39,600,000		급 여			
4,863,970	466,600	4,397,370	복 리 후 생 비			
1,124,550		1,124,550	여 비 교 통 비			
6,278,000		6,278,000	접 대 비			
1,644,500	300,000	1,344,500	통 신 비			
1,430,750	435,000	995,750	수 도 광 열 비			
180,900		180,900	세 금 과 공 과 금			
600,000	240,000	360,000	임 차 료			
2,013,900		2,013,900	수 선 비			
1,200,000		1,200,000	보 험 료			
5,145,570	1,500,000	3,645,570	차 량 유 지 비			
160,000		160,000	운 반 비			
120,000		120,000	도 서 인 쇄 비			
4,368,860		4,368,860	소 모 품 비			
280,000		280,000	수 수 료 비 용			

② 월계표(1~6월) 급여(39,600,000)

③ 월계표(7~9월) 320,000

차변			계정과목	대변		
계	대체	현금		현금	대체	계
-68,000,000	-68,000,000		상 품 매 출 원 가			
23,897,650	13,450,000	10,447,650	[판 매 관 리 비]			
13,200,000	13,200,000		급 여			
2,070,500	130,000	1,940,500	복 리 후 생 비			
320,000		320,000	여 비 교 통 비			

2. 거래처원장

① 거래처원장 잔액(7월 31일~7월 31일, 지급어음) ㈜전자월드

잔액 | 내용 | 총괄잔액 | 총괄내용

기 간 20x1 년 07 월 31 일 ~ 20x1 년 07 월 31 일 ? 계정과목 252 ? 지급어음 거래처분류 ? ~ ?
거래처 처음 ? ~ 끝 ? 부서/사원 ?
금 액 0. 전체 ~

코드	거래처	전기(월)이월	차변	대변	잔액	사업자번호	코드	거래처분류명	은행명	계좌번
00320	(주)전자월드	10,500,000			10,500,000	132-81-68233				
00631	투전자	8,000,000			8,000,000	210-50-62632				

② 거래처원장 잔액(6월 30일~6월 30일, 외상매출금, 한강컴퓨터) 17,200,000

잔액 | 내용 | 총괄잔액 | 총괄내용

기 간 20x1 년 06 월 30 일 ~ 20x1 년 06 월 30 일 ? 계정과목 108 ? 외상매출금 거래처분류 ? ~ ?
거래처 03501 ? 한강컴퓨터 ~ 03501 ? 한강컴퓨터 부서/사원 ?
금 액 0. 전체 ~

코드	거래처	전기(월)이월	차변	대변	잔액	사업자번호	코드	거래처분류명	은행명	계좌번
03501	한강컴퓨터	17,200,000			17,200,000	314-81-12762				

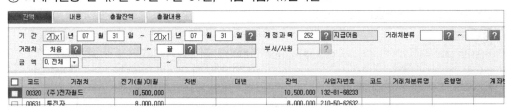

③ 거래처원장 잔액(9월 30일~9월 30일, 외상매입금) 6,500,000(6,700,000-200,000)

잔액 | 내용 | 총괄잔액 | 총괄내용

기 간 20x1 년 09 월 30 일 ~ 20x1 년 09 월 30 일 계정과목 251 외상매입금 거래처분류 ~
거래처 처음 ~ 끝 부서/사원
금 액 0. 전체 ~

코드	거래처	전기(월)이월	차변	대변	잔액	사업자번호	코드	거래처분류명	은행명	계좌번
03503	영진문구	650,000			650,000	105-21-24807				
03504	중앙전자	2,000,000			2,000,000	513-81-18285				
06102	마포가구	3,000,000			3,000,000	220-87-63105				
06201	(주)루루일렉트로닉	200,000			200,000	505-81-21998				
06202	(주)맞춤전자	6,700,000			6,700,000	204-10-94507				

3. 총계정원장 또는 계정별원장

① 총계정원장(수도광열비) 가장 많이 발생한 월 1월
가장 적게 발생한 월 9월

월별 | 일별

조회기간 20x1 년 01 월 01 일 ~ 20x1 년 12 월 31 일 계정과목 815 수도광열비 ~ 815 수도광열비

코드	계정과목
815	수도광열비

날짜	차변	대변	잔액
[전기이월]			
01월	514,950		514,950
02월	166,000		680,950
03월	301,000		981,950
04월	150,000		1,131,950
05월	100,000		1,231,950
06월	198,800		1,430,750
07월	200,000		1,630,750
08월	466,000		2,096,750
09월	16,000		2,112,750
10월	365,000		2,477,750
11월	200,000		2,677,750
12월	465,500		3,143,250
[합 계]	3,143,250		

② 총계정원장(상품매출) 1월 102,260,000

월별 | 일별

조회기간 20x1 년 01 월 01 일 ~ 20x1 년 12 월 31 일 계정과목 401 상품매출 ~ 401 상품매출

코드	계정과목
401	상품매출

날짜	차변	대변	잔액
[전기이월]			
01월		102,260,000	102,260,000
02월		43,500,000	145,760,000
03월		44,000,000	189,760,000
04월		77,700,000	267,460,000
05월		26,600,000	294,060,000
06월		19,000,000	313,060,000

③ 총계정원장/계정별원장(외상매출금, 6월 대변) 2,000,000

〈총계정원장〉

06월	5,000,000	2,000,000	167,300,000

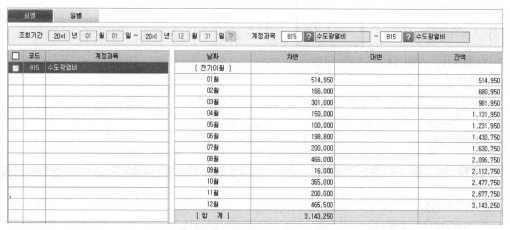

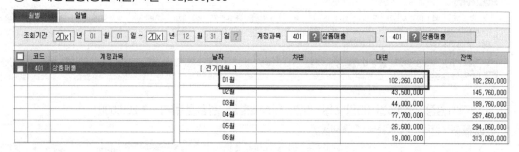

←계정별원장→(6월1일~6월 30일, 외상매출금)

날짜	적요	코드	거래처명	차변	대변	잔액
	전월이월			164,300,000		164,300,000
06-22	외상대금 현금회수	03501	(주)LS컴퓨터		1,000,000	163,300,000
06-26	상품외상매출	03501	(주)LS컴퓨터	2,000,000		165,300,000
06-30	상품외상매출	54002	평화상사	3,000,000		168,300,000
06-30	외상대금 받을어음회수	03403	WILL프라자		1,000,000	167,300,000
	[월 계]			5,000,000	2,000,000	

4. 일일자금명세

① 일일자금명세(5월 31일) 4,975,000

구분	은행	전일잔액	당일증가	당일감소	당일잔액	한도잔액	계좌번호
당좌예금	듬뿍은행	4,475,000			4,475,000	4,475,000	114-87-1215474
	사랑은행	500,000			500,000	500,000	891111-15-2561001
계		4,975,000			4,975,000	4,975,000	

② 일일자금명세(5월 31일) 63,752,160

구분	계정과목	현금수입	차변대체	현금지출	대변대체	적요	거래처
일거래요약	외 상 매 출 금		5,000,000			상품외상매출	마포가구
	상 품 매 출				5,000,000	국내 일반매출	마포가구
	통 신 비			33,000		전화료및 전신료 납부	
	차 량 유 지 비			28,000		유류대 지급	
	차 량 유 지 비			650,000		차량수리비 지급	
	지 급 수 수 료			80,000		기타 세무 자문료 지급	
계	전일현금:64,543,160		5,000,000	791,000	5,000,000	당일현금:63,752,160	

☞ 현금출납장으로도 조회가 가능하다.

③ 일일자금명세(5월 31일) 19,300,000

구분	거래처	전일잔액	당일증가	당일감소	당일잔액	어음번호	만기일
받을어음	명성건물	1,900,000			1,900,000	자차45674451	2018-01-01
	이랜드전자	3,000,000			3,000,000	2018123412341234	2017-07-08
	삼성교육원	500,000			500,000	자가35815414	2017-12-31
	WILL프라자	9,400,000			9,400,000	20140505121234554321	2018-01-01
	WILL프라자	2,000,000			2,000,000	20140521121234512345	2018-01-01
	대영물산	2,500,000			2,500,000	자가65154981	2018-01-02
계		19,300,000			19,300,000		

④ 일일자금명세(5월 31일) 18,500,000

구분	거래처	전일잔액	당일증가	당일감소	당일잔액	어음번호	만기일
지급어음	(주)전자월드	10,500,000			10,500,000		
	투전자	8,000,000			8,000,000		
계		18,500,000			18,500,000		
<자금>		37,800,000			37,800,000		

5. 받을어음/지급어음 현황

① 받을어음 현황(거래처별, 6월 30일, 이랜드전자) 3,000,000

만기일(월)별 | 거래처별 | 어음조회 | 부분할인 상세조회

조회구분 1.잔액 기 간 20x1 년 06 월 30 일 ~ 20x1 년 06 월 30 일 거 래 처 00206 이랜드 ~ 00206 이랜드

코드	거래처	전기이월	차변	대변	잔액
00206	이랜드전자		3,000,000		3,000,000

② 받을어음 현황(만기일별, 월별, 만기일, 8월~8월) 5,000,000

만기일(월)별 | 거래처별 | 어음조회 | 부분할인 상세조회

조회구분 2.월별 | 1. 만기일 | 20X1 년 08 월 ~ 20X1 년 08 월 거 래 처 처음 ~ 끝

만기	보관	할인	배서양도	만기	부도	부분할인	반환	계
20X1-08	5,000,000							5,000,000

③ 지급어음 현황(만기일별, 월별, 만기월, 6월~6월) ㈜전자월드

지급어음현황

만기일(월)별 | 지급은행별 | 거래처별

조회구분 2.월별 만 기 월 20X1 년 06 월 ~ 20X1 년 06 월
어음구분 1.전체 거 래 처 처음 ~ 끝 만기일>거래처코드>발행일>어음

만기월	코드	거래처	발행	결제	잔액
20X1-06	00320	(주)전자월드	5,000,000		5,000,000

6. 합계잔액시산표

① 6월 28일 60,755,900

과목별 | 제출용 | 표준용

기 간 20x1 년 06 월 28 일

차변 잔액	차변 합계	계정과목	대변 합계	대변 잔액
644,545,500	805,475,000	◀유 동 자 산▶	161,729,500	800,000
569,545,500	730,475,000	◁당 좌 자 산▷	161,729,500	800,000
60,755,900	132,920,000	현 금	72,164,100	

② 6월 30일 69,011,000

과목별 | 제출용 | 표준용

기 간 20x1 년 06 월 30 일

차변 잔액	차변 합계	계정과목	대변 합계	대변 잔액
		상 품 매 출	313,060,000	313,060,000
69,011,000	69,011,000	◀판 매 관 리 비▶		
39,600,000	39,600,000	급 여		

③ 6월 30일, 1,200,000

1,200,000	1,200,000	보 험 료		

7. 손익계산서

① 12월, 당기(2,593,500)-전기(1,500,000)= 1,093,500

기 간 20x1 년 12 월

과목별 | 제출용 | 표준(개인)용

과목	제 6(당)기 [20x1/01/01 ~ 20x1/12/31] 금액	제 5(전)기 [20x0/01/01 ~ 20x0/12/31] 금액
전 대 비	10,313,500	0
통 신 비	2,593,500	1,500,000

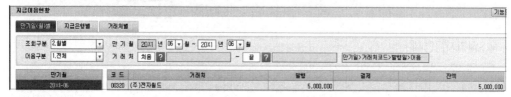

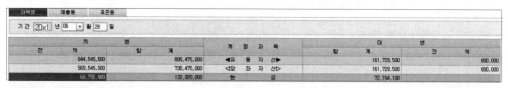

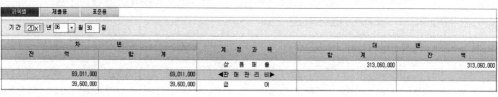

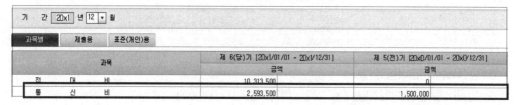

② 5월, 급여

과목	제 6(당)기 [20x1/01/01 ~ 20x1/5/31]		제 5(전)기 [20x0/01/01 ~ 20x0/12/31]	
	금액		금액	
Ⅳ. 판 매 비 와 관 리 비		57,272,440		75,470,000
급 여	33,000,000		30,000,000	
복 리 후 생 비	4,246,570		17,000,000	
여 비 교 통 비	1,004,550		5,000,000	
접 대 비	4,978,000		0	
통 신 비	1,149,500		0	
수 도 광 열 비	1,231,950		550,000	
세 금 과 공 과 금	180,900		3,250,000	
감 가 상 각 비	0		750,000	
지 급 임 차 료	480,000		1,350,000	
수 선 비	1,013,900		0	
보 험 료	1,200,000		1,700,000	
차 량 유 지 비	3,988,210		1,270,000	
운 반 비	160,000		1,100,000	
도 서 인 쇄 비	120,000		0	
소 모 품 비	4,288,860		3,500,000	
지 급 수 수 료	230,000		0	
광 고 선 전 비	0		10,000,000	

③ 6월 상품매출원가 68,000,000　　영업이익 : 176,049,000

과목별 | 제출용 | 표준(개인)용

과목	제 6(당)기 [20x1/01/01 ~ 20x1/6/30]		제 5(전)기 [20x0/01/01 ~ 20x0/12/31]	
	금액		금액	
Ⅰ. 매 출 액		313,060,000		158,900,000
상 품 매 출	313,060,000		158,900,000	
Ⅱ. 매 출 원 가		68,000,000		47,200,000
상 품 매 출 원 가		68,000,000		47,200,000
기 초 상 품 재 고 액	36,000,000		10,000,000	
당 기 상 품 매 입 액	32,000,000		73,200,000	
기 말 상 품 재 고 액	0		36,000,000	
Ⅲ. 매 출 총 이 익		245,060,000		111,700,000
Ⅳ. 판 매 비 와 관 리 비		69,011,000		75,470,000
급 여	39,600,000		30,000,000	
복 리 후 생 비	4,863,970		17,000,000	
여 비 교 통 비	1,124,550		5,000,000	
접 대 비	6,278,000		0	
통 신 비	1,644,500		0	
수 도 광 열 비	1,430,750		550,000	
세 금 과 공 과 금	180,900		3,250,000	
감 가 상 각 비	0		750,000	
지 급 임 차 료	600,000		1,350,000	
수 선 비	2,013,900		0	
보 험 료	1,200,000		1,700,000	
차 량 유 지 비	5,145,570		1,270,000	
운 반 비	160,000		1,100,000	
도 서 인 쇄 비	120,000		0	
소 모 품 비	4,368,860		3,500,000	
지 급 수 수 료	280,000		0	
광 고 선 전 비	0		10,000,000	
Ⅴ. 영 업 이 익		176,049,000		36,230,000

④ 6월 영업이익율 = 176,049,000/313,060,000×100=56.23%

8. 재무상태표

① 6월, 제출용 매출채권(대손충당금 차감전) 189,700,000

② 6월, 제출용 순매출채권=189,700,000-800,000=188,900,000

③ 6월, 제출용 단기매매증권 증가=9,918,000-3,918,000=6,000,000

과목	제 6(당)기[20x1/01/01 ~ 20x1/06/30]		제 5(전)기[20x0/01/01 ~ 20x0/12/31]	
	금액		금액	
자산				
Ⅰ. 유동자산		571,033,200		360,483,000
(1) 당좌자산		571,033,200		324,483,000
현금및현금성자산	161,915,200		75,665,000	
단기투자자산	206,500,000		206,500,000	
단기매매증권	9,918,000		3,918,000	
매출채권	189,700,000		39,200,000	
대손충당금	(800,000)		(800,000)	
단기대여금	3,000,000		0	

④ 3월, 과목별, 25,000,000

과목별 | 제출용 | 표준(개인)용

기간 2017 년 03 월 2017년

과목	제 6(당)기[20x1/01/01 ~ 20x1/03/31]		제 5(전)기[20x0/01/01 ~ 20x0/12/31]	
	금액		금액	
(2) 유형자산		39,500,000		39,500,000
건물	50,000,000		50,000,000	
감가상각누계액	25,000,000	25,000,000	25,000,000	25,000,000

⑤ 3월, 과목별, 424,218,060(유동자산 533,218,060-유동부채109,000,000)

과목	제 6(당)기[20x1/01/01 ~ 20x1/03/31]		제 5(전)기[20x0/01/01 ~ 20x0/12/31]	
	금액		금액	
자산				
Ⅰ. 유동자산		533,218,060		360,483,000

과목	제 6(당)기[20x1/01/01 ~ 20x1/03/31]		제 5(전)기[20x0/01/01 ~ 20x0/12/31]	
	금액		금액	
자산총계		587,618,060		414,883,000
부채				
Ⅰ. 유동부채		109,000,000		91,190,000

예제 실무수행평가

키즈월드(4005) 회계정보를 조회하여 다음의 답을 구하시오.

〈평가문제 답안입력 유의사항〉

① 답안은 **지정된 단위의 숫자로만 입력**해 주십시오.

* 한글 등 문자 금지

	정답	오답(예)
(1) **금액은 원 단위로 숫자를 입력**하되, 천 단위 콤마(,)는 생략 가능합니다. (1-1) 답이 0원인 경우 반드시 "0" 입력 (1-2) 답이 음수(-)인 경우 숫자 앞에 "-"입력 (1-3) 답이 소수인 경우 반드시 "." 입력	1,245,000 1245000	1.245.000 1,245,000원 1,245,0000 12,45,000 1,245천원
(2) 질문에 대한 **답안은 숫자로만 입력**하세요.	4	04 4/건/매/명 04건/매/명
(3) **거래처 코드번호는 5자리로 입력**하세요.	00101	101 00101번

② **더존 프로그램에서 조회되는 자료를 복사하여 붙여넣기가 가능**합니다.

③ **수행과제를 올바르게 입력하지 않고 작성한 답과 모범답안이 다른 경우 오답처리**됩니다.

번호	평가문제	배점
1	20x1년 발생한 판매관리비(판매비와관리비)의 계정별 금액으로 옳지 않은 것은? ① 복리후생비 14,145,200원 ② 접대비(기업업무추진비) 12,437,500원 ③ 운반비 639,000원 ④ 잡비 210,000원	3
2	12월 말 '가지급금' 계정과목의 잔액은 얼마인가?	3
3	카드 거래처 중 매입카드 거래처가 아닌 것은? ① 롯데카드 ② 현대카드 ③ 국민카드 ④ 신한카드	3

번호	평가문제	배점
4	12월 말 은행별 보통예금 잔액으로 옳지 않은 것은? ① 신한은행 8,000,000원 ② 하나은행 3,496,500원 ③ 농협은행 36,326,160원 ④ 우리은행 3,800,000원	3
5	거래처별 사업자등록번호로 옳지 않은 것은? ① 상상레고 618-24-66551 ② 한신문구 221-34-11114 ③ 아트완구 121-81-66851 ④ 백두문구 130-30-88639	3
6	6월 말 재무상태표의 재고자산과 기타비유동자산의 금액을 각각 기록하시오. ① 재고자산: ② 기타비유동자산:	4
7	6월 말 '미지급금' 잔액이 가장 적은 거래처 코드를 기록하시오.	3
8	3월 한달 동안 발생한 판매관리비(판매비와관리비) 중 현금지출이 가장 많은 계정과목의 코드를 기록하시오.	3
9	20x1년 1/4분기(1월 ~ 3월) 현금 지출액을 월별로 각각 기록하시오. ① 1월: ② 2월: ③ 3월:	3
10	20x1년 '상품매출'이 가장 많이 발생한 월은 몇 월인가?	3
11	20x1년 상반기 '접대비(기업업무추진비)(판관비)'가 가장 많이 발생한 월의 금액은 얼마인가?	3
12	12월 말 '선급금' 잔액은 얼마인가?	3
13	20x1년 발생한 '통신비(판매비와관리비)' 금액은 얼마인가?	3
14	3월 말 '외상매출금' 잔액이 있는 거래처 중 그 금액이 가장 적은 거래처의 코드를 기록하시오.	3
15	10월 말 '선수금' 잔액이 가장 많은 거래처의 코드를 기록하시오.	3
16	12월 말 재무상태표의 투자자산의 금액은 얼마인가?	3
17	20x1년에 발생한 '수도광열비' 금액은 얼마인가?	3
18	20x1년에 발생한 '이자수익'과 '이자비용' 계정과목별 금액은 각각 얼마인가? ① 이자수익: ② 이자비용:	4
19	12월 말 현재 '유형자산' 금액(순장부금액)은 얼마인가?	3
20	12월 말 '331.자본금'계정의 금액은 얼마인가?	3
	총 점	62

해답

1

〈합계잔액시산표〉→〈과목별〉→〈12/31〉 [4, 211,000원]

차변 잔액	차변 합계	계정과목	대변 합계	대변 잔액
346,899,470	346,899,470	◀판 매 관 리 비▶		
266,789,000	266,789,000	급 여		
14,145,200	14,145,200	복 리 후 생 비		
1,324,600	1,324,600	여 비 교 통 비		
12,437,500	12,437,500	접 대 비		
1,680,110	1,680,110	통 신 비		
6,646,520	6,646,520	수 도 광 열 비		
1,264,840	1,264,840	세 금 과 공 과 금		
11,750,000	11,750,000	임 차 료		
7,366,000	7,366,000	수 선 비		
8,496,000	8,496,000	보 험 료		
6,609,700	6,609,700	차 량 유 지 비		
639,000	639,000	운 반 비		
260,000	260,000	도 서 인 쇄 비		
1,980,000	1,980,000	수 수 료 비 용		
5,300,000	5,300,000	광 고 선 전 비		
211,000	211,000	잡 비		

2

〈합계잔액시산표〉→〈과목별〉→〈12/31〉 [600,000]

차변 잔액	차변 합계	계정과목	대변 합계	대변 잔액
600,000	600,000	가 지 급 금		
207,345,000	207,345,000	◁재 고 자 산▷		

3

〈거래처등록〉→〈카드〉 [4]

	☐	코드	카드(사)명	카드(가맹점)번호	구분	사용
1	☐	99601	롯데카드	6521-8452-1234-77	매입	○
2	☐	99602	농협카드	3564-2636-3333-43	매입	○
3	☐	99603	현대카드	1212-3152-1234-40	매입	○
4	☐	99605	국민카드	6415-7052-8888-47	매입	○
5	☐	99606	신한카드	123-456	매출	○

4

〈거래처원장〉→〈잔액〉→〈12월 31일〉→〈보통예금〉 [1]

☐	코드	거래처	전기(월)이월	차변	대변	잔액	사업자번호	코드
☐	98001	농협은행	36,326,160			36,326,160		
☐	98002	하나은행	3,496,500			3,496,500		
☐	98004	신한은행	10,000,000			10,000,000		
☐	98006	신협은행	70,319,000			70,319,000		
☐	98400	우리은행	3,800,000			3,800,000		

5

〈거채처등록〉→〈일반〉 찾기를 활용하여 거래처 검색 [3]

60	☐	21010	아트완구	0	121-81-66841	유영진	전체	○

6

〈재무상태표〉→〈과목별〉→〈6〉

[① 재고자산 139,580,000]

과목	금액		금액	
(2) 재 고 자 산		139,580,000		4,200,000
상 품	139,580,000		4,200,000	

[② 기타비유동자산 70,000,000]

과목	금액		금액	
(4) 기 타 비 유 동 자 산		70,000,000		20,000,000
임 차 보 증 금		70,000,000		20,000,000

7

〈거래처원장〉→〈잔액〉→〈6월 30일〉→〈미지급금〉→〈Enter↲-Enter↲〉 [99602]

□	코드	거래처	전기(월)이월	차변	대변	잔액	사업자번호	코드
□	00255	(주)제일자동차	35,200,000			35,200,000	220-81-55597	
□	02003	캐릭파크	20,500,000			20,500,000	214-21-54323	
□	99602	농협카드	1,860,000			1,860,000		

8

〈월계표〉→〈과목별〉→〈3월〉 [801]

차변			계정과목	대변		
계	대체	현금		현금	대체	계
			상 품 매 출	1,500,000	95,580,000	97,080,000
23,971,340	12,126,000	11,845,340	[판 매 관 리 비]			
21,650,000	12,126,000	9,524,000	급 여			
514,500		514,500	복 리 후 생 비			
94,500		94,500	여 비 교 통 비			
153,000		153,000	통 신 비			
438,840		438,840	수 도 광 열 비			

9

〈총계정원장〉→〈월별〉→〈Enter↲-Enter↲〉

[① 1월: 27,883,400 ② 2월: 16,796,650 ③ 3월: 12,031,340]

□	코드	계정과목
□	101	현금
□	102	당좌예금
□	103	보통예금
□	107	단기매매증권
□	108	외상매출금

날짜	차변	대변	잔액
[전기이월]	120,000,000		
01월	58,630,000	27,883,400	150,746,600
02월	23,968,000	16,796,650	157,917,950
03월	9,200,000	12,031,340	155,086,610
04월	25,892,000	28,356,960	152,621,650

10

〈총계정원장〉→〈월별〉→〈401.상품매출〉 [1]

□	코드	계정과목
□	331	자본금
□	401	상품매출
□	801	급여
□	811	복리후생비
□	812	여비교통비
□	813	접대비
□	814	통신비
□	815	수도광열비
□	817	세금과공과금
□	819	임차료
□	820	수선비
□	821	보험료
□	822	차량유지비
□	824	운반비

날짜	차변	대변	잔액
[전기이월]			
01월		269,540,000	269,540,000
02월		127,798,000	397,338,000
03월		97,080,000	494,418,000
04월		3,542,000	497,960,000
05월		35,514,000	533,474,000
06월		96,675,000	630,149,000
07월		32,166,000	662,315,000
08월		142,156,000	804,471,000
09월			804,471,000
10월		20,280,000	824,751,000
11월		23,452,000	848,203,000
12월		13,550,000	861,753,000
[합 계]		861,753,000	

11

〈총계정원장〉→〈월별〉→〈813.접대비(기업업무추진비)〉 [5,701,500]

코드	계정과목
331	자본금
401	상품매출
801	급여
811	복리후생비
812	여비교통비
813	접대비
814	통신비

날짜	차변	대변	잔액
[전기이월]			
01월	550,000		550,000
02월	98,000		648,000
03월			648,000
04월	5,701,500		6,349,500
05월	125,000		6,474,500
06월	500,000		6,974,500

12

〈재무상태표〉→〈과목별〉→〈12월〉 [2,200,000]

과목	제 7(당)기		제 6(전)기	
	금	액	금	액
소 모 품		4,256,200		0
선 급 금		2,200,000		0
가 지 급 금		600,000		0

13

〈합계잔액시산표〉→〈잔액〉→〈12월 31일〉 [1,680,110]

차변 잔액	차변 합계	계정과목	대변 합계	대변 잔액
14,145,200	14,145,200	복 리 후 생 비		
1,324,600	1,324,600	여 비 교 통 비		
12,437,500	12,437,500	접 대 비		
1,680,110	1,680,110	통 신 비		

14

〈거래처원장〉→〈잔액〉 →〈3월 31일〉→〈외상매출금〉→〈Enter↵〉-〈Enter↵〉

[99602]

코드	거래처	전기(월)이월	차변	대변	잔액	사업자번호	코드
00106	마블랜드	102,800,000			102,800,000	119-54-37124	
00120	키즈월드	15,000,000			15,000,000	110-12-51115	
00185	키즈돌핀	4,000,000			4,000,000	134-81-98766	
03009	천향횟집	3,300,000			3,300,000	163-34-24536	
03101	미미월드	7,040,000			7,040,000	220-32-15113	
03501	오로라월드	40,500,000			40,500,000	335-11-65415	
30121	(주)상상완구몰	3,000,000			3,000,000	107-86-66893	
99601	롯데카드	1,430,000			1,430,000		
99602	농협카드	1,100,000			1,100,000		

15

〈거래처원장〉→〈잔액〉 →〈10월 31일〉→〈선수금〉→〈Enter↵〉-〈Enter↵〉

[21010]

코드	거래처	전기(월)이월	차변	대변	잔액	사업자번호	코드	거래처분류명	은행명
00106	마블랜드	800,000			800,000	119-54-37124			
00240	슈퍼히어로몰	30,000			30,000	123-66-77749			
03101	미미월드	450,000			450,000	220-32-15113			
05000	(주)강서전자	800,000			800,000	126-81-56580			
21010	마트완구	1,250,000			1,250,000	121-81-66841			
31111	백두문구	500,000			500,000	130-30-88639			

16

〈합계잔액시산표(or재무상태표)〉→〈과목별〉→〈12월31일〉 [60,000,000]

차변 잔액	차변 합계	계정과목	대변 합계	대변 잔액
60,000,000	60,000,000	<투 자 자 산>		
60,000,000	60,000,000	장 기 대 여 금		
137,711,200	144,911,200	<유 형 자 산>	26,400,000	19,200,000

17

〈합계잔액시산표(or손익계산서)〉→〈과목별〉→〈12월31일〉 [6,646,520]

차변 잔액	차변 합계	계정과목	대변 합계	대변 잔액
14,145,200	14,145,200	복리후생비		
1,324,600	1,324,600	여비교통비		
12,437,500	12,437,500	접대비		
1,680,110	1,680,110	통신비		
6,646,520	6,646,520	수도광열비		
1,264,840	1,264,840	세금과공과금		

18

〈합계잔액시산표(or손익계산서)〉→〈과목별〉→〈12월 31일〉

① [8,200,000] ② [9,798,000]

차변 잔액	차변 합계	계정과목	대변 합계	대변 잔액
		◀영업외수익▶	8,200,000	8,200,000
		이자수익	8,200,000	8,200,000
9,798,000	9,798,000	◀영업외비용▶		
9,798,000	9,798,000	이자비용		

19

〈재무상태표〉→〈과목별〉→〈12월〉 [118,511,200]

과목	제 7(당)기 금액		제 6(전)기 금액	
(2) 유형자산		118,511,200		19,800,000
차량운반구	120,900,000		28,000,000	
감가상각누계액	12,600,000	108,300,000	12,600,000	15,400,000
비품	16,811,200		11,000,000	
감가상각누계액	6,600,000	10,211,200	6,600,000	4,400,000

20

〈재무상태표〉→〈과목별〉→〈12월〉 [836,682,530]

과목	제 7(당)기 금액		제 6(전)기 금액	
자본				
Ⅰ. 자본금		836,682,530		323,427,000
자본금		836,682,530		323,427,000
(당기순이익)				
당기 : 513,255,530 원				
전기 : 111,520,000 원				

예제 회계정보분석

키즈월드(4005)의 회계정보를 조회하여 다음을 구하시오.

1. 재무상태표 조회

① 유동비율이란 기업의 단기 지급능력을 평가하는 지표이다. 전기말 현재 유동비율을 계산하면?(단, 소숫점 이하는 버림할 것.)

$$\text{유동비율(\%)} = \frac{\text{유동자산}}{\text{유동부채}} \times 100$$

② 전기분 당좌비율을 계산하면 얼마인가?(단, 소숫점 이하는 버림할 것.)

$$\text{당좌비율(\%)} = \frac{\text{당좌자산}}{\text{유동부채}} \times 100$$

③ 자기자본비율은 기업의 개무구조 건전성을 측정하는 비율로 높을수록 기업의 재무구조가 건전하다. 전기분 자기자본비율은 얼마인가?(단, 소숫점 이하는 버림할 것)

$$\text{자기자본비율} = \frac{\text{자기자본(자본) 총계}}{\text{자산 총계}} \times 100$$

2. 손익계산서 조회

① 전기분 매출원가율은 얼마인가?(단, 소숫점 이하는 버림 할 것)

$$\text{매출원가율} = \frac{\text{매출원가}}{\text{매출액}} \times 100$$

② 전기분 매출총이익률은 얼마인가?(단, 소숫점 이하는 버림 할 것.)

$$\text{매출총이익률(\%)} = \frac{\text{매출총이익}}{\text{매출액}} \times 100$$

③ 전기분 주당순이익을 계산하면 얼마인가?

- 주당순이익 = 당기순이익 / 주식수
- 발행주식수: 10,000주

해답

1. [전기]재무상태표 조회

자산		부채	
1. 유동자산	449,190,000	3. 유동부채	95,563,000
당좌자산	444,990,000	4. 비유동부채	70,000,000
재고자산	4,200,000	부채총계	165,563,000
2. 비유동자산	39,800,000	**자본**	
투자자산		5. 자본금	323,427,000
유형자산	19,800,000	6. 당기순이익	
무형자산			
기타비유동자산	20,000,000	자본총계	323,427,000
자산총계	488,990,000	부채/자본총계	488,990,000

① 유동비율
유동자산(449,190,000)÷유동부채(95,563,000)×100=470%

② 당좌비율
당좌자산(444,990,000)÷유동부채(95,563,000)×100=465%

③ 자기자본비율
자기자본(323,427,000)÷자산총계(488,990,000)×100=66%

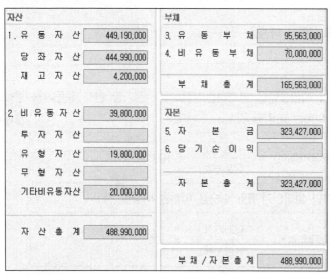

2. (전기)손익계산서 조회

항 목 별 합 계 액

	1.	매 출	197,500,000
−	2.	매 출 원 가	58,800,000
=	3.	**매 출 총 이 익**	138,700,000
−	4.	판 매 비 와 관 리 비	28,130,000
=	5.	**영 업 이 익**	110,570,000
+	6.	영 업 외 수 익	2,200,000
−	7.	영 업 외 비 용	1,250,000
=	8.	**소 득 세 차 감 전 이 익**	111,520,000
−	9.	소 득 세 등	0
=	10.	**당 기 순 이 익**	111,520,000
		주 당 이 익	0

① 매출원가율

매출원가(58,800,000)÷매출액(197,500,000)×100=29%

② 매출총이익률

매출총이익(138,700,000)÷매출액(197,500,000)×100=70%

③ 주당순이익

당기순이익(111,520,000)÷주식수(10,000주)=11,152원/주

Login Financial Accounting Technician 2

Part Ⅲ
기출문제

〈FAT 2급〉

내용			문항수	방법	배점
이론	재무회계	회계의 기초	10	-	30
실무수행과제	기초정보관리	1. 기초정보관리 이해	2	*실무수행과제 입력 후 수행평가(장부, 신고서 및 재무제표 조회) 답안 작성*	-
	회계정보관리	2. 거래자료입력	8		
		3. 전표수정	6		
		4. 결산	2		
수행평가	*회계정보조회&분석*	1. 회계정보조회	20		70
		2. 회계정보분석	2		
계					100

1. 시험 전 자격시험홈페이지에서 [중요] 제**회 AT비대면시험 수험자 공지사항을 숙지하시기 바랍니다.
2. 더존교육용 프로그램은 최신버전으로 업데이트된 상태로 시험을 보셔야 합니다.

국가공인

회계가 바로 서야 경제가 바로 섭니다.

제○○회 AT(Accounting Technician)자격시험

FAT 2급

Financial Accounting Technician

▣ **시험시간 :** 60분

▣ **이론배점 :** 문항당 3점

▣ **실무배점 :** 문항별 배점 참조

- 세법·회계처리기준 등을 적용하여 정답을 구하여야 하는 문제는 **시험시행 공고일 현재(20＊＊.＊.＊＊.) 시행 중인 법률·기준 등을 적용**하여 그 정답을 구하여야 합니다.
- 이번 시험에서는 타계정 대체와 관련된 적요만 채점하며 그 외의 적요는 채점에 반영되지 않습니다.

KICPA 한국공인회계사회

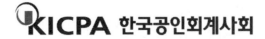

기출문제

Financial Accounting Technician

회계정보처리 자격시험 2급

78회

합격율	시험년월
62%	2024.12

실무이론평가

아래 문제에서 특별한 언급이 없으면 기업의 보고기간(회계기간)은 매년 1월 1일부터 12월 31일까지입니다. 또한 기업은 일반기업회계기준 및 관련 세법을 계속적으로 적용하고 있다고 가정하고 물음에 가장 합당한 답을 고르시기 바랍니다.

[1] "기업은 그 목적과 의무를 이행하기에 충분할 정도로 장기간 존속한다"는 재무제표의 기본가정은 무엇인가?

① 기업실체의 가정
② 계속기업의 가정
③ 기간별 보고의 가정
④ 발생주의 회계의 가정

[2] 다음과 같은 거래 요소의 결합관계에 해당하는 거래로 옳은 것은?

(차) 자산의 증가　　　(대) 부채의 증가

① 상품 100,000원을 외상으로 판매하다.
② 종업원 급여 3,000,000원을 현금으로 지급하다.
③ 은행으로부터 10,000,000원을 1년간 차입하여 보통예금으로 입금하다.
④ 단기차입금 5,000,000원과 그 이자 300,000원을 현금으로 지급하다.

[3] 다음은 한공상사의 건물 취득과 관련된 자료이다. 다음 자료를 토대로 건물의 취득원가를 계산하면 얼마인가?

• 건물 구입 금액 : 10,000,000원	• 구입 시 중개수수료 : 200,000원
• 취득세 : 500,000원	• 건물취득 후 납부한 화재 보험료 : 50,000원

① 10,000,000원
② 10,200,000원
③ 10,700,000원
④ 10,750,000원

[4] 다음 (주)한공의 거래에 대한 회계처리 시 차변 계정과목으로 옳은 것은?

• 사무실에서 사용하고 있던 책상을 장부금액으로 처분하고 대금은 거래처 발행 약속어음으로 받다.

① 비품 ② 미수금
③ 받을어음 ④ 외상매출금

[5] 다음은 (주)한공의 사업용 토지 처분에 관한 대화이다. 이에 대한 회계처리 시 대변 계정과목은?

이부장 : 토지 처분 건은 어떻게 되었나요?
박대리 : 네, 30,000,000원에 매매계약을 체결하고, 계약금 3,000,000원을 현금으로 받았습니다.

※ 1차 저작권자의 저작권 침해 소지가 있어 삽화 삽입은 어려우니 양해바랍니다.

① 토지 ② 가수금
③ 선수금 ④ 건설중인자산

[6] 다음에서 설명하는 계정과목에 해당하는 것은?

• 물리적 형체는 없지만 식별가능하고 기업이 통제하고 있으며 미래 경제적효익이 있는 비화폐성자산이다.

① 건물 ② 재고자산
③ 매출채권 ④ 특허권

[7] 다음은 도매업을 영위하는 한공상사의 손익계산서 일부이다. 당기 발생 비용을 반영한 후 (가)의 금액은 얼마인가?

손익계산서
20x1년 1월 1일부터
한공상사 20x1년 12월 31일까지 (단위 : 원)

과목	제5(당)기	
⋮		⋮
매 출 총 이 익		2,000,000
판매비와관리비		XXX
⋮	⋮	⋮
영 업 이 익		(가)

[당기 발생 비용]
• 급 여 600,000원 • 수도광열비 50,000원 • 이자비용 30,000원
• 대손상각비 100,000원 • 세금과공과 80,000원 • 외환차손 10,000원

① 1,130,000원 ② 1,140,000원
③ 1,170,000원 ④ 1,270,000원

[8] 다음의 오류가 당기 매출원가와 당기순이익에 미치는 영향으로 옳은 것은?

• 기말 재고자산을 120,000원으로 계상하였으나 정확한 기말재고금액은 100,000원이다.

	매출원가	당기순이익		매출원가	당기순이익
①	과대	과대	②	과대	과소
③	과소	과소	④	과소	과대

[9] 다음에 해당하는 계정과목은?(단, 전자제품 도매업을 영위하고 있다.)

• 기업의 판매활동과 관리활동에서 발생하는 비용이다.
• 매출원가에 속하지 않는 영업비용이다.

① 이자비용 ② 단기매매증권처분손실
③ 급여 ④ 유형자산처분손실

[10] 다음 중 결산정리사항에 해당하지 <u>않는</u> 것은?

① 미지급이자의 계상 ② 감가상각비의 계상
③ 대손충당금의 계상 ④ 차입금의 상환

실무수행평가

별별유통(4780)은 생활용품 도 · 소매업을 운영하는 개인기업으로, 회계기간은 제7기(20x1.1.1.~ 20x1.12.31.)이다. 제시된 자료와 [자료설명]을 참고하여 [수행과제]를 완료하고 [평가문제]의 물음에 답하시오.

실무수행 유의사항	1. 타계정 대체와 관련된 적요는 반드시 코드를 입력하여야 한다. 2. 채권 · 채무, 예금거래 등 관리대상 거래자료에 대하여는 거래처코드를 반드시 입력한다. 3. 자금관리 등 추가 작업이 필요한 경우 문제의 요구에 따라 추가 작업하여야 한다. 4. 등록된 계정과목 중 가장 적절한 계정과목을 선택한다. 5. 부가가치세는 고려하지 않는다.

실무수행1 기초정보관리의 이해

회계관련 기초정보는 입력되어 있다. [자료설명]을 참고하여 [수행과제]를 수행하시오.

1 사업자등록증에 의한 회사등록 수정

사 업 자 등 록 증

(일반과세자)

등록번호 : 211 - 42 - 21212

상 호 : 별별유통
대 표 자 : 김성렬
개 업 년 월 일 : 2017년 11월 17일
사업장 소재지 : 서울특별시 서대문구 충정로7길 29 - 11 (충정로3가)
사 업 의 종 류 : 업태 도소매업 종목 잡화 통신판매업

교 부 사 유 : 정정
사업자단위과세 적용사업자여부 : 여( ) 부(√)
전자세금계산서 전용메일주소 : starcop@bill36524.com

20x1년 2월 13일

서대문 세무서장 (인)

국세청

자료설명	별별유통은 사업자등록증의 기재사항이 변경되어 서대문세무서로부터 변경된 사업자등록증을 발급받았다.
수행과제	회사등록메뉴에서 사업자등록증의 변경된 사항을 확인하고 반영하시오.

[2] 계정과목 추가 및 적요등록 수정

자료설명	별별유통은 프랜차이즈 본사와의 계약조건에 따라 매월 지급할 가맹점 수수료를 계정과목으로 등록하여 사용하려고 한다.
수행과제	'850.회사설정계정과목'을 '850.가맹점수수료'로 수정하고, 표준재무제표용 표준코드와 현금적요를 등록하시오. - 계정구분 : 4.경비, 표준코드 : 047.지급수수료 - 현금적요 : 01.가맹점 수수료 현금 지급

실무수행2 거래자료 입력

실무프로세스 자료이다. [자료설명]을 참고하여 [수행과제]를 수행하시오.

[1] 증빙에 의한 전표입력

신용카드매출전표

카드종류 : 국민카드
회원번호 : 7445-8841-****-3**1
거래일시 : 20x1.02.21. 13:25:12
거래유형 : 신용승인
매   출 : 120,000원
합   계 : 120,000원
결제방법 : 일시불
승인번호 : 26785995

가맹점명 : (주)올품인쇄(125-81-28548)

- 이 하 생 략 -

자료설명	봄맞이 프로모션 행사 홍보용 전단지를 제작하면서 국민카드로 결제하고 받은 신용카드매출전표이다.
수행과제	거래자료를 입력하시오.

[2] 통장사본에 의한 거래입력

■ 보통예금(기업은행) 거래내역

		내용	찾으신금액	맡기신금액	잔액	거래점
번호	거래일	계좌번호 1122-098-123143 별별유통				
1	20x1-3-31	차입금이자	426,000		***	***

자료설명	차입금에 대한 이자비용을 기업은행 보통예금 계좌에서 이체하여 지급하였다.
수행과제	거래자료를 입력하시오.

③ 약속어음 발행거래

전 자 어 음

(주)우리안전 귀하　　　　00420240511123456789

금 팔백만원정　　　　**8,000,000원**

위의 금액을 귀하 또는 귀하의 지시인에게 지급하겠습니다.

지급기일	20x1년 7월 10일	**발행일**	20x1년 5월 11일
지 급 지	국민은행	**발행지 주 소**	서울특별시 서대문구 충정로7길 29-11 (충정로3가)
지급장소	충정로지점	**발행인**	별별유통

자료설명	[5월 11일] (주)우리안전의 상품 외상매입 대금 중 일부를 전자어음을 발행하여 지급하였다.
수행과제	1. 거래자료를 입력하시오. 2. 자금관련 정보를 입력하여 지급어음 현황에 반영하시오. (단, 등록된 어음을 사용할 것.)

④ 증빙에 의한 전표입력

영 수 증 (공급받는자용)

NO　　　　**별별유통** 귀하

공급자	사업자 등록번호	120-12-33526		
	상 호	배송365	성명	도태경
	사업장 소재지	서울특별시 강남구 광평로 220		
	업 태	서비스업	종목	포장, 배송

작성일자	공급대가총액	비고
20x1.6.20.	28,000원	

공 급 내 역

월/일	품명	수량	단가	금액
6/20	배송비			28,000
합 계		**28,000원**		

위 금액을 영수(청구)함

자료설명	포장 및 배송 전문업체인 배송365에 판매상품 배송을 요청하고 당사부담 배송비를 현금으로 지급하였다.
수행과제	거래자료를 입력하시오.

5 기타 일반거래

자료 1. 급여 및 상여대장

20x1년 7월 급상여대장

직급	성명	급여 / 상여	공제액			차감지급액
			소득세 등	건강보험료 등	공제액합계	
과장	신봉규	3,800,000원 1,000,000원	186,720원	301,760원	488,480원	4,311,520원
대리	조성진	3,200,000원 1,000,000원	134,260원	237,520원	371,780원	3,828,220원
합계		7,000,000원 2,000,000원	320,980원	539,280원	860,260원	8,139,740원

자료 2. 보통예금(국민은행) 거래내역

		내용	찾으신금액	맡기신금액	잔액	거래점
번호	거래일	계좌번호 103-55-998876 별별유통				
1	20x1-7-31	급상여	8,139,740		***	***

자료설명	7월분 급여와 상여를 국민은행 보통예금 계좌에서 이체하여 지급한 내역이다.
수행과제	거래자료를 입력하시오.(단, 급여와 상여는 구분하여 회계처리하고 공제액합계는 '예수금'으로 처리할 것.)

6 유 · 무형자산의 매각

자료설명	[8월 10일] 1. 사무실에서 사용하던 냉난방기를 일산재활용센터에 매각하고, 매각대금 1,800,000원은 성능점검 후 8월 말에 받기로 하였다. 2. 매각직전의 해당 자산내역은 다음과 같다.
수행과제	거래자료를 입력하시오.

계정과목	자산명	취득원가	감가상각누계액
비품	냉난방기	3,000,000원	1,200,000원

7 증빙에 의한 전표입력

롯데시네마 LOTTE CINEMA 영화입장권 (영수증 겸용) [전체발권]	자료설명	회사는 추석 명절을 맞이하여 회사 인근에 있는 보육원 아동들의 단체 영화관람을 위해 입장권을 현금으로 구매 후 기부하였다.
(디지털) 인사이드아웃2 -(7세) 20x1-09-22 5회 18:00 - 20:15 2층 6관 J열 1번 ~ J열 10번 일반 12,000원(10명) Total 120,000원 **현금(지출증명)** 고객명 신분확인번호 2114221212 현금영수증승인 A45796320/120,000원 현금영수증승인 **롯데시네마** (113-85-37493) - 이 하 생 략 -	수행과제	거래자료를 입력하시오.

8 재고자산의 매출거래

거래명세서 (공급자 보관용)

공급자	등록번호	211-42-21212			공급받는자	등록번호	101-12-42117		
	상호	별별유통	성명	김성렬		상호	서울용역	성명	백수인
	사업장 주소	서울특별시 서대문구 충정로7길 29-11 (충정로3가)				사업장 주소	서울특별시 서대문구 통일로 131 (충정로2가, 공화당빌딩)		
	업태	도소매업 외	종사업장번호			업태	서비스업	종사업장번호	
	종목	잡화				종목	청소		

거래일자	미수금액	공급가액	총 합계금액
20x1.10.15.		1,200,000	1,200,000

NO	월	일	품목명	규격	수량	단가	공급가액	합계
1	10	15	멀티 세정제		20	60,000	1,200,000	1,200,000

자료설명	서울용역에 상품(멀티 세정제)을 판매하고 대금 중 200,000원은 현금으로 받았으며, 잔액은 외상으로 하였다.
수행과제	거래자료를 입력하시오.

실무수행3 전표수정

실무프로세스 자료이다. [자료설명]을 참고하여 [수행과제]를 수행하시오.

1 입력자료 수정

** 현금영수증 **
(지출증빙용)

사업자등록번호 : 102 - 81 - 23012 조영래
사업자명 : (주)서울유통
단말기ID : 73453259(tel : 02 - 349 - 5545)
가맹점주소 : 서울특별시 강남구 광평로 220(수서동)

현금영수증 회원번호
211 - 42 - 21212 별별유통
승인번호 : 83746302 (PK)
거래일시 : 20x1년 6월 26일

공급금액	1,500,000원
부가세금액	원
총합계	1,500,000원

휴대전화, 카드번호 등록
http://현금영수증.kr
국세청문의(126)
38036925 - GCA10106 - 3870 - U490
<<<<<<이용해 주셔서 감사합니다.>>>>>>

자료설명	6월 26일에 입력된 거래는 판매용 상품을 매입하고 현금영수증을 수취한 거래이다.
수행과제	거래자료를 수정하시오.

② 입력자료 수정

자료 1. 보험증권

화재보험증권

증 권 번 호	2557466	계 약 일	20x1년 7월 1일
보 험 기 간	20x1년 7월 1일 00:00부터		20x2년 7월 1일 24:00까지
보험계약자	별별유통	주민(사업자)번호	211-42-21212
피 보 험 자	별별유통	주민(사업자)번호	211-42-21212

보험료 납입사항

총보험료	126만원	납입보험료	126만원	미납입 보험료	0 원

자료 2. 보통예금(국민은행) 거래내역

		내용	찾으신금액	맡기신금액	잔액	거래점
번호	거래일	계좌번호 103-55-998876 별별유통				
1	20x1-7-1	삼성화재(주)	1,260,000		***	***

자료설명	사업장에 대한 화재보험을 가입하고 국민은행 보통예금 계좌에서 이체한 거래가 입력 누락 되었다.
수행과제	거래내역을 확인 후 추가 입력하시오.('자산'으로 처리할 것.)

실무수행4 결산

[결산자료]를 참고하여 결산을 수행하시오.(단, 제시된 자료 이외의 자료는 없다고 가정함.)

① 수동결산 및 자동결산

자료설명	1. 구입 시 비용처리한 소모품 중 기말현재 미사용 소모품은 300,000원으로 확인되었다. 2. 기말상품재고액은 138,000,000원이다.
수행과제	1. 수동결산 또는 자동결산 메뉴를 이용하여 결산을 완료하시오. 2. 12월 31일을 기준으로 '손익계산서 → 재무상태표'를 순서대로 조회 작성하시오.(단, 손익계산서 조회 작성 시 상단부 [기능모음]의 '추가'를 이용하여 '손익대체분개'를 수행할 것.)

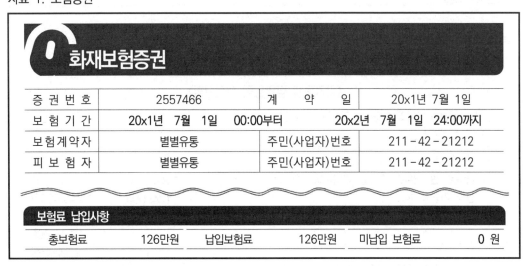

평가문제 실무수행평가 (62점)

입력자료 및 회계정보를 조회하여 [평가문제]의 답안을 입력하시오.

〈평가문제 답안입력 유의사항〉

❶ 답안은 **지정된 단위의 숫자로만 입력**해 주십시오.
 * 한글 등 문자 금지

	정답	오답(예)
(1) **금액은 원 단위로 숫자를 입력**하되, 천 단위 콤마(,)는 생략 가능합니다. (1 - 1) 답이 0원인 경우 반드시 "0" 입력 (1 - 2) 답이 음수(-)인 경우 숫자 앞에 " - "입력 (1 - 3) 답이 소수인 경우 반드시 " . " 입력	**1,245,000** **1245000**	1.245.000 1,245,000원 1,245,0000 12,45,000 1,245천원
(2) 질문에 대한 **답안은 숫자로만 입력**하세요.	**4**	04 4건, 4매, 4명 04건, 04매, 04명
(3) **거래처 코드번호는 5자리 숫자로 입력**하세요.	**00101**	101 00101번

❷ 더존 프로그램에서 조회되는 자료를 복사하여 붙여넣기가 가능합니다.
❸ 수행과제를 올바르게 입력하지 않고 작성한 답과 모범답안이 다른 경우 오답처리됩니다.

번호	평가문제	배점
11	**평가문제 [회사등록 조회]** 회사등록과 관련된 내용 중 옳지 않은 것은? ① 과세유형은 '일반과세'이다. ② 사업장세무서는 '역삼'이고 세무서 코드는 '220'이다. ③ 업태는 도소매업, 통신판매업이다. ④ 사업장주소는 '서울특별시 서대문구 충정로7길 29 - 11(충정로3가)'이다.	4
12	**평가문제 [계정과목및적요등록 조회]** '850.가맹점수수료' 계정과 관련된 내용으로 옳지 않은 것은? ① 구분은 '4.경비'이다. ② 표준재무제표항목의 표준코드 '048.판매수수료'를 사용하고 있다. ③ 현금적요는 1개를 사용하고 있다. ④ 대체적요는 사용하고 있지 않다.	4
13	**평가문제 [계정별원장 조회]** 8월 말 '120.미수금' 잔액은 얼마인가?	3
14	**평가문제 [거래처원장 조회]** 2월 말 '99605.국민카드'의 '253.미지급금' 잔액은 얼마인가?	3
15	**평가문제 [거래처원장 조회]** 6월 말 거래처별 '251.외상매입금' 잔액으로 옳지 않은 것은? ① 00120.(주)우리안전 1,500,000원 ② 00123.콜롬보스 23,315,000원 ③ 00125.바른손펜시(주) 2,000,000원 ④ 01121.(주)한려수도 13,472,500원	3
16	**평가문제 [거래처원장 조회]** 10월 말 거래처별 '108.외상매출금' 잔액으로 옳지 않은 것은? ① 00102.한성에스이 10,713,500원 ② 00108.(주)라모리타 16,325,000원 ③ 00177.서울용역 500,000원 ④ 00240.파도소리(주) 6,500,000원	3
17	**평가문제 [지급어음현황 '지급은행별' 조회]** 지급은행이 '98005.국민은행(당좌)'이면서 '만기일이 20x1년에 도래하는 지급어음 합계는 얼마인가?	3
18	**평가문제 [일/월계표 조회]** 2월 한 달 동안 발생한 '광고선전비' 금액은 얼마인가? ① 120,000원 ② 800,000원 ③ 1,200,000원 ④ 1,320,000원	4
19	**평가문제 [일/월계표 조회]** 상반기(1월 ~ 6월) 발생한 '이자비용' 금액은 얼마인가?	3

번호	평가문제	배점
20	**평가문제 [합계잔액시산표 조회]** 7월 말까지 발생한 '급여' 금액은 얼마인가? ① 29,550,000원 ② 31,550,000원 ③ 38,550,000원 ④ 40,550,000원	4
21	**평가문제 [합계잔액시산표 조회]** 12월 말 기준 '소모품' 잔액은 얼마인가?	3
22	**평가문제 [손익계산서 조회]** 당기에 발생한 '상품매출'은 얼마인가?	4
23	**평가문제 [손익계산서 조회]** 당기분 '판매비와관리비'의 금액으로 옳지 않은 것은? ① 임차료 6,400,000원 ② 운반비 694,000원 ③ 도서인쇄비 240,000원 ④ 건물관리비 3,450,000원	3
24	**평가문제 [손익계산서 조회]** 당기에 발생한 '기부금'은 얼마인가?	3
25	**평가문제 [재무상태표 조회]** 12월 말 계정별 잔액으로 옳지 않은 것은? ① 선급금 1,600,000원 ② 선급비용 780,000원 ③ 미지급금 5,026,500원 ④ 선수금 1,244,000원	2
26	**평가문제 [재무상태표 조회]** 12월 말 '재고자산' 계정 중 '상품' 잔액은 얼마인가?	4
27	**평가문제 [재무상태표 조회]** 12월 말 '유동부채' 계정 중 잔액이 가장 적은 계정과목 코드 3자리를 입력하시오.	3
28	**평가문제 [재무상태표 조회]** 12월 말 '유형자산' 금액은 얼마인가?	2
29	**평가문제 [재무상태표 조회]** 12월 말 '자본금' 잔액은 얼마인가?	1
30	**평가문제 [예적금현황 조회]** 12월 말 은행별 예금 잔액으로 옳지 않은 것은? ① 기업은행(보통) 100,175,740원 ② 국민은행(보통) 156,199,260원 ③ 신한은행(보통) 12,439,000원 ④ 우리은행(보통) 61,500,000원	3
	총 점	62

평가문제 회계정보분석 (8점)

회계정보를 조회하여 [회계정보분석] 답안을 입력하시오.

31. 재무상태표 조회 (4점)

유동비율이란 기업의 단기 지급능력을 평가하는 지표이다. 전기 유동비율은 얼마인가?(단, 소숫점 이하는 버림 할 것.)

$$유동비율(\%) = \frac{유동자산}{유동부채} \times 100$$

① 175%　② 180%
③ 187%　④ 192%

32. 재무상태표 조회 (4점)

부채비율은 타인자본의 의존도를 표시하며, 기업의 건전성 정도를 나타내는 지표이다. 전기말 부채비율은 얼마인가?(단, 소숫점 이하는 버림 할 것.)

$$부채비율(\%) = \frac{부채총계}{자본총계} \times 100$$

① 64%　② 75%
③ 84%　④ 92%

해답 해설

Financial Accounting Technician

회계정보처리 자격시험 2급

78회

실무이론평가

1	2	3	4	5	6	7	8	9	10
②	③	③	②	③	④	③	④	③	④

01 계속기업의 가정이란 기업실체는 그 목적과 의무를 이행하기에 충분할 정도로 **장기간 존속한다고 가정하는 것**을 말한다. 즉, 기업실체는 그 경영활동을 청산하거나 중대하게 축소시킬 의도가 없을 뿐 아니라 **청산이 요구되는 상황도 없다고 가정**된다.

02 (차) 보통예금(자산의 증가) 10,000,000원 (대) 단기차입금(부채의 증가) 10,000,000원

03 건물 구입 시 지급하는 **중개수수료, 취득세는 건물 취득원가에 포함**된다.

건물 취득원가 = 건물구입금액(10,000,000) + 중개수수료(200,000) + 취득세(500,000) = 10,700,000원

04 (차) 미수금 ××× (대) 비품 ×××

05 유형자산을 처분하기로 하고 **계약금을 받을 경우 선수금 계정으로 회계처리**한다.

07 판매비와관리비 = 급여(600,000) + 대손상각비(100,000) + 수도광열비(50,000) + 세금과공과(80,000) = 830,000원

영업이익 = 매출총이익(2,000,000) - 판매비와관리비(830,000) = 1,170,000원

이자비용과 외환차손은 영업외비용에 해당한다.

08 **자산과 이익은 비례관계**이고, **이익과 원가는 반비례관계**이다. 재고자산이 과대계상(20,000)되면 매출원가는 20,000원 과소계상되고 당기순이익은 20,000원 과대계상된다.

09 판매비와관리비에 대한 설명이고, 급여는 판매비와관리비에 해당한다.

유형자산처분손실, 단기매매증권처분손실, 이자비용은 영업외비용이다.

10 **차입금의 상환은 기중거래**로서 결산정리사항이 아니다.

실무수행평가

실무수행 1. 기초정보관리의 이해

1 사업자등록증에 의한 회사등록 수정

- 사업장주소 : 서울특별시 강남구 강남대로 252 (도곡동)
  ➜ 서울특별시 서대문구 충정로7길 29-11 (충정로3가)로 변경
- 업태 : 도소매업 ➜ 도소매업, 통신판매업으로 변경
- 사업장세무서 : 220.역삼 ➜ 110.서대문으로 변경

2 계정과목 추가 및 적요등록 수정

- 850.회사설정계정과목을 850.가맹점수수료(계정구분 : 4.경비)로 계정과목 수정
- 표준코드 : 047.지급수수료 등록
- 현금적요 : 01.가맹점 수수료 현금 지급 등록

실무수행 2. 거래자료 입력

1 증빙에 의한 전표입력 [일반전표입력] 2월 21일

(차) 광고선전비(판)	120,000원	(대) 미지급금(국민카드)	120,000원

2 통장사본에 의한 거래입력 [일반전표입력] 3월 31일

(차) 이자비용	426,000원	(대) 보통예금(기업은행(보통))	426,000원

3 약속어음 발행거래 [일반전표입력] 5월 11일

(차) 외상매입금((주)우리안전)	8,000,000원	(대) 지급어음((주)우리안전)	8,000,000원

[지급어음관리]

● 지급어음 관리 삭제(F5)

어음상태	2 발행	어음번호	00420240511123456789	어음종류	4 전자	발 행 일	20x1-05-11
만 기 일	20x1-07-10	지급은행	98005 국민은행(당좌)	지 점			

4 증빙에 의한 전표입력 [일반전표입력] 6월 20일

(차) 운반비(판)	28,000원	(대) 현금	28,000원

5 기타 일반거래 [일반전표입력] 7월 31일

(차) 급여(판)	7,000,000원	(대) 예 수 금	860,260원
상여금(판)	2,000,000원	보통예금(국민은행(보통))	8,139,740원

6 유 · 무형자산의 매각 [일반전표입력] 8월 10일

(차) 미수금(일산재활용센터)	1,800,000원	(대) 비품	3,000,000원
감가상각누계액(213)	1,200,000원		

7 증빙에 의한 전표입력 [일반전표입력] 9월 22일

(차) 기부금	120,000원	(대) 현금	120,000원

8 재고자산의 매출거래 [일반전표입력] 10월 15일

(차) 현금	200,000원	(대) 상품매출	1,200,000원
외상매출금(서울용역)	1,000,000원		

실무수행 3. 전표수정

1 입력자료 수정 [일반전표입력] 6월 26일

-수정전 : (차) 비품	1,500,000원	(대) 현금	1,500,000원
-수정후 : (차) 상품	1,500,000원	(대) 현금	1,500,000원

2 입력자료 수정 [일반전표입력] 7월 1일

(차) 선급비용	1,260,000원	(대) 보통예금(국민은행(보통))	1,260,000원

실무수행 4. 결산

1 수동결산 및 자동결산

[일반전표입력] 12월 31일

(차) 소모품	300,000원	(대) 소모품비(판)	300,000원

[결산자료입력]

-기말상품재고액 138,000,000원을 입력하고 상단부 전표추가(F3) 를 클릭하여 자동분개 생성

(차) 상품매출원가	601,265,000원	(대) 상품	601,265,000원

[기초상품재고액(190,000,000)+당기상품매입액(549,265,000)-기말상품재고액(138,000,000)]
=상품매출원가 601,265,000원

[재무제표 작성]

-손익계산서([기능모음]의 '추가' 클릭) ➜ 재무상태표를 조회 작성한다.

평가문제. 실무수행평가 (62점)

번호	평가문제	배점	답
11	평가문제 [회사등록 조회]	4	②
12	평가문제 [계정과목및적요등록 조회]	4	②
13	평가문제 [계정별원장 조회]	3	(5,000,000)원
14	평가문제 [거래처원장 조회]	3	(120,000)원
15	평가문제 [거래처원장 조회]	3	①
16	평가문제 [거래처원장 조회]	3	③
17	평가문제 [지급어음현황 '지급은행별' 조회]	3	(8,000,000)원
18	평가문제 [일/월계표 조회]	4	④
19	평가문제 [일/월계표 조회]	3	(2,731,000)원
20	평가문제 [합계잔액시산표 조회]	4	③
21	평가문제 [합계잔액시산표 조회]	3	(300,000)원
22	평가문제 [손익계산서 조회]	4	(913,541,000)원
23	평가문제 [손익계산서 조회]	3	②
24	평가문제 [손익계산서 조회]	3	(620,000)원
25	평가문제 [재무상태표 조회]	2	②
26	평가문제 [재무상태표 조회]	4	(138,000,000)원
27	평가문제 [재무상태표 조회]	3	(254)
28	평가문제 [재무상태표 조회]	2	(61,011,000)원
29	평가문제 [재무상태표 조회]	1	(368,510,000)원
30	평가문제 [예적금현황 조회]	3	②
총 점		62	

평가문제. 회계정보분석 (8점)

31. 재무상태표 조회 (4점)

② (370,890,000원/205,420,000원)×100≒180%

32. 손익계산서 조회 (4점)

③ (205,420,000원/243,270,000원)×100≒84%

기출문제

Financial Accounting Technician

회계정보처리 자격시험 2급

75회

합격율	시험년월
65%	2024.8

실무이론평가

[1] 다음 거래에 대한 거래 요소의 결합 관계를 나타낸 것으로 옳은 것은?

- 한공상사는 기계장치를 50,000,000원에 취득하고 현금을 지급하였다.

① (차) 자산의 증가　　(대) 수익의 발생
② (차) 자산의 증가　　(대) 부채의 증가
③ (차) 비용의 발생　　(대) 자산의 감소
④ (차) 자산의 증가　　(대) 자산의 감소

[2] 다음 중 당좌자산으로 분류되지 않는 것은?

① 만기가 1년 이내에 도래하는 정기예금
② 판매목적으로 보유하고 있는 상품
③ 상품을 판매하고 받은 어음
④ 단기간 내에 매매차익을 얻을 목적으로 구입한 시장성 있는 주식

[3] (주)한공은 종업원기숙사로 사용하기 위해 건물을 취득하였다. 취득한 건물과 관련된 지출이 다음과 같을 때 건물의 취득원가는 얼마인가?

• 취득대금	80,000,000원	• 취득 관련 중개수수료	1,000,000원
• 취득세	3,600,000원	• 재산세	100,000원

① 80,000,000원　　② 81,000,000원
③ 84,600,000원　　④ 84,700,000원

[4] 다음은 (주)한공의 사업용 토지 처분에 관한 대화이다. 이에 대한 회계처리 시 대변 계정과목은?

김부장 : 토지 처분 건은 어떻게 되었나요? 이대리 : 네, 10,000,000원에 매매계약을 체결하고, 계약금 1,000,000원을 현금으로 받았습니다.

※ 1차 저작권자의 저작권 침해 소지가 있어 삽화 삽입은 어려우니 양해바랍니다.

① 토지
② 가수금
③ 건설중인자산
④ 선수금

[5] 다음 자료를 토대로 20x1년 3월 31일의 대손충당금 잔액을 계산하면 얼마인가?

• 20x1년 1월 1일 : 대손충당금 잔액 200,000원 • 20x1년 3월 31일 : 거래처 파산으로 매출채권 150,000원이 회수불능으로 판명되어 대손처리하다.

① 50,000원
② 100,000원
③ 150,000원
④ 200,000원

[6] 다음 중 재무상태표의 계정과목을 모두 고른 것은?

가. 매출채권	나. 매입채무	다. 광고선전비
라. 수수료수익	마. 선수수익	

① 가, 나, 다
② 가, 나, 마
③ 나, 다, 라
④ 다, 라, 마

[7] 다음 자료를 토대로 매출원가를 계산하면 얼마인가?

• 기초상품 재고액	200,000원	• 당기 총매입액	400,000원
• 매입에누리	40,000원	• 기말상품 재고액	150,000원

① 410,000원
② 450,000원
③ 500,000원
④ 600,000원

[8] 다음은 (주)한공이 판매대리점으로 사용할 사무실 임대차계약서의 일부이다.
(주)한공이 임대인에게 지급하는 보증금으로 (주)한공의 재무제표에 표시되는 계정과목은?

(사 무 실) 임 대 차 계 약 서						
□ 임 대 인 용 ■ 임 차 인 용 □ 사무소보관용						
부동산의 표시	소재지	서울 용산구 한강로3가 16-49 삼구빌딩 1층 104호				
	구 조	철근콘크리트조	용도	사무실	면적	82㎡
전 세 보 증 금	금 50,000,000원정					

제 1 조 위 부동산의 임대인과 임차인 합의하에 아래와 같이 계약함.
제 2 조 위 부동산의 임대차에 있어 임차인은 보증금을 위와 같이 지불키로 함.

① 임대보증금　　② 임차료
③ 임대료　　④ 임차보증금

[9] 한공상사는 20x1년 4월 1일에 임대료 1년분 2,400,000원을 현금으로 받고 전액임대료수익으로 인식하였다. 20x1년 12월 31일 결산 시 계상할 선수수익은 얼마인가?(월할계산하기로 한다.)

① 600,000원　　② 1,200,000원
③ 1,400,000원　　④ 1,800,000원

[10] 다음 중 손익계산서에 표시되는 계정과목은?

① 개발비　　② 미지급비용
③ 선수수익　　④ 단기매매증권처분손실

실무수행평가

모든스포츠(4750)는 스포츠용품 도소매업을 운영하는 개인기업으로, 회계기간은 제7기(20x1.1.1.~ 20x1.12.31.)이다. 제시된 자료와 [자료설명]을 참고하여, [수행과제]를 완료하고 [평가문제]의 물음에 답하시오.

실무수행1 기초정보관리의 이해

회계관련 기초정보는 입력되어 있다. [자료설명]을 참고하여 [수행과제]를 수행하시오.

1 사업자등록증에 의한 거래처등록

사 업 자 등 록 증

(일반과세자)

등록번호 : 110-81-02129

상 호 : (주)세방기계
대 표 자 명 : 장은호
개 업 년 월 일 : 2019년 1월 24일
사업장 소재지 : 서울특별시 강남구 강남대로 246 (도곡동, 다림빌딩)
사 업 의 종 류 : 업태 제조업 종목 운동기구

교 부 사 유 : 정정

사업자단위과세 적용사업자여부 : 여( ) 부(√)
전자세금계산서 전용 메일주소 : sebang@naver.com

20x1년 3월 15일
역삼 세무서장 (인)

국세청

자료설명	거래처 (주)세방기계의 사업자등록증 내용 중 '종목'과 '메일주소'가 변경되어 사업자등록증 사본을 받았다.
수행과제	사업자등록증을 확인하여 변경사항을 수정하시오.

② 거래처별 초기이월 등록

계정과목	거래처 코드	거래처명	금액	비 고
외상매출금	00106	건강지킴이	47,500,000원	
	00120	금강기술	22,000,000원	
	03004	클라우드	25,500,000원	
	합 계		**95,000,000원**	
미지급금	00110	한얼회계법인	1,700,000원	
	02507	(주)소호상사	8,000,000원	
	합 계		**9,700,000원**	

자료설명	거래처별 초기이월 자료는 등록되어 있다.
수행과제	외상매출금, 미지급금에 대한 거래처별 초기이월사항을 등록 및 수정하시오.

실무수행2 거래자료 입력

실무프로세스 자료이다. [자료설명]을 참고하여 [수행과제]를 수행하시오.

① 증빙에 의한 전표입력

영 수 증

20x1/2/6

우리모터스 (T.02-823-1234)
서울특별시 강남구 일원로 2
(대치동)
130-30-88639

품 목	수 량	단 가	금 액
요소수	1	25,000	25,000

합계 : 25,000원

감사합니다.

자료설명	업무용 승용차에 요소수를 투입하고 대금은 현금으로 지급하였다.
수행과제	거래자료를 입력하시오. (단, '차량유지비'로 처리할 것.)

② 기타 일반거래

자료 1. 사무실 월세계약서 내역

(사 무 실) 월 세 계 약 서

□ 임 대 인 용
■ 임 차 인 용
□ 사무소보관용

부동산의 표시	소재지	서울특별시 서대문구 충정로7길 29-13 (충정로3가)				
	구 조	철근콘크리트조	용도	사무실	면적	80㎡
월 세 보 증 금		**금 50,000,000원정**		**월세 1,200,000원정**		

제 1 조 위 부동산의 임대인과 임차인 합의하에 아래와 같이 계약함.

제 2 조 위 부동산의 임대차에 있어 임차인은 보증금을 아래와 같이 지불키로 함.

계 약 금	원정은 계약시 지불하고
중 도 금	원정은 년 월 일 지불하며
잔 금	50,000,000원정은 20x1년 3월 5일 중개업자 입회하에 지불함.

제 3 조 위 부동산의 명도는 20x1년 3월 5일로 함.

제 4 조 임대차 기간은 20x1년 3월 5일로부터 (24)개월로 함.

제 5 조 **월세금액은 매월(10)일에 지불**키로 하되 만약 기일내에 지불치 못할 시에는 보증금액에서 공제키로함.**(국민은행, 계좌번호 : 801210-52-072659, 예금주 : 김하늘)**

~~~ 중 략 ~~~

임 대 인	주 소	서울 구로구 경인로 638				
	주민등록번호	651214-2415111	전화번호	02-555-1255	성명	김하늘 (인)

자료 2. 보통예금(신한은행) 거래내역

		내용	찾으신금액	맡기신금액	잔액	거래점
번호	거래일	계좌번호 308-24-374555 모든스포츠				
1	20x1-3-5	김하늘	50,000,000		***	***

자료설명	사무실 확장을 위하여 계약했던 건물의 보증금을 신한은행 보통예금 계좌에서 이체한 내역이다.
수행과제	거래자료를 입력하시오.

③ 기타 일반거래

출장비 정산서

일자	출발지	도착지	교통비(SRT)	숙박비	식대	계
20x1.4.18.	서울	부산	47,500원	120,000원	30,000원	197,500원
20x1.4.21.	부산	서울	47,500원	-	20,000원	67,500원
합 계			95,000원	120,000원	50,000원	265,000원
~~~

자료설명	[4월 22일] 출장을 마친 직원 민경진의 출장비 내역을 보고 받고, 잔액은 현금으로 회수하였다.
수행과제	4월 17일의 거래를 확인하여 거래자료를 입력하시오. (단, 출장비 지출내역은 '여비교통비'로 처리하고, '가지급금'은 거래처를 입력할 것.)

4 약속어음 수취거래

전 자 어 음

모든스포츠 귀하 00420240514123456789

금 오백만원정 5,000,000원

위의 금액을 귀하 또는 귀하의 지시인에게 지급하겠습니다.

지급기일 20x1년 7월 13일 **발행일** 20x1년 5월 14일
지 급 지 국민은행 **발행지** 서울특별시 서대문구
지급장소 강남지점 **주 소** 홍제내2나길 29
발행인 클라우드

자료설명	[5월 14일] 클라우드의 상품 외상매출대금 일부를 전자어음으로 수취하였다.
수행과제	1. 거래자료를 입력하시오. 2. 자금관련정보를 입력하여 받을어음현황에 반영하시오.

5 기타 일반거래

■ 보통예금(기업은행) 거래내역

		내 용	찾으신금액	맡기신금액	잔 액	거래점
번호	거래일	계좌번호 764502-01-047720 모든스포츠				
1	20x1-6-7	주식매입	3,012,000		***	***

자료설명	단기매매차익을 목적으로 거래소에 상장된 (주)바이오로직스의 주식 100주(주당 액면금액 10,000원)를 주당 30,000원에 매입하면서 취득수수료 12,000원을 포함한 대금은 기업은행 보통예금 계좌에서 이체하였다.
수행과제	거래자료를 입력하시오. (취득수수료는 '영업외비용' 범위의 계정으로 처리할 것.)

6 유・무형자산의 구입

거래명세서 (공급받는자 보관용)

공급자					공급받는자				
등록번호	140-81-11779				등록번호	109-09-67470			
상호	(주)우리전자	성명	조성진		상호	모든스포츠	성명	김혜수	
사업장 주소	서울특별시 서대문구 충정로7길 19-70 (충정로2가)				사업장 주소	서울특별시 서대문구 충정로7길 29-13 (충정로3가)			
업태	제조업	종사업장번호			업태	도소매업	종사업장번호		
종목	전자기기				종목	스포츠용품			

거래일자	미수금액	공급가액	총 합계금액
20x1.7.20.		1,800,000	1,800,000

NO	월	일	품목명	규격	수량	단가	공급가액	합계
1	7	20	디지털 복합기		1		1,800,000	1,800,000

자료설명	사무실에서 사용할 디지털 복합기를 구입하고, 구입대금은 다음달 말일에 지급하기로 하였다.
수행과제	거래자료를 입력하시오.(자산으로 처리할 것.)

7 증빙에 의한 전표입력

매출전표

카드종류: 신한카드	거래일자: 20x1.8.10.10:13:42
카드번호(CARD NO): 4658-1232-****-45**	
승인번호: 20240810101234	금액 AMOUNT: 240000
일반: 일시불 / 할부	부가세 V.A.T:
전단지	봉사료 CASHBACK:
거래유형	합계 TOTAL: 240000
가맹점명: 예솔광고	
대표자명: 임예솔	사업자번호: 216-23-37552
전화번호: 02-439-7248	가맹점번호: 84566611
주소: 서울특별시 구로구 구로동로 104	

상기의 거래 내역을 확인합니다. 서명 모든스포츠

자료설명	신제품 판매촉진을 위한 광고전단지를 제작하고, 결제한 신용카드매출전표이다.
수행과제	거래자료를 입력하시오.

[8] 통장사본에 의한 거래입력

자료 1. 견적서

NO. 7

견 적 서

20x1 년 9 월 13 일

(주)가람가람 귀하

아래와 같이 견적합니다.

공급자	등록번호	109-09-67470		
	상호(법인명)	모든스포츠	성명	김혜수
	사업장주소	서울특별시 서대문구 충정로7길 29-13 (충정로3가)		
	업 태	도소매업	종목	스포츠용품
	전화번호			

합계금액 삼백육십만원 (₩ 3,600,000)

품 명	규격	수량	단가	공급가액	비고
타이틀리스트 아이언세트		3	1,200,000	3,600,000	
계		3	1,200,000	3,600,000	

자료 2. 보통예금(국민은행) 거래내역

		내 용	찾으신금액	맡기신금액	잔 액	거래점
번호	거래일	계좌번호 096-24-0094-123 모든스포츠				
1	20x1-9-13	(주)가람가람		360,000	***	***

자료설명	1. 자료 1은 (주)가람가람에 상품을 판매하기 위해 발급한 견적서이다. 2. 자료 2는 공급가액의 10%(계약금)를 국민은행 보통예금 계좌로 입금 받은 내역이다.
수행과제	거래자료를 입력하시오.

실무수행3 전표수정

실무프로세스 자료이다. [자료설명]을 참고하여 [수행과제]를 수행하시오.

□1 입력자료 수정

■ 보통예금(신한은행) 거래내역

		내용	찾으신금액	맡기신금액	잔액	거래점
번호	거래일	계좌번호 308-24-374555 모든스포츠				
1	20x1-10-15	에코전자		300,000	***	***

자료설명	에코전자의 단기대여금에 대한 이자를 신한은행 보통예금 계좌에 입금받은 내역이다.
수행과제	거래자료를 수정하시오.

□2 입력자료 수정

자료설명	11월 4일에 입력된 거래는 영업부에서 사용하고 있는 업무용 승용차에 대한 자동차세를 납부한 거래이다.
수행과제	거래자료를 수정하시오.

실무수행4 결산

[결산자료]를 참고하여 결산을 수행하시오.(단, 제시된 자료 이외의 자료는 없다고 가정함.)

□1 수동결산 및 자동결산

자료설명	1. 단기대여금에 대한 당기 기간경과분 미수이자 420,000원을 계상하다. 2. 기말상품재고액은 29,000,000원이다.
수행과제	1. 수동결산 또는 자동결산 메뉴를 이용하여 결산을 완료하시오. 2. 12월 31일을 기준으로 '손익계산서 → 재무상태표'를 순서대로 조회 작성하시오.(단, 손익계산서 조회 작성 시 상단부 [기능모음]의 '추가'를 이용하여 '손익 대체분개'를 수행할 것.)

평가문제 | 실무수행평가 (62점)

입력자료 및 회계정보를 조회하여 [평가문제]의 답안을 입력하시오.

번호	평가문제	배점
11	**평가문제 [거래처등록 조회]** (주)세방기계(코드 : 03100)의 거래처등록사항으로 옳지 않은 것은? ① (주)세방기계의 대표자명은 '장은호'이다. ② 메일주소는 'health@naver.com'이다. ③ 업태는 '제조업'이다. ④ 종목은 '운동기구'이다.	4
12	**평가문제 [일/월계표 조회]** 1/4분기(1월~3월) 동안 발생한 '차량유지비' 금액은 얼마인가?	3
13	**평가문제 [계정별원장 조회]** 9월 말 '259.선수금' 잔액은 얼마인가?	4
14	**평가문제 [거래처원장 조회]** 5월 말 거래처별 '108.외상매출금' 잔액으로 옳은 것은? ① 건강지킴이 47,500,000원 ② 금강기술 31,230,000원 ③ 클라우드 20,500,000원 ④ (주)프라하 5,000,000원	3
15	**평가문제 [거래처원장 조회]** 6월 말 '134.가지급금' 잔액이 있는 거래처의 코드번호 5자리를 입력하시오.	4
16	**평가문제 [거래처원장 조회]** 7월 말 거래처별 '253.미지급금' 잔액으로 옳은 것은? ① 00110.한얼회계법인 1,700,000원 ② 01016.(주)우리전자 3,000,000원 ③ 02507.(주)소호상사 8,500,000원 ④ 99601.신한카드 1,500,000원	3
17	**평가문제 [현금출납장 조회]** 2월 말 '현금' 잔액은 얼마인가?	4
18	**평가문제 [재무상태표 조회]** 6월 말 '기타비유동자산'의 금액은 얼마인가?	4
19	**평가문제 [재무상태표 조회]** 6월 말 '단기매매증권' 금액은 얼마인가?	3
20	**평가문제 [재무상태표 조회]** 6월 말 '장기차입금' 금액은 얼마인가?	3

번호	평가문제	배점
21	**평가문제 [재무상태표 조회]** 9월 말 '외상매입금' 금액은 얼마인가?	3
22	**평가문제 [재무상태표 조회]** 12월 말 '받을어음의 장부금액(받을어음 - 대손충당금)'은 얼마인가?	3
23	**평가문제 [재무상태표 조회]** 12월 말 '선급금' 금액은 얼마인가?	3
24	**평가문제 [재무상태표 조회]** 12월 말 '자본금' 잔액은 얼마인가? ① 406,290,000원 ② 510,079,000원 ③ 626,920,570원 ④ 838,525,900원	2
25	**평가문제 [손익계산서 조회]** 당기 '상품매출원가' 금액은 얼마인가?	2
26	**평가문제 [손익계산서 조회]** 당기에 발생한 '판매비와관리비'의 계정별 금액으로 옳은 것은? ① 복리후생비 17,573,000원 ② 통신비 1,650,000원 ③ 운반비 6,930,000원 ④ 광고선전비 5,540,000원	3
27	**평가문제 [손익계산서 조회]** 당기에 발생한 '세금과공과금' 금액은 얼마인가?	3
28	**평가문제 [손익계산서 조회]** 당기에 발생한 '이자수익' 금액은 전기 대비 얼마나 증가하였는가?	2
29	**평가문제 [예적금현황 조회]** 12월 말 은행별 보통예금 잔액으로 옳은 것은? ① 신협은행(보통) 115,654,000원 ② 국민은행(보통) 40,022,000원 ③ 신한은행(보통) 98,000,000원 ④ 기업은행(보통) 30,988,000원	2
30	**평가문제 [받을어음현황 조회]** 만기일이 20x1년에 도래하는 '받을어음'의 보유금액 합계는 얼마인가?	4
총 점		62

평가문제 회계정보분석 (8점)

회계정보를 조회하여 [회계정보분석]의 답안을 입력하시오.

31. 손익계산서 조회 (4점)

매출총이익률은 매출로부터 얼마의 이익을 얻느냐를 나타내는 비율로 높을수록 판매, 매입활동이 양호한 편이다. 전기 매출총이익률은 얼마인가?(단, 소수점 이하는 버림할 것.)

$$\text{매출총이익률(\%)} = \frac{\text{매출총이익}}{\text{매출액}} \times 100$$

① 28% ② 40%
③ 252% ④ 254%

32. 손익계산서 조회 (4점)

영업이익률은 기업의 주된 영업활동에 의한 성과를 판단하는 비율로 판매활동과 직접 관계없는 영업외손익을 제외한 순수 영업활동의 수익성을 나타내는 지표이다. 전기 영업이익률을 계산하면 얼마인가?(단, 소수점 이하는 버림할 것.)

$$\text{영업이익률(\%)} = \frac{\text{영업이익}}{\text{매출액}} \times 100$$

① 20% ② 26%
③ 537% ④ 576%

해답 해설

Financial Accounting Technician

회계정보처리 자격시험 2급

75회

실무이론평가

1	2	3	4	5	6	7	8	9	10
④	②	③	④	①	②	①	④	①	④

01 거래를 분개 시 차변의 기계장치는 자산의 증가이고, 대변의 현금은 자산의 감소에 해당한다.

02 <u>판매목적으로 보유하고 있는 상품은 재고자산</u>에 속한다.

03 취득원가 = 취득대금(80,000,000) + 중개수수료(1,000,000) + 취득세(3,600,000) = 84,600,000원
유형자산의 취득원가는 구입대금에 부대비용(중개수수료, 취득세)을 가산하나 <u>재산세는 당기비용</u>(세금과공과금)으로 처리한다.

04 유형자산을 처분하기로 하고 <u>계약금을 받을 경우 선수금 계정</u>으로 회계처리한다.

05

대손충당금

대손	150,000	기초	200,000
기말	*50,000*		
계	200,000	계	200,000

06 <u>광고선전비와 수수료수익은 손익계산서 계정과목</u>이다.

07

상 품

기초상품	200,000	*매출원가(?)*	*410,000*
총매입액	400,000		
(매입에누리)	(40,000)	기말상품	150,000
계	560,000	계	560,000

08 임대인에게 지급하는 보증금은 임차보증금으로 회계처리한다.

09 선수수익 = 1년 분 임대료(2,400,000) × 3/12 = 600,000원

10 단기매매증권처분손실은 손익계산서에 나타나지만, <u>개발비는 자산</u> 항목, <u>미지급비용, 선수수익은 부채</u> 항목으로서 재무상태표에 표시된다.

실무수행평가

실무수행 1. 기초정보관리의 이해

1 사업자등록증에 의한 거래처등록

- 종목 : '기계제작'에서 '운동기구'으로 수정
- 담당자메일주소 : 'health@naver.com'에서 'sebang@naver.com'으로 수정

2 거래처별 초기이월 등록

- 108. 외상매출금 계정 : 거래처 코드별 금액 입력

	코드	계정과목	전기분재무상태표	차 액	거래처합계금액
1	101	현금	10,000,000	10,000,000	
2	103	보통예금	254,780,000		254,780,000
3	108	외상매출금	95,000,000		95,000,000
4	109	대손충당금	9,500,000	9,500,000	

코드	거래처	금액
00106	건강지킴이	47,500,000
00120	금강기술	22,000,000
03004	클라우드	25,500,000

- 253. 미지급금 계정 : 거래처 코드별 금액 입력

	코드	계정과목	전기분재무상태표	차 액	거래처합계금액
1	101	현금	10,000,000	10,000,000	
2	103	보통예금	254,780,000		254,780,000
3	108	외상매출금	95,000,000		95,000,000
4	109	대손충당금	9,500,000	9,500,000	
5	110	받을어음	12,928,000		12,928,000
6	111	대손충당금	129,000	129,000	
7	146	상품	57,000,000	57,000,000	
8	208	차량운반구	60,000,000	60,000,000	
9	209	감가상각누계액	12,000,000	12,000,000	
10	212	비품	12,000,000	12,000,000	
11	251	외상매입금	29,900,000	16,200,000	13,700,000
12	252	지급어음	5,300,000		5,300,000
13	253	미지급금	9,700,000		9,700,000

코드	거래처	금액
00110	한얼회계법인	1,700,000
02507	(주)소호상사	8,000,000

실무수행 2. 거래자료 입력

1 증빙에 의한 전표입력 [일반전표입력] 2월 6일

(차) 차량유지비(판)	25,000원	(대) 현금	25,000원

2 기타 일반거래 [일반전표입력] 3월 5일

(차) 임차보증금(김하늘)	50,000,000원	(대) 보통예금(신한은행(보통))	50,000,000원

3 기타 일반거래 [일반전표입력] 4월 22일

(차) 여비교통비(판)	265,000원	(대) 가지급금(민경진)	300,000원
현금	35,000원		

4 약속어음 수취거래 [일반전표입력] 5월 14일

(차) 받을어음(클라우드)	5,000,000원	(대) 외상매출금 (클라우드)	5,000,000원

[받을어음 관리]

어음상태	1 보관	어음종류	6 전자	어음번호	00420240514123456789			수취구분	1 자수
발행인	03004 클라우드			발행일	20x1-05-14	만기일	20x1-07-13	배서인	
지급은행	100 국민은행	지점	강남	할인기관		지점		할인율(%)	
지급거래처				* 수령된 어음을 타거래처에 지급하는 경우에 입력합니다.					

5 기타 일반거래 [일반전표입력] 6월 7일

(차) 단기매매증권	3,000,000원	(대) 보통예금	3,012,000원
수수료비용(영·비)	12,000원	(기업은행(보통))	

6 유·무형자산의 구입 [일반전표입력] 7월 20일

(차) 비품	1,800,000원	(대) 미지급금((주)우리전자)	1,800,000원

7 증빙에 의한 전표입력 [일반전표입력] 8월 10일

(차) 광고선전비(판)	240,000원	(대) 미지급금(신한카드)	240,000원

8 통장사본에 의한 거래입력 [일반전표입력] 9월 13일

(차) 보통예금(국민은행(보통))	360,000원	(대) 선수금((주)가람가람)	360,000원

실무수행 3. 전표수정

1 입력자료 수정 [일반전표입력] 10월 15일

-수정전 :	(차) 보통예금 (신한은행(보통))	300,000원	(대) 단기대여금(에코전자)	300,000원
-수정후 :	(차) 보통예금 (신한은행(보통))	300,000원	(대) 이자수익	300,000원

2 입력자료 수정 [일반전표입력] 11월 4일

-수정전 :	(차) 차량운반구	460,000원	(대) 보통예금 (국민은행(보통))	460,000원
-수정후 :	(차) 세금과공과금(판)	460,000원	(대) 보통예금 (국민은행(보통))	460,000원

실무수행 4. 결산

1 수동결산 및 자동결산

[일반전표입력] 12월 31일

(차) 미수수익 420,000원 (대) 이자수익 420,000원

[결산자료입력]

- 기말상품재고액 29,000,000원을 입력하고 상단부 전표추가(F3) 를 클릭하여 자동분개 생성

(차) 상품매출원가 225,715,000원 (대) 상품 225,715,000원

[상품매출원가 = 기초상품재고액(57,000,000) + 당기상품매입액(197,715,000)
- 기말상품재고액(29,000,000) = 225,715,000원

[재무제표 작성]

- 손익계산서([기능모음]의 '추가' 클릭) ➜ 재무상태표를 조회 작성한다.

평가문제. 실무수행평가 (62점)

번호	평가문제	배점	답
11	**평가문제 [거래처등록 조회]**	4	②
12	**평가문제 [일/월계표 조회]**	3	(2,119,400)원
13	**평가문제 [계정별원장 조회]**	4	(5,810,000)원
14	**평가문제 [거래처원장 조회]**	3	③
15	**평가문제 [거래처원장 조회]**	4	(03050)
16	**평가문제 [거래처원장 조회]**	3	②
17	**평가문제 [현금출납장 조회]**	4	(26,950,700)원
18	**평가문제 [재무상태표 조회]**	4	(130,350,000)원
19	**평가문제 [재무상태표 조회]**	3	(11,000,000)원
20	**평가문제 [재무상태표 조회]**	3	(25,000,000)원
21	**평가문제 [재무상태표 조회]**	3	(147,405,000)원
22	**평가문제 [재무상태표 조회]**	3	(9,571,000)원
23	**평가문제 [재무상태표 조회]**	3	(1,600,000)원
24	**평가문제 [재무상태표 조회]**	2	③
25	**평가문제 [손익계산서 조회]**	2	(225,715,000)원

번호	평가문제	배점	답
26	**평가문제 [손익계산서 조회]**	3	④
27	**평가문제 [손익계산서 조회]**	3	(1,814,000)원
28	**평가문제 [손익계산서 조회]**	2	(1,670,000)원
29	**평가문제 [예적금현황 조회]**	2	④
30	**평가문제 [받을어음현황 조회]**	4	(8,000,000)원
총 점		62	

평가문제. 회계정보분석 (8점)

31. 재무상태표 조회 (4점)

② (238,000,000원/583,000,000원)×100≒40%

32. 손익계산서 조회 (4점)

① (117,530,000원/583,000,000원)×100≒20%

기출문제

Financial Accounting Technician

회계정보처리 자격시험 2급

73회

합격율	시험년월
63%	2024.6

실무이론평가

[1] 다음 중 아래 거래요소의 결합관계에 해당하는 거래는 무엇인가?

(차변)		(대변)
자산의 감소	-----------	자산의 감소

① 투자자로부터 시가 6,000,000원의 건물을 기증받았다.
② 단기차입금 300,000원을 현금으로 상환하였다.
③ 대여금 500,000원이 만기가 되어 현금으로 상환받았다.
④ 종업원급여 2,000,000원을 보통예금 계좌에서 지급하였다.

[2] 다음 중 회계상 거래에 해당하지 <u>않는</u> 것은?

① 기계장치를 50,000,000원에 취득하고 현금을 지급하였다.
② 창고에 보관중이던 상품 10,000,000원을 분실하였다.
③ 20,000,000원인 업무용차량을 구입하기 위해 거래처에 주문서를 발송하였다.
④ 종업원에게 5,000,000원의 급여를 지급하였다.

[3] 다음 중 재무상태표에 표시되지 <u>않는</u> 계정은?

① 매출채권　　② 선수수익
③ 선급비용　　④ 경상개발비

[4] 다음 대화 중 선생님의 질문에 대하여 바르게 대답한 학생으로 묶은 것은?

> 현금및현금성자산에 포함되는 예를 한 가지씩 발표해 보세요?
>
> 영수 : 보통예금이 포함됩니다.
> 민지 : 자기앞수표가 있습니다.
> 진우 : 외상매출금도 있습니다.
> 혜민 : 단기매매차익을 목적으로 취득한 주식이 있습니다.

※ 1차 저작권자의 저작권 침해 소지가 있어 삽화 삽입은 어려우니 양해바랍니다.

① 영수, 진우
② 영수, 민지
③ 민지, 혜민
④ 진우, 혜민

[5] 다음 자료를 토대로 유형자산처분이익을 계산하면 얼마인가?

<u>잔액시산표</u>

20x1. 1. 1.

(주)한공(단위 : 원)

차변	원면	계정과목	대변
⋮		⋮	⋮
10,000,000	생	건 물	
	략	감가상각누계액	2,000,000

- 20x1. 6. 30. 처분시까지 인식한 감가상각비는 500,000원이다.
- 20x1. 6. 30. 건물을 9,000,000원에 처분하다.

① 500,000원
② 600,000원
③ 1,000,000원
④ 1,500,000원

[6] 다음 중 재고자산에 대한 설명으로 옳지 <u>않은</u> 것은?

① 재고자산은 판매를 위하여 보유하고 있는 자산이다.
② 재고자산 매입원가는 매입과정에서 정상적으로 발생한 부대원가를 포함한다.
③ 재고자산의 수량결정방법은 실지재고조사법과 계속기록법이 있다.
④ 재고자산 매입과 관련된 할인, 에누리는 영업외비용으로 처리한다.

[7] 다음 자료를 토대로 매출액을 계산하면 얼마인가?

• 당기 총매출액	90,000원	• 당기 매출할인	10,000원
• 당기 매출에누리와 환입	5,000원		

① 75,000원
② 80,000원
③ 85,000원
④ 90,000원

[8] 회사의 업무용 승용차에 주유를 하고 신용카드로 결제한 경우 차변 계정과목으로 옳은 것은?

① 차량유지비
② 접대비
③ 복리후생비
④ 광고선전비

[9] 다음의 오류가 당기 손익계산서에 미치는 영향으로 옳은 것은?

• 기말 재고자산을 150,000원으로 계상하였으나 정확한 기말재고금액은 120,000원이다.

	매출원가	당기순이익
①	과대	과대
②	과대	과소
③	과소	과소
④	과소	과대

[10] 다음 자료를 토대로 손익계산서에 반영될 대손상각비를 계산하면 얼마인가?

대손충당금

(단위 : 원)

5/31 외상매출금	XXX	1/ 1 전기이월	100,000
12/31 차기이월	120,000	12/31 대손상각비	XXX
	XXX		XXX

• 당기중 회수가 불가능한 것으로 판명되어 대손처리된 외상매출금은 30,000원이다.

① 10,000원
② 20,000원
③ 30,000원
④ 50,000원

실무수행평가

주토피아(4730)는 반려동물용품 도소매업을 운영하는 개인기업으로, 회계기간은 제7기(20x1.1.1.~20x1.12.31.)이다. 제시된 자료와 [자료설명]을 참고하여, [수행과제]를 완료하고 [평가문제]의 물음에 답하시오.

실무수행1 기초정보관리의 이해

회계관련 기초정보는 입력되어 있다. [자료설명]을 참고하여 [수행과제]를 수행하시오.

1 거래처등록

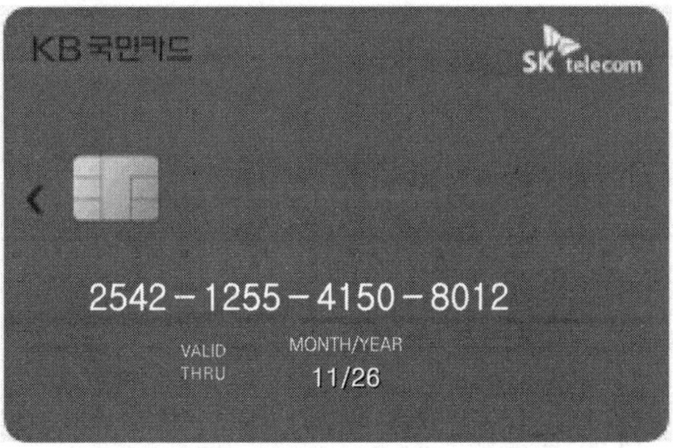

자료설명	통신요금 자동이체 할인을 위한 신용카드를 신규로 발급받았다.
수행과제	거래처등록을 하시오. ('코드 : 99607, 카드명 : 국민카드, 구분 : 매입, 카드 결제일 : 25일'로 할 것.)

2 거래처별초기이월 등록 및 수정

장기차입금 명세서

코드	거래처명	금액	비고
98004	농협은행(차입)	40,000,000원	만기일 20x3.10.31.
98006	카카오뱅크(차입)	50,000,000원	만기일 20x3.11.30.
	합계	90,000,000원	

자료설명	주토피아의 전기분 재무제표는 이월 받아 입력되어 있다.
수행과제	장기차입금에 대한 거래처별초기이월을 입력하시오.

실무수행2 거래자료 입력

실무프로세스 자료이다. [자료설명]을 참고하여 [수행과제]를 수행하시오.

1 통장사본에 의한 거래입력

■ 보통예금(기업은행) 거래내역

		내용	찾으신금액	맡기신금액	잔액	거래점
번호	거래일	계좌번호 221-311-456789 주토피아				
1	20x1-1-14	대여금 원리금		2,300,000	***	***

자료설명	(주)몰리스펫 단기대여금 원금 2,000,000원과 이자 300,000원을 기업은행 보통예금 계좌로 입금 받았다.
수행과제	거래자료를 입력하시오.

2 증빙에 의한 전표입력

<table>
<tr><td colspan="6">NO. 영 수 증 (공급받는자용)
주토피아 귀하</td></tr>
<tr><td rowspan="4">공급자</td><td>사업자등록번호</td><td colspan="4">251-29-13424</td></tr>
<tr><td>상호</td><td>선일인쇄</td><td>성명</td><td colspan="2">한영걸</td></tr>
<tr><td>사업장소재지</td><td colspan="4">서울특별시 강남구 논현로 6</td></tr>
<tr><td>업태</td><td>제조업</td><td>종목</td><td colspan="2">인쇄</td></tr>
<tr><td colspan="2">작성일자</td><td colspan="2">공급대가총액</td><td colspan="2">비고</td></tr>
<tr><td colspan="2">20x1.2.5.</td><td colspan="2">₩ 20,000</td><td colspan="2"></td></tr>
<tr><td colspan="6">공 급 내 역</td></tr>
<tr><td>월/일</td><td>품명</td><td>수량</td><td>단가</td><td colspan="2">금액</td></tr>
<tr><td>2/5</td><td>명함</td><td></td><td></td><td colspan="2">20,000</td></tr>
<tr><td></td><td></td><td></td><td></td><td colspan="2"></td></tr>
<tr><td colspan="3">합 계</td><td colspan="3">20,000</td></tr>
<tr><td colspan="6">위 금액을 영수(청구)함</td></tr>
</table>

자료설명	신규 입사한 영업부 직원 명함 인쇄 대금을 현금으로 지급하였다.
수행과제	거래자료를 입력하시오. (단, '도서인쇄비'로 처리할 것.)

3 재고자산의 매입거래

거래명세서 (공급받는자 보관용)

공급자	등록번호	214-21-54323			공급받는자	등록번호	318-12-37852		
	상호	헬로댕댕이	성명	이경규		상호	주토피아	성명	강형욱
	사업장 주소	서울특별시 서초구 사평대로 106				사업장 주소	서울특별시 강남구 강남대로 246, 1층		
	업태	제조업	종사업장번호			업태	도소매업	종사업장번호	
	종목	반려동물용품				종목	반려동물용품		

거래일자	미수금액	공급가액	세액	총 합계금액
20x1.3.10.		40,000,000		40,000,000

NO	월	일	품목명	규격	수량	단가	공급가액	세액	합계
1	3	10	강아지 이동가방		1,000	30,000	30,000,000		30,000,000
2	3	10	강아지 방수신발		1,000	10,000	10,000,000		10,000,000

자료설명	헬로댕댕이에서 상품을 매입하고 대금 중 10,000,000원은 현금으로 지급하고, 잔액은 외상으로 하였다.
수행과제	거래자료를 입력하시오.

4 기타 일반거래

영수증 (입금증, 영수증, 계산서, 전자통장거래확인증 등 겸용)

타행 송금의뢰 확인증

20x1 년 4 월 20 일

입금 은행 : 국민은행

입금 계좌 : 151810-125-9110 대 체 : ₩5,500,000

수 취 인 : 폴리파크

적 요 : 합 계 : ₩5,500,000

의 뢰 인 주토피아 송금수수료 : 0

유성지점 (☎ 1544-9999)

국민은행

자료설명	[4월 20일] 상품을 매입하기 위해 폴리파크에 국민은행 보통예금 계좌에서 계약금을 이체지급하였다.
수행과제	거래자료를 입력하시오.

5 통장사본에 의한 거래입력

자료 1. 신용카드 이용대금 명세서

4월 이용대금 명세서 결제일 : 20x1.5.13. / 실제출금일 : 20x1.5.13. 결제계좌 : 하나은행

결제하실 금액	이달의 할인혜택	포인트 및 마일리지
2,151,000원	0 원	포인트리 15,400
	할인 서비스 0 원 무이자 혜택금액 0 원	

하나카드

자료 2. 보통예금(하나은행) 거래내역

		내용	찾으신금액	맡기신금액	잔액	거래점
번호	거래일	계좌번호 112-420-556641 주토피아				
1	20x1-5-13	하나카드	2,151,000		***	***

자료설명	하나카드 4월 사용분 결제대금이 하나은행 보통예금 계좌에서 이체되었음을 확인하였다.
수행과제	거래자료를 입력하시오.

6 기타일반거래

NO. 27

발 주 서

20x1년 5 월 28 일

주토피아 귀하

아래와 같이 발주합니다.

공급자	등록번호	216-23-37552		
	상호(법인명)	해오름광고	성명	이호영
	사업장주소	서울 구로구 구로동로 104		
	업 태	서비스업	종목	광고
	전화번호	02-***-****		

합계금액 이만오천원整 (₩ 25,000)

품 명	규격	수량	단가	공급가액	비고
광고배너		1	25,000	25,000	
계				25,000	

자료설명	[5월 28일] 신제품 홍보목적으로 광고배너를 제작하고, 대금은 현금으로 지급하였다.
수행과제	거래자료를 입력하시오.

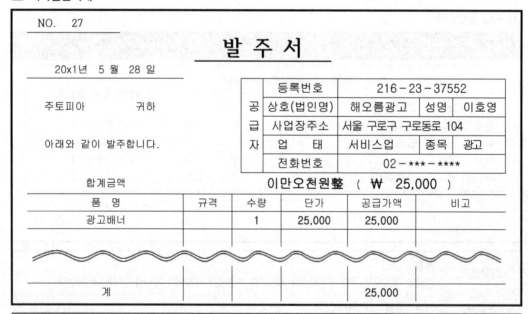

7 기타일반거래

20x1년 6월 급여대장

팀명	성명	급여	공제액			차감지급액
			소득세 등	건강보험료 등	공제액합계	
회계팀	손흥민	3,000,000원	81,780원	282,120원	363,900원	2,636,100원
영업팀	류현진	4,000,000원	215,550원	376,160원	591,710원	3,408,290원
합계		7,000,000원	297,330원	658,280원	955,610원	6,044,390원

■ 보통예금(토스뱅크) 거래내역

		내용	찾으신금액	맡기신금액	잔액	거래점
번호	거래일	계좌번호 1251-1510-12510 주토피아				
1	20x1-6-30	급여	6,044,390		***	***

자료설명	6월분 급여를 토스뱅크 보통예금 계좌에서 이체하여 지급하였다.
수행과제	거래자료를 입력하시오.(공제액합계는 '예수금'으로 처리 할 것.)

8 기타 일반거래

www.hyundaiexpress.com

운송장 NO. 55-1235-8419 예약 NO.

성 명 (상호)	(주)씨유펫	☎ (02)	1544-1288
주소	서울특별시 서대문구 충정로 30 (받는 고객)		
성 명 (상호)	주토피아	☎ (02)	3156-1244
주소	서울특별시 강남구 강남대로 246 (보내는 고객)		

집하일자	20x1.7.31.
배달예정일	20x1.8.2.
개발장소	
집하장소	
집하차	

1	2	3	4
√			

기본운임	22,000원
기타운임	
합계	22,000원

수량	소	중	대
화물명		문구	
물품가액			만원
특기사항	취급시 주의		

1. 포장당 (50)만원을 초과하는 운송물에 대하여는 소정의 할증운임을 받습니다.
2. 포장당 (300)만원을 초과하는 운송물은 취급하지 않습니다.
3. 운송물의 가액을 미리 신고하시면, 손해배상시 신고가액을 기준으로 배상해드립니다.

▲현대택배

택배이용문의 ☎1588-2121 (전국 어디서나!)

102-81-23012
현대택배(주)

본 운송장은 영수증으로 사용할 수 있습니다.
담당자 :

자료설명	[7월 31일] (주)씨유펫에 판매 상품을 발송하고, 당사부담 운반비를 현금으로 지급하였다.
수행과제	거래자료를 입력하시오.

실무수행3 전표수정

실무프로세스 자료이다. [자료설명]을 참고하여 [수행과제]를 수행하시오.

1 입력자료 수정

****현금영수증****
(지출증빙용)

사업자등록번호 : 220-19-24312 김꽃님
사업자명 : 천년플라워
가맹점주소 : 서울특별시 강남구 강남대로 125-1

현금영수증 회원번호
318-12-37852 주토피아
승인번호 : 45457878 (PK)
거래일시 : **20x1년 8월 15일**

공급금액	100,000원
부가세금액	
총합계	100,000원

휴대전화, 카드번호 등록
http://현금영수증.kr
국세청문의(126)
38036925-GCA10106-3870-U490
<<<<<<이용해 주셔서 감사합니다.>>>>>>

자료설명	거래처 확장이전 축하선물용 화환을 현금으로 구입하고 발급받은 현금영수증이다.
수행과제	거래자료를 확인하고 올바르게 수정하시오.

2 입력자료수정

NO 20240920 입 금 표 (공급자용)				
(주)에이스가구 귀하				
공급자	사업자등록번호	318-12-37852		
	상 호	주토피아	성명	강형욱
	사업장소재지	서울특별시 강남구 강남대로 246,1층		
	업 태	도소매업	종목	반려동물용품
작성일		공급대가총액		비고
20x1.9.20.		350,000		
공 급 내 역				
월/일	품명	수량	단가	금액
9/20	중고가구	5	70,000	350,000
합 계		₩350,000		
위 금액을 영수(청구)함				

자료설명	사무용 가구(비품)를 당근마켓에 중고로 판매하고 발생한 미수금을 현금으로 받고 발급한 입금표이다.
수행과제	9월 20일 거래자료를 참고하여 입력 자료를 적절하게 수정하시오.

실무수행4 결산

[결산자료]를 참고하여 결산을 수행하시오.(단, 제시된 자료 이외의 자료는 없다고 가정함.)

1 수동결산 및 자동결산

자료설명	1. 받을어음 잔액에 대하여 1%의 대손충당금을 설정하시오.(보충법을 적용할 것.) 2. 기말 상품재고액은 5,600,000원이다.
수행과제	1. 수동결산 또는 자동결산 메뉴를 이용하여 결산을 완료하시오. 2. 12월 31일을 기준으로 '손익계산서 ➜ 재무상태표'를 순서대로 조회 작성하시오. (단, 손익계산서 조회 작성 시 상단부 [기능모음]의 '추가'를 이용하여 '손익대체분개'를 수행할 것.)

평가문제 실무수행평가 (62점)

주토피아의 입력자료 및 회계정보를 조회하여 [평가문제]의 답안을 입력하시오.

번호	평가문제	배점
11	**평가문제 [거래처등록 조회]** [거래처등록] 관련 내용으로 옳지 않은 것은? ① 우리카드는 매출카드이다. ② 매출카드는 1개이고 매입카드는 4개이다. ③ 국민카드의 결제일은 25일이다. ④ 하나카드의 결제계좌는 하나은행(보통)이다.	3
12	**평가문제 [예적금현황 조회]** 12월 말 은행별 예금 잔액으로 옳지 않은 것은? ① **98000.기업은행(보통) 100,000,000원** ② 98001.신한은행(보통) 45,192,620원 ③ 98002.하나은행(보통) 15,849,000원 ④ 98003.국민은행(보통) 4,500,000원	3
13	**평가문제 [거래처원장 조회]** 12월 말 농협은행(차입)(코드 98004)의 장기차입금 잔액은 얼마인가?	4
14	**평가문제 [거래처원장 조회]** 12월 말 하나카드(코드 99601)의 미지급금 잔액은 얼마인가? ① 0원 ② 1,860,000원 ③ 2,151,000원 ④ 6,872,000원	3
15	**평가문제 [거래처원장 조회]** 12월 말 외상매입금 잔액이 가장 큰 거래처는? ① 폴리파크 ② (주)씨유펫 ③ 헬로댕댕이 ④ 야옹아멍멍	3
16	**평가문제 [현금출납장 조회]** 8월 말 '현금' 잔액은 얼마인가?	3
17	**평가문제 [일/월계표 조회]** 4월 중 '선급금' 증가액은 얼마인가?	3
18	**평가문제 [일/월계표 조회]** 8월 중 '접대비(기업업무추진비)'의 현금 지출액은 얼마인가?	3
19	**평가문제 [총계정원장 조회]** 다음 중 '146.상품' 매입 금액이 가장 많은 달은 몇 월인가? ① 1월 ② 3월 ③ 5월 ④ 8월	3

번호	평가문제	배점
20	**평가문제 [손익계산서 조회]** 당기에 발생한 판매관리비(판매비와관리비)의 계정별 금액으로 옳지 않은 것은? ① 급여 253,139,000원 ② 복리후생비 14,241,200원 ③ 여비교통비 1,324,600원 ④ 광고선전비 5,325,000원	3
21	**평가문제 [손익계산서 조회]** 당기 '상품매출원가' 금액은 얼마인가?	4
22	**평가문제 [손익계산서 조회]** 판매비와관리비 계정 중 '운반비'의 전기(6기)대비 증가액은 얼마인가?	3
23	**평가문제 [손익계산서 조회]** 다음 당기 판매비와관리비 계정 중 발생액이 가장 큰 계정과목은? ① 운반비 ② 도서인쇄비 ③ 사무용품비 ④ 잡비	3
24	**평가문제 [손익계산서 조회]** 당기에 발생한 '영업외수익' 금액은 얼마인가?	3
25	**평가문제 [재무상태표 조회]** 12월 말 '보통예금' 잔액으로 옳은 것은? ① 249,850,000원 ② 241,750,000원 ③ 247,550,000원 ④ 249,701,000원	2
26	**평가문제 [재무상태표 조회]** 12월 말 '받을어음의 장부금액(받을어음 – 대손충당금)'은 얼마인가?	3
27	**평가문제 [재무상태표 조회]** 12월 말 계정별 잔액으로 옳지 않은 것은? ① 단기대여금 50,000,000원 ② 미수수익 600,000원 ③ 미수금 1,100,000원 ④ 선급금 9,200,000원	4
28	**평가문제 [재무상태표 조회]** 12월 말 '미지급금' 잔액은 얼마인가?	4
29	**평가문제 [재무상태표 조회]** 12월 말 '예수금' 잔액은 얼마인가?	3
30	**평가문제 [재무상태표 조회]** 12월 말 '자본금' 금액은 얼마인가? ① 510,660,120원 ② 512,480,120원 ③ 514,188,500원 ④ 523,610,510원	2
	총 점	62

평가문제 회계정보분석 (8점)

회계정보를 조회하여 [회계정보분석]의 답안을 입력하시오.

31. 재무상태표 조회 (4점)

부채비율은 기업의 지급능력을 측정하는 비율로 높을수록 채권자에 대한 위험이 증가한다. 전기 부채비율은 얼마인가?(단, 소숫점 이하는 버림 할 것.)

$$\text{부채비율}(\%) = \frac{\text{부채총계}}{\text{자기자본(자본총계)}} \times 100$$

① 55% ② 58%
③ 60% ④ 63%

32. 손익계산서 조회 (4점)

영업이익률은 기업의 주된 영업활동에 의한 성과를 판단하는 비율로 판매활동과 직접 관계없는 영업외손익을 제외한 순수 영업활동의 수익성을 나타내는 비율이다. 전기 영업이익률은 얼마인가?(단, 소숫점 이하는 버림 할 것.)

$$\text{영업이익률}(\%) = \frac{\text{영업이익}}{\text{매출액}} \times 100$$

① 48% ② 58%
③ 62% ④ 65%

해답 해설

Financial Accounting Technician

회계정보처리 자격시험 2급

73회

실무이론평가

1	2	3	4	5	6	7	8	9	10
③	③	④	②	④	④	①	①	④	④

01 (차) 현금(자산 증가) 500,000원 (대) 대여금(자산 감소) 500,000원

02 회계상의 거래는 기업의 자산, 부채, 자본의 증감을 가져오거나 수익, 비용을 발생시키는 모든 활동을 말한다. 업무용차량을 구입하기 위해 거래처에 주문서를 발송한 것은 자산, 부채, 자본의 증감을 초래하지 않으므로 회계상의 거래가 아니다.

03 경상개발비는 비용이므로 손익계산서에 표시되는 계정이다.

04 진우 : 외상매출금은 매출채권으로 처리한다.

혜민 : 단기매매차익을 목적으로 구입한 주식은 단기매매증권으로 처리한다.

05 20x1년 6월 30일 현재 건물의 장부금액 = 취득원가(10,000,000)

- 감가상각누계액(2,000,000 + 500,000) = 7,500,000원

유형자산처분손익 = 처분금액(9,000,000) - 장부금액(7,500,000) = 1,500,000원(이익)

06 재고자산 매입과 관련된 할인, 에누리는 매입원가에서 차감한다.

07 매출액 = 총매출액(90,000) - 매출에누리와 환입(5,000) - 매출할인(10,000) = 75,000원

08 업무용 차량에 지출된 유류비는 차량유지비 계정으로 처리한다.

09 자산과 이익은 비례관계이다. 기말 재고자산이 과대계상되면 매출원가는 30,000원 과소계상되고 당기순이익은 30,000원 과대계상된다.

10

대손충당금

대손	30,000	기초	100,000
기말	120,000	*대손상각비(설정?)*	*50,000*
계	150,000	계	150,000

실무수행평가

실무수행 1. 기초정보관리의 이해

1 거래처등록

- [카드] 탭에 코드, 카드명, 카드번호, 구분, 결제일 입력

	□	코드	카드(사)명	카드(가맹점)번호	구분	사용
1	□	99601	하나카드	4658-1232-2222-4005	매입	○
2	□	99602	농협카드	3564-2636-3333-4311	매입	○
3	□	99603	현대카드	6415-7052-8888-4705	매입	○
4	□	99605	신한카드	1212-3152-1234-4005	매입	○
5	□	99606	우리카드	1510-9814-7841-1510	매출	X
6	■	99607	국민카드	2542-1255-4150-8012	매입	○

1. 카 드 번 호 2542-1255-4150-8012 2. 카드구분 0 회사
3. 결 제 일 25 일
4. 카드소유담당
5. 결 제 계 좌
6. 사 용 한 도

2 거래처별초기이월 등록 및 수정

- 293.장기차입금 계정 : 거래처 코드별 금액 입력

코드	거래처명	만기일자	차입금번호	금액
98004	농협은행(차입)	20x3-10-31		40,000,000
98006	카카오뱅크(차입)	20x3-11-30		50,000,000

실무수행 2. 거래자료 입력

1 통장사본에 의한 거래입력 [일반전표입력] 1월 14일

(차) 보통예금(기업은행(보통))	2,300,000원	(대) 이자수익	300,000원
		단기대여금((주)몰리스펫)	2,000,000원

2 증빙에 의한 전표입력 [일반전표입력] 2월 5일

(차) 도서인쇄비(판)	20,000원	(대) 현금	20,000원

3 재고자산의 매입거래 [일반전표입력] 3월 10일

(차) 상품	40,000,000원	(대) 현금	10,000,000원
		외상매입금(헬로댕댕이)	30,000,000원

4 기타 일반거래 [일반전표입력] 4월 20일

(차) 선급금(폴리파크)	5,500,000원	(대) 보통예금(국민은행(보통))	5,500,000원

5 통장사본에 의한 거래입력 [일반전표입력] 5월 13일

(차) 미지급금(하나카드)	2,151,000원	(대) 보통예금(하나은행(보통))	2,151,000원

⑥ 기타일반거래 [일반전표입력] 5월 28일

(차) 광고선전비(판) 25,000원 (대) 현금 25,000원

⑦ 기타일반거래 [일반전표입력] 6월 30일

(차) 급여(판) 7,000,000원 (대) 예 수 금 955,610원
보통예금(토스뱅크(보통)) 6,044,390원

⑧ 기타 일반거래 [일반전표입력] 7월 31일

(차) 운반비(판) 22,000원 (대) 현금 22,000원

실무수행 3. 전표수정

① 입력자료 수정 [일반전표입력] 8월 15일

- 수정 전 : (출) 복리후생비(판) 100,000원
- 수정 후 : (출) 접대비(기업업무추진비) 100,000원

② 입력자료수정 [일반전표입력] 9월 20일

- 수정전 : (입) 외상매출금((주)에이스가구) 350,000원
- 수정후 : (입) 미수금((주)에이스가구) 350,000원

실무수행 4. 결산

① 수동결산 및 자동결산

[결산자료입력1]

- 대손상각의 받을어음에 369,000원을 입력하고 상단부 전표추가(F3) 를 클릭하여 자동분개 생성

※ 대손충당금 추가설정액 : 받을어음 잔액 56,900,000원×1%－설정전 대손충당금 잔액 200,000원=369,000원

(차) 대손상각비(판) 369,000원 (대) 대손충당금(111) 369,000원

[결산자료입력2]

- 기말상품재고액 5,600,000원을 입력하고 상단부 전표추가(F3) 를 클릭하여 자동분개 생성

(차) 상품매출원가 214,795,000원 (대) 상품 214,795,000원

상품매출원가 = 기초상품재고액(4,200,000) + 당기상품매입액(216,195,000)
- 기말상품재고액(5,600,000) = 214,795,000원

[재무상태표 등 작성]

- 손익계산서 [기능모음]의 '추가' 클릭 ➜ 재무상태표 조회 작성

평가문제. 실무수행평가 (62점)

번호	평가문제	배점	답
11	**평가문제 [거래처등록 조회]**	3	②
12	**평가문제 [예적금현황 조회]**	3	①
13	**평가문제 [거래처원장 조회]**	4	(50,000,000)원
14	**평가문제 [거래처원장 조회]**	3	① ②
15	**평가문제 [거래처원장 조회]**	3	③
16	**평가문제 [현금출납장 조회]**	3	(66,609,000)원
17	**평가문제 [일/월계표 조회]**	3	(6,700,000)원
18	**평가문제 [일/월계표 조회]**	3	(150,000)원
19	**평가문제 [총계정원장 조회]**	3	②
20	**평가문제 [손익계산서 조회]**	3	②
21	**평가문제 [손익계산서 조회]**	4	(214,795,000)원
22	**평가문제 [손익계산서 조회]**	3	(140,000)원
23	**평가문제 [손익계산서 조회]**	3	②
24	**평가문제 [손익계산서 조회]**	3	(10,020,000)원
25	**평가문제 [재무상태표 조회]**	2	①
26	**평가문제 [재무상태표 조회]**	3	(56,331,000)원
27	**평가문제 [재무상태표 조회]**	4	③
28	**평가문제 [재무상태표 조회]**	4	(36,195,000)원
29	**평가문제 [재무상태표 조회]**	3	(5,495,490)원
30	**평가문제 [재무상태표 조회]**	2	②
	총 점	62	

평가문제. 회계정보분석 (8점)

31. 재무상태표 조회 (4점)

③ (146,500,000원/242,490,000원)×100≒60%

32. 손익계산서 조회 (4점)

② (114,770,000원/196,000,000원)×100≒58%

기출문제

Financial Accounting Technician

회계정보처리 자격시험 2급

69회

합격율	시험년월
61%	2024.2

실무이론평가

[1] 다음 중 회계정보의 이용자가 필요로 하는 정보로 적절하지 않은 것은?

① 채권자 : 배당금이 얼마인지에 대한 정보
② 경영자 : 영업이익이 얼마인지에 대한 정보
③ 종업원 : 성과급을 얼마나 받을지에 대한 정보
④ 세무서 : 세금을 얼마나 내는지에 대한 정보

[2] 다음 중 (가)와 (나)에 대한 설명으로 옳지 않은 것은?

(가) 대여금에 대한 이자 100,000원이 보통예금 계좌에 입금되었다.
(나) 거래처로부터 상품 300,000원을 매입하기로 계약하고, 계약금(매입대금의 10%)을 보통예금 계좌에서 이체하였다.

① (가)는 손익거래이다.
② (나)는 교환거래이다.
③ (가)는 차변에 비용의 발생, 대변에 자산의 감소로 결합되는 거래이다.
④ (나)는 차변에 자산의 증가, 대변에 자산의 감소로 결합되는 거래이다.

[3] 다음 자료를 토대로 매출채권 금액을 계산하면 얼마인가?

• 외상매출금	5,800,000원	• 받을어음	3,000,000원
• 미수금	1,500,000원	• 미수수익	3,500,000원

① 3,000,000원 ② 4,500,000원 ③ 5,800,000원 ④ 8,800,000원

[4] 다음은 한공상사의 상품 매입과 판매 관련 자료이다. 상품의 취득원가를 계산하면 얼마인가?

• 상품 매입액	100,000원
• 매입운임	5,000원
• 보험료	7,000원 (상품 매입 관련)
• 판매운임	3,000원 (상품 판매 관련)

① 105,000원　② 107,000원　③ 112,000원　④ 115,000원

[5] 다음의 상품매입 거래를 회계처리 할 때 (가), (나)에 해당하는 계정과목으로 옳은 것은?

주문했던 상품(500,000원)을 인수하고 주문 시 지급했던 계약금 50,000원을 제외한 잔액은 외상으로 하다

(차) 상품	500,000원	(대)	(가)	50,000원
			(나)	450,000원

	(가)	(나)
①	선급금	외상매입금
②	선급금	미지급금
③	선수금	외상매입금
④	선수금	미지급금

[6] 다음 중 도소매업을 영위하는 기업의 판매비와관리비에 해당하는 계정과목이 <u>아닌</u> 것은?

① 임차료　② 보험료
③ 감가상각비　④ 기부금

[7] 다음 자료를 토대로 매출원가를 계산하면 얼마인가?

• 기초상품재고액	100,000원	• 기말상품재고액	200,000원
• 총매입액	3,500,000원	• 매출환입	100,000원
• 매입에누리	60,000원	• 매입할인	40,000원

① 3,200,000원　② 3,300,000원
③ 3,340,000원　④ 3,400,000원

[8] 다음 중 손익계산서의 작성과 표시에 대한 설명으로 옳지 않은 것은?

① 손익계산서는 발생주의에 따라 작성하는 것을 원칙으로 한다.
② 손익계산서의 수익과 비용은 총액기준에 따라 보고하는 것을 원칙으로 한다.
③ 손익계산서는 수익·비용 대응의 원칙에 따라 작성한다.
④ 손익계산서의 세부항목들은 유동성배열법에 따라 표시한다.

[9] 다음은 한공상사의 결산과 관련된 대화 장면이다. 회계처리에 대한 설명으로 옳은 것은?

> 김부장 : 오늘이 결산일인데, 지난 달 현금과부족으로 회계처리했던 현금 부족액 7만원의 원인을 파악하였나요?
> 이대리 : 3만원은 교통비 지급액으로 밝혀졌는데, 나머지 금액은 원인을 파악하지 못했습니다.

※ 1차 저작권자의 저작권 침해 소지가 있어 삽화 삽입은 어려우니 양해바랍니다.

① 현금 계정 차변에 40,000원을 기입한다.
② 잡이익 계정 대변에 40,000원을 기입한다.
③ 여비교통비 계정 대변에 30,000원을 기입한다.
④ 현금과부족 계정 대변에 70,000원을 기입한다.

[10] 다음은 업무용 비품대장의 일부이다. 20x1년말 손익계산서에 표시될 감가상각비는 얼마인가?

비품 대장

관리번호/자산명	A-5/소파	관리책임	관리부장
취득일	20x1년 1월 1일	처분일	
취득금액	10,000,000원	처분금액	
내용연수	5년	잔존가치	1,000,000원
상각방법	정액법(연1회 월할상각)	기장방법	간접법

① 900,000원 ② 1,000,000원
③ 1,800,000원 ④ 2,000,000원

실무수행평가

웨스트우드(4690)는 의류 도・소매업을 운영하는 개인기업으로, 회계기간은 제7기(20x1.1.1.~20x1.12.31.)이다. 제시된 자료와 [자료설명]을 참고하여 [수행과제]를 완료하고 [평가문제]의 물음에 답하시오.

실무수행1 기초정보관리의 이해

회계관련 기초정보는 입력되어 있다. [자료설명]을 참고하여 [수행과제]를 수행하시오.

1 사업자등록증에 의한 회사등록 수정

사 업 자 등 록 증

(일반과세자)

등록번호 : 211 - 42 - 21212

상　　　호 : 웨스트우드
대　표　자 : 김비안
개 업 년 월 일 : 2017년 11월 17일
사업장 소재지 : 서울특별시 서대문구 충정로7길 29 - 11 (충정로3가)
사 업 의 종 류 : 업태 도소매업 종목 의류
교 부 사 유 : 사업장이전
사업자단위과세 적용사업자여부 : 여( ) 부(√)

20x1년 2월 13일

서대문 세무서장(인)

국세청

자료설명	웨스트우드는 사업장을 이전하고 서대문세무서로부터 변경된 사업자등록증을 발급받았다.
수행과제	회사등록메뉴에서 변경된 내용을 반영하시오.

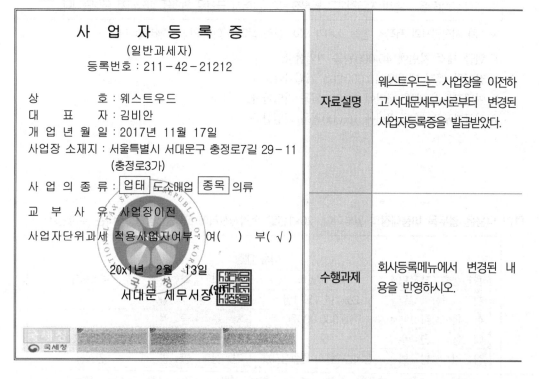

② 전기분 손익계산서의 입력수정

손 익 계 산 서

제6(당)기 20x0년 1월 1일부터 20x0년 12월 31일까지
제5(전)기 20yo년 1월 1일부터 20y0년 12월 31일까지

웨스트우드 (단위 : 원)

과 목	제6(당)기		제5(전)기	
	금 액		금 액	
Ⅰ. 매 출 액		815,000,000		653,000,000
상 품 매 출	815,000,000		653,000,000	
Ⅱ. 매 출 원 가		460,000,000		354,000,000
상 품 매 출 원 가		460,000,000		354,000,000
기 초 상 품 재 고 액	130,000,000		20,000,000	
당 기 상 품 매 입 액	520,000,000		464,000,000	
기 말 상 품 재 고 액	190,000,000		130,000,000	
Ⅲ. 매 출 총 이 익		355,000,000		299,000,000
Ⅳ. 판 매 비 와 관 리 비		199,490,000		201,900,000
급 여	113,000,000		100,751,500	
복 리 후 생 비	45,000,000		61,000,000	
여 비 교 통 비	8,500,000		8,000,000	
접 대 비	3,730,000		3,200,000	
통 신 비	2,850,000		2,800,000	
전 력 비	1,250,000		1,000,000	
세 금 과 공 과 금	5,151,500		5,300,000	
감 가 상 각 비	2,048,500		2,048,500	
임 차 료	9,000,000		9,000,000	
보 험 료	2,150,000		2,100,000	
차 량 유 지 비	3,210,000		3,800,000	
건 물 관 리 비	3,600,000		2,900,000	
Ⅴ. 영 업 이 익		155,510,000		97,100,000
Ⅵ. 영 업 외 수 익		14,500,000		13,200,000
이 자 수 익	4,000,000		3,200,000	
수 수 료 수 익	10,500,000		10,000,000	
Ⅶ. 영 업 외 비 용		18,300,000		21,800,000
이 자 비 용	15,000,000		20,000,000	
기 부 금	1,800,000		800,000	
기 타 의 대 손 상 각 비	1,500,000		1,000,000	
Ⅷ. 소 득 세 차 감 전 순 이 익		151,710,000		88,500,000
Ⅸ. 소 득 세 등		0		0
Ⅹ. 당 기 순 이 익		151,710,000		88,500,000

자료설명	전기(제6기)분 재무제표는 입력되어 있으며, 재무제표 검토결과 입력오류를 발견하였다.
수행과제	입력이 누락되었거나 잘못된 부분을 찾아 수정하시오.

실무수행2 거래자료 입력

실무프로세스 자료이다. [자료설명]을 참고하여 [수행과제]를 수행하시오.

1 증빙에 의한 전표입력

신용카드매출전표

카드종류 : 신한카드
회원번호 : 4658-1232-****-4**5
거래일시 : 20x1.3.11. 21:05:16
거래유형 : 신용승인
매 출 : 52,000원
합 계 : 52,000원
결제방법 : 일시불
승인번호 : 61232124

가맹점명 : 엄마곰탕(156-12-31570)
- 이 하 생 략 -

자료설명	거래처 직원들과 식사를 하고 신한카드로 결제하였다.
수행과제	거래자료를 입력하시오.

2 재고자산의 매입거래

거래명세서 (공급받는자 보관용)

공급자	등록번호	126-81-56580			공급받는자	등록번호	211-42-21212		
	상호	(주)빛나패션	성명	김민희		상호	웨스트우드	성명	김비안
	사업장 주소	서울특별시 강남구 강남대로 951				사업장 주소	서울특별시 서대문구 충정로7길 29-11(충정로3가)		
	업태	도소매업	종사업장번호			업태	도매 및 소매업	종사업장번호	
	종목	의류				종목	의류		

거래일자	미수금액	공급가액	세액	총 합계금액
20x1.4.5.		4,200,000		4,200,000

NO	월	일	품목명	규격	수량	단가	공급가액	세액	합계
1	4	5	플리츠 스커트		50	30,000	1,500,000		1,500,000
2	4	5	라이더 자켓		30	90,000	2,700,000		2,700,000

자료설명	[4월 5일] 상품을 매입하고 발급받은 거래명세서이다. 4월 4일에 지급한 계약금을 차감한 잔액은 4월 말에 지급하기로 하였다.
수행과제	거래자료를 입력하시오.

3 약속어음 발행거래

전 자 어 음

(주)센스쟁이 귀하 00420230510123456789

금 오백만원정 5,000,000원

위의 금액을 귀하 또는 귀하의 지시인에게 지급하겠습니다.

지급기일	20x2년 1월 10일	**발행일**	20x1년 5월 10일
지 급 지	국민은행	**발행지 주 소**	서울특별시 서대문구 충정로7길 29－11 (충정로3가)
지급장소	충정로지점	**발행인**	웨스트우드

자료설명	[5월 10일] (주)센스쟁이의 상품 외상 매입대금 중 일부를 전자어음을 발행하여 지급하였다.
수행과제	1. 거래자료를 입력하시오. 2. 자금관련 정보를 입력하여 지급어음 현황에 반영하시오.(단, 등록된 어음을 사용할 것.)

4 통장사본에 의한 거래입력

자료 1. 인터넷요금 고지서

kt 광랜 모바일명세서	20x1.06.
납부금액	210,000원
이용총액	210,000원
이용기간	20x1.05.01. ~ 20x1.05.31.
서비스번호	31825995
명세서번호	237010124
납기일	20x1.06.20.

자료 2. 보통예금(신한은행) 거래내역

		내 용	찾으신금액	맡기신금액	잔 액	거래점
번호	거래일	계좌번호 325-235220-01-122 웨스트우드				
1	20x1-06-20	인터넷요금	210,000		***	***

자료설명	1. 자료 1은 6월분 인터넷요금 고지서이다. 2. 인터넷요금은 납기일에 신한은행 보통예금 통장에서 이체출금 되었다.
수행과제	거래자료를 입력하시오.(납기일에 비용으로 처리할 것.)

5 기타 일반거래

자료 1. 고용보험료 영수증

고용 보험료 20x1 년 6 월 영수증(납부자용)

사업장명	웨스트우드 (김비안)		
사용자	서울특별시 서대문구 충정로7길 29-11 (충정로3가)		
납부자번호	6231700451	사업장 관리번호	21142212120
납부할보험료 (ⓐ+ⓑ+ⓒ+ⓓ+ⓔ)	320,000 원		
납부기한	20x1.7.10. 까지		

보험료				
	건강 ⓐ	원	연금 ⓒ	원
	장기요양 ⓑ	원	고용 ⓓ	320,000원
	소계(ⓐ+ⓑ)	원	산재 ⓔ	원

납기후금액	324,260원	납기후기한	20x1.7.30.까지

◉ 납부기한까지 납부하지 않으면 연체금이 부과됩니다.

※ 납부장소 : 전 은행, 우체국, 농·수협(지역조합 포함), 새마을금고, 신협, 증권사, 산림조합중앙회, 인터넷지로(www.giro.or.kr)

※ 2D코드 : GS25, 세븐일레븐, 미니스톱, 바이더웨이, 씨유에서 납부 시 이용.(우리·신한은행 현금카드만 수납가능)

20x1 년 6 월 20 일

자료 2. 보통예금(국민은행) 거래내역

		내용	찾으신금액	맡기신금액	잔액	거래점
번호	거래일	계좌번호 103-55-998876 웨스트우드				
1	20x1-07-10	고용보험료 납부	320,000		***	***

자료설명	1. 6월 급여지급분에 대한 고용보험료를 납부기한일에 국민은행 보통예금 계좌에서 이체하여 납부하였다. 2. 고용보험료 중 142,000원은 급여 지급 시 원천징수한 금액이며, 178,000원은 회사부담분이다. 3. 당사는 회사부담분을 '복리후생비'로 처리하고 있다.
수행과제	거래자료를 입력하시오.

6 유・무형자산의 매각

자료설명	[8월 13일] 1. 영업부에서 사용하던 승합차를 진웅중고차에 매각하고, 매각대금 8,000,000원은 다음 달 초에 받기로 하였다. 2. 매각직전 자산내역은 다음과 같다.
수행과제	거래자료를 입력하시오.

계정과목	자산명	취득원가	감가상각누계액
차량운반구	승합차	40,000,000원	32,000,000원

7 증빙에 의한 전표입력

롯데시네마 LOTTE CINEMA **영화입장권**
(영수증 겸용)
[전체발권]
===
(디지털) 콘크리트 유토피아
-(15세)
20x1-09-28 6회
18:00-20:15
4층 6관 G열 1번 ~ H열 5번
===
일반 10,000원(20명)
Total 200,000원

현금(지출증명)
고객명
신분확인번호 2114221212
현금영수증승인 A45796320/200,000원
현금영수증승인

롯데시네마
(113-85-37493)
- 이 하 생 략 -

자료설명	우리회사와 자매결연 되어있는 사회복지단체에 영화 입장권을 현금으로 구입하여 전달하였다.
수행과제	거래자료를 입력하시오.

⑧ 재고자산의 매출거래

거래명세서 (공급자 보관용)

공급자	등록번호	211-42-21212			공급받는자	등록번호	181-31-31112		
	상호	웨스트우드	성명	김비안		상호	러블리의류	성명	최사랑
	사업장 주소	서울특별시 서대문구 충정로7길 29-11 (충정로3가)				사업장 주소	서울특별시 구로구 구로동로 29		
	업태	도매 및 소매업	종사업장번호			업태	도소매업	종사업장번호	
	종목	의류				종목	의류		

거래일자	미수금액	공급가액	총 합계금액
20x1.10.25.		1,600,000	1,600,000

NO	월	일	품목명	규격	수량	단가	공급가액	합계
1	10	25	그루밍 니트 원피스		20	80,000	1,600,000	1,600,000

자료설명	러블리의류에 상품(그루밍 니트 원피스)을 판매하고 대금 중 600,000원은 현금으로 받았으며, 잔액은 외상으로 하였다.
수행과제	거래자료를 입력하시오.

실무수행3 전표수정

실무프로세스 자료이다. [자료설명]을 참고하여 [수행과제]를 수행하시오.

① 입력자료 수정

자료설명	6월 30일에 입력된 거래는 영업부에서 사용하고 있는 업무용 승용차에 대한 자동차세를 납부한 거래이다.
수행과제	거래자료를 수정하시오.

2 입력자료수정

1588 - 2121 www.lotteglogis.com

롯데택배 운송장 번호 57 - 8282 - 2345

받는분	성명(상호)	명품패션(주)	☎ ( )	070 - 3660 - 6008	집하일자
	주소 서울특별시 강남구 강남대로 251 (도곡동, 심현빌딩) (받는 고객)				배달예정일 / 개발장소 / 집하장소
보내는분	성명(상호)	웨스트우드	☎ (02)	02 - 567 - 1234	집하차
	주소 서울특별시 서대문구 충정로7길 29 - 11 (충정로3가) (보내는 고객)				

1	2	3	4
√			

수량	소	중	대
화물명		의류	
물품가액		만원	
특기사항		취급시 주의	

1. 포장당 (50)만원을 초과하는 운송물에 대하여는 소정의 할증운임을 받습니다.
2. 포장당 (300)만원을 초과하는 운송물은 취급하지 않습니다.
3. 운송물의 가액을 미리 신고하시면, 손해배상시 신고가액을 기준으로 배상해드립니다.

택배이용문의 ☎1588 - 2121 (전국 어디서나!)

기본운임	14,000원
기타운임	
합계	14,000원

102 - 81 - 23012

롯데글로벌로지스

본 운송장은 영수증으로 사용할 수 있습니다.

자료설명	[11월 17일] 상품을 매출하고 우리회사 부담의 택배비를 현금으로 지급하였다.
수행과제	거래자료를 수정하시오.

실무수행4 결산

[결산자료]를 참고하여 결산을 수행하시오.(단, 제시된 자료 이외의 자료는 없다고 가정함.)

1 수동결산 및 자동결산

자료설명	1. 구입시 비용처리한 소모품 중 기말현재 미사용 소모품은 800,000원으로 확인되었다. 2. 기말상품재고액은 47,000,000원이다.
수행과제	1. 수동결산 또는 자동결산 메뉴를 이용하여 결산을 완료하시오. 2. 12월 31일을 기준으로 '손익계산서 → 재무상태표'를 순서대로 조회 작성하시오.(단, 손익계산서 조회 작성 시 상단부 [기능모음]의 '추가'를 이용하여 '손익대체분개'를 수행할 것.)

평가문제 실무수행평가 (62점)

입력자료 및 회계정보를 조회하여 [평가문제]의 답안을 입력하시오.

번호	평가문제	배점
11	**평가문제 [회사등록 조회]** 회사등록과 관련된 내용 중 옳지 않은 것은? ① 회계연도는 '제7기'이다. ② 과세유형은 '일반과세'이다. ③ 사업장세무서는 '역삼'이고 세무서 코드는 '220'이다. ④ 개업년월일은 '2017년 11월 17일'이다.	4
12	**평가문제 [예적금현황 조회]** 12월 말 은행별 예금 잔액으로 옳은 것은? ① 신협은행(보통) 47,993,000원 ② 국민은행(보통) 98,216,880원 ③ 신한은행(보통) 12,649,000원 ④ 우리은행(보통) 61,000,000원	3
13	**평가문제 [거래처원장 조회]** 6월 말 거래처별 '251.외상매입금' 잔액으로 옳지 않은 것은? ① 00103.사랑의류 23,975,000원 ② 00110.(주)빛나패션 6,805,000원 ③ 00112.무신사 3,000,000원 ④ 00120.(주)센스쟁이 15,000,000원	3
14	**평가문제 [거래처원장 조회]** 10월 말 거래처별 '108.외상매출금' 잔액으로 옳지 않은 것은? ① 00102.타라앤코 10,713,500원 ② 00108.(주)라모리타 16,325,000원 ③ 00120.(주)센스쟁이 65,602,400원 ④ 00240.러블리의류 5,500,000원	3
15	**평가문제 [거래처원장 조회]** 3월 말 '99601.신한카드'의 '253.미지급금' 잔액은 얼마인가?	3
16	**평가문제 [계정별원장 조회]** 6월 말 '146.상품' 잔액은 얼마인가?	3
17	**평가문제 [지급어음현황 '지급은행별' 조회]** 지급은행이 '98005.국민은행(당좌)'이면서 '만기일이 20x1년에 도래하는 지급어음 합계는 얼마인가?	3
18	**평가문제 [일/월계표 조회]** 3월 한달 동안 발생한 '접대비' 금액은 얼마인가?	3
19	**평가문제 [일/월계표 조회]** 상반기(1월 ~ 6월) 발생한 '차량유지비' 금액은 얼마인가?	3

번호	평가문제	배점
20	**평가문제 [손익계산서 조회]** 전기와 비교하여 당기 '통신비' 증가금액은 얼마인가?	3
21	**평가문제 [손익계산서 조회]** 전기분 '판매비와관리비'의 금액으로 옳지 않은 것은? ① 접대비 3,730,000원 ② 통신비 2,850,000원 ③ 전력비 7,250,000원 ④ 건물관리비 3,600,000원	3
22	**평가문제 [손익계산서 조회]** 당기분 '판매비와관리비'의 금액으로 옳지 않은 것은? ① 운반비 709,000원 ② 도서인쇄비 240,000원 ③ 소모품비 1,200,000원 ④ 세금과공과금 6,949,000원	4
23	**평가문제 [손익계산서 조회]** 당기에 발생한 '상품매출'은 얼마인가?	4
24	**평가문제 [손익계산서 조회]** 당기에 발생한 '영업외비용'은 얼마인가?	3
25	**평가문제 [재무상태표 조회]** 12월 말 계정별 잔액으로 옳지 않은 것은? ① 단기대여금 10,000,000원 ② 미수수익 520,000원 ③ 미수금 13,000,000원 ④ 선급금 1,900,000원	3
26	**평가문제 [재무상태표 조회]** 12월 말 '현금' 잔액은 얼마인가?	3
27	**평가문제 [재무상태표 조회]** 12월 말 '재고자산' 계정 중 '상품' 잔액은 얼마인가?	4
28	**평가문제 [재무상태표 조회]** 12월 말 '유동부채' 계정 중 잔액이 가장 적은 계정과목 코드를 입력하시오.	3
29	**평가문제 [재무상태표 조회]** 12월 말 '유형자산' 금액은 얼마인가?	3
30	**평가문제 [재무상태표 조회]** 12월 말 '자본금' 잔액은 얼마인가?	1
	총 점	62

평가문제 회계정보분석 (8점)

회계정보를 조회하여 [회계정보분석]의 답안을 입력하시오.

31. 재무상태표 조회 (4점)

유동비율이란 기업의 단기 지급능력을 평가하는 지표이다. 전기 유동비율은 얼마인가?(단, 소숫점 이하는 버림 할 것.)

$$\text{유동비율(\%)} = \frac{\text{유동자산}}{\text{유동부채}} \times 100$$

① 175% ② 180%
③ 187% ④ 192%

32. 재무상태표 조회 (4점)

부채비율은 타인자본의 의존도를 표시하며, 기업의 건전성 정도를 나타내는 지표이다. 전기말 부채비율은 얼마인가?(단, 소숫점 이하는 버림 할 것.)

$$\text{부채비율(\%)} = \frac{\text{부채총계}}{\text{자본총계}} \times 100$$

① 64% ② 75%
③ 84% ④ 92%

해답 해설

Financial Accounting Technician

회계정보처리 자격시험 2급

69회

실무이론평가

1	2	3	4	5	6	7	8	9	10
①	③	④	③	①	④	②	④	④	③

01 채권자는 이자 지급 능력과 원금 회수 능력에 대한 정보를 필요로 한다.

02 (가)는 차변에 자산의 증가(보통예금), 대변에 수익의 발생(이자수익)으로 결합된다.

03 매출채권 = 외상매출금(5,800,000) + 받을어음(3,000,000) = 8,800,000원

04 상품취득원가 = 매입액(100,000) + 운임(5,000) + 매입시 보험료(7,000) = 112,000원

상품의 취득원가에는 상품매입 관련 운임과 보험료를 포함하며, 상품판매 관련 운임은 판매비와관리비(운반비)로 처리한다.

05 상품의 매입 주문 시 지급했던 계약금은 선급금 계정으로 처리한다.

(차) 상품	500,000원	(대) 선급금	50,000원
		외상매입금	450,000원

06 기부금은 영업외비용 항목이다.

07 순매입액 = 총매입액(3,500,000) - 매입에누리(60,000) - 매입할인(40,000) = 3,400,000원

상 품

기초상품	100,000	*매출원가*	*3,300,000*
순매입액	3,400,000	기말상품	200,000
계	3,500,000	계	3,500,000

08 유동성배열의 원칙은 재무상태표의 작성원칙이다.

09 현금 부족액은 현금과부족 계정 차변에 잔액이 나타나고, 원인이 밝혀지면 현금과부족 계정 대변에 기재하고, 결산 시까지 원인이 밝혀지지 않으면 잡손실로 회계처리한다.

• 결산시 분개

(차) 여비교통비	30,000원	(대) 현금과부족	70,000원
잡손실	40,000원		

10 감가상각비 = [취득금액(10,000,000) - 잔존가치(1,000,000)] ÷ 내용연수(5) = 1,800,000원/년

실무수행평가

실무수행 1. 기초정보관리의 이해

1 사업자등록증에 의한 회사등록 수정

- 사업장주소 : 서울특별시 강남구 강남대로 252 (도곡동)
  ➜ 서울특별시 서대문구 충정로7길 29 - 11 (충정로3가)로 변경
- 사업장세무서 : 220.역삼 ➜ 110.서대문으로 변경

2 전기분 손익계산서의 입력수정

- 816.전력비 250,000원 ➜ 1,250,000원 금액 수정
- 837.건물관리비 3,300,000원 ➜ 3,600,000원 금액 수정

실무수행 2. 거래자료 입력

1 증빙에 의한 전표입력 [일반전표입력] 3월 11일

(차) 접대비(판)	52,000원	(대) 미지급금(신한카드)	52,000원

2 재고자산의 매입거래 [일반전표입력] 4월 5일

(차) 상품	4,200,000원	(대) 선급금((주)빛나패션)	420,000원
		외상매입금((주)빛나패션)	3,780,000원

3 약속어음 발행거래 [일반전표입력] 5월 10일

(차) 외상매입금((주)센스쟁이)	5,000,000원	(대) 지급어음((주)센스쟁이)	5,000,000원

[지급어음관리]

어음상태	2 발행	어음번호	00420230510123456789	어음종류	4 전자	발행일	20x1-05-10
만기일	20x2-01-10	지급은행	98005 국민은행(당좌)	지점			

4 통장사본에 의한 거래입력 [일반전표입력] 6월 20일

(차) 통신비(판)	210,000원	(대) 보통예금(신한은행(보통))	210,000원

5 기타 일반거래 [일반전표입력] 7월 10일

(차) 예수금	142,000원	(대) 보통예금	320,000원
복리후생비(판)	178,000원	(국민은행(보통))	

⑥ 유 · 무형자산의 매각 [일반전표입력] 8월 13일

(차) 미수금(진웅중고차)	8,000,000원	(대) 차량운반구	40,000,000원
감가상각누계액(209)	32,000,000원		

⑦ 증빙에 의한 전표입력 [일반전표입력] 9월 28일

(차) 기부금	200,000원	(대) 현금	200,000원

⑧ 재고자산의 매출거래 [일반전표입력] 10월 25일

(차) 현금	600,000원	(대) 상품매출	1,600,000원
외상매출금(러블리의류)	1,000,000원		

실무수행 3. 전표수정

① 입력자료 수정 [일반전표입력] 6월 30일

-수정전 : (차) 차량유지비(판)	230,000원	(대) 보통예금(신협은행(보통))	230,000원
-수정후 : (차) 세금과공과금(판)	230,000원	(대) 보통예금(신협은행(보통))	230,000원

② 입력자료수정 [일반전표입력] 11월 17일

-수정 전 : (차) 상품	14,000원	(대) 현금	14,000원
-수정 후 : (차) 운반비(판)	14,000원	(대) 현금	14,000원

실무수행 4. 결산

① 수동결산 및 자동결산

[일반전표입력] 12월 31일

(차) 소모품	800,000원	(대) 소모품비(판)	800,000원

[결산자료입력]

-기말상품재고액 47,000,000원을 입력하고 상단부 전표추가(F3) 를 클릭하여 자동분개 생성

(차) 상품매출원가	440,765,000원	(대) 상품	440,765,000원

상품매출원가 = 기초상품재고액(190,000,000) + 당기상품매입액(297,765,000)

-기말상품재고액(47,000,000)원 = 440,765,000원

[재무제표 작성]

-<u>손익계산서([기능모음]의 '추가' 클릭)</u> ➜ 재무상태표를 조회 작성한다.

평가문제. 실무수행평가 (62점)

번호	평가문제	배점	답
11	**평가문제 [회사등록 조회]**	4	③
12	**평가문제 [예적금현황 조회]**	3	②
13	**평가문제 [거래처원장 조회]**	3	④
14	**평가문제 [거래처원장 조회]**	3	④
15	**평가문제 [거래처원장 조회]**	3	(802,000)원
16	**평가문제 [계정별원장 조회]**	3	(375,950,000)원
17	**평가문제 [지급어음현황 '지급은행별' 조회]**	3	(20,000,000)원
18	**평가문제 [일/월계표 조회]**	3	(502,000)원
19	**평가문제 [일/월계표 조회]**	3	(3,704,400)원
20	**평가문제 [손익계산서 조회]**	3	(420,000)원
21	**평가문제 [손익계산서 조회]**	3	③
22	**평가문제 [손익계산서 조회]**	4	①
23	**평가문제 [손익계산서 조회]**	4	(802,341,000)원
24	**평가문제 [손익계산서 조회]**	3	(5,840,000)원
25	**평가문제 [재무상태표 조회]**	3	④
26	**평가문제 [재무상태표 조회]**	3	(20,701,820)원
27	**평가문제 [재무상태표 조회]**	4	(47,000,000)원
28	**평가문제 [재무상태표 조회]**	3	(254)
29	**평가문제 [재무상태표 조회]**	3	(55,511,200)원
30	**평가문제 [재무상태표 조회]**	1	(331,055,400)원
총 점		62	

평가문제. 회계정보분석 (8점)

31. 재무상태표 조회 (4점)

② (370,890,000원/205,420,000원)×100≒180%

32. 손익계산서 조회 (4점)

③ (205,420,000원/243,970,000원)×100≒84%

기출문제

Financial Accounting Technician

회계정보처리 자격시험 2급

68회

합격율	시험년월
70%	2023.12

실무이론평가

[1] 다음 중 아래 거래요소의 결합관계에 해당하는 거래는 무엇인가?

(차변)	----------	(대변)
부채의 감소	----------	자산의 감소

① 거래처로부터 매출채권 대금 500,000원을 현금으로 수취하다.
② 단기차입금 500,000원을 현금으로 상환하다.
③ 투자자로부터 시가 10,000,000원의 건물을 기증받다.
④ 종업원급여 5,000,000원을 보통예금 계좌에서 이체하여 지급하다.

[2] 다음 중 회계상 거래에 해당하지 않는 것은?
① 기계장치를 100,000,000원에 취득하고 현금으로 지급하였다.
② 사무실에 보관중이던 상품 20,000,000원을 도난·분실하였다.
③ 종업원에게 5,000,000원의 급여를 지급하였다.
④ 물품창고를 월 임차료 1,000,000원에 임차하는 계약을 체결하였다.

[3] 다음 (주)한공의 거래에 대한 회계 처리 시 차변 계정과목으로 옳은 것은?

사무실에서 사용하고 있던 책상을 장부가액으로 처분하고 대금은 거래처 발행 약속어음으로 받다.

① 선급금 ② 외상매출금
③ 단기대여금 ④ 미수금

[4] 다음은 (주)한공의 20x1년 매출채권 관련 자료이다. 기말 매출채권 잔액은 얼마인가?

• 기초 매출채권 :	200,000원	• 외상매출분에 대한 현금회수 :	300,000원
• 외상매출액 :	900,000원	• 회수불능 매출채권 대손처리 :	100,000원

① 700,000원 ② 800,000원
③ 900,000원 ④ 1,100,000원

[5] 다음 중 먼저 구입한 상품이 먼저 사용되거나 판매되는 것으로 가정하여 기말재고액을 결정하는 방법은?

① 선입선출법 ② 이동평균법
③ 총평균법 ④ 후입선출법

[6] 다음 중 유형자산의 감가상각에 대한 설명으로 옳지 않은 것은?

① 취득원가, 내용연수, 잔존가치 등은 감가상각 계산의 요소이다.
② 유형자산 중 토지, 건물, 비품은 감가상각 대상이다.
③ 감가상각 방법에는 정액법, 정률법, 연수합계법, 생산량비례법 등이 있다.
④ 간접법에 의한 장부기록은 차변에 감가상각비, 대변에 감가상각누계액으로 한다.

[7] 다음 (　) 에 들어갈 용어로 옳은 것은?

(　)은(는) 기업실체의 경제적 거래나 사건에 대해 관련된 수익과 비용을 그 현금유출입이 있는 기간이 아니라 해당 거래나 사건이 발생한 기간에 인식하는 것을 말한다.

① 현금주의 ② 수익비용대응
③ 이연 ④ 발생주의

[8] 한공기업의 재고자산 매입금액은 2,000,000원이다. 다음 사항이 반영된 재고자산 금액은 얼마인가?

• 매입운임	1,200,000원
• 매입에누리	400,000원

① 2,000,000원
② 2,400,000원
③ 2,800,000원
④ 3,200,000원

[9] 다음은 (주)한공의 지출결의서 일부이다. 회계처리 계정과목으로 옳은 것은?

지출결의서

결재	담당자	팀장	이사
	정교육	이**	박**

업무와 관련하여 임직원 교육을 위한 온라인 강의 수강료를 청구합니다.

1. 비즈니스 영어 3,000,000원
2. 전자상거래 실무 4,500,000원

일 자 : 20x1년 12월 3일
담당자 : 정교육

① 교육훈련비
② 복리후생비
③ 지급수수료
④ 급여

[10] 다음 중 (가)에 해당하는 결산정리사항으로 옳은 것은?

결산정리사항	재무제표에 미치는 영향
(가)	비용의 발생, 부채의 증가

① 임차료 선급분 300,000원을 계상하다.
② 임대료 선수분 200,000원을 계상하다.
③ 이자수익 미수분 100,000원을 계상하다.
④ 이자비용 미지급분 400,000원을 계상하다.

실무수행평가

비젼뮤직(4680)은 악기 도소매업을 운영하는 개인기업으로, 회계기간은 제7기(20x1.1.1.~20x1.12.31.)이다. 제시된 자료와 자료설명을 참고하여, [수행과제]를 완료하고 [평가문제]의 물음에 답하시오.

실무수행1 기초정보관리의 이해

회계관련 기초정보는 입력되어 있다. [자료설명]을 참고하여 [수행과제]를 수행하시오.

1 사업자등록증에 의한 거래처등록 수정

사 업 자 등 록 증

(일반과세자)

등록번호 : 305－32－81253

상 호 : 소리나라
대 표 자 명 : 김민정
개 업 년 월 일 : 2018년 2월 20일
사업장 소재지 : 대전광역시 서구 문정로 3번길 80
사 업 의 종 류 : 업태 도소매업 종목 악기외
교 부 사 유 : 정정
사업자단위과세 적용사업자여부 : 여( ) 부(√)
전자세금계산서 전용메일주소:minjeong@bill36524.com

20x1년 03월 28일
대전 세무서장 (인)

국세청

자료설명	거래처 소리나라(01014)의 대표자명이 변경되어 사업자등록증 사본을 받았다.
수행과제	사업자등록증을 확인하여 변경사항을 수정하시오. (단, 전자세금계산서 전용 메일주소도 수정할 것.)

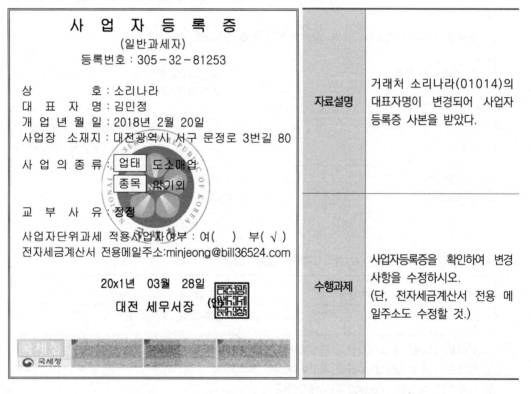

② 전기분 손익계산서의 입력수정

손 익 계 산 서

제6(당)기 20x0년 1월 1일부터 20x0년 12월 31일까지
제5(전)기 20y0년 1월 1일부터 20y0년 12월 31일까지

비젼뮤직 (단위 : 원)

과 목	제6(당)기		제5(전)기	
	금 액		금 액	
Ⅰ. 매 출 액		300,000,000		68,550,000
상 품 매 출	300,000,000		68,550,000	
Ⅱ. 매 출 원 가		160,000,000		29,290,000
상 품 매 출 원 가		160,000,000		29,290,000
기 초 상 품 재 고 액	20,000,000		1,470,000	
당 기 상 품 매 입 액	180,000,000		47,820,000	
기 말 상 품 재 고 액	40,000,000		20,000,000	
Ⅲ. 매 출 총 이 익		140,000,000		39,260,000
Ⅳ. 판 매 비 와 관 리 비		96,530,000		21,745,000
급 여	60,000,000		12,000,000	
복 리 후 생 비	10,200,000		950,000	
여 비 교 통 비	1,300,000		650,000	
접 대 비	4,500,000		700,000	
통 신 비	1,230,000		450,000	
수 도 광 열 비	2,850,000		375,000	
세 금 과 공 과 금	3,700,000		120,000	
감 가 상 각 비	6,500,000		700,000	
보 험 료	1,200,000		1,200,000	
차 량 유 지 비	2,500,000		3,600,000	
운 반 비	1,750,000		500,000	
수 선 비	800,000		500,000	
Ⅴ. 영 업 이 익		43,470,000		17,515,000
Ⅵ. 영 업 외 수 익		1,200,000		1,400,000
이 자 수 익	1,200,000		1,400,000	
Ⅶ. 영 업 외 비 용		4,250,000		600,000
이 자 비 용	4,250,000		600,000	
Ⅷ. 소 득 세 차 감 전 순 이 익		40,420,000		18,315,000
Ⅸ. 소 득 세 등		0		0
Ⅹ. 당 기 순 이 익		40,420,000		18,315,000

자료설명	전기(제6기)분 재무제표는 입력되어 있으며, 재무제표 검토결과 입력오류를 발견하였다.
수행과제	입력이 누락되었거나 오류부분을 찾아 수정입력하시오.

실무수행2 거래자료 입력

실무프로세스 자료이다. [자료설명]을 참고하여 [수행과제]를 수행하시오.

1 증빙에 의한 전표입력

자료 1. 자동차보험증권

자동차보험증권

증 권 번 호	3355897	계 약 일	20x1년 7월 15일
보 험 기 간	20x1 년 7 월 15 일 00:00부터		20x2 년 7 월 15 일 24:00까지
보험계약자	비젼뮤직	주민(사업자)번호	220－28－33128
피 보 험 자	비젼뮤직	주민(사업자)번호	220－28－33128

보험료 납입사항

총보험료	95 만원	납입보험료	95 만원	미납입 보험료	0 원

자료 2. 보통예금(신협은행) 거래내역

		내용	찾으신금액	맡기신금액	잔액	거래점
번호	거래일	계좌번호 201－6611－04712 비젼뮤직				
1	20x1－7－15	보험료	950,000		***	***

자료설명	영업부 업무용 승용차의 보험료를 신협은행 보통예금 계좌에서 이체하여 납부하였다.
수행과제	거래자료를 입력 하시오.(단, '비용'으로 처리할 것.)

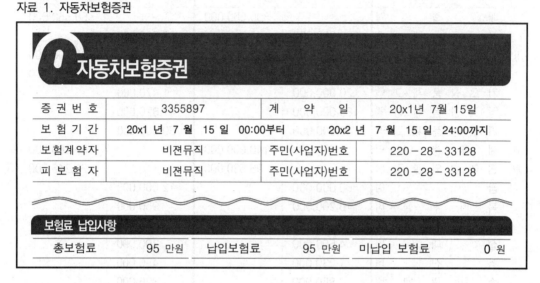

2 증빙에 의한 전표입력

영 수 증 (공급받는자용)					
NO			비젼뮤직 귀하		
공급자	사업자등록번호	305-12-34510			
	상호	빠른퀵서비스		성명	김배송
	사업장소재지	서울 서초구 헌릉로 341			
	업태	서비스업		종목	포장, 배송
작성일자		공급대가총액		비고	
20x1.8.10.		30,000원			
공급내역					
월/일	품명	수량	단가	금액	
8/10	배송비			30,000	
합계		30,000원			
위 금액을 (영수)(청구)함					

자료설명	판매상품 배송을 요청하고 회사가 부담하는 배송비는 현금으로 지급하였다.
수행과제	거래자료를 입력하시오.

3 증빙에 의한 전표입력

신용카드매출전표

카드종류 : 국민카드
회원번호 : 4447 - 8664 - **** - 7**9
거래일시 : 20x1.08.22. 14:05:16
거래유형 : 신용승인
매 출 : 3,000,000원
합 계 : 3,000,000원
결제방법 : 일시불
승인번호 : 26785995

가맹점명 : (주)오토오피스(225 - 81 - 12588)

- 이 하 생 략 -

자료설명	사무실에서 사용할 컴퓨터를 구매하면서 국민카드로 결제하고 받은 신용카드매출전표이다.
수행과제	거래자료를 입력하시오. (단, '자산'으로 회계처리할 것.)

④ 재고자산의 매입거래

거래명세서 (공급받는자 보관용)

공급자	등록번호	211-28-35011			공급받는자	등록번호	220-28-33128		
	상호	승윤악기	성명	강승윤		상호	비젼뮤직	성명	최성진
	사업장 주소	서울시 구로구 개봉로1길 188				사업장 주소	서울특별시 강남구 강남대로 496 (논현동)		
	업태	도매업	종사업장번호			업태	도소매업	종사업장번호	
	종목	악기외				종목	악기		

거래일자	미수금액	공급가액	세액	총 합계금액
20x1.8.29.		10,000,000		10,000,000

NO	월	일	품목명	규격	수량	단가	공급가액	세액	합계
1	8	29	전자식기타		20	500,000	10,000,000		10,000,000

자료설명	상품을 외상으로 매입하고 발급받은 거래명세서이다.
수행과제	거래자료를 입력하시오.

⑤ 약속어음 수취거래

전 자 어 음

비젼뮤직 귀하 00420230926123456789

금 오백만원정 5,000,000원

위의 금액을 귀하 또는 귀하의 지시인에게 지급하겠습니다.

지급기일	20x1년 12월 26일	**발행일**	20x1년 9월 26일
지 급 지	국민은행	**발행지 주 소**	서울특별시 서대문구 가좌로 35
지급장소	서대문지점	**발행인**	수연플룻

자료설명	[9월 26일] 수연플룻의 상품 외상판매대금을 전자어음으로 수취하였다.
수행과제	1. 거래자료를 입력하시오. 2. 자금관련정보를 입력하여 받을어음현황에 반영하시오.

6 통장사본에 의한 거래입력

■ 보통예금(농협은행) 거래내역

		내 용	찾으신금액	맡기신금액	잔 액	거래점
번호	거래일	계좌번호 112-01-123154 비젼뮤직				
1	20x1-10-15			2,000,000	***	***

자료설명	농협은행 보통예금 계좌에 내역을 알 수 없는 2,000,000원이 입금되었다.
수행과제	거래자료를 입력하시오.

7 유·무형자산의 구입

거래명세서 (공급받는자 보관용)

공급자	등록번호	119-81-24789			공급받는자	등록번호	220-28-33128			
	상호	(주)더존소프트	성명	박용철		상호	비젼뮤직	성명	최성진	
	사업장 주소	서울특별시 금천구 가산로 80				사업장 주소	서울특별시 강남구 강남대로 496 (논현동)			
	업태	도소매업	종사업장번호			업태	도소매업	종사업장번호		
	종목	소프트웨어				종목	악기			

거래일자	미수금액	공급가액	총 합계금액
20x1.10.25.		5,000,000	5,000,000

NO	월	일	품목명	규격	수량	단가	공급가액	합계
1	10	25	위하고프로그램		2	2,500,000	5,000,000	5,000,000

자료설명	회계세무 소프트웨어 '위하고'를 구입하고, 대금은 신한은행 보통예금 계좌에서 이체하여 지급하였다.
수행과제	거래자료를 입력하시오.

8 기타 일반거래

자료 1. 월세계약서 내역

(사 무 실) 월 세 계 약 서

□ 임 대 인 용
■ 임 차 인 용
□ 사무소보관용

부동산의 표시	소재지	서울특별시 강남구 강남대로 496 (논현동) 101호				
	구 조	철근콘크리트조	용도	사무실	면적	85㎡
월 세 보 증 금		금 40,000,000원정		월세 2,000,000원정		

제 1 조 위 부동산의 임대인과 임차인 합의하에 아래와 같이 계약함.

제 2 조 위 부동산의 임대차에 있어 임차인은 보증금을 아래와 같이 지불키로 함.

계 약 금	원정은 계약시 지불하고
중 도 금	원정은 년 월 일 지불하며
잔 금	40,000,000원정은 20x1년 10월 3일 중개업자 입회하에 지불함.

제 3 조 위 부동산의 명도는 20x1년 10월 3일로 함.

제 4 조 임대차 기간은 20x1년 10월 3일로부터 (24)개월로 함.

제 5 조 **월세금액은 매월(28)일에 지불**키로 하되 만약 기일내에 지불치 못할 시에는 보증금액에서 공제키로 함.**(국민은행, 계좌번호 : 601213-72-172658, 예금주 : (주)강남빌딩)**

중 략

임 대 인	주 소	서울특별시 서대문구 충정로 7길 110-22				
	사업자등록번호	119-81-15261	전화번호	02-555-1255	성명	(주)강남빌딩 ㊞

자료 2. 보통예금(국민은행) 거래내역

		내용	찾으신금액	맡기신금액	잔액	거래점
번호	거래일	계좌번호 096-24-0094-123 비젼뮤직				
1	20x1-10-28	(주)강남빌딩	2,000,000		***	***

자료설명	10월분 월세를 국민은행 보통예금 계좌에서 이체하여 지급하였다.
수행과제	거래자료를 입력하시오.

실무수행3 전표수정

실무프로세스 자료이다. [자료설명]을 참고하여 [수행과제]를 수행하시오.

1 입력자료 수정

은행CD입출금기 거래명세표

거래일자	CD처리번호	취급	CD번호
20x1-3-13	8754	312825	018
개설은행	계좌번호(신용카드번호)		
농협은행	112-01-123154		
거래권종	거래종류	거래금액	
	타행이체	₩420,000	
거래시각	거래후잔고		
15:00	******		
이체은행	이체입금계좌번호	예금주	
신한은행	31255-16-47335	이찬미 (찬미악기)	
	미결제타점권입금액		

자료설명	찬미악기에서 상품을 구입하기로 하고, 계약금을 농협은행 보통예금 계좌에서 이체한 내역이다.
수행과제	거래자료를 수정하시오.

2 입력자료 수정

거래명세서 (공급받는자 보관용)

공급자	등록번호	114-81-58741		공급받는자	등록번호	220-28-33128		
	상호	망스악기(주)	성명 김새롬		상호	비젼뮤직	성명 최성진	
	사업장 주소	서울특별시 서대문구 충정로 30			사업장 주소	서울특별시 강남구 강남대로 496 (논현동)		
	업태	도소매업	종사업장번호		업태	도소매업	종사업장번호	
	종목	악기			종목	악기		

거래일자	미수금액	공급가액	세액	총 합계금액
20x1.9.13.		200,000		200,000

NO	월	일	품목명	규격	수량	단가	공급가액	세액	합계
1	9	13	클래식기타		2	100,000	200,000		200,000

자료설명	9월 13일에 상품을 매입한 거래가 7월 14일로 입력되어 있음을 발견하였다.
수행과제	거래자료를 수정하시오.

실무수행4 결산

[결산자료]를 참고하여 결산을 수행하시오.(단, 제시된 자료 이외의 자료는 없다고 가정함.)

1 수동결산 및 자동결산

자료설명	1. 10월 14일 지급된 보험료 2,500,000원 중 기간 미경과분 1,875,000원을 계상하다. 2. 기말상품재고액은 25,000,000원이다.
수행과제	1. 수동결산 또는 자동결산 메뉴를 이용하여 결산을 완료하시오. 2. 12월 31일을 기준으로 '손익계산서 ➜ 재무상태표'를 순서대로 조회 작성하시오.(단, 손익계산서 조회 작성 시 상단부 [기능모음]의 '추가'를 이용하여 '손익대체분개'를 수행할 것.)

평가문제 실무수행평가 (62점)

입력자료 및 회계정보를 조회하여 [평가문제]의 답안을 입력하시오.

번호	평가문제	배점
11	평가문제 [거래처등록 조회] 거래처별 기본사항과 추가사항으로 옳지 않은 것은? ① 00120.금강악기의 대표자는 전영하이다. ② 00123.레몬트이앵글의 담당자메일주소는 sujin@bill36524.com이다. ③ 01014.소리나라의 대표자는 김민정이다. ④ 01014.소리나라의 담당자메일주소는 sori@bill36524.com이다.	4
12	평가문제 [거래처원장 조회] 8월 말 거래처별 '251.외상매입금' 잔액으로 옳지 않은 것은? ① 00185.한강종합악기(주) 5,665,000원 ② 01121.망스악기(주) 14,510,000원 ③ 01131.승윤악기 1,000,000원 ④ 05015.골드악기(주) 2,450,000원	2

번호	평가문제	배점
13	평가문제 [거래처원장 조회] 12월 말 거래처별 '108.외상매출금' 잔액으로 옳은 것은? ① 00106.이디악기 6,050,000원 ② 01131.승윤악기 15,000,000원 ③ 03200.수연플롯 2,000,000원 ④ 08707.비발디피아노(주) 5,000,000원	3
14	평가문제 [거래처원장 조회] 12월 말 카드사별 '253.미지급금' 잔액으로 옳지 않은 것은? ① 99600.국민카드 1,976,000원 ② 99601.신한카드 3,976,000원 ③ 99602.비씨카드 0원 ④ 99605.삼성카드 6,543,200원	4
15	평가문제 [예적금현황 조회] 12월 말 은행별 예금잔액으로 옳은 것은? ① 국민은행(보통) 35,870,000원 ② 농협은행(보통) 15,141,500원 ③ 신한은행(보통) 1,000,000원 ④ 신협은행(보통) 50,000원	3
16	평가문제 [손익계산서 조회] 당기에 발생한 판매비와관리비의 계정별 금액으로 옳지 않은 것은? ① 차량유지비 6,594,200원 ② 운반비 684,000원 ③ 도서인쇄비 388,000원 ④ 소모품비 4,000,000원	2
17	평가문제 [일일자금명세(경리일보) 조회] 8월 10일 '현금' 당일잔액은 얼마인가?	4
18	평가문제 [합계잔액시산표 조회] 12월 말 '유형자산' 계정 중 잔액이 가장 큰 계정과목의 코드번호를 입력하시오.	3
19	평가문제 [합계잔액시산표 조회] 12월 말 '받을어음' 잔액은 얼마인가?	3
20	평가문제 [총계정원장 조회] 당기에 '251.외상매입금'이 가장 많이 증가(대변)한 월을 입력하시오.	4
21	평가문제 [분개장 조회] 당기의 전표 중 '선택 : 2.입금' 전표의 건수는?	3
22	평가문제 [일/월계표 조회] 7월 한달 동안 발생한 '보험료' 금액은 얼마인가?	4
23	평가문제 [손익계산서 조회] 당기에 발생한 '상품매출원가' 금액은 얼마인가?	4
24	평가문제 [손익계산서 조회] 당기에 발생한 '임차료' 금액은 얼마인가?	3
25	평가문제 [재무상태표 조회] 3월 말 '선급금' 잔액은 얼마인가?	4
26	평가문제 [재무상태표 조회] 3월 말 '미지급금' 잔액은 얼마인가?	2

번호	평가문제	배점
27	평가문제 [재무상태표 조회] 10월 말 '가수금' 잔액은 얼마인가?	3
28	평가문제 [재무상태표 조회] 12월 말 '선급비용' 잔액은 얼마인가?	3
29	평가문제 [재무상태표 조회] 12월 말 '무형자산' 금액은 얼마인가?	3
30	평가문제 [재무상태표 조회] 12월 말 재무상태표의 '자본금' 금액은 얼마인가? ① 469,232,420원 ② 474,906,920원 ③ 526,884,420원 ④ 526,894,420원	1
	총 점	62

평가문제 회계정보분석 (8점)

회계정보를 조회하여 [회계정보분석]의 답안을 입력하시오.

31. 재무상태표 조회 (4점)

당좌비율은 유동자산 중 현금화할 수 있는 당좌자산으로 단기채무를 충당할 수 있는 정도를 나타내는 비율이다. 전기말 당좌비율을 계산하면 얼마인가?(단, 소숫점 이하는 버림 할 것)

$$당좌비율\ (\%) = \frac{당좌자산}{유동부채} \times 100$$

① 229% ② 264% ③ 270% ④ 273%

32. 손익계산서 조회 (4점)

영업이익률은 기업의 주된 영업활동에 의한 성과를 판단하는 비율로 판매활동과 직접 관계없는 영업외손익을 제외한 순수 영업활동의 수익성을 나타내는 지표이다. 전기 영업이익률을 계산하면 얼마인가?(단, 소숫점 이하는 버림 할 것)

$$영업이익률(\%) = \frac{영업이익}{매출액} \times 100$$

① 12% ② 14% ③ 576% ④ 690%

해답 해설

Financial Accounting Technician

회계정보처리 자격시험 2급

68회

실무이론평가

1	2	3	4	5	6	7	8	9	10
②	④	④	①	①	②	④	③	①	④

01 (차) 단기차입금(부채 감소) 500,000원 (대) 현금(자산 감소) 500,000원

02 회계상의 거래는 기업의 자산, 부채, 자본의 증감을 가져오거나 수익, 비용을 발생시키는 모든 활동을 말한다. 물품창고를 월 임차료 1,000,000원에 임차하는 계약을 체결한 것은 자산, 부채, 자본의 증감을 초래하지 않으므로 회계상의 거래가 아니다.

03 (차) 미수금 ×××원 (대) 비품 ×××원

04

매출채권

기초잔액	200,000	회수액	300,000
		대손	100,000
외상매출액	900,000	***기말잔액***	***700,000***
계	1,100,000	계	1,100,000

05 먼저 구입한 상품이 먼저 사용되거나 판매되는 것으로 가정하여 기말재고액을 결정하는 방법을 선입선출법이라고 한다.

06 유형자산 중에서 **토지는 감가상각 대상이 아니다.**

07 '발생주의'는 기업실체의 경제적 거래나 사건에 대해 관련된 수익과 비용을 그 현금유출입이 있는 기간이 아니라 **해당 거래나 사건이 발생한 기간에 인식하는 것**을 말한다.

08 재고자산 금액 = 매입금액(2,000,000) + 매입운임(1,200,000) - 에누리(400,000) = 2,800,000원

09 업무와 관련한 임직원 교육비는 교육훈련비에 해당한다.

10 (차) 이자비용(비용발생) 400,000원 (대) 미지급비용(부채증가) 400,000원

실무수행평가

실무수행 1. 기초정보관리의 이해

1 사업자등록증에 의한 거래처등록 수정

- 대표자명 : 김나라 ➜ 김민정으로 수정
- 전자세금계산서 전용 메일주소 : nara@bill36524.com ➜ minjeong@bill36524.com으로 수정

2 전기분 손익계산서의 입력수정

- 822.차량유지비 500,000원 ➜ 2,500,000원으로 수정입력
- 820.수선비 800,000원을 추가입력
- 당기순이익 40,420,000원 확인

실무수행 2. 거래자료 입력

1 증빙에 의한 전표입력 [일반전표입력] 7월 15일

(차) 보험료(판)	950,000원	(대) 보통예금(신협은행(보통))	950,000원

2 증빙에 의한 전표입력 [일반전표입력] 8월 10일

(차) 운반비(판)	30,000원	(대) 현금	30,000원

3 증빙에 의한 전표입력 [일반전표입력] 8월 22일

(차) 비품	3,000,000원	(대) 미지급금(국민카드)	3,000,000원

4 재고자산의 매입거래 [일반전표입력] 8월 29일

(차) 상품	10,000,000원	(대) 외상매입금(승윤악기)	10,000,000원

5 약속어음 수취거래 [일반전표입력] 9월 26일

(차) 받을어음(수연플룻)	5,000,000원	(대) 외상매출금(수연플룻)	5,000,000원

[받을어음관리]

● 받을어음 관리 삭제(F5)

어음상태	1 보관	어음종류	6 전자	어음번호	00420230926123456789	수취구분	1 자수
발행인	03200 수연플룻	발행일	20×1 -09-26	만기일	20×1 -12-26	배서인	
지급은행	100 국민은행	지점	서대문	할인기관		지점	할인율(%)
지급거래처				* 수령된 어음을 타거래처에 지급하는 경우에 입력합니다.			

⑥ 통장사본에 의한 거래입력 [일반전표입력] 10월 15일

(차) 보통예금(농협은행(보통)) 2,000,000원 (대) 가수금 2,000,000원

⑦ 유 · 무형자산의 구입 [일반전표입력] 10월 25일

(차) 소프트웨어 5,000,000원 (대) 보통예금(신한은행(보통)) 5,000,000원

⑧ 기타 일반거래 [일반전표입력] 10월 28일

(차) 임차료(판) 2,000,000원 (대) 보통예금(국민은행(보통)) 2,000,000원

실무수행 3. 전표수정

① 입력자료 수정 [일반전표입력] 3월 13일

수정전 : (차) 미지급금(찬미악기) 420,000원 (대) 보통예금(농협은행(보통)) 420,000원

수정후 : (차) 선급금(찬미악기) 420,000원 (대) 보통예금 (농협은행(보통)) 420,000원

② 입력자료 수정

〈방법 1.〉

[일반전표입력] 7월 14일 전표를 조회하여 상단부 이동(Ctrl+F4) 메뉴를 클릭하여 9월 13일로 이동

〈방법 2.〉

[일반전표입력] 7월 14일 전표 삭제 후 9월 13일 거래로 전표 입력

(차) 상품 200,000원 (대) 외상매입금(망스악기(주)) 200,000원

실무수행 4. 결산

① 수동결산 및 자동결산

[일반전표입력] 12월 31일

(차) 선급비용 1,875,000원 (대) 보험료(판) 1,875,000원

[결산자료입력]

- 기말상품재고액 25,000,000원을 입력하고 상단부 전표추가(F3) 를 클릭하여 자동분개 생성

(차) 상품매출원가 196,715,000원 (대) 상품 196,715,000원

☞상품매출원가 = [기초상품재고액(40,000,000) + 당기상품매입액(181,715,000) - 기말상품재고액(25,000,000)
= 196,715,000원

[재무상태표 등 작성]

- 손익계산서 [기능모음]의 '추가' 클릭 ➜ 재무상태표 조회 작성

평가문제. 실무수행평가 (62점)

번호	평가문제	배점	답
11	평가문제 [거래처등록 조회]	4	④
12	평가문제 [거래처원장 조회]	2	③
13	평가문제 [거래처원장 조회]	3	③
14	평가문제 [거래처원장 조회]	4	①
15	평가문제 [예적금현황 조회]	3	④
16	평가문제 [손익계산서 조회]	2	②
17	평가문제 [일일자금명세(경리일보) 조회]	4	(24,835,860)원
18	평가문제 [합계잔액시산표 조회]	3	(212)
19	평가문제 [합계잔액시산표 조회]	3	(69,800,000)원
20	평가문제 [총계정원장 조회]	4	(9)월
21	평가문제 [분개장 조회]	3	(16)건
22	평가문제 [일/월계표 조회]	4	(1,500,000)원
23	평가문제 [손익계산서 조회]	4	(196,715,000)원
24	평가문제 [손익계산서 조회]	3	(13,750,000)원
25	평가문제 [재무상태표 조회]	4	(420,000)원
26	평가문제 [재무상태표 조회]	2	(8,200,000)원
27	평가문제 [재무상태표 조회]	3	(10,000,000)원
28	평가문제 [재무상태표 조회]	3	(2,400,000)원
29	평가문제 [재무상태표 조회]	3	(15,000,000)원
30	평가문제 [재무상태표 조회]	1	②
총 점		62	

평가문제. 회계정보분석 (8점)

31. 재무상태표 조회 (4점)

① (416,300,000원/181,600,000원)×100≒229%

32. 손익계산서 조회 (4점)

② (43,470,000원/300,000,000원)×100≒14%

기출문제

Financial Accounting Technician

회계정보처리 자격시험 2급

66회

합격율	시험년월
69%	2023.10

실무이론평가

[1] 다음 중 아래 거래요소의 결합관계에 해당하는 거래는 무엇인가?

(차변)	-----------	(대변)
자산의 증가	-----------	자산의 감소

① 투자자로부터 시가 5,000,000원의 건물을 기증받다.
② 단기차입금 600,000원을 현금으로 지급하다.
③ 거래처로부터 받을어음 대금 800,000원을 현금으로 수취하다.
④ 종업원급여 1,500,000원을 보통예금 계좌에서 이체하여 지급하다.

[2] 다음 중 재무제표의 기본요소에 대한 설명으로 옳지 않은 것은?
① 자산은 미래에 경제적 효익을 창출할 것으로 기대되는 자원이다.
② 자산은 현재 기업실체에 의해 지배되어야 한다.
③ 부채는 기업실체가 현재 시점에서 부담하여야 하는 경제적 의무이다.
④ 부채는 미래에 자원의 유입이 예상되는 권리이다.

[3] 다음에서 설명하는 회계의 기본가정으로 옳은 것은?

- 회계순환과정에 있어 기말결산정리를 하게 되는 근거가 되는 가정이다.
- 기업실체 존속기간을 일정한 기간 단위로 분할하여 각 기간에 대해 경제적 의사결정에 유용한 정보를 보고하는 것이다.

① 계속기업의 가정　② 기업실체의 가정
③ 화폐단위의 가정　④ 기간별 보고의 가정

[4] 다음 중 회계의 순환과정에서 재무제표가 작성되는 순서로 옳은 것은?

① 분개장 → 시산표 → 총계정원장 → 재무제표
② 분개장 → 총계정원장 → 시산표 → 재무제표
③ 총계정원장 → 분개장 → 시산표 → 재무제표
④ 총계정원장 → 시산표 → 분개장 → 재무제표

[5] 다음 자료를 토대로 한공상사의 외상매출금 당기 회수액을 계산하면 얼마인가?

• 기초금액	32,000원
• 당기 외상매출액	200,000원
• 기말금액	40,000원

① 160,000원　　② 192,000원
③ 200,000원　　④ 208,000원

[6] 다음은 한공상사의 건물 취득과 관련된 자료이다. 건물의 취득원가는 얼마인가?

• 건물 구입금액 : 10,000,000원	• 건물구입 시 중개수수료 : 100,000원
• 건물 취득세 : 70,000원	• 건물구입 후 납부한 화재 보험료 : 50,000원

① 10,000,000원　　② 10,100,000원
③ 10,170,000원　　④ 10,220,000원

[7] 다음 자료를 토대로 기초자본과 비용총액을 계산하면 얼마인가?(자본거래는 없는 것으로 가정한다.)

• 기초자산 250,000원	• 기초부채 120,000원
• 기말자본 160,000원	• 수익총액 80,000원

	기초자본	비용총액
①	100,000원	30,000원
②	100,000원	50,000원
③	130,000원	30,000원
④	130,000원	50,000원

[8] 다음은 한공상사가 구입한 화환의 영수증이다. 화환을 (가) 거래처 직원의 결혼식에 제공하는 경우와, (나) 한공상사 직원의 결혼식에 제공하는 경우의 계정과목으로 옳은 것은?

영 수 증			
			20x1/10/08
예쁜꽃화원		Tel. (02)222－6430	
서울 금천구 가산로 115			
214－12－45123			
종명	수 량	단 가	금 액
결혼식화환			80,000
			합계 : 80,000원
감사합니다.			

	(가)	(나)
①	복리후생비	접대비 (기업업무추진비)
②	접대비 (기업업무추진비)	복리후생비
③	복리후생비	기부금
④	기부금	복리후생비

[9] 다음 자료를 토대로 대손처리 후 대손충당금 잔액을 계산하면 얼마인가?

- 20x1년 1월 1일 : 대손충당금 잔액 250,000원
- 20x1년 10월 12일 : 거래처 파산으로 외상매출금 120,000원과 받을어음 50,000원이 회수불능으로 판명되다.

① 80,000원 ② 120,000원 ③ 130,000원 ④ 170,000원

[10] 다음은 한공상사 영업팀 출장 관련 자료이다. 11월 5일의 회계처리로 옳은 것은?

- 11월 2일 경리담당자는 영업팀 김대리에게 출장비 300,000원을 사전에 현금으로 지급하였다.
- 11월 5일 출장을 마치고 돌아온 김대리는 증빙을 첨부하여 출장비로 350,000원을 보고하였으며, 차액은 현금으로 정산되었다.

회계처리 :

①	(차) 여비교통비	350,000원	(대) 현금	350,000원
②	(차) 가지급금	350,000원	(대) 현금	50,000원
			가지급금	300,000원
③	(차) 여비교통비	350,000원	(대) 현금	50,000원
			가지급금	300,000원
④	(차) 가수금	350,000원	(대) 현금	50,000원
			가지급금	300,000원

실무수행평가

바오바오(4660)는 인형 및 장난감 도소매업을 운영하는 개인기업으로, 회계기간은 제7기(20x1.1.1.~20x1.12.31.)이다. 제시된 자료와 [자료설명]을 참고하여, [수행과제]를 완료하고 [평가문제]의 물음에 답하시오.

실무수행1 기초정보관리의 이해

회계관련 기초정보는 입력되어 있다. [자료설명]을 참고하여 [수행과제]를 수행하시오.

1 사업자등록증에 의한 거래처등록

사 업 자 등 록 증

(일반과세자)

등록번호 : 181 - 30 - 31115

상 호 : 울릉아트
대 표 자 명 : 김은호
개 업 년 월 일 : 2019년 1월 24일
사업장 소재지 : 서울특별시 강남구 강남대로 246 (도곡동, 다림빌딩)
사 업 의 종 류 : 업태 도소매업 종목 인형, 잡화
교 부 사 유 : 사업장 이전
사업자단위과세 적용사업자여부 : 여( ) 부(√)
전자세금계산서 전용 메일주소 : art1004@naver.com

20x1년 1월 15일

역삼 세무서장 (인)

국세청

자료설명	울릉아트(코드 00123)의 변경된 사업자등록증 사본을 받았다.
수행과제	사업자등록증의 변경내용을 확인하여 사업장주소와 담당자 메일주소를 수정 및 입력하시오.

2 전기분 재무상태표의 입력수정

<u>재 무 상 태 표</u>
제6(당)기 20x0.12.31. 현재
제5(전)기 20y0.12.31. 현재

바오바오 (단위 : 원)

과 목	제6기 (20x0.12.31.)		제5기 (20y0.12.31.)	
자 산				
Ⅰ. 유 동 자 산		**407,180,000**		**414,375,000**
(1) 당 좌 자 산		**350,180,000**		**329,255,000**
현 금		10,001,280		1,250,000
보 통 예 금		254,780,000		14,300,000
외 상 매 출 금	95,000,000		179,500,000	
대 손 충 당 금	22,400,000	72,600,000	1,795,000	177,705,000
받 을 어 음	12,928,000			136,000,000
대 손 충 당 금	129,280	12,798,720		0
(2) 재 고 자 산		**57,000,000**		**85,120,000**
상 품		57,000,000		85,120,000
Ⅱ. 비 유 동 자 산		**87,600,000**		**89,136,000**
(1) 투 자 자 산		**0**		**0**
(2) 유 형 자 산		**57,600,000**		**34,136,000**
차 량 운 반 구	60,000,000		32,600,000	
감 가 상 각 누 계 액	12,000,000	48,000,000	5,100,000	27,500,000
비 품	12,000,000		8,500,000	
감 가 상 각 누 계 액	2,400,000	9,600,000	1,864,000	6,636,000
(3) 무 형 자 산		**0**		**0**
(4) 기 타 비 유 동 자 산		**30,000,000**		**55,000,000**
임 차 보 증 금		30,000,000		55,000,000
자 산 총 계		**494,780,000**		**503,511,000**
부 채				
Ⅰ. 유 동 부 채		**88,490,000**		**79,730,000**
외 상 매 입 금		13,700,000		50,250,000
지 급 어 음		5,300,000		3,000,000
미 지 급 금		9,700,000		16,000,000
예 수 금		1,350,000		480,000
단 기 차 입 금		58,440,000		10,000,000
Ⅱ. 비 유 동 부 채		**0**		**0**
부 채 총 계		**88,490,000**		**79,730,000**
자 본				
자 본 금		406,290,000		423,781,000
(당 기 순 이 익 108,980,000)				
자 본 총 계		**406,290,000**		**423,781,000**
부 채 와 자 본 총 계		**494,780,000**		**503,511,000**

자료설명	전기(제6기)분 재무제표는 입력되어 있으며 재무제표 검토결과 입력오류를 발견하였다.
수행과제	입력이 누락되었거나 오류부분을 찾아 수정 입력하시오.

실무수행2 거래자료 입력

실무프로세스 자료이다. [자료설명]을 참고하여 [수행과제]를 수행하시오.

1 통장사본에 의한 거래입력

■ 보통예금(기업은행) 거래내역

		내용	찾으신금액	맡기신금액	잔액	거래점
번호	거래일	계좌번호 764502-01-047720 바오바오				
1	20x1-2-17	차입금이자	584,400		***	***

자료설명	단기차입금에 대한 이자비용을 기업은행 보통예금 계좌에서 이체하여 지급하였다.
수행과제	거래자료를 입력하시오.

2 증빙에 의한 전표입력

영 수 증

20x1/3/2

성보카정비 (T.02-823-1234)
서울특별시 서대문구 충정로7길 29-8
(충정로3가)
123-45-67891

품 목	수 량	단 가	금 액
오일교체	1	30,000	30,000

합계 : 30,000원

감사합니다.

자료설명	업무용 승용차의 엔진오일을 교체하고, 대금은 다음달에 지급하기로 하였다. (단, '차량유지비'로 처리할 것)
수행과제	거래자료를 입력하시오.

③ 기타 일반거래

출장비 정산서

일자	출발지	도착지	KTX	숙박비	식대	계
20x1.3.18.	서울	부산	47,500원	100,000원	40,000원	187,500원
20x1.3.21.	부산	서울	47,500원	-	60,000원	107,500원
합　계			95,000원	100,000원	100,000원	295,000원
지급받은금액						250,000원
추가지급액						45,000원

자료설명	[3월 22일] 출장을 마친 직원(김태연)의 출장비 내역을 보고받고, 차액은 현금으로 지급하였다.
수행과제	3월 15일의 거래를 확인하여 거래자료를 입력하시오. (단, 출장비 지출내역은 '여비교통비'로 처리하고, '가지급금'은 거래처를 입력할 것)

④ 약속어음 수취거래

전 자 어 음

바오바오 귀하　　　　00420230426123456789

금 오백만원정　　　　5,000,000원

위의 금액을 귀하 또는 귀하의 지시인에게 지급하겠습니다.

지급기일	20x1년 7월 31일	**발행일**	20x1년 4월 26일
지 급 지	국민은행	**발행지**	서울특별시 서대문구
지급장소	강남지점	**주　소**	홍제내2나길 29
		발행인	(주)현진아트

자료설명	[4월 26일] (주)현진아트의 상품 외상매출대금 일부를 전자어음으로 수취하였다.
수행과제	1. 거래자료를 입력하시오. 2. 자금관련정보를 입력하여 받을어음현황에 반영하시오.

5 재고자산의 매출거래

거래명세서 (공급자 보관용)

공급자					공급받는자				
등록번호	109-09-67470				등록번호	119-54-37124			
상호	바오바오	성명	고지후		상호	장난감나라	성명	조수민	
사업장 주소	서울특별시 서대문구 충정로7길 29-13 (충정로3가)				사업장 주소	서울특별시 서대문구 독립문로8길 120 (북아현동)			
업태	도소매업	종사업장번호			업태	도소매업	종사업장번호		
종목	인형, 장난감				종목	인형, 잡화			

거래일자	미수금액	공급가액	세액	총 합계금액
20x1.5.27.		800,000		800,000

NO	월	일	품목명	규격	수량	단가	공급가액	세액	합계
1	5	27	곰인형		80	10,000	800,000		800,000

자료설명	상품을 외상으로 매출하고 발급한 거래명세서이다.
수행과제	거래내역을 입력하시오.

6 기타 일반거래

영수증 (입금증, 영수증, 계산서, 전자통장거래확인증 등 겸용)

타행 송금의뢰 확인증

20x1 년 7 월 20 일

입금 은행 :	농협은행		
입금 계좌 :	1235-12-3252000	대 체 :	₩5,665,000
수 취 인 :	(주)소윤문구		
적 요 :		합 계 :	₩5,665,000
의 뢰 인	바오바오	송금수수료 :	0

유성지점 (☎ 1544-9999)

국민은행

자료설명	[7월 20일] (주)소윤문구의 상품 외상매입대금 일부를 국민은행 보통예금 계좌에서 인출하여 송금하였다.
수행과제	거래자료를 입력하시오.

7 증빙에 의한 전표입력

| 매 출 전 표 | | 자료설명 | 신제품 판매촉진을 위한 광고전단지를 제작하고, 결제한 신용카드매출전표 이다. |

매 출 전 표

카드종류	거래일자
신한카드	20x1.8.10.10:13:42

카드번호(CARD NO)
4658 - 1232 - **** - 45**

승인번호	금액 AMOUNT	백		천		원
20230810101234		4	9	0	0	0 0

일반	할부	부가세 V.A.T					
일시불							
	전단지	봉사료 CASHBACK					
거래유형		합계 TOTAL		4	9	0	0 0 0

가맹점명
예술광고

대표자명	사업자번호
임예솔	216 - 23 - 37552
전화번호	가맹점번호
02 - 439 - 7248	84566611

주소
서울특별시 구로구 구로동로 104

상기의 거래 내역을 확인합니다. 서명 바오바오

자료설명	신제품 판매촉진을 위한 광고전단지를 제작하고, 결제한 신용카드매출전표 이다.
수행과제	거래자료를 입력하시오.

8 기타 일반거래

■ 보통예금(농협은행) 거래내역

		내용	찾으신금액	맡기신금액	잔액	거래점
번호	거래일	계좌번호 201 - 6611 - 04712 바오바오				
1	20x1 - 12 - 15	계약금		1,600,000	***	***

자료설명	(주)인선팬시와 상품매출 계약을 체결하고, 계약금을 농협은행 보통예금 계좌로 입금받았다.
수행과제	거래자료를 입력하시오.

실무수행3 전표수정

실무프로세스 자료이다. [자료설명]을 참고하여 [수행과제]를 수행하시오.

1 입력자료 수정

신용카드매출전표 카드종류 : 삼성카드 회원번호 : 7445-8841-****-3**1 거래일시 : 20x1.11.10. 12:04:16 거래유형 : 신용승인 매　출 : 77,000원 합　계 : 77,000원 결제방법 : 일시불 승인번호 : 26785995 가맹점명 : 가윤한식 (314-25-12349) - 이 하 생 략 -	**자료설명**: 매출거래처 담당자와 식사를 하고 신용카드로 결제하였다. **수행과제**: 거래자료를 수정하시오.

2 입력자료 수정

자료 1. 자동차 보험증권

자동차보험증권

증권번호	2557466	계약일	20x1년 12월 1일
보험기간	20x1 년 12 월 1 일 00:00부터	20x2 년 12월 1일 24:00까지	
보험계약자	바오바오	주민(사업자)번호	109-09-67470
피보험자	바오바오	주민(사업자)번호	109-09-67470

보험료 납입사항

총보험료	96 만원	납입보험료	96만원	미납입 보험료	0 원

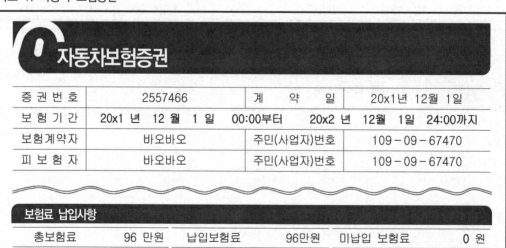

자료 2. 보통예금(신협은행) 거래내역

		내용	찾으신금액	맡기신금액	잔액	거래점
번호	거래일	계좌번호 1122-098-123143 바오바오				
1	20x1-12-1	참좋은손해보험(주)	960,000		***	***

자료설명	배달용 화물차의 보험료를 신협은행 보통예금에서 이체한 거래가 입력 누락되었다.
수행과제	거래내역을 확인 후 추가 입력 하시오.('비용'으로 처리할 것)

실무수행4 결산

[결산자료]를 참고하여 결산을 수행하시오.(단, 제시된 자료 이외의 자료는 없다고 가정함.)

1 수동결산 및 자동결산

자료설명	1. 단기대여금에 대한 당기 기간경과분 미수이자 500,000원을 계상하다. 2. 기말상품재고액은 27,000,000원이다.
수행과제	1. 수동결산 또는 자동결산 메뉴를 이용하여 결산을 완료하시오. 2. 12월 31일을 기준으로 '손익계산서 → 재무상태표'를 순서대로 조회 작성하시오.(단, 손익계산서 조회 작성 시 상단부 [기능모음]의 '추가'를 이용하여 '손익대체분개'를 수행할 것)

평가문제 실무수행평가 (62점)

번호	평가문제	배점
11	**평가문제 [거래처등록 조회]** 울릉아트(코드 : 00123)의 거래처등록사항으로 옳지 않은 것은? ① 울릉아트의 대표자명은 '김은호'이다. ② 메일주소는 ulleungdo@naver.com이다. ③ 업태는 '도소매업'이다. ④ 주소는 '서울특별시 강남구 강남대로 246 (도곡동, 다림빌딩)'이다.	4
12	**평가문제 [계정별원장 조회]** 상반기(1/1~6/30) 중 '134.가지급금'이 감소된 거래처의 코드번호를 입력하시오.	2
13	**평가문제 [거래처원장 조회]** 12월 말 거래처별 '108.외상매출금' 잔액으로 옳지 않은 것은? ① 00106.장난감나라 21,880,000원 ② 00167.유리인형 3,300,000원 ③ 00185.(주)현진아트 21,000,000원 ④ 08707.(주)장난감왕국 5,500,000원	3
14	**평가문제 [거래처원장 조회]** 12월 말 '259.선수금' 잔액이 가장 많은 거래처코드를 입력하시오.	4
15	**평가문제 [거래처원장 조회]** 12월 말 거래처별 '253.미지급금' 잔액으로 옳은 것은? ① 99600.국민카드 500,000원 ② 99601.신한카드 2,000,000원 ③ 99602.비씨카드 185,000원 ④ 99605.삼성카드 6,575,200원	4
16	**평가문제 [받을어음현황 조회]** 만기일이 20x1년에 도래하는 '받을어음'의 보유금액 합계는 얼마인가?	4
17	**평가문제 [예적금현황 조회]** 12월 말 은행별 보통예금 잔액으로 옳지 않은 것은? ① 신협은행(보통) 108,920,000원 ② 국민은행(보통) 64,574,000원 ③ 농협은행(보통) 50,000,000원 ④ 기업은행(보통) 25,975,600원	3
18	**평가문제 [현금출납장 조회]** 3월 말 '현금' 잔액은 얼마인가?	3
19	**평가문제 [일/월계표 조회]** 5월 한 달 동안 발생한 '상품매출' 금액은 얼마인가?	4

번호	평가문제	배점
20	**평가문제 [일/월계표 조회]** 1/4분기(1월~3월) 동안 발생한 '이자비용' 금액은 얼마인가?	3
21	**평가문제 [손익계산서 조회]** 당기 '상품매출원가' 금액은 얼마인가?	2
22	**평가문제 [손익계산서 조회]** 당기에 발생한 '판매비와 관리비'의 계정별 금액으로 옳지 않은 것은? ① 여비교통비 2,009,600원 ② 접대비 11,661,500원 ③ 차량유지비 6,618,700원 ④ 광고선전비 5,300,000원	3
23	**평가문제 [손익계산서 조회]** 당기에 발생한 '보험료' 금액은 얼마인가?	3
24	**평가문제 [손익계산서 조회]** 당기에 발생한 '이자수익' 금액은 전기 대비 얼마나 증가하였는가?	3
25	**평가문제 [재무상태표 조회]** 1월 말 '유형자산' 금액은 얼마인가?	3
26	**평가문제 [재무상태표 조회]** 1월 말 '받을어음의 장부금액(받을어음 – 대손충당금)'은 얼마인가?	3
27	**평가문제 [재무상태표 조회]** 4월 말 '미지급금' 잔액은 얼마인가?	4
28	**평가문제 [재무상태표 조회]** 7월 말 '외상매입금' 잔액은 얼마인가?	3
29	**평가문제 [재무상태표 조회]** 12월 말 '미수수익' 잔액은 얼마인가?	2
30	**평가문제 [재무상태표 조회]** 12월 말 '자본금' 잔액은 얼마인가? ① 476,419,670원 ② 491,419,670원 ③ 516,001,000원 ④ 678,001,000원	2
	총 점	62

평가문제 | 회계정보분석 (8점)

회계정보를 조회하여 [회계정보분석] 답안을 입력하시오.

31. 손익계산서 조회 (4점)
매출총이익률은 매출로부터 얼마의 이익을 얻느냐를 나타내는 비율로 높을수록 판매, 매입활동이 양호한 편이다. 전기 매출총이익률은 얼마인가?(단, 소수점 이하는 버림할 것)

$$매출총이익률(\%) = \frac{매출총이익}{매출액} \times 100$$

① 28% ② 40%
③ 252% ④ 254%

32. 손익계산서 조회 (4점)
영업이익률은 기업의 주된 영업활동에 의한 성과를 판단하는 비율로 판매활동과 직접 관계없는 영업외손익을 제외한 순수 영업활동의 수익성을 나타내는 지표이다. 전기 영업이익률을 계산하면 얼마인가?(단, 소수점 이하는 버림할 것)

$$영업이익률(\%) = \frac{영업이익}{매출액} \times 100$$

① 20% ② 26%
③ 537% ④ 576%

해답 해설

Financial Accounting Technician

회계정보처리 자격시험 2급

66회

실무이론평가

1	2	3	4	5	6	7	8	9	10
③	④	④	②	②	③	④	②	①	③

01 (차) 현금(자산 증가) 800,000원 (대) 받을어음(자산 감소) 800,000원

02 <u>부채는 미래에 자원의 유출 또는 사용이 예상되는 의무</u>이다.

04 회계의 순환과정에서 장부가 작성되는 순서는 <u>분개장 → 총계정원장 → 시산표 → 재무제표</u> 순이다.

05

외상매출금

기초잔액	32,000	**<u>회수액</u>**	**<u>192,000</u>**
외상매출액	200,000	기말잔액	40,000
계	232,000	계	232,000

06 건물 취득원가에 중개수수료와 취득세는 포함하고, 취득 후 납부한 화재보험료는 제외한다.

건물 취득원가 = 건물구입금액(10,000,000) + 중개수수료(100,000) + 취득세(70,000)

= 10,170,000원

07 기초자본 = 기초자산(250,000) - 기초부채(120,000) = 130,000원

당기순이익 = 기말자본(160,000) - 기초자본(130,000) = 30,000원

당기순이익(30,000) = 수익총액(80,000) - 비용총액(??)

∴ 비용총액 = 50,000원

08 거래처 직원의 경우는 접대비(기업업무추진비)로, 회사 직원의 경우는 복리후생비로 회계처리한다.

09 대손충당금 잔액 = 대손충당금(250,000) - 매출채권 회수불능액(120,000 + 50,000) = 80,000원

10 11월 2일 (차) 가지급금 300,000원 (대) 현금 300,000원

11월 5일 (차) 여비교통비 350,000원 (대) 가지급금 300,000원

현금 50,000원

실무수행평가

실무수행 1. 기초정보관리의 이해

1 사업자등록증에 의한 거래처등록

1. 사업장주소 변경 : 서울특별시 강남구 강남대로 246 (도곡동, 다림빌딩)
2. 전자세금계산서 전용 메일주소 입력 : art1004@naver.com

2 전기분 재무상태표의 입력수정

- 111.대손충당금 129,000원을 129,280원으로 수정 입력
- 213.감가상각누계액 2,400,000원 추가 입력
- 차액 0원 확인

실무수행 2. 거래자료 입력

1 통장사본에 의한 거래입력 [일반전표입력] 2월 17일

(차) 이자비용	584,400원	(대) 보통예금(기업은행(보통))	584,400원

2 증빙에 의한 전표입력 [일반전표입력] 3월 2일

(차) 차량유지비(판)	30,000원	(대) 미지급금(성보카정비)	30,000원

3 기타 일반거래 [일반전표입력] 3월 22일

(차) 여비교통비	295,000원	(대) 가지급금(김태연)	250,000원
		현금	45,000원

4 약속어음 수취거래 [일반전표입력] 4월 26일

(차) 받을어음(주)현진아트)	5,000,000원	(대) 외상매출금(주)현진아트)	5,000,000원

[받을어음 관리]

● 받을어음 관리 삭제(F5)

어음상태	1 보관		어음종류	6 전자	어음번호	00420230426123456789		수취구분	1 자수
발행인	00185	(주)현진아트	발행일		20×1 -04-26	만기일	20×1 -07-31	배서인	
지급은행	100	국민은행	지점	강남	할인기관		지점		할인율(%)	
지급거래처					* 수령된 어음을 타거래처에 지급하는 경우에 입력합니다.				

5 재고자산의 매출거래 [일반전표입력] 5월 27일

(차) 외상매출금(장난감나라)	800,000원	(대) 상품매출	800,000원

⑥ 기타 일반거래 [일반전표입력] 7월 20일

(차) 외상매입금((주)소윤문구) 5,665,000원 (대) 보통예금(국민은행(보통)) 5,665,000원

⑦ 증빙에 의한 전표입력 [일반전표입력] 8월 10일

(차) 광고선전비(판) 490,000원 (대) 미지급금(신한카드) 490,000원

⑧ 기타 일반거래 [일반전표입력] 12월 15일

(차) 보통예금(농협은행(보통)) 1,600,000원 (대) 선수금((주)인선팬시) 1,600,000원

실무수행 3. 전표수정

① 입력자료 수정 [일반전표입력] 11월 10일

수정전 : (차) 접대비(판) 77,000원 (대) 미지급금(국민카드) 77,000원
수정후 : (차) 접대비(판) 77,000원 (대) 미지급금(삼성카드) 77,000원

② 입력자료 수정 [일반전표입력] 12월 1일

(차) 보험료(판) 960,000원 (대) 보통예금(신협은행(보통)) 960,000원

실무수행 4. 결산

① 수동결산 및 자동결산

[일반전표입력] 12월 31일
(차) 미수수익 500,000원 (대) 이자수익 500,000원
[결산자료입력]
- 기말상품재고액 27,000,000원을 입력하고 상단부 전표추가(F3) 를 클릭하여 자동분개 생성
(차) 상품매출원가 227,715,000원 (대) 상품 227,715,000원
상품매출원가 = [기초재고액(57,000,000) + 당기매입액(197,715,000) - 기말재고액(27,000,000)]
= 227,715,000원
[재무상태표 등 작성]
- 손익계산서 [기능모음]의 '추가' 클릭 → 재무상태표 조회 작성

평가문제. 실무수행평가 (62점)

번호	평가문제	배점	답
11	**평가문제 [거래처등록 조회]**	4	②
12	**평가문제 [계정별원장 조회]**	2	**(03050)**
13	**평가문제 [거래처원장 조회]**	3	③
14	**평가문제 [거래처원장 조회]**	4	**(03401)**
15	**평가문제 [거래처원장 조회]**	4	④
16	**평가문제 [받을어음현황 조회]**	4	**(8,000,000)원**
17	**평가문제 [예적금현황 조회]**	3	③
18	**평가문제 [현금출납장 조회]**	3	**(35,352,640)원**
19	**평가문제 [일/월계표 조회]**	4	**(37,014,000)원**
20	**평가문제 [일/월계표 조회]**	3	**(960,400)원**
21	**평가문제 [손익계산서 조회]**	2	**(227,715,000)원**
22	**평가문제 [손익계산서 조회]**	3	④
23	**평가문제 [손익계산서 조회]**	3	**(11,406,000)원**
24	**평가문제 [손익계산서 조회]**	3	**(5,450,000)원**
25	**평가문제 [재무상태표 조회]**	3	**(57,600,000)원**
26	**평가문제 [재무상태표 조회]**	3	**(12,798,720)원**
27	**평가문제 [재무상태표 조회]**	4	**(215,000)원**
28	**평가문제 [재무상태표 조회]**	3	**(96,750,000)원**
29	**평가문제 [재무상태표 조회]**	2	**(500,000)원**
30	**평가문제 [재무상태표 조회]**	2	①
총 점		62	

평가문제. 회계정보분석 (8점)

31. 재무상태표 조회 (4점)

② (238,000,000원/583,000,000원)×100≒40%

32. 손익계산서 조회 (4점)

① (117,530,000원/583,000,000원)×100≒20%

기출문제

Financial Accounting Technician

회계정보처리 자격시험 2급

65회

합격율	시험년월
66%	2023.8

실무이론평가

[1] 다음과 같은 거래 요소의 결합관계에 해당하는 거래는?

(차) 자산의 증가	(대) 부채의 증가

① 종업원 급여 5,000,000원을 현금으로 지급하다.
② 상품 300,000원을 외상으로 판매하다.
③ 은행으로부터 1,000,000원을 1년간 차입하여 보통예금으로 입금하다.
④ 전기에 발생한 매출채권 200,000원을 현금으로 회수하다.

[2] 다음 거래를 분개할 때 수익과 비용의 변동이 있는 경우가 아닌 것은?
① 거래처에 대한 받을어음 100,000원을 현금으로 회수하였다.
② 거래처 대여금에 대한 이자 200,000원이 보통예금 계좌로 입금되었다.
③ 종업원에 대한 급여 미지급액 2,000,000원을 결산 반영하였다.
④ 직원들의 회식비로 현금 500,000원을 지급하였다.

[3] 다음 중 재무상태표에 대한 설명으로 옳지 않은 것은?
① 자산과 부채는 원칙적으로 상계하여 표시하지 않는다.
② 자산과 부채는 1년을 기준으로 유동과 비유동으로 분류하는 것이 원칙이다.
③ 재무상태표는 정보이용자에게 기업의 유동성, 재무적 탄력성 등을 평가하는데 유용한 정보를 제공한다.
④ 재무상태표의 기본요소는 자산, 부채 및 수익이다.

[4] 다음은 한공상사의 외상매출금과 관련된 내용이다. 당기의 외상매출금 회수액은 얼마인가?

• 외상매출금 기초금액	40,000원
• 당기외상매출액	180,000원
• 외상매출금 기말금액	60,000원

① 160,000원
② 180,000원
③ 200,000원
④ 240,000원

[5] 다음은 한공상사의 건물 취득과 관련된 자료이다. 건물의 취득원가는 얼마인가?

• 건물 구입 금액	20,000,000원	• 구입 시 중개수수료	200,000원
• 취득세	920,000원	• 건물취득 후 납부한 화재 보험료	80,000원

① 20,000,000원
② 20,200,000원
③ 21,120,000원
④ 21,200,000원

[6] 다음 중 기말 재고자산에 포함되지 않는 항목은?

① 상품
② 원재료
③ 제품
④ 건설중인자산

[7] 다음 자료를 토대로 도·소매업을 운영하는 한공상사의 영업이익을 계산하면 얼마인가?

<u>손익계산서</u>

한공상사 20x1년 1월 1일부터 20x1년 12월 31일까지 (단위 : 원)

비 용	금 액	수 익	금 액
매 출 원 가	200,000	매 출	400,000
급 여	60,000		
복 리 후 생 비	10,000		
임 차 료	50,000		
기 부 금	20,000		
당 기 순 이 익	60,000		
	400,000		400,000

① 50,000원
② 70,000원
③ 80,000원
④ 100,000원

[8] 다음은 회계부서 팀원간의 대화이다. (가)에 들어갈 계정과목으로 옳은 것은?

한과장 : 김대리, 어제 노인회관에 무상으로 제공한 난방기는 어떻게 처리했나요? 김대리 : 네. 무상으로 제공한 난방기는 (가) 계정으로 회계처리했습니다.

※ 1차 저작권자의 저작권 침해 소지가 있어 삽화 삽입은 어려우니 양해바랍니다.

① 기부금
② 접대비
③ 복리후생비
④ 광고선전비

[9] 다음 중 결산정리사항에 해당하지 않는 것은?

① 단기차입금의 상환
② 감가상각비의 계상
③ 선급비용의 계상
④ 미수이자의 계상

[10] 다음은 한공상사의 대손충당금 관련 자료이다. 당기말 대손충당금 잔액은 얼마인가?

• 기초 대손충당금 잔액은 30,000원이다. • 당기중 매출채권 10,000원을 대손처리하였다. • 기말 결산시 대손상각비 20,000원을 계상하였다.

① 10,000원 ② 20,000원
③ 30,000원 ④ 40,000원

실무수행평가

순양가구(4650)는 가구 도소매업을 운영하는 개인기업으로, 회계기간은 제7기(20x1.1.1.~20x1.12.31.)이다. 제시된 자료와 [자료설명]을 참고하여, [수행과제]를 완료하고 [평가문제]의 물음에 답하시오.

실무수행1 기초정보관리의 이해

회계관련 기초정보는 입력되어 있다. [자료설명]을 참고하여 [수행과제]를 수행하시오.

1 사업자등록증에 의한 회사등록 수정

사 업 자 등 록 증
(일반과세자)
등록번호 : 220 - 32 - 10078

상 호 : 순양가구
대 표 자 : 이현진
개 업 년 월 일 : 2017년 2월 13일
사업장 소재지 : 서울특별시 서대문구 충정로7길 29 - 11(충정로3가)
사 업 의 종 류 : 업태 도소매업 종목 가구
교 부 사 유 : 사업장이전
사업자단위과세 적용사업자여부 : 여( ) 부(√)

20x1년 1월 9일
서대문 세무서장 (인)

국세청

자료설명	순양가구는 사업장을 이전하고 서대문세무서로부터 사업자등록증을 변경 발급받았다.
수행과제	회사등록메뉴에서 변경된 내용을 반영하시오.

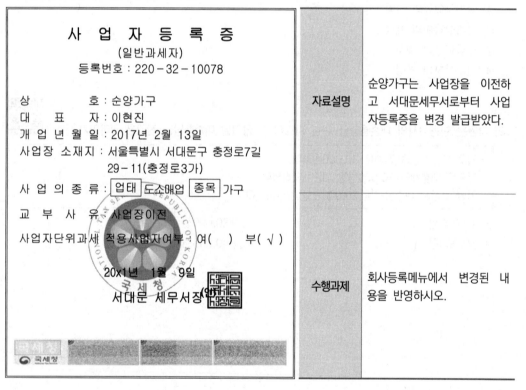

② 계정과목 추가 및 적요등록 수정

자료설명	순양가구는 가구협회에 회원으로 가입하고, 매월 납부할 회비를 계정과목으로 등록하여 사용하려고 한다.
수행과제	'850.회사설정계정과목'을 '850.협회비'로 수정하고, 표준재무제표용 표준코드와 현금적요를 등록하시오. - 계정구분 : 4.경비, 표준코드 : 058. ①기타) - 현금적요 : 01. 가구협회 회비 현금 납부

실무수행2 거래자료 입력

실무프로세스 자료이다. [자료설명]을 참고하여 [수행과제]를 수행하시오.

① 증빙에 의한 전표입력

신용카드매출전표

카드종류 : 국민카드
회원번호 : 4447 - 8664 - **** - 7**9
거래일시 : 20x1.03.21. 20:05:16
거래유형 : 신용승인
매　　출 : 200,000원
합　　계 : 200,000원
결제방법 : 일시불
승인번호 : 26785995

가맹점명 : (주)대양문구(110 - 81 - 45128)
- 이 하 생 략 -

자료설명	사무실에서 사용할 소모품을 구입하면서 국민카드로 결제하고 받은 신용카드매출전표이다.
수행과제	거래자료를 입력하시오. (단, '비용'으로 회계처리할 것.)

2 증빙에 의한 전표입력

영 수 증 (공급받는자용)

NO　　　　　**순양가구** 귀하

공급자	사 업 자 등록번호	305-12-34510			
	상 호	친절퀵서비스	성명	김지성	
	사 업 장 소 재 지	서울특별시 서대문구 독립문공원길 99 (현저동)			
	업 태	서비스업	종목	포장, 배송	
작성일자		공급대가총액		비고	
20x1.4.11.		17,000원			
공 급 내 역					
월/일	품명	수량	단가	금액	
4/11	배송비			17,000	
합 계		17,000원			
위 금액을 (영수)(청구)함					

자료설명	포장 및 배송 전문업체인 친절퀵서비스에 판매상품 배송을 요청하고 당사 부담 배송비는 현금으로 지급하였다.
수행과제	거래자료를 입력하시오.

3 기타 일반거래

영수증 (입금증, 영수증, 계산서, 전자통장거래확인증 등 겸용)

타행 송금의뢰 확인증

20x1 년 5 월 9 일

입금 은행 :	수협은행		
입금 계좌 :	1235-12-3252000	대 체 :	₩3,300,000
수 취 인 :	재벌가구		
적 요 :		합 계 :	₩3,300,000
의 뢰 인 :	순양가구	송금수수료 :	0

유성지점　　(☎ 1544-9999)

국민은행

자료설명	[5월 9일] 재벌가구의 상품 외상매입대금 중 일부를 국민은행 보통예금 계좌에서 지급하였다.
수행과제	거래자료를 입력하시오.

4 기타 일반거래

■ 보통예금(신협은행) 거래내역

		내 용	찾으신금액	맡기신금액	잔 액	거래점
번호	거래일	계좌번호 201-6611-04712 순양가구				
1	20x1-06-07	주식매입	3,000,000		***	***

자료설명	단기매매차익을 목적으로 거래소에 상장된 (주)대박의 주식 100주(주당 액면금액 10,000원)를 주당 30,000원에 매입하고, 대금은 신협은행 보통예금 계좌에서 이체하였다.
수행과제	거래자료를 입력하시오.

5 재고자산의 매출거래

거래명세서 (공급자 보관용)

공급자	등록번호	220-32-10078			공급받는자	등록번호	211-28-35011		
	상호	순양가구	성명	이현진		상호	가구천국	성명	이나경
	사업장 주소	서울특별시 서대문구 충정로7길 29-11 (충정로3가)				사업장 주소	서울특별시 구로구 개봉로1길 188		
	업태	도소매업	종사업장번호			업태	도매업	종사업장번호	
	종목	가구				종목	일반가구		

거래일자	미수금액	공급가액	총 합계금액
20x1.9.13.		2,500,000	2,500,000

NO	월	일	품목명	규격	수량	단가	공급가액	합계
1	9	13	사무용 가구		5	500,000	2,500,000	2,500,000

자료설명	가구천국에 상품을 판매하고 발급한 거래명세서이며, 대금은 전액 외상으로 하였다.
수행과제	거래자료를 입력하시오.

⑥ 약속어음 발행거래

전 자 어 음

(주)가구나라 귀하 00420231023123456789

금 칠백만원정 7,000,000원

위의 금액을 귀하 또는 귀하의 지시인에게 지급하겠습니다.

지급기일	20x1년 12월 31일	**발행일**	20x1년 10월 23일
지 급 지	국민은행	**발행지**	서울특별시 서대문구 충정로7길
지급장소	서대문지점	**주 소**	29-11 (충정로3가)
		발행인	순양가구

자료설명	[10월 23일] (주)가구나라에서 상품 7,000,000원을 매입하고, 대금은 전자어음을 발행하여 지급하였다.
수행과제	1. 거래자료를 입력하시오. 2. 자금관련 정보를 입력하여 지급어음 현황에 반영하시오.(단, 등록된 어음을 사용할 것)

⑦ 통장사본에 의한 거래입력

■ 보통예금(농협은행) 거래내역

		내용	찾으신금액	맡기신금액	잔액	거래점
번호	거래일	계좌번호 112-01-123154 순양가구				
1	20x1-11-22	매출 계약금		4,400,000	***	***

자료설명	(주)서영전자의 상품매출 계약금이 농협은행 보통예금 계좌에 입금된 거래내역이다.
수행과제	거래자료를 입력하시오.

8 기타일반거래

자료 1. 급여대장

20x1년 12월 급여대장

직급	성명	급여	공제액			차감지급액
			소득세 등	건강보험료 등	공제액합계	
과장	우석근	3,500,000원	156,440원	301,760원	458,200원	3,041,800원
대리	남수현	3,000,000원	93,330원	297,760원	391,090원	2,608,910원
합계		6,500,000원	249,770원	599,520원	849,290원	5,650,710원

자료 2. 보통예금(신한은행) 거래내역

		내용	찾으신금액	맡기신금액	잔액	거래점
번호	거래일	계좌번호 308-24-374555 순양가구				
1	20x1-12-26	급여	5,650,710		***	***

자료설명	12월분 급여를 신한은행 보통예금 계좌에서 이체하여 지급한 내역이다.
수행과제	거래자료를 입력하시오.(공제액합계는 '예수금'으로 처리할 것.)

실무수행3 전표수정

실무프로세스 자료이다. [자료설명]을 참고하여 [수행과제]를 수행하시오.

1 입력자료수정

NO 20230215	입 금 표 (공급자용)				
	대한자동차 귀하				
공급자	사업자등록번호	220-32-10078			
	상호	순양가구	성명	이현진	
	사업장 소재지	서울특별시 서대문구 충정로7길 29-11 (충정로3가)			
	업태	도소매업	종목	가구	
작성일		공급대가총액		비고	
20x1.2.15.		6,600,000			
공 급 내 역					
월/일	품명	수량	단가	금액	
2/15	화물차			6,600,000	
합 계		₩6,600,000			
위 금액을 영수(청구)함					

자료설명	[2월 15일] 배달용 차량을 중고로 판매하고 발생한 미수금을 현금으로 받고 발급한 입금표이다.
수행과제	1월 13일 거래자료를 참고하여 입력 자료를 적절하게 수정하시오.

2 입력자료수정

20x1년 9월 청구서	
작성일자 : 20x1.10. 1. 납부기한 : 20x1.10.20.	
금 액	232,000원
고객명	순양가구
이용번호	02-314-1245
명세서번호	25328
이용기간	9월 1일~9월 30일
9월 이용요금	232,000원
공급자등록번호	110-81-92484
공급받는자 등록번호	220-32-10078
공급가액	232,000원
부가가치세(VAT)	0원
10원미만 할인요금	0원
입금전용계좌	국민은행
(주)케이티 서대문지점(전화국)장	

자료설명	통신요금의 납부 내역을 확인한 결과 10월 1에 이중으로 입력되었음을 발견하였다. (회사는 작성일자로 미지급금을 계상하고 납부기한일에 자동이체하여 지급하고 있다.)
수행과제	9월분 청구서를 참고하여 적절하게 처리하시오.

실무수행4 결산

[결산자료]를 참고하여 결산을 수행하시오.(단, 제시된 자료 이외의 자료는 없다고 가정함.)

1 수동결산 및 자동결산

자료설명	1. 장기대여금에 대한 당기 기간경과분 미수이자 790,000원을 계상하다. 2. 기말상품재고액은 34,000,000원이다.
수행과제	1. 수동결산 또는 자동결산 메뉴를 이용하여 결산을 완료하시오. 2. 12월 31일을 기준으로 '손익계산서 → 재무상태표'를 순서대로 조회 작성하시오.(단, 손익계산서 조회 작성 시 상단부 [기능모음]의 '추가'를 이용하여 '손익대체분개'를 수행할 것.)

평가문제 실무수행평가 (62점)

입력자료 및 회계정보를 조회하여 [평가문제]의 답안을 입력하시오.

번호	평가문제	배점
11	**평가문제 [회사등록 조회]** 회사등록과 관련된 내용 중 옳지 않은 것은? ① 대표자 성명은 '이현진'이다. ② 업태는 '도소매업'이다. ③ 사업장은 '서울특별시 강남구'에 위치하고 있다. ④ 사업장 세무서는 '서대문세무서'이다.	4
12	**평가문제 [계정과목및적요등록 조회]** '850.협회비' 계정과 관련된 내용으로 옳지 않은 것은? ① 구분은 '4.경비'이다. ② 표준재무제표항목의 표준코드 '048.판매수수료'를 사용하고 있다. ③ 현금적요는 1개를 사용하고 있다. ④ 대체적요는 사용하고 있지 않다.	4

번호	평가문제	배점
13	**평가문제 [예적금현황 조회]** 12월 말 은행별 예금 잔액으로 옳지 않은 것은? ① 국민은행(보통) 1,701,000원 ② 농협은행(보통) 32,459,000원 ③ 신한은행(보통) 349,290원 ④ 신협은행(보통) 6,000,000원	4
14	**평가문제 [거래처원장 조회]** 5월 말 '251.외상매입금' 잔액이 가장 많은 거래처 코드를 기입하시오.	3
15	**평가문제 [거래처원장 조회]** 9월 말 가구천국(코드 : 01131)의 '108.외상매출금' 잔액은 얼마인가?	3
16	**평가문제 [거래처원장 조회]** 12월 말 국민카드(코드 : 99600)의 '253.미지급금' 잔액은 얼마인가?	3
17	**평가문제 [지급어음현황 조회]** 20x1년에 만기가 도래하는 '252.지급어음' 금액은 얼마인가?	3
18	**평가문제 [현금출납장 조회]** 4월 말 '현금' 잔액은 얼마인가?	3
19	**평가문제 [일/월계표 조회]** 10월 한달 동안 매입한 '상품' 금액은 얼마인가?	3
20	**평가문제 [일/월계표 조회]** 10월 한달 동안 '미지급금'의 감소액(차변 합계)은 얼마인가?	3
21	**평가문제 [손익계산서 조회]** 당기에 발생한 '판매비와관리비'의 계정 중 금액이 올바르지 않은 것은? ① 급여 297,289,000원 ② 통신비 1,772,110원 ③ 운반비 794,400원 ④ 도서인쇄비 288,000원	3
22	**평가문제 [손익계산서 조회]** 당기에 발생한 '상품매출' 금액은 얼마인가?	4
23	**평가문제 [손익계산서 조회]** 당기에 발생한 '소모품비' 금액은 얼마인가?	3
24	**평가문제 [손익계산서 조회]** 당기에 발생한 '이자수익'은 얼마인가?	3
25	**평가문제 [재무상태표 조회]** 12월 말 '단기매매증권' 잔액은 얼마인가?	3
26	**평가문제 [재무상태표 조회]** 12월 말 '미수수익' 잔액은 얼마인가?	2
27	**평가문제 [재무상태표 조회]** 12월 말 '미수금' 잔액은 얼마인가?	3

번호	평가문제	배점
28	**평가문제 [재무상태표 조회]** 12월 말 '예수금' 잔액은 얼마인가?	3
29	**평가문제 [재무상태표 조회]** 12월 말 '선수금' 잔액은 얼마인가?	3
30	**평가문제 [재무상태표 조회]** 12월 말 '자본금' 잔액은 얼마인가? ① 568,771,270원 ② 720,435,170원 ③ 820,435,170원 ④ 920,435,170원	2
총 점		62

평가문제 회계정보분석 (8점)

회계정보를 조회하여 [답안수록] 메뉴에 해당문제의 답안을 입력하시오.

31. 손익계산서 조회 (4점)

이자보상비율은 기업의 채무상환능력을 나타내는 지표이다. 전기분 이자보상비율은 얼마인가?(단, 소숫점 이하는 버림할 것)

$$\text{이자보상비율(\%)} = \frac{\text{영업이익}}{\text{이자비용}} \times 100$$

① 1,280% ② 1,488%
③ 2,420% ④ 2,670%

32. 재무상태표 조회 (4점)

부채비율은 기업의 지급능력을 측정하는 비율로 높을수록 채권자에 대한 위험이 증가한다. 전기분 부채비율은 얼마인가?(단, 소숫점 이하는 버림할 것)

$$\text{부채비율(\%)} = \frac{\text{부채총계}}{\text{자기자본(자본총계)}} \times 100$$

① 51% ② 64%
③ 194% ④ 201%

해답해설

Financial Accounting Technician

회계정보처리 자격시험 2급

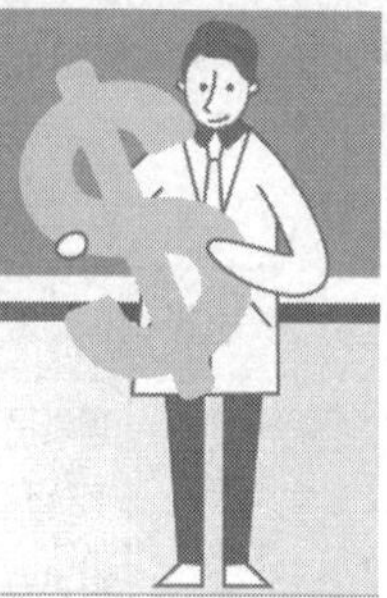

65회

실무이론평가

1	2	3	4	5	6	7	8	9	10
③	①	④	①	③	④	③	①	①	④

01 (차) 보통예금(자산의 증가) 1,000,000원 (대) 단기차입금(부채의 증가) 1,000,000원

02 ① (차) 현 금(자산증가) 100,000원 (대) 받을어음(자산감소) 100,000원

② (차) 보 통 예 금(자산증가) 200,000원 (대) 이자수익(수익발생) 200,000원

③ (차) 급 여(비용발생) 2,000,000원 (대) 미지급비용(부채증가) 2,000,000원

④ (차) 복리후생비(비용발행) 500,000원 (대) 현 금(자산감소) 500,000원

03 재무상태표의 기본요소는 자산, 부채 및 자본이다.

04

외상매출금

기초잔액	40,000	**회수액**	**160,000**
외상매출액	180,000	기말잔액	60,000
계	220,000	계	220,000

05 건물 구입 시 지급하는 중개수수료, 취득세는 건물 취득원가에 포함된다.

건물 취득원가 = 건물구입금액(20,000,000) + 중개수수료(200,000) + 취득세(920,000) = 21,120,000원

06 건설중인자산은 유형자산에 해당한다.

07 당기순이익(60,000) = 영업손익(???) - 영업외비용(기부금 20,000)

∴ 영업이익 = 80,000원

08 사업과 무관하게 무상으로 제공한 경우에는 기부금 계정으로 회계처리한다.

09 단기차입금의 상환은 결산정리사항이 아니다.

10

대손충당금

대손	10,000	기초	30,000
기말	40,000	대손상각비	20,000
계	50,000	계	50,000

실무수행평가

실무수행 1. 기초정보관리의 이해

1 사업자등록증에 의한 회사등록 수정

- 사업장주소 : '서울특별시 강남구 강남대로 496 (논현동)'을
  '서울특별시 서대문구 충정로7길 29 - 11 (충정로3가)'로 수정
- 사업장세무서 : '220.역삼'을 ➜ '110.서대문'으로 수정

2 계정과목 추가 및 적요등록 수정

- 850.회사설정계정과목을 '850.협회비(계정구분 : 4.경비)'로 계정과목 수정
- 표준코드 : '058. ①기타' 등록
- 현금적요 등록

실무수행 2. 거래자료 입력

1 증빙에 의한 전표입력 [일반전표입력] 3월 21일

(차) 소모품비(판)	200,000원	(대) 미지급금(국민카드)	200,000원

2 증빙에 의한 전표입력 [일반전표입력] 4월 11일

(차) 운반비(판)	17,000원	(대) 현금	17,000원

3 기타 일반거래 [일반전표입력] 5월 9일

(차) 외상매입금(재벌가구)	3,300,000원	(대) 보통예금(국민은행(보통))	3,300,000원

4 기타 일반거래 [일반전표입력] 6월 7일

(차) 단기매매증권	3,000,000원	(대) 보통예금(신협은행(보통))	3,000,000원

5 재고자산의 매출거래 [일반전표입력] 9월 13일

(차) 외상매출금(가구천국)	2,500,000원	(대) 상품매출	2,500,000원

6 약속어음 발행거래 [일반전표입력] 10월 23일

(차) 상품	7,000,000원	(대) 지급어음((주)가구나라)	7,000,000원

[지급어음관리]

지급어음 관리 삭제(F5)

어음상태	2 발행	어음번호	00420231023123456789	어음종류	4 전자	발 행 일	20×1-10-23
만 기 일	20×1-12-31	지급은행	98400 국민은행(당좌)	지 점	강남		

7 통장사본에 의한 거래입력 [일반전표입력] 11월 22일

(차) 보통예금(농협은행(보통))	4,400,000원	(대) 선수금((주)서영전자)	4,400,000원

8 기타일반거래 [일반전표입력] 12월 26일

(차) 급여(판)	6,500,000원	(대) 예 수 금	849,290원
		보통예금(신한은행(보통))	5,650,710원

실무수행 3. 전표수정

1 입력자료수정 [일반전표입력] 2월 15일

- 수정전 : (입) 외상매출금(대한자동차) 6,600,000원
- 수정후 : (입) 미수금(대한자동차) 6,600,000원

2 입력자료수정 [일반전표입력] 10월 1일

- [일반전표입력] 10월 1일 중복입력 전표 중 한 건 삭제

실무수행 4. 결산

1 수동결산 및 자동결산

[일반전표입력] 12월 31일

(차) 미수수익	790,000원	(대) 이자수익	790,000원

[결산자료입력]

- 기말상품재고액 34,000,000원을 입력하고 상단부 전표추가(F3) 를 클릭하여 자동분개 생성

(차) 상품매출원가	190,215,000원	(대) 상품	190,215,000원

상품매출원가 = [기초상품재고액(40,000,000) + 당기상품매입액(184,215,000)
- 기말상품재고액(34,000,000) = 190,215,000원

[재무제표 작성]

- 손익계산서([기능모음]의 '추가' 클릭) ➜ 재무상태표를 조회 작성한다.

평가문제. 실무수행평가 (62점)

번호	평가문제	배점	답
11	평가문제 [회사등록 조회]	4	③
12	평가문제 [계정과목및적요등록 조회]	4	②
13	평가문제 [예적금현황 조회]	4	④
14	평가문제 [거래처원장 조회	3	(00167)
15	평가문제 [거래처원장 조회]	3	(2,000,000)원
16	평가문제 [거래처원장 조회]	3	(532,000)원
17	평가문제 [지급어음현황 조회]	3	(10,500,000)원
18	평가문제 [현금출납장 조회]	3	(33,229,500)원
19	평가문제 [일/월계표 조회]	3	(17,000,000)원
20	평가문제 [일/월계표 조회]	3	(464,000)원
21	평가문제 [손익계산서 조회]	3	②
22	평가문제 [손익계산서 조회]	4	(805,921,000)원
23	평가문제 [손익계산서 조회]	3	(2,200,000)원
24	평가문제 [손익계산서 조회]	3	(9,430,000)원
25	평가문제 [재무상태표 조회]	3	(92,000,000)원
26	평가문제 [재무상태표 조회]	2	(1,230,000)원
27	평가문제 [재무상태표 조회]	3	(2,000,000)원
28	평가문제 [재무상태표 조회]	3	(14,035,420)원
29	평가문제 [재무상태표 조회]	3	(8,580,000)원
30	평가문제 [재무상태표 조회]	2	①
총 점		62	

평가문제. 회계정보분석 (8점)

31. 손익계산서 조회 (4점)

② (63,270,000원/4,250,000원)×100≒1,488%

32. 재무상태표 조회 (4점)

① (166,600,000원/324,700,000원)×100≒51%

기출문제

Financial Accounting Technician

회계정보처리 자격시험 2급

63회

합격율	시험년월
68%	2023.06

실무이론평가

01. 다음은 신문기사의 일부이다. (가)에 들어갈 내용으로 가장 적절한 것은?

> 외부감사인의 회계감사 대상 회사의 재무제표 작성 지원을 금지하며, 회사가 자체 결산 능력을 갖추고 (가)의 책임하에 재무제표를 작성하도록 했다.
>
> (XX신문, 20x1년 3월 31일)

① 내부감사인 ② 과세당국 ③ 경영자 ④ 공인회계사

02. 다음 중 회계상 거래에 해당하지 않는 것은?

① 기계장치를 90,000,000원에 취득하고 현금을 지급하였다.
② 종업원을 채용하고 근로계약서를 작성하였다.
③ 결산기말에 단기매매증권의 공정가치가 장부금액 대비 100,000원 하락하였다.
④ 사무실에 보관중이던 상품 10,000,000원을 분실하였다.

03. 다음 중 재무상태표에 표시되지 않는 계정과목은?

① 매출채권 ② 미수수익 ③ 선급비용 ④ 경상연구개발비

04. 다음 자료를 토대로 계산한 재고자산의 취득원가는 얼마인가?

• 상품 매입금액	600,000원
• 매입운반비	8,000원
• 판매수수료	60,000원
• 광고선전비	10,000원

① 600,000원 ② 608,000원 ③ 668,000원 ④ 678,000원

05. 다음 중 무형자산에 대한 설명으로 옳지 않은 것은?

① 물리적 실체는 없으나 식별가능하다.
② 특별한 경우를 제외하고는 잔존가치는 취득원가의 10%로 본다.
③ 기업이 통제하고 있으며, 미래 경제적 효익이 있는 자산이다.
④ 영업활동에 사용할 목적으로 보유하는 자산이다.

06. 다음 중 유형자산에 대한 자본적 지출의 예시를 올바르게 설명한 학생은?

- 서현 : 건물의 벽에 도색을 하였어요.
- 인철 : 에어컨이 고장나서 수리를 하였어요.
- 지원 : 자동차 타이어가 소모되어 교체하였어요.
- 혜인 : 건물 안에 엘리베이터를 새로 설치했어요.

※ 1차 저작권자의 저작권 침해 소지가 있어 삽화 삽입은 어려우니 양해바랍니다.

① 서현 ② 인철 ③ 지원 ④ 혜인

07. 다음 (　) 에 들어갈 용어로 옳은 것은?

(　)은(는) 기업실체의 경제적 거래나 사건에 대해 관련된 수익과 비용을 그 현금유출입이 있는 기간이 아니라 당해 거래나 사건이 발생한 기간에 인식하는 것을 말한다.

① 발생주의 ② 수익비용대응 ③ 이연 ④ 현금주의

08. 다음 자료를 토대로 매출원가를 계산하면 얼마인가?

- 기초상품 재고액 150,000원
- 당기 총매입액 600,000원
- 매입에누리 60,000원
- 기말상품 재고액 100,000원

① 590,000원 ② 650,000원 ③ 750,000원 ④ 850,000원

09. 다음의 오류가 당기 매출원가와 당기순이익에 미치는 영향으로 옳은 것은?

기말 재고자산을 150,000원으로 계상하였으나 정확한 기말재고금액은 120,000원이다.

	매출원가	당기순이익		매출원가	당기순이익
①	과대	과대	②	과대	과소
③	과소	과소	④	과소	과대

10. 다음은 (주)한공의 20x1년 5월 지출예산서의 일부이다. 이를 집행하여 회계처리했을 때 계정과목으로 옳은 것은?

지 출 예 산 서

결재	재무이사	김 한국
	부 장	이 공인
	담당직원	박 회계

(가) 직원 단합을 위한 가족동반 야유회 개최비 5,000,000원
(나) 직원 업무역량 강화를 위한 영어학원 지원비 3,000,000원

	(가)	(나)
①	복리후생비	접대비(기업업무추진비)
②	접대비(기업업무추진비)	교육훈련비
③	복리후생비	교육훈련비
④	접대비(기업업무추진비)	복리후생비

실무수행평가

더향기로와(4630)는 화장품, 비누 및 방향제 도·소매업을 운영하는 개인기업으로, 회계기간은 제7기(20x1.1.1.~20x1.12.31.)이다. 제시된 자료와 [자료설명]을 참고하여 [수행과제]를 완료하고 [평가문제]의 물음에 답하시오.

실무수행1 기초정보관리의 이해

회계관련 기초정보는 입력되어 있다. [자료설명]을 참고하여 [수행과제]를 수행하시오.

1 사업자등록증에 의한 거래처등록

사 업 자 등 록 증
(법인사업자)
등록번호 : 110－81－02129

상　　　　호 : (주)리즈온
대 표 자 명 : 김리즈
개 업 년 월 일 : 2020년 11월 17일
법인등록번호 : 110111－0634752
사업장 소재지 : 서울특별시 서대문구 충정로7길12 (충정로2가)
사 업 의 종 류 : 업태 도소매업 종목 방향제

교 부 사 유 : 사업장이전

사업자단위과세 적용사업자여부 : 여( ) 부(√)
전자세금계산서 전용 메일주소 : leeds@naver.com

20x1년 7월 16일
서대문 세무서장 (인)

국세청

자료설명	(주)리즈온에 상품을 판매하기로 하고, 사업자등록증 사본을 받았다.
수행과제	사업자등록증 내용을 확인하여 거래처등록을 하시오. (코드 : 03100, 거래시작일 : 20x1.1.1., 전자세금계산서 전용 메일주소를 입력할 것.)

2 거래처별 초기이월 등록

외상매출금 명세서

코드	거래처명	적요	금액	비 고
03000	(주)강남미인	상품 외상매출대금	41,000,000원	
03003	하늘화장품	상품 외상매출대금	50,000,000원	
	합계		91,000,000원	

외상매입금 명세서

코드	거래처명	적요	금액	비 고
04010	(주)뷰티천국	상품 외상매입대금	14,000,000원	
04201	(주)샤인스타	상품 외상매입대금	20,000,000원	
	합계		34,000,000원	

자료설명	거래처별 초기이월 자료는 등록되어 있다.
수행과제	외상매출금, 외상매입금에 대한 거래처별 초기이월사항을 등록하시오.

실무수행2 거래자료입력

실무프로세스 자료이다. [자료설명]을 참고하여 [수행과제]를 수행하시오.

1 증빙에 의한 전표입력

신용카드매출전표

카드종류 : 신한카드
회원번호 : 9876 - 5432 - **** - 5**7
거래일시 : 20x1.1.11. 21:05:16
거래유형 : 신용승인
매 출 : 72,000원
합 계 : 72,000원
결제방법 : 일시불
승인번호 : 61232124

가맹점명 : 아빠곰탕(156 - 12 - 31570)
- 이 하 생 략 -

자료설명	매출거래처에 상품(디퓨저)을 납품한 후 거래처 직원들과 식사를 하고 신한카드로 결제하였다.
수행과제	거래자료를 입력하시오.

[2] 재고자산의 매입거래

거래명세서				(공급받는자 보관용)				
공급자	등록번호	216-81-74881		공급받는자	등록번호	110-23-02115		
	상호	(주)순수해	성명: 조이서		상호	더향기로와	성명: 김향기	
	사업장 주소	서울특별시 강남구 강남대로 252 (도곡동)			사업장 주소	서울특별시 강남구 강남대로 246 (도곡동, 다림빌딩) 101호		
	업태	도소매업	종사업장번호		업태	도매 및 소매업	종사업장번호	
	종목	방향제 외			종목	화장품, 비누 및 방향제		

거래일자	미수금액	공급가액	총 합계금액
20x1.2.13.		5,000,000	5,000,000

NO	월	일	품목명	규격	수량	단가	공급가액	합계
1	2	13	라임바질 디퓨져		100	50,000	5,000,000	5,000,000

자료설명	1. 거래처 (주)순수해로부터 상품(라임바질 디퓨져)을 구입하고 발급받은 거래명세서이다. 2. 대금 중 2월 1일 지급한 계약금을 차감한 잔액은 당월 말일에 지급하기로 하였다.
수행과제	거래자료를 입력하시오.

[3] 증빙에 의한 전표입력

자료 1. 건강보험료 납부영수증

건강보험료	20x1 년 2 월 영수증 (납부자용)		
사 업 장 명	더향기로와(김향기)		
사 용 자	서울특별시 강남구 강남대로 246 (도곡동, 다림빌딩) 101호		
납부자번호	5700000123	사업장 관리번호	11023021150
납부할보험료 (ⓐ+ⓑ+ⓒ+ⓓ+ⓔ)	167,500 원		
납부기한	20x1.3.10. 까지		
보험료 건강 ⓐ	148,500 원	연금 ⓒ	원
장기요양 ⓑ	19,000 원	고용 ⓓ	원
소계(ⓐ+ⓑ)	167,500 원	산재 ⓔ	원
납기후금액	원	납기후기한	20x1 3. 31. 까지

◉ 납부기한까지 납부하지 않으면 연체금이 부과됩니다.

※ 납부장소: 전 은행, 우체국, 농·수협(지역조합 포함), 새마을금고, 신협, 증권사, 산림조합중앙회, 인터넷지로(www.giro.or.kr)

※ 2D코드: GS25, 세븐일레븐, 미니스톱, 바이더웨이, 씨유에서 납부 시 이용.(우리·신한은행 현금카드만 수납가능)

20x1 년 2 월 28 일

국민건강보험공단 이 사 장 (국민건강보험공단) 수납인

자동이체 신청 납부자번호:

자료 2. 보통예금(기업은행) 거래내역

		내 용	찾으신금액	맡기신금액	잔 액	거래점
번호	거래일	계좌번호 764502-01-047720 더향기로와				
1	20x1-3-10	건강보험료	167,500		***	***

자료설명	2월 급여지급분에 대한 건강보험료(장기요양보험료 포함)를 납부기한일에 기업은행 보통예금 계좌에서 이체하여 납부하였다.(50%는 급여지급시 원천징수한 금액이며, 50%는 회사부담분이다. 당사는 회사 부담분을 '복리후생비'로 처리하고 있다.)
수행과제	거래자료를 입력하시오.

④ 기타 일반거래

자료 1. 월세계약서 내역

(사 무 실) 월 세 계 약 서

□ 임 대 인 용
■ 임 차 인 용
□ 사무소보관용

부동산의 표시	소재지	서울특별시 강남구 강남대로 246 (도곡동, 다림빌딩) 101호				
	구 조	철근콘크리트조	용도	사무실	면적	85㎡
월 세 보 증 금		금 70,000,000원정		월세 1,500,000원정		

제 1 조 위 부동산의 임대인과 임차인 합의하에 아래와 같이 계약함.

제 2 조 위 부동산의 임대차에 있어 임차인은 보증금을 아래와 같이 지불키로 함.

계 약 금	20,000,000원정은 계약시 지불하고
중 도 금	원정은 년 월 일 지불하며
잔 금	50,000,000원정은 20x1년 4월 3일 중개업자 입회하에 지불함.

제 3 조 위 부동산의 명도는 20x1년 4월 3일로 함.

제 4 조 임대차 기간은 20x1년 4월 3일로부터 (24)개월로 함.

제 5 조 **월세금액은 매월(18)일에 지불**키로 하되 만약 기일내에 지불치 못할 시에는 보증금액에서 공제키로 함.**(국민은행, 계좌번호 : 601213-72-172658, 예금주 : 강남빌딩(주))**

~ 중 략 ~

임 대 인	주 소	서울특별시 강남구 삼성로 107길 8(삼성동)				
	사업자등록번호	125-81-28548	전화번호	02-555-1255	성명	강남빌딩(주) ㊞

자료 2. 보통예금(우리은행) 거래내역

		내용	찾으신금액	맡기신금액	잔액	거래점
번호	거래일	계좌번호 301-9493-2245-61 더향기로와				
1	20x1-4-18	강남빌딩(주)	1,500,000		***	***

자료설명	4월분 월세를 우리은행 보통예금 계좌에서 이체하여 지급하였다.
수행과제	거래자료를 입력하시오.

5 유 · 무형자산의 구입

거래명세서 (공급받는자 보관용)

공급자	등록번호	119-81-24789			공급받는자	등록번호	110-23-02115		
	상호	(주)더존소프트	성명	박용철		상호	더향기로와	성명	김향기
	사업장 주소	서울특별시 금천구 가산로 80				사업장 주소	서울특별시 강남구 강남대로 246 (도곡동, 다림빌딩) 101호		
	업태	도소매업	종사업장번호			업태	도매 및 소매업	종사업장번호	
	종목	소프트웨어				종목	화장품, 비누 및 방향제		

거래일자	미수금액	공급가액	총 합계금액
20x1.7.20.		2,700,000	2,700,000

NO	월	일	품목명	규격	수량	단가	공급가액	합계
1	7	20	위하고(웹버전)				2,700,000	2,700,000

자료설명	비대면 재택근무를 위한 회계세무 소프트웨어 '위하고(웹버전)'를 구입하고, 구입대금은 다음달 말일에 지급하기로 하였다.
수행과제	거래자료를 입력하시오.

6 기타 일반거래

여 비 정 산 서

소속	영업부	직위	과장	성명	김진수
출장내역	일 시	20x1년 9월 6일 ~ 20x1년 9월 8일			
	출 장 지	광주			
	출장목적	신규거래처 방문 및 신제품 홍보			
출장비	지급받은 금액	400,000원	실제소요액	420,000원	정산차액	20,000원
지출내역	숙박비	200,000원	식 비	100,000원	교통비	120,000원

20x1년 9월 8일

신청인 김 진 수(인)

자료설명	[9월 8일] 출장을 마친 직원의 여비정산 내역을 보고받고, 정산차액은 현금으로 지급하였다.
수행과제	9월 6일의 거래를 확인한 후 정산거래를 입력하시오.

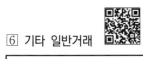

7 증빙에 의한 전표입력

현금영수증
(지출증빙용)

사업자등록번호 : 110-23-35523
사업자명 : 폼생폼사
가맹점주소 : 서울특별시 서대문구 충정로7길 31 (충정로2가)

현금영수증 회원번호
110-23-02115 더향기로와
승인번호 : 25457923 (PK)
거래일시 : **20x1년 10월 22일**

공급금액 **243,000원**

총합계 **243,000원**

휴대전화, 카드번호 등록
http://현금영수증.kr
국세청문의(126)
38036925-GCA10106-3870-U490
<<<<<<이용해 주셔서 감사합니다.>>>>>>

자료설명	직원들의 근무복을 현금으로 구입하고 수취한 현금영수증이다.
수행과제	거래자료를 입력하시오. (단, '복리후생비'로 처리할 것)

8 재고자산의 매출거래

거래명세서 (공급자 보관용)

공급자	등록번호	110-23-02115			공급받는자	등록번호	101-12-42117		
	상호	더향기로와	성명	김향기		상호	에스티마음	성명	최상조
	사업장 주소	서울특별시 강남구 강남대로 246 (도곡동, 다림빌딩) 101호				사업장 주소	서울특별시 서대문구 통일로 131 (충정로2가, 공화당빌딩)		
	업태	도매 및 소매업	종사업장번호			업태	도소매업	종사업장번호	
	종목	화장품, 비누 및 방향제				종목	화장품		

거래일자	미수금액	공급가액	총 합계금액
20x1.11.24.		2,700,000	2,700,000

NO	월	일	품목명	규격	수량	단가	공급가액	합계
1	11	24	아이젤 크림		30	90,000	2,700,000	2,700,000

자료설명	에스티마음에 상품(아이젤 크림)을 판매하고 대금 중 2,000,000원은 현금으로 받았으며, 잔액은 외상으로 하였다.
수행과제	거래자료를 입력하시오.

실무수행3 전표수정

실무프로세스 자료이다. [자료설명]을 참고하여 [수행과제]를 수행하시오.

1 입력자료 수정

자료설명	6월 30일에 입력된 거래는 영업부에서 사용하고 있는 업무용 승용차에 대한 자동차세를 납부한 거래이다.
수행과제	거래자료를 수정하시오.

2 입력자료 수정

NO. **영 수 증** (공급받는자용)

더향기로와 귀하

공급자	사업자등록번호	211-14-56789			
	상호	공항서점	성명	추현영	
	사업장소재지	서울특별시 강서구 공항대로 164			
	업태	도소매업	종목	도서	
작성일자		공급대가총액		비고	
20x1.12.20.		₩ 30,000			

공급내역

월/일	품명	수량	단가	금액
12/20	계정과목별 회계실무	1	30,000	30,000
합계			₩ 30,000	

위 금액을 영수(청구)함

자료설명	회계업무관련 도서를 현금으로 구입한 회계처리가 잘못 입력되어 있음을 확인하였다.
수행과제	오류자료를 수정하시오.

실무수행4 결산

[결산자료]를 참고하여 결산을 수행하시오.(단, 제시된 자료 이외의 자료는 없다고 가정함.)

1 수동결산 및 자동결산

자료설명	1. 구입시 자산처리한 소모품 중 기말현재 사용한 소모품은 200,000원으로 확인되었다. 2. 기말상품재고액은 33,000,000원이다.
수행과제	1. 수동결산 또는 자동결산 메뉴를 이용하여 결산을 완료하시오. 2. 12월 31일을 기준으로 '손익계산서 → 재무상태표'를 순서대로 조회 작성하시오. (단, 손익계산서 조회 작성 시 상단부 [기능모음]의 '추가'를 이용하여 '손익대체분개'를 수행할 것.)

평가문제 실무수행평가 (62점)

입력자료 및 회계정보를 조회하여 [평가문제]의 답안을 입력하시오.

번호	평가문제	배점
11	**평가문제 [거래처등록 조회]** 거래처등록과 관련된 내용 중 옳지 않은 것은? ① '03100.(주)리즈온'의 대표자 성명은 '김리즈'이다. ② '03100.(주)리즈온'의 주업종은 '방향제 도소매업'이다. ③ '03101.깨끗해'의 사업자등록번호는 '110-81-02129'이다. ④ '03101.깨끗해'의 담당자메일주소는 'white@bill36524.com'이다.	4
12	**평가문제 [예적금현황 조회]** 12월 말 은행별 예금 잔액으로 옳은 것은? ① 국민은행(보통) 31,680,000원 ② 기업은행(보통) 1,628,660원 ③ 우리은행(보통) 2,870,000원 ④ 축협은행(보통) 8,000,000원	4
13	**평가문제 [거래처원장 조회]** 6월 말 거래처별 '251.외상매입금' 잔액으로 옳지 않은 것은? ① 01121.(주)더좋은화장품 3,730,000원 ② 02256.(주)순수해 4,500,000원 ③ 04010.(주)뷰티천국 14,000,000원 ④ 04201.(주)샤인스타 22,000,000원	3
14	**평가문제 [거래처원장 조회]** 6월 말 거래처별 '253.미지급금' 잔액으로 옳지 않은 것은? ① 00566.(주)탐브라운 35,500,000원 ② 03004.아빠곰탕 310,000원 ③ 99601.신한카드 8,000원 ④ 99602.농협카드 1,860,000원	4

번호	평가문제	배점
15	**평가문제 [거래처원장 조회]** 12월 말 '108.외상매출금' 잔액이 가장 적은 거래처코드를 기록하시오.	3
16	**평가문제 [거래처원장 조회]** 12월 말 '50013.(주)더존소프트'의 '253.미지급금' 잔액은 얼마인가?	3
17	**평가문제 [현금출납장 조회]** 당기 '현금' 출금 금액은 얼마인가?	2
18	**평가문제 [총계정원장 조회]** 당기에 발생한 '812.여비교통비'의 월별 금액이 옳지 않은 것은? ① 9월 288,000원 ② 10월 8,000원 ③ 11월 41,800원 ④ 12월 186,700원	3
19	**평가문제 [총계정원장 조회]** 당기 중 '254.예수금'의 차변 감소 금액이 가장 적은 월은 몇 월인가?	3
20	**평가문제 [일/월계표 조회]** 9월 한달 동안 '가지급금'의 대변 감소 금액은 얼마인가?	3
21	**평가문제 [일/월계표 조회]** 10월 한달 동안 발생한 '복리후생비' 금액은 얼마인가?	3
22	**평가문제 [일/월계표 조회]** 12월 한달 동안 발생한 '도서인쇄비' 금액은 얼마인가?	3
23	**평가문제 [손익계산서 조회]** 당기에 발생한 '판매비와관리비'의 금액으로 옳지 않은 것은? ① 복리후생비 14,532,950원 ② 접대비(기업업무추진비) 12,554,500원 ③ 임차료 10,250,000원 ④ 통신비 1,295,110원	3
24	**평가문제 [손익계산서 조회]** 당기에 발생한 '상품매출'은 얼마인가?	3
25	**평가문제 [손익계산서 조회]** 당기에 발생한 '상품매출원가'는 얼마인가?	2
26	**평가문제 [손익계산서 조회]** 당기에 발생한 '세금과공과금'은 얼마인가?	4
27	**평가문제 [재무상태표 조회]** 12월 말 '소모품' 잔액은 얼마인가?	4
28	**평가문제 [재무상태표 조회]** 12월 말 '선급금' 잔액은 얼마인가?	3
29	**평가문제 [재무상태표 조회]** 12월 말 '무형자산' 잔액은 얼마인가?	3

번호	평가문제		배점
30	**평가문제 [재무상태표 조회]** 12월 말 '자본금' 잔액은 얼마인가? ① 427,832,280원 ③ 637,832,280원	② 527,732,280원 ④ 727,732,280원	2
	총 점		62

평가문제 회계정보분석 (8점)

회계정보를 조회하여 [회계정보분석] 답안을 입력하시오.

31. 재무상태표 조회 (4점)

당좌비율은 유동자산 중 현금화할 수 있는 당좌자산으로 단기채무를 충당할 수 있는 정도를 나타내는 비율이다. 전기말 당좌비율을 계산하면 얼마인가?(단, 소숫점 이하는 버림할 것)

$$\text{당좌비율(\%)} = \frac{\text{당좌자산}}{\text{유동부채}} \times 100$$

① 350% ② 371% ③ 380% ④ 391%

32. 손익계산서 조회 (4점)

영업이익률이란 기업의 주된 영업활동에 의한 성과를 판단하는 지표이다. 전기분 영업이익률은 얼마인가?(단, 소수점 이하는 버림할 것)

$$\text{영업이익율(\%)} = \frac{\text{영업이익}}{\text{매출액}} \times 100$$

① 22% ② 32% ③ 305% ④ 336%

63회

실무이론평가

1	2	3	4	5	6	7	8	9	10
③	②	④	②	②	④	①	①	④	③

01 경영자는 기업실체 외부의 이해관계자에게 재무제표를 작성하고 보고할 **일차적인 책임을 진다**.

02 회계상의 거래는 기업의 자산, 부채, 자본의 증감을 가져오거나 수익, 비용을 발생시키는 모든 활동을 말한다. 종업원을 채용하고 근로계약서만을 작성한 것은 자산, 부채, 자본의 증감을 초래하지 않으므로 회계상의 거래가 아니다.

03 **연구비는 비용이므로 손익계산서에 표시되는 계정**이다.

04 취득원가 = 상품 매입금액(600,000) + 매입운반비(8,000) = 608,000원

05 **무형자산은 특별한 경우를 제외하고는 잔존가치가 없는 것**으로 본다.

06 **건물 벽의 도색, 에어컨의 수리, 자동차 타이어의 교체는 발생한 기간의 비용으로 인식**한다.

07 '발생주의'는 기업실체의 경제적 거래나 사건에 대해 관련된 수익과 비용을 그 현금유출입이 있는 기간이 아니라 **당해 거래나 사건이 발생한 기간에 인식하는 것**을 말한다.

08

상 품

기초상품	150,000	*매출원가(?)*	*590,000*
총매입액	600,000		
(매입에누리)	(60,000)	기말상품	100,000
계	690,000	계	690,000

09 **자산과 이익은 비례관계**이다. 기말 재고자산이 과대계상되면 매출원가는 30,000원 과소계상되고 당기순이익은 30,000원 과대계상된다.

10 직원 단합을 위한 가족동반 야유회 개최비는 복리후생비로, 직원 업무역량 강화를 위한 영어학원 지원비는 교육훈련비로 회계처리한다.

실무수행평가

실무수행 1. 기초정보관리의 이해

1 사업자등록증에 의한 거래처등록

- 기본사항 등록 : 코드, 거래처, 사업자등록번호, 대표자, 업태, 종목, 사업장주소 등

기본사항	추가사항
1. 사업자등록번호	110-81-02129
2. 주민등록번호	______-_______
3. 대표자성명	김리즈
4. 업태	도소매업
5. 종목	방향제
6. 우편번호	03736
7. 사업장주소	서울특별시 서대문구 충정로7길 12 (충정로2가)
8. 전화번호	- - 내선
9. 팩스번호	- -
10. 담당(부서)사원	
11. 거래처분류	
12. 사업자단위주사업장여부	
13. 단위신고거래처	참고 14. 종사업장번호
15. 출력용거래처명	(주)리즈온
16. 거래시작일	20×1-01-01 ~ 거래종료일 ____-__-__

- 추가사항 등록 : 전자세금계산서 전용 메일주소 'leeds@naver.com'

4. 담당자메일주소	leeds @ naver.com naver.com 추가

2 거래처별 초기이월 등록

- 108. 외상매출금 계정 : 거래처 코드별 금액 입력

	코드	계정과목	전기분재무상태표	차 액	거래처합계금액
1	101	현금	51,200,000	51,200,000	
2	102	당좌예금	26,200,000		26,200,000
3	103	보통예금	105,210,000		105,210,000
4	107	단기매매증권	12,430,000	12,430,000	
5	108	외상매출금	91,000,000		91,000,000

코드	거래처	금액
03000	(주)강남미인	41,000,000
03003	하늘화장품	50,000,000

- 251. 외상매입금 계정 : 거래처 코드별 금액 입력

거래처별초기이월 기능모음(F11)

	코드	계정과목	전기분재무상태표	차 액	거래처합계금액
18	213	감가상각누계액	1,000,000	1,000,000	
19	240	소프트웨어	15,000,000	15,000,000	
20	251	외상매입금	34,000,000		34,000,000

코드	거래처	금액
04010	(주)뷰티천국	14,000,000
04201	(주)샤인스타	20,000,000

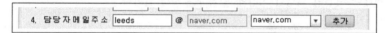

실무수행 2. 거래자료입력

1 증빙에 의한 전표입력 [일반전표입력] 1월 11일

(차)	접대비(기업업무추진비)	72,000원	(대) 미지급금(신한카드)	72,000원

2 재고자산의 매입거래 [일반전표입력] 2월 13일

(차)	상품	5,000,000원	(대) 선급금((주)순수해)	500,000원
			외상매입금	4,500,000원

3 증빙에 의한 전표입력 [일반전표입력] 3월 10일

(차)	복리후생비(판)	83,750원	(대) 보통예금	167,500원
	예수금	83,750원	(기업은행(보통))	

4 기타 일반거래 [일반전표입력] 4월 18일

(차)	임차료(판)	1,500,000원	(대) 보통예금(우리은행(보통))	1,500,000원

5 유 · 무형자산의 구입 [일반전표입력] 7월 20일

(차)	소프트웨어	2,700,000원	(대) 미지급금((주)더존소프트)	2,700,000원

6 기타 일반거래 [일반전표입력] 9월 8일

(차)	여비교통비(판)	420,000원	(대) 가지급금(김진수)	400,000원
			현금	20,000원

7 증빙에 의한 전표입력 [일반전표입력] 10월 22일

(차)	복리후생비(판)	243,000원	(대) 현금	243,000원

8 재고자산의 매출거래 [일반전표입력] 11월 24일

(차)	현금	2,000,000원	(대) 상품매출	2,700,000원
	외상매출금(에스티마음)	700,000원		

실무수행 3. 전표수정

① 입력자료 수정 [일반전표입력] 6월 30일

수정전 : (차) 차량유지비(판) 340,000원 (대) 보통예금(국민은행(보통)) 340,000원
수정후 : (차) 세금과공과금 340,000원 (대) 보통예금(국민은행(보통)) 340,000원

② 입력자료 수정 [일반전표입력] 12월 20일

수정전 : (출) 도서인쇄비(판) 60,000원
수정후 : (출) 도서인쇄비(판) 30,000원

실무수행 4. 결산

① 수동결산 및 자동결산

[일반전표입력] 12월 31일

(차) 소모품비(판) 200,000원 (대) 소모품 200,000원

[결산자료입력]

- 기말상품재고액 33,000,000원을 입력하고 상단부 전표추가(F3) 를 클릭하여 자동분개 생성

(차) 상품매출원가 188,795,000원 (대) 상품 188,795,000원

☞ 상품매출원가 = [기초상품재고액(15,000,000) + 당기상품매입액(206,795,000) - 기말상품재고액(33,000,000)
= 188,795,000원

[재무제표 작성]

- 손익계산서([기능모음]의 '추가' 클릭) ➜ 재무상태표를 조회 작성한다.

평가문제. 실무수행평가 (62점)

번호	평가문제	배점	답
11	**평가문제 [거래처등록 조회]**	4	③
12	**평가문제 [예적금현황 조회]**	4	②
13	**평가문제 [거래처원장 조회]**	3	③
14	**평가문제 [거래처원장 조회]**	4	③
15	**평가문제 [거래처원장 조회]**	3	**(00177)**
16	**평가문제 [거래처원장 조회]**	3	**(3,700,000)원**
17	**평가문제 [현금출납장 조회]**	2	**(267,582,450)원**

번호	평가문제	배점	답
18	평가문제 [총계정원장 조회]	3	①
19	평가문제 [총계정원장 조회]	3	(3)월
20	평가문제 [일/월계표 조회]	3	(600,000)원
21	평가문제 [일/월계표 조회]	3	(327,000)원
22	평가문제 [일/월계표 조회]	3	(50,000)원
23	평가문제 [손익계산서 조회]	3	③
24	평가문제 [손익계산서 조회]	3	(894,330,000)원
25	평가문제 [손익계산서 조회]	2	(188,795,000)원
26	평가문제 [손익계산서 조회]	4	(1,604,840)원
27	평가문제 [재무상태표 조회]	4	(1,556,200)원
28	평가문제 [재무상태표 조회]	3	(2,800,000)원
29	평가문제 [재무상태표 조회]	3	(18,700,000)원
30	평가문제 [재무상태표 조회]	2	④
	총 점	62	

평가문제. 회계정보분석 (8점)

31. 재무상태표 조회 (4점)

② (320,130,000원/86,130,000원)×100≒371%

32. 손익계산서 조회 (4점)

② (196,470,000원/600,000,000원)×100≒32%

기출문제

Financial Accounting Technician

회계정보처리 자격시험 2급

59회

합격율	시험년월
67%	2023.02

실무이론평가

01. 다음 중 회계상 거래의 결합관계로 옳지 않은 것은?

	차변	대변		차변	대변
①	자산의 증가	부채의 증가	②	비용의 발생	자산의 증가
③	자산의 증가	수익의 발생	④	비용의 발생	부채의 증가

02. 다음의 대화 내용은 무엇에 관한 것인가?

- A : 대차평균의 원리에 맞게 기록이 되어 있는지 장부기록의 오류를 검증할 수 있어.
- B : 응 맞아. 왼쪽에는 자산과 비용, 오른쪽에는 부채와 자본, 수익이 기입되어 복식부기원리에 따라 누락되는 금액이 없는지 한 번에 볼 수 있어.
- C : 그런데, 거래에 대한 분개자체가 누락된 경우에는 오류를 확인할 수 없어.

※ 1차 저작권자의 저작권 침해 소지가 있어 삽화 삽입은 어려우니 양해바랍니다.

① 일일자금일보　　② 총계정원장　　③ 재무상태표　　④ 시산표

03. 다음 거래에 대한 한공상사의 회계처리로 옳은 것은?(단, 상품매출원가는 고려하지 않는다.)

상품을 300,000원에 외상매출하다.
운반비 10,000원을 현금지급하다.

한공상사 → 세종상사

가.	(차)	상품 운반비	300,000원 10,000원	(대)	외상매입금 현금	300,000원 10,000원
나.	(차)	상품	310,000원	(대)	외상매입금 현금	300,000원 10,000원
다.	(차)	외상매출금	310,000원	(대)	상품매출 현금	300,000원 10,000원
라.	(차)	외상매출금 운반비	300,000원 10,000원	(대)	상품매출 현금	300,000원 10,000원

① 가　② 나　③ 다　④ 라

04. 다음 중 재무상태표상 비유동자산에 해당하는 계정과목을 모두 고른 것은?

가. 선급금	나. 미수금	다. 건물	라. 장기대여금

① 가, 나　② 나, 다　③ 다, 라　④ 나, 라

05. 다음 자료를 토대로 유형자산처분이익을 계산하면 얼마인가?

잔액시산표
20x1. 6. 30.

(주)한공(단위 : 원)

차변	계정과목	대변
⋮	⋮	⋮
20,000,000	건　물	
	감가상각누계액	9,000,000

• 20x1. 6. 30. 건물을 12,000,000원에 처분하다.

① 500,000원　② 600,000원　③ 1,000,000원　④ 1,200,000원

06. 다음 중 판매자의 기말재고 금액에 포함될 수 있는 경우가 아닌 것은?

① 도착지인도조건에 따라 판매한 기말 현재 운송 중인 상품
② 할부판매로 고객에게 인도된 상품
③ 매입자가 아직까지 매입의사표시를 하지 않은 시송품
④ 금융기관 대출에 대한 담보로 제공한 제품

07. 다음 자료를 토대로 (주)한공의 매출원가를 계산하면 얼마인가?

• 기초상품재고액 : 60,000원	• 기말상품재고액 : 70,000원
• 당기총매입액 : 300,000원	• 매입시 운반비 : 5,000원

① 285,000원　② 290,000원　③ 295,000원　④ 300,000원

08. 다음 거래에 대한 회계처리 오류 내용이 재무제표에 미치는 영향으로 옳은 것은?

[거래] 업무용 승용차에 주유를 하고 80,000원을 현금으로 지급하다.
[분개] (차) 차량운반구 80,000원　(대) 현금 80,000원

① 자산의 과소 계상　② 자본의 과소 계상
③ 수익의 과소 계상　④ 비용의 과소 계상

09. 다음은 (주)한공의 매출채권과 관련된 자료이다. 20x1년 손익계산서에 표시될 대손상각비는 얼마인가?

• 20x1. 1. 1. 대손충당금 : 200,000원
• 20x1. 4. 3. 매출채권의 대손처리 : 150,000원
• 20x1. 12. 31. 매출채권잔액에 대한 대손예상액 : 100,000원

① 20,000원　② 50,000원　③ 100,000원　④ 200,000원

10. 다음 중 개인기업의 자본총액에 변화가 없는 거래는?

① 건물을 장부금액으로 매각하고 매각대금을 전액 현금으로 수령하였다.
② 사업주가 개인적으로 사용하기 위해 자본금을 현금으로 인출하였다.
③ 재고자산을 매입원가를 초과하는 금액으로 판매하였다.
④ 사업주가 현금을 추가 출자하였다.

실무수행평가

커피쿡(4590)은 커피 도소매업을 운영하는 개인기업으로, 회계기간은 제7기(20x1.1.1.~ 20x1.12.31.)이다. 제시된 자료와 [자료설명]을 참고하여, [수행과제]를 완료하고 [평가문제]의 물음에 답하시오.

실무수행1 기초정보관리의 이해

회계관련 기초정보는 입력되어 있다. [자료설명]을 참고하여 [수행과제]를 수행하시오.

1 사업자등록증에 의한 거래처등록

사 업 자 등 록 증

(일반과세자)

등록번호 : 211 - 21 - 12343

상　　　호 : 감성커피
대 표 자 명 : 나감성
개 업 년 월 일 : 20x1년 1월 17일
사업장 소재지 : 서울특별시 강남구 강남대로 252 (도곡동)
사 업 의 종 류 : 업태 도소매업 종목 커피외

교 부 사 유 : 신규

사업자단위과세 적용사업자여부 : 여( ) 부(√)
전자세금계산서 전용 메일주소 : coffee@naver.com

20x1년 1월 20일
역삼 세무서장

국세청

자료설명	신규거래처 감성커피와 상품 거래 계약을 체결하고 사업자등록증 사본을 받았다.
수행과제	1. 사업자등록증 내용을 확인하여 거래처등록(코드 00113, 거래시작일 20x1년 2월 17일)을 하시오. 2. 메일 주소를 등록하시오.

2 전기분 손익계산서의 입력수정

손 익 계 산 서

제6(당)기 20x0년 1월 1일부터 20x0년 12월 31일까지
제5(전)기 20yo년 1월 1일부터 20yo년 12월 31일까지

커피쿡 (단위 : 원)

과 목	제6(당)기		제5(전)기	
	금 액		금 액	
Ⅰ. 매 출 액		583,000,000		368,550,000
상 품 매 출	583,000,000		368,550,000	
Ⅱ. 매 출 원 가		354,000,000		238,290,000
상 품 매 출 원 가		354,000,000		238,290,000
기 초 상 품 재 고 액	73,700,000		10,470,000	
당 기 상 품 매 입 액	328,300,000		301,520,000	
기 말 상 품 재 고 액	48,000,000		73,700,000	
Ⅲ. 매 출 총 이 익		229,000,000		130,260,000
Ⅳ. 판 매 비 와 관 리 비		125,470,000		40,245,000
급 여	84,800,000		12,000,000	
복 리 후 생 비	6,240,000		5,950,000	
여 비 교 통 비	3,170,000		2,650,000	
접대비(기업업무추진비)	520,000		700,000	
통 신 비	2,860,000		1,450,000	
세 금 과 공 과 금	5,300,000		4,495,000	
감 가 상 각 비	2,100,000		1,700,000	
보 험 료	3,840,000		2,200,000	
차 량 유 지 비	8,710,000		5,600,000	
소 모 품 비	2,930,000		1,600,000	
판 매 촉 진 비	1,000,000		800,000	
대 손 상 각 비	4,000,000		1,100,000	
Ⅴ. 영 업 이 익		103,530,000		90,015,000
Ⅵ. 영 업 외 수 익		3,250,000		2,400,000
이 자 수 익	3,250,000		2,400,000	
Ⅶ. 영 업 외 비 용		2,800,000		600,000
이 자 비 용	2,800,000		600,000	
Ⅷ. 소 득 세 차 감 전 순 이 익		103,980,000		91,815,000
Ⅸ. 소 득 세 등		820,000		570,000
소 득 세 등	820,000		570,000	
Ⅹ. 당 기 순 이 익		103,160,000		91,245,000

자료설명	전기(제6기)분 재무제표는 입력되어 있으며, 재무제표 검토결과 입력오류를 발견하였다.
수행과제	입력이 누락되었거나 오류부분을 찾아 수정입력하시오.

실무수행2 거래자료입력

실무프로세스 자료이다. [자료설명]을 참고하여 [수행과제]를 수행하시오.

1 증빙에 의한 전표입력

** 현금영수증 **
(지출증빙)

사업자등록번호 : 201-13-52101 이현우
사업자명 : (주)한공출판
단말기ID : 47325637(tel:02-123-4736)
가맹점주소 : 서울특별시 서대문구 충정로7길 29-8 (충정로3가)

현금영수증 회원번호
109-09-67470 커피쿡
승인번호 : 76765431 (PK)
거래일시 : 20x1년 1월 12일 13시10분 29초

공급금액 245,000원
부가세금액
총합계 245,000원

휴대전화, 카드번호 등록
http://현금영수증.kr
국세청문의(126)
38036925-GCA10106-3870-U490
<<<<<<이용해 주셔서 감사합니다.>>>>>>

자료설명	재경팀 업무에 참고할 도서 5권을 현금으로 구입하고 받은 현금영수증이다.
수행과제	거래자료를 입력하시오.

2 증빙에 의한 전표입력

영 수 증 (공급받는자용)				
NO		커피쿡		귀하
공급자	사업자 등록번호	211-28-35011		
	상호	러브플라워	성명	김민채
	사업장 소재지	서울특별시 서대문구 대현로 150		
	업태	도소매업	종목	생화
작성일자		공급대가총액		비고
20x1.2.17.		28,000		
공 급 내 역				
월/일	품명	수량	단가	금액
2/17	화분	1	28,000	28,000
합 계		₩28,000		
위 금액을 영수(청구)함				

자료설명	매출거래처 감성커피의 개업을 축하하기 위해 화분을 구입하고 대금은 외상으로 하였다.
수행과제	거래자료를 입력하시오.

③ 약속어음 수취거래

전 자 어 음

커피쿡 귀하　　　　00420220318123406789

금 칠백만원정　　　　7,000,000원

위의 금액을 귀하 또는 귀하의 지시인에게 지급하겠습니다.

지급기일	20x1년 6월 18일	발행일	20x1년 3월 18일
지 급 지	국민은행	발행지 주 소	서울 강남구 강남대로 250
지급장소	강남지점	발행인	드림커피(주)

자료설명	[3월 18일] 거래처 드림커피에 상품을 매출하고 판매대금 7,000,000원을 전자어음으로 받았다.
수행과제	1. 거래자료를 입력하시오. 2. 자금관련정보를 입력하여 받을어음현황에 반영하시오.

④ 증빙에 의한 전표입력

신용카드매출전표

카드종류 : 비씨카드
회원번호 : 3564－2636－**21－**11
거래일시 : 20x1.4.9.　15:20:46
거래유형 : 신용승인
금　　액 : 500,000원
합　　계 : 500,000원
결제방법 : 일시불
승인번호 : 36541592

가맹점명 : 산토리니

\- 이 하 생 략 -

자료설명	판매 목적으로 상품(돌체라떼)을 매입하고 받은 신용카드매출전표이다.
수행과제	거래자료를 입력하시오. (단, '외상매입금'으로 처리할 것.)

5 증빙에 의한 전표입력

■ 자동차세 영수증

20x1 년분 자동차세 세액 신고납부서					납세자 보관용 영수증
납 세 자 주 소	박용철 서울특별시 서대문구 충정로7길 29 - 13(충정로3가)				
과세대상	64보 2461 (승용차)	구 분	자동차세	지방교육세	납부할 세액 합계
		당 초 산 출 세 액	345,000		
		선납공제액(10%)			345,000원
과세기간	20x1.1.1. ~20x1.6.30.	요일제감면액(5%)			
		납 부 할 세 액	345,000	0	

<납부장소>

위의 금액을 영수합니다.

20x1 년 6 월 30 일

수납일 20x1.06.30 농협은행

*수납인이 없으면 이 영수증은 무효입니다 *공무원은 현금을 수납하지 않습니다.

자료설명	영업부 업무용 승용차에 대한 자동차세를 현금으로 납부한 영수증이다.
수행과제	거래자료를 입력하시오.

⑥ 단기매매증권 구입 및 매각

자료 1. 주식매매 내역서

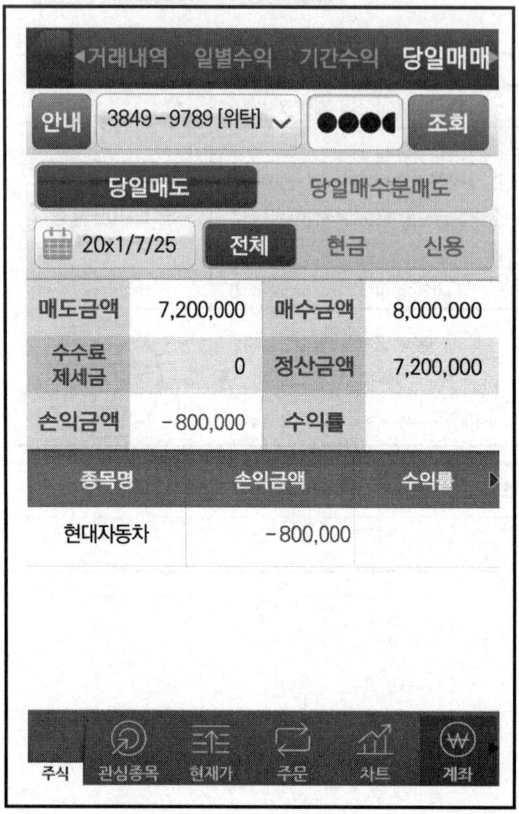

자료 2. 보통예금(신한은행) 거래내역

		내용	찾으신금액	맡기신금액	잔액	거래점
번호	거래일	계좌번호 308-24-374555 커피쿡				
1	20x1-7-25	주식매각대금 입금		7,200,000	***	***

자료설명	[7월 25일] 단기매매목적으로 보유하고 있는 현대자동차 주식(장부금액 : 8,000,000원)을 7,200,000원에 매각하고 매각대금이 신한은행 보통예금 계좌에 입금된 거래내역이다.
수행과제	주식 매각과 관련된 거래 자료를 입력하시오.

7 통장사본에 의한 거래입력

자료 1. 인터넷요금 고지서

kt 광랜 모바일명세서	20x1.08.
납부금액	170,000원
이용총액	170,000원
이용기간	20x1.07.01. ~ 20x1.07.31.
서비스번호	sam59141387
명세서번호	937610125
납기일	20x1.08.27

자료 2. 보통예금(국민은행) 거래내역

		내 용	찾으신금액	맡기신금액	잔 액	거래점
번호	거래일	계좌번호 096-24-0094-123 커피쿡				
1	20x1-8-27	인터넷요금	170,000		****	***

자료설명	1. 자료 1은 7월분 인터넷요금 고지서이다. 2. 인터넷요금은 납기일에 국민은행 보통예금 통장에서 이체출금되었다.
수행과제	거래자료를 입력하시오.(납기일에 비용으로 처리할 것)

8 통장사본에 의한 거래입력

■ 보통예금(농협은행) 거래내역

		내용	찾으신금액	맡기신금액	잔액	거래점
번호	거래일	계좌번호 201-6611-04712 커피쿡				
1	20x1-9-10			4,500,000	***	***

자료설명	화이트커피의 상품 외상매출 대금이 농협은행 보통예금 계좌에 입금 된 거래내역이다.
수행과제	거래 자료를 입력하시오.

실무수행3 전표수정

실무프로세스 자료이다. [자료설명]을 참고하여 [수행과제]를 수행하시오.

① 입력자료 수정

거래명세서

(공급자 보관용)

당거래액 : 680,000원

공급자	등록번호	109-09-67470			공급받는자	등록번호	113-81-22110		
	상호	커피쿡	성명	박용철		상호	금천상사(주)	성명	최수연
	사업장 주소	서울특별시 서대문구 충정로7길 29-13(충정로3가)				사업장 주소	서울특별시 금천구 가산로 148 (가산동)		
	업태	도소매업	종사업장번호			업태	도소매업	종사업장번호	
	종목	커피외				종목	커피		

거래일자	미수금액	공급가액	세액	총 합계금액
20x1.10.22.		680,000		680,000

NO	월	일	품목명	규격	수량	단가	공급가액	세액	합계
1	10	22	커피액상원액		5	136,000	680,000		680,000

자료설명	10월분 외상매출금의 거래처별 잔액이 맞지 않아 검토한 결과 10월 22일자 거래 입력 내용에 오류가 있음을 발견하였다.
수행과제	거래명세서를 확인 후 올바르게 수정하시오.

② 입력자료 수정

CJ 대한통운 korea express

CJ 대한통운
사업자등록번호 : 110-12-33529
발송점 : CJ 대한통운코드 364
14494 20x1/12/05 POS 03
대행수납 : 택배
택배-선불 1 5,000
================================
내 실 돈 5,000
내 신 돈 5,000
거 스 름 0
환불은 30일내 영수증 지참시에 가능합니다.
객층 : 12 담당 : 17 NO : 5381
202212051626242402946

자료설명	레몬트리에서 상품을 매입하면서 발생한 당사부담 택배비에 대한 영수증이다.
수행과제	거래자료를 수정하시오.

실무수행4 결산

[결산자료]를 참고하여 결산을 수행하시오.(단, 제시된 자료 이외의 자료는 없다고 가정함.)

1 수동결산 및 자동결산

자료설명	1. 구입시 비용처리한 소모품 중 기말 미사용액은 300,000원으로 확인되었다. 2. 기말상품재고액은 42,000,000원이다.
수행과제	1. 수동결산 또는 자동결산 메뉴를 이용하여 결산을 완료하시오. 2. 12월 31일을 기준으로 '손익계산서 → 재무상태표'를 순서대로 조회 작성하시오.(단, 손익계산서 조회 작성 시 상단부 [기능모음]의 '추가'를 이용하여 '손익대체분개'를 수행할 것)

평가문제 실무수행평가 (62점)

입력자료 및 회계정보를 조회하여 [평가문제]의 답안을 입력하시오.

번호	평가문제	배점
11	**평가문제 [거래처등록 조회]** 거래처 감성커피(코드 00113)와 관련된 내용 중 옳지 않은 것은? ① 사업자등록번호는 211-21-12343이다. ② 대표자는 '나감성'이다. ③ 업태는 '도매업', 종목은 '커피외'이다. ④ 이메일주소는 coffee@naver.com이다.	4
12	**평가문제 [예적금현황 조회]** 12월 말 은행별 예금 잔액으로 옳은 것은? ① 신협은행(보통) 67,000,000원 ② 국민은행(보통) 55,141,000원 ③ 신한은행(보통) 7,200,000원 ④ 농협은행(보통) 3,000,000원	3
13	**평가문제 [거래처원장 조회]** 12월 말 거래처별 '253.미지급금' 잔액으로 옳지 않은 것은? ① 00106.이디야 143,000원 ② 03500.러브플라워 30,000원 ③ 00123.레몬트리 50,000원 ④ 31112.베네치아(주) -100,000원	4
14	**평가문제 [거래처원장 조회]** 12월 말 화이트커피(코드 00240)의 '108.외상매출금' 잔액은 얼마인가?	4

번호	평가문제	배점
15	**평가문제 [거래처원장 조회]** 12월 말 '108.외상매출금' 잔액이 가장 적은 거래처의 코드를 기록하시오	4
16	**평가문제 [총계정원장 조회]** 월별 발생한 '826.도서인쇄비' 금액으로 옳지 않은 것은? ① 1월 20,000원 ② 2월 50,000원 ③ 3월 60,000원 ④ 4월 70,000원	3
17	**평가문제 [받을어음현황 조회]** 만기가 20x1년에 해당하는 '받을어음' 중 금액이 가장 큰 거래처의 코드를 기록하시오.	2
18	**평가문제 [일/월계표 조회]** 4월 한달 동안 '상품' 매입 금액은 얼마인가?	3
19	**평가문제 [합계잔액시산표 조회]** 당기에 발생한 '운반비' 금액은 얼마인가?	3
20	**평가문제 [손익계산서 조회]** 당기에 발생한 판매관리비(판매비와관리비)의 계정별 금액으로 옳지 않은 것은? ① 통신비 1,795,110원 ② 세금과공과금 1,199,000원 ③ 임차료 11,750,000원 ④ 수선비 7,366,000원	4
21	**평가문제 [손익계산서 조회]** 당기에 발생한 '접대비(기업업무추진비)' 금액은 얼마인가?	2
22	**평가문제 [손익계산서 조회]** 당기에 발생한 '소모품비' 금액은 얼마인가?	4
23	**평가문제 [손익계산서 조회]** 당기에 발생한 '수수료비용' 금액은 얼마인가?	4
24	**평가문제 [손익계산서 조회]** '이자수익'의 전기 대비 당기 증가 금액은 얼마인가?	3
25	**평가문제 [손익계산서 조회]** 당기에 발생한 '영업외비용' 금액은 얼마인가?	2
26	**평가문제 [재무상태표 조회]** 12월 말 '현금' 잔액은 얼마인가?	4
27	**평가문제 [재무상태표 조회]** 12월 말 '단기매매증권' 잔액은 얼마인가?	2
28	**평가문제 [재무상태표 조회]** 12월 말 '받을어음' 잔액은 얼마인가?	2
29	**평가문제 [재무상태표 조회]** 12월 말 '외상매입금' 잔액은 얼마인가?	3

번호	평가문제		배점
30	**평가문제 [재무상태표 조회]** 12월 말 '자본금' 금액은 얼마인가? ① 238,203,000원 ③ 438,403,000원	 ② 338,223,870원 ④ 538,233,870원	2
	총 점		62

평가문제 회계정보분석 (8점)

회계정보를 조회하여 [회계정보분석] 답안을 입력하시오.

31. 재무상태표 조회 (4점)

유동비율은 기업이 보유하는 지급능력, 신용능력을 판단하기 위한 비율로 높을수록 기업의 재무유동성이 크다. 전기 유동비율은 얼마인가?(단, 소숫점 이하는 버림할 것)

$$\text{유동비율(\%)} = \frac{\text{유동자산}}{\text{유동부채}} \times 100$$

① 139%　② 197%　③ 299%　④ 358%

32. 재무상태표 조회 (4점)

부채비율은 기업의 지급능력을 측정하는 비율로 높을수록 채권자에 대한 위험이 증가한다. 전기 부채비율은 얼마인가?(단, 소숫점 이하는 버림할 것)

$$\text{부채비율(\%)} = \frac{\text{부채총계}}{\text{자기자본(자본총계)}} \times 100$$

① 36%　② 46%　③ 56%　④ 66%

해답 해설

Financial Accounting Technician

회계정보처리 자격시험 2급

59회

실무이론평가

1	2	3	4	5	6	7	8	9	10
②	④	④	③	③	②	③	④	②	①

01 비용의 발생과 자산의 증가는 모두 차변에 기록된다.

02 기업의 경영활동에서 발생한 거래를 분개장에 분개한 후 총계정원장에 전기 하는데 **전기가 정확한지 확인하기 위하여 작성되는 표를 시산표**라고 한다.

04 **선급금, 미수금은 유동자산**이다.

05 20x1년 6월 30일 현재 건물의 장부금액 = 취득원가(20,000,000) - 감가상각누계액(9,000,000)
= 11,000,000원

유형자산처분손익 = 처분금액(12,000,000) - 장부금액(11,000,000) = 1,000,000원(이익)

06 재고자산을 고객에게 인도하고 대금의 회수는 할부로 회수하기로 한 경우 대금이 모두 회수되지 않았다 하더라도 **상품의 판매시점에서 판매자의 재고자산에서 제외**한다.

07 당기순매입액 : 총매입액(300,000) + 매입시 운반비(5,000) = 305,000원

상 품

기초상품	60,000	*매출원가(?)*	*295,000*
순매입액	305,000	기말상품	70,000
계	365,000	계	365,000

08 〈올바른 분개〉 (차) 차량유지비 80,000원 (대) 현 금 80,000원

오류 분개 결과 차량유지비 비용계정이 누락되고 차량운반구 자산계정이 증가하였으므로, **비용의 과소계상 및 자산의 과대계상이** 나타난다.

09

대손충당금

대손	150,000	기초	200,000
기말	100,000	*대손상각비(설정?)*	*50,000*
계	250,000	계	250,000

10 ① 자산의 증가금액과 자산의 감소금액이 동일하므로 자본의 변동을 초래하지 않는다.

② 자본의 감소와 자산의 감소가 발생하는 거래로서 자본이 감소한다.

③ 비용의 발생과 수익이 발생하며 순이익이 증가되므로 자본이 증가한다.

④ 자산의 증가와 자본의 증가가 발생하는 거래로서 자본이 증가한다.

■■■■ 실무수행평가

실무수행 1. 기초정보관리의 이해

1 사업자등록증에 의한 거래처등록

거래처등록

| 일반 | 금융 | 카드 | |

	코드	거래처	사업자등록번호	대표자	구분	사용
	00113	감성커피	0 211-21-12343	나감성	전체	○

1. [기본사항]

기본사항 / 추가사항

1. 사업자등록번호 211-21-12343
2. 주민등록번호 ------ -------
3. 대표자성명 나감성
4. 업 태 도소매업
5. 종 목 커피외
6. 우 편 번 호 06266 ?
7. 사업장주소 서울특별시 강남구 강남대로 252
 (도곡동)
8. 전 화 번 호 [] - [] - [] 내 선 []
9. 팩 스 번 호 [] - [] - []
10. 담당(부서)사원 [] ?
11. 거 래 처 분 류 [] ?
12. 사업자단위주사업장여부 []
13. 단위신고거래처 [] ? [참고] 14. 종사업장번호 []
15. 출력용거래처명 감성커피
16. 거래시작일 20×1 -02-17 ? ~ 거래종료일 [----.--.--] ?

2. [추가사항]

기본사항 / 추가사항

1. 부서/담당자/직급 [] [] []
2. 전 화 번 호 [] - [] - [] 내 선 []
3. 담당자 H.P [] - [] - []
4. 담당자메일주소 coffee @ naver.com [naver.com ▼] [추가]

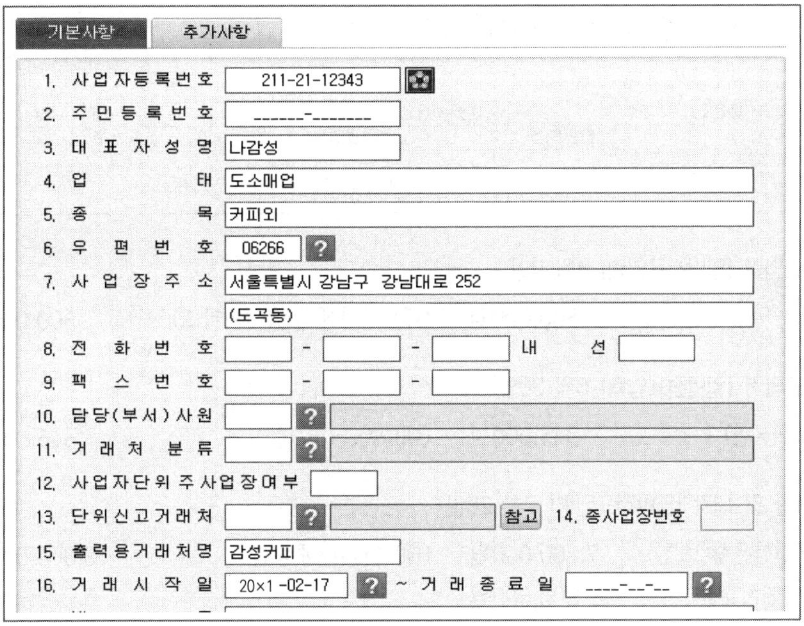

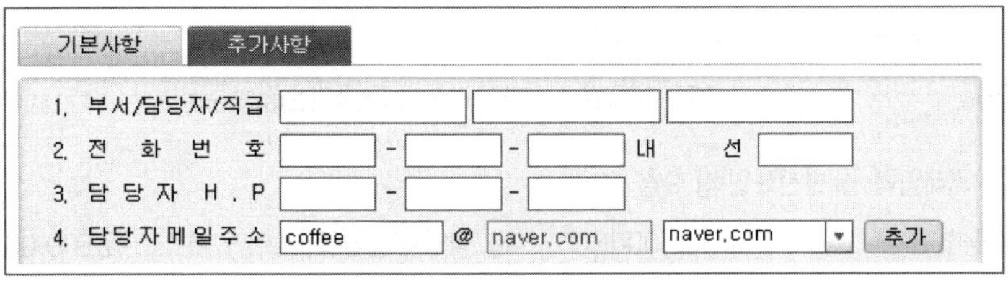

[2] 전기분 손익계산서의 입력수정

- 835.대손상각비 4,000,000원 추가입력
- 901.이자수익 250,000원을 3,250,000원으로 수정입력
- 당기순이익 103,160,000원 확인

실무수행 2. 거래자료입력

[1] 증빙에 의한 전표입력 [일반전표입력] 1월 12일

(차) 도서인쇄비(판)	245,000원	(대) 현금	245,000원

[2] 증빙에 의한 전표입력 [일반전표입력] 2월 17일

(차) 접대비(기업업무추진비)(판)	28,000원	(대) 미지급금(러브플라워)	28,000원

[3] 약속어음 수취거래 [일반전표입력] 3월 18일

(차) 받을어음(드림커피(주))	7,000,000원	(대) 상품매출	7,000,000원

[받을어음관리]

- 적요코드란에서 F3(자금관리)키를 클릭하여 어음정보 입력

● 받을어음 관리 삭제(F5)

어음상태	1 보관	어음종류	6 전자	어음번호	00420220318123456789			수취구분	1 자수
발행인	02205 드림커피(주)	발행일	20×1 -03-18	만기일	20×1 -06-18			배서인	
지급은행	100 국민은행	지점	강남	할인기관		지점		할인율(%)	
지급거래처				* 수령된 어음을 타거래처에 지급하는 경우에 입력합니다.					

[4] 증빙에 의한 전표입력 [일반전표입력] 4월 9일

(차) 상품	500,000원	(대) 외상매입금(비씨카드)	500,000원

[5] 증빙에 의한 전표입력 [일반전표입력] 6월 30일

(차) 세금과공과금(판)	345,000원	(대) 현금	345,000원

[6] 단기매매증권 구입 및 매각 [일반전표입력] 7월 25일

(차) 보통예금(신한은행(보통))	7,200,000원	(대) 단기매매증권	8,000,000원
단기매매증권처분손	800,000원		

☞ **처분손익 = 처분가액(7,200,000) - 장부가액(8,000,000) = 800,000원(손실)**

[7] 통장사본에 의한 거래입력 [일반전표입력] 8월 27일

(차) 통신비(판)	170,000원	(대) 보통예금(국민은행(보통))	170,000원

[8] 통장사본에 의한 거래입력 [일반전표입력] 9월 10일

(차) 보통예금(농협은행(보통))	4,500,000원	(대) 외상매출금(화이트커피)	4,500,000원

실무수행 3. 전표수정

1 입력자료 수정 [일반전표입력] 10월 22일

- 수정전 : (차) 외상매출금((주)금화상사) 680,000원 (대) 상품매출 680,000원
- 수정후 : (차) 외상매출금(금천상사(주)) 680,000원 (대) 상품매출 680,000원

2 입력자료 수정 [일반전표입력] 12월 5일

- 수정전 : (출) 수수료비용 5,000원
- 수정후 : (출) 상품 5,000원

실무수행 4. 결산

1 수동결산 및 자동결산

[일반전표입력] 12월 31일

(차) 소모품 300,000원 (대) 소모품비(판) 300,000원

[결산자료입력]

- 기말상품재고액 42,000,000원을 입력하고 상단부 전표추가(F3) 를 클릭하여 자동분개 생성

(차) 상품매출원가 174,720,000원 (대) 상품 174,720,000원

상품매출원가 = 기초상품재고액(48,000,000) + 당기상품순매입액(168,720,000)
- 기말상품재고액(42,000,000) = 174,720,000원

[재무상태표 등 작성]

- 손익계산서 [기능모음]의 '추가' 클릭 → 재무상태표 조회 작성

평가문제. 실무수행평가 (62점)

번호	평가문제	배점	답
11	평가문제 [거래처등록 조회]	4	③
12	평가문제 [예적금현황 조회]	3	③
13	평가문제 [거래처원장 조회]	4	②
14	평가문제 [거래처원장 조회]	4	(5,000,000)원
15	평가문제 [거래처원장 조회]	4	(32008)
16	평가문제 [총계정원장 조회]	3	①
17	평가문제 [받을어음현황 조회]	2	(02205)
18	평가문제 [일/월계표 조회]	3	(14,295,000)원
19	평가문제 [합계잔액시산표 조회]	3	(639,000)원
20	평가문제 [손익계산서 조회]	4	②
21	평가문제 [손익계산서 조회]	2	(11,612,500)원
22	평가문제 [손익계산서 조회]	4	(1,700,000)원
23	평가문제 [손익계산서 조회]	4	(1,980,000)원
24	평가문제 [손익계산서 조회]	3	(4,950,000)원
25	평가문제 [손익계산서 조회]	2	(10,461,000)원
26	평가문제 [재무상태표 조회]	4	(32,307,000)원
27	평가문제 [재무상태표 조회]	2	(80,000,000)원
28	평가문제 [재무상태표 조회]	2	(19,500,000)원
29	평가문제 [재무상태표 조회]	3	(109,425,000)원
30	평가문제 [재무상태표 조회]	2	④
	총 점	62	

평가문제. 회계정보분석 (8점)

31. 재무상태표 조회 (4점)

③ (469,300,000원/156,600,000원)×100≒299%

32. 재무상태표 조회 (4점)

② (156,600,000원/333,300,000원)×100≒46%

저자약력

■ **김영철** 세무사

· 고려대학교 공과대학 산업공학과

· 한국방송통신대학 경영대학원 회계세무전공

· (전)POSCO 광양제철소 생산관리부

· (전)삼성 SDI 천안(사) 경리/관리과장

· (전)강원랜드 회계팀장

· (전)코스닥상장법인CFO(ERP, ISO추진팀장)

· (전)농업진흥청/농어촌공사/소상공인지원센타 세법·회계강사

2025 로그인 FAT 2급

회계정보처리(Financial Accounting Technician)

8 판 발 행 : 2025년 1월 23일

저 자 : 김 영 철

발 행 인 : 허 병 관

발 행 처 : 도서출판 어울림

주 소 : 서울시 영등포구 양산로 57-5, 1301호 (양평동3가)

전 화 : 02-2232-8607, 8602

팩 스 : 02-2232-8608

등 록 : 제2-4071호

Homepage : http://www.aubook.co.kr

저자와의 협의하에 인지생략

ISBN 978-89-6239-957-8 13320

정 가 : 20,000원